百會通乎煉之止息觀
백회통호련지지식관

- 육계(肉髻) — 수행예술(修行藝術)의 극치(極致)
- 보학(譜學) — 천명금선(天命金線)의 단서(端緒)

천수만공(千修萬功)은 육계(肉髻)로 회향(回向)하고 모든 학문(學問)은 보(譜)로서 끝난다
육계(肉髻)와 보학(譜學)은 도(道)가 같지 않으면 함께 도모(圖謀)할 수가 없다

전법밀지(傳法密旨)
— 위화군(爲化君)

改訂版 (개정판)

七眞修道史傳 (칠진수도사전)

輝菴道人 黃永亮 著述 (휘암도인 황영량 지음)
小眞居士 金在昊 編譯 (소진거사 김재호 편역)

圖書出版 Baikaltai House

머리말
(1) 한국어판을 내면서

복건성(福建省)
묘적선사(妙寂禪師)
일천세행(一千細行) 모심을 심고
화엄(華嚴)을 닦다
천해만산(千海萬山)을 지나
충청 중원에
우각(愚覺)스님으로
인연(因緣)을 드러내다

낙양(洛陽)에서
공과(功課)를 빗던 사람이
수천년만에
스님을 만나
칠진사전(七眞史傳)을 번역하다

인연(因緣).
이별(離別)과 상봉(相逢).
그리고 나는 이렇게 서서 무상(無常)을 본다.

시간(時間)과 공간(空間)은 별개가 아닌 한 몸체이다.
공간(空間)이 가만히 있듯이 시간(時間) 또한 정지되어 그냥 그 모습 그대로 있는데 흘러가는 것처럼 혼란을 일으킨다.
사람들은, 살아있는 모든 것들은 시간이 흐르는 것이라고 착각하면서 애닯아 한다.
다만 시간(時間)의 단위인 영겁(永劫)이라는 공간(空間)에서 우리는 이렇게 만나고 이렇게 이별(離別)을 서두른다.
가장 아름다운 인연이란 어떤 것일까?
왕중양(王重陽)선생은 종리노조(鐘離老祖)와 려조(呂祖)로부터 "후일 언젠가 구(邱)·류(劉)·담(潭)·마(馬)·학(郝)·왕(王)·손(孫) 등 일곱분의 일곱송이 연꽃 주인들과 사제관계의 인연이 있어 서로 만나게 될 것이다." 라는 말과 법(法)의 묘체(妙諦)를 듣고 12년간 거짓 중풍을 앓으면서 사람들을 멀리하고 도(道)를 닦아 이룬 후 인연을 찾아 떠났다.
북칠진(北七眞)으로 추앙되는 이들 일곱송이 연(蓮)꽃 주인공들은 다음과 같은데, 북칠진(北七眞)이란 전진도(全眞道) 7개 지파(支派)의 조사(祖師)를 존칭한 것으로, 그 일곱 사람은

① 구처기(邱處機)
② 류처현(劉處玄)
③ 담처단(譚處端)
④ 마옥(馬鈺)
⑤ 학대통(郝大通)
⑥ 왕처일(王處一)
⑦ 손불이(孫不二) 등이며 북종(北宗)에 속해 있으므로 북칠진(北七眞)이라고 부른다. 그들은 모두 전진도(全眞道)를 창시한 왕중양(王重陽)의 직계 제자들로서 전진도(全眞道) 발전과 전파에 중요한 공헌을 하였으며, 각자 문파(門派)를 창립하여, 진인(眞人)들로 추앙(推仰) 받고 있다.

북칠진(北七眞)은 스승 왕중양(王重陽)의 삼교합일(三敎合一) 사상과, 청정과욕(淸靜寡欲)을 수도의 근본으로 삼고, 연기양신(煉氣養神)을 수련의 요지로 삼으며, 인치함구(忍恥含垢・모욕을 참고 견딤)와 고기이인(苦己利人・고통은 자기가 받고 남을 이익되게 함)을 종지로 이어 받았는데, 원대(元代) 도교 이론에 파다한 영향을 끼쳤다.

① **구처기(邱處機)** : 금대도사(金代道士・1148-1227). 자(字) 통밀(通密), 호(號)를 장춘자(長春子)라 하였다.

등주서하(登州栖霞・山東) 사람이다.

19세에 입도(入道)하였고, 그 다음해 왕중양(王重陽)의 사사(師事)를 받았으며, 26세에 섬서반계(陝西磻溪) 동굴 속에서 6년을 살았고, 다시 또 용문산(龍門山)에서 7년을 은거하였다.

정우2년(貞祐二年・1214) 가을 산동(山東)의 양안아(楊安兒)가 이끄는 의군(義軍)을 귀순(歸順)케 하는데 성공을 거두자, 명성이 일시에 세상에 지자해졌다. 원태조(元太祖)가 그의 명성을 듣고, 서역(西域) 대설산(大雪山)까지 나가 예우(禮遇)를 극진히 하였고 "신선(神仙)" "대종사(大宗師)"라 불렀으며, 천하(天下) 도교(道敎)를 관장케 하였다.

사후(死後)에 원세조(元世祖)가 장춘연도주교진인(長春演道主敎眞人)이라 증호(贈號)하여 주었고, 세상에서는 장춘진인(長春眞人)이라 칭한다.

저서로는 〈반계집(磻溪集)〉, 〈섭생소식론(攝生消息論)〉, 〈대단직지(大丹直指)〉, 〈명도집(明道集)〉 등이 있다.

② **류처현(劉處玄)** : 금대도사(金代道士・1147-1203). 자(字) 통

묘. 호(號) 장생(長生). 동래(東萊·山東掖縣)사람이다. 대정9년(大定九年·1169) 왕중양(王重陽)을 따라 도(道)를 배우고 수산파(隨山派)를 창립하다. 지원6년(至元六年) 장생보화명덕진인(長生輔化明德眞人)에 봉(封)해지다.

세상에서 장생진인(長生眞人)이라 칭한다.

저서로는 〈선락집(仙樂集)〉, 〈지진어록(至眞語錄)〉, 〈도덕경주(道德經注)〉 등이 있다.

③ **담처단(譚處端)** : 금대도사(金代道士·1123-1185). 초명(初名) 옥(玉). 자(字) 백옥(伯玉)·통정(通正). 법명(法名) 처단(處端). 호(號) 장진자(長眞子). 영해(寧海·山東牟平) 사람이다. 왕중양(王重陽)의 사사(師事)를 받았으며, 전진도(全眞道) 나무파(南無派)를 창시(創始)하였다. 원세조(元世祖) 지원6년(至元六年·1269) 장진운수온덕진인(長眞雲水蘊德眞人)에 봉(封)해지다.

저서로는 〈운수집(雲水集)〉이 있다.

④ **마옥(馬鈺)** : 금대도사(金代道士·1123-1185). 원명(原名) 종의(從義). 자(字) 의보(宜甫). 후에 이름을 옥(鈺)으로 개명하다. 호(號)를 단양자(丹陽子)라 했는데, 세상에서 단양진인(丹陽眞人)이라 칭한다. 영해(寧海·山東牟平) 사람이다. 시(詩)에 능하고, 침질과 뜸질 요법에 뛰어났다.

대정7년(大定七年·1167). 처(妻) 손불이(孫不二)와 스승 왕중양(王重陽)으로부터 선술(仙術)을 전수받다. 전진도(全眞道) 우선파(遇仙派) 창시인(創始人). 원세조(元世祖) 지원6년(至元六年·1629) 단양무위포일진인(丹陽無爲抱一眞人)으로 봉(封)해지다.

저서로는 〈신광찬(神光燦)〉, 〈동현금옥집(洞玄金玉

集)〉이 있다.

⑤ **학대통(郝大通)** : 금대도사(金代道士·1140-1212). 명(名) 린(璘), 호(號) 태고도인(太古道人)·광녕자(廣寧子), 법명(法名) 대통(大通)이라 하였다. 영해(寧海·山東牟平) 사람이다. 원래 복무(卜巫)를 업(業)으로 하였었는데 후에 스승 왕중양(王重陽)을 따라 수행하여 화산파(華山派)의 창시인(創始人)이 되었다.

지원6년(至元六年·1269) 광녕통현태고진인(廣寧通玄太古眞人)에 봉(封)해지다.

세상에서는 광녕진인(廣寧眞人)이라 칭한다. 저서로는 〈태고집(太古集)〉, 〈태역도(太易圖)〉가 있다.

⑥ **왕처일(王處一)** : 금대도사(金代道士·1142-1217). 호(號)를 옥양(玉陽)이라 하였는데, 전양자(全陽子)라고도 하였다. 영해(寧海·山東牟平) 사람이다. 왕중양(王重陽)의 사사(師事)를 받았으며 곤륜산(昆崙山) 연하동(烟霞洞)에서 수련하였다.

곤륜파(昆崙派)를 창립(創立)하였으며, 지원6년(至元六年·1269) 옥양체현광도진인(玉陽體玄廣度眞人)에 봉(封)해지다.

저서로는 〈운광집(雲光集)〉, 〈현이록(顯異錄)〉이 있다.

⑦ **손불이(孫不二)** : 금대여관(金代女冠·1119-1182). 명(名) 부춘(富春), 법명(法名) 불이(不二), 호(號) 청정산인(淸靜散人), 영해(寧海·山東牟平) 사람이다.

마옥(馬鈺)의 처(妻)로서, 부군(夫君)과 함께 왕중양(王重陽)을 스승으로 모셨다.

대정9년(大定九年·1169) 영해(寧海) 금련당으로 출가(出家)하였으며, 전진도(全眞道) 청정파(淸靜派)를 창립(創立)하였다. 지원6년(至元六年) 청정연정순덕진인(淸靜淵貞順德眞人)에 봉(封)해지다.

저서로는 〈손불이원군법어(孫不二元君法語)〉, 〈손불이원군전술단도비서(孫不二元君傳述丹道秘書)〉등이 있는데, 곤도공부이론(坤道功夫理論)은 후세에 곤도(坤道·여자) 단법수행(丹法修行)의 종지(宗旨)가 되었다.

이상, 그 연(蓮)꽃 인연으로 맺어져 이룬 일곱명의 육신보살들은 대도시 명문가 출신들로서 일정한 사회적 지위와 문화를 누렸던 사람들이다. 특히 마옥(馬鈺)은 천금(千金)의 재산을 가진 거부(巨富)였으며 유문(儒門)에 30년간을 몸담고 있었던 사람이었다.

학대통(郝大通)은 세도가(勢道家)로서 금인(金人) 남침후(南侵後) 사회 혼란시기에 그들 이민족(異民族)들을 통치했던 사람이었다. 그는 난세(亂世)에 그럭저럭 목숨을 부지하다가 인생의 무상을 느끼고 가정을 버리고 수도하였다.

금대정7년(金大定七年·1167), 왕중양(王重陽)이 산동(山東)에 와서 전도할 때, 그들이 받아드려 제자가 되었다.

중양(重陽) 사후(死後)에 그들은 스승의 남기신 업적을 이어받아 산동(山東)·하남(河南)·하북(河北)·섬서(陝西) 등지에 나뉘어져 각각 수련전도를 하였다. 그들은 각자 각 일파(一派)를 창시했으나 종교사상과 수련 방식은 대체적으로 비슷비슷했다.

그들은 스승 왕중양(王重陽)의 삼교합일(三教合一) 사상을 이어받았는데, 삼교합일(三教合一)의 원리(原理)는 다음과 같다.

● 삼교귀일도(三敎歸一圖)

선(仙)	불(佛)	유(儒)
應응　　感감	悲비　　慈자	恕서　　忠충
修心煉性 守中得一 修持切行	明心見性 空中歸一 精進佈敎	存心養性 執中貫一 修齊治平
㈢淸 = 玉淸·志氣淸 上淸·男女淸 太淸·財利淸	㈢歸 = 佛　法　僧 ㈢忌 = 貪　瞋　痴	㈢綱 = 君臣主義　父子主恩　夫婦主敬
㈤行 = 義金肺 仁木肝 智水腎 禮火心 信土脾	㈤戒 = 不殺生　仁 不偸盜　義 不邪淫　禮 不妄言　信 不飮酒　智	㈤常 = 仁(惻隱) 義(羞惡) 禮(辭讓) 智(是非) 信(撥善固執)
老子姓李·名耳·字伯陽·周朝人也 — 道敎重工夫·金木水火土	釋迦牟尼·原名悉達多·北印度也 — 佛敎重三歸五戒	孔子·名丘·字仲尼·周魯人也 — 儒敎重倫常禮義

만법(萬法)은 그 시작된 일(一)로 돌아가고, 만교(萬敎)는 심성(心性)을 밝히는 기미(機微)로 짜여져 있고, 만인(萬人)은 결국 무극(無極)으로 돌아간다.

이 책 한권이 인연 있는 사람들 손에 쥐어져, 잃었던 길을 되찾고 본래 면목을 밝힐 수 있는 계기가 된다면 다행이겠다.

1997년 정축(丁丑) 이른 봄날

소진거사(小眞居士)가 머리말을 쓰다.

(2) 초간본(初刊本) 칠진수도사전 (七眞修道史傳) 원서문(原序文)

룡문후학(龍門後學) 휘암도인(輝菴道人) 황영량서(黃永亮序)

  오랜 예전에서부터 전(傳)해져 내려오는 칠진(七眞)들의 사적(史蹟)은
  각처(各處)에
  보석처럼 흩어져 따로따로 전(傳)해 내려오는 여러 가지 판본(版本)이 있었으나,

  애석(哀惜)하게도
  문장(文章)이니 문맥(文脈)이 너무 어렵고 난해(難解)하여
  칠진(七眞)들의 수도사(修道史)와 행적(行蹟)을 더듬기에는 너무 거칠어
  천명(天命)이 행(行)해지고
  천리(天理)가 성립(成立)되는 과정(課程)의 리사(理使)를
  보충(補充)하여 설명(說明)하기에도 미진(未盡)한 감(感)이 있어서,

  책을 보는 사람들이 되레 겁을 집어먹고 뒤로 자빠지는가 하면

듣는 사람들은 무슨 말인지 알아듣지 못하고 뒷걸음질 쳐서 달아나기 바쁘고
　설사(設使) 다행스럽게
　칠진사전(七眞史傳)을 손에 넣은 사람들이라도
　책을 책상 구석에 쳐 박아두고
　책을 손에 다시 잡을 생각을 하지 않는 것을 볼 수 있었다.

　내가,

　어떻게 하면
　칠진사전(七眞史傳)을 보는 사람들마다
　모두 공덕(功德)을 성취(成就)하게 할 수 있을까하는 생각에 골몰(汨沒)한 나머지
　여러 날의 밤과 낮을 하루같이 지새우며 밝힌 것이 한 두 번이 아니었다.

　지난해에는
　섬서(陝西)를 돌아 사천(四川)으로 내려가면서,

　여러 곳에 흩어져 있던
　칠진사(七眞史)에 관(關)한 자료(資料)를 수소문하여 찾아가
　여러 가지 판본(版本)을 어렵게 구(求)하여 손에 넣고,

　승상(丞相)의 사당(祠堂)에 들려 몇날며칠이고 틀어박혀 여러 가지 판본(版本)을 비교(比較)하며 칠진(七眞)들의 사적(史蹟)들을 꼼꼼히 파헤치고 여러 가지 종류(種類)의 칠진사전(七眞史傳)

에서 언급(言及)한 정미(精微)로운 부분(部分)들을 모두 찾아내어 노심초사(勞心焦思)한 끝에 초고(草稿)를 완성(完成)하고 편집(編輯)하여 칠진인과(七眞因果)가 성립(成立)된 전후사(前後事)와 칠진(七眞)들이 공과(功課)를 성취(成就)한 과정(過程)을 한눈에 파악(把握)할 수 있도록 하는 제목(題目)을 정(定)하여 칠진수도사전(七眞修道史傳)이라고 명명(命名)을 하였다.

 칠진수도사전(七眞修道史傳)은
 통속적(通俗的)인 언어(言語)로 사람들을 감동(感動)시키고 옛날부터 내려오던 인정(人情)어린 풍습(風習)과 세태(世態)가 칠진(七眞)들의 행적(行蹟)에 그대로 나타나 있어서 우악(愚惡)스러운 사람들의 심성(心性)을 바로 잡아주기에 충분하고, 죄(罪)와 복(福)이 무엇인가 깨우쳐주기에 조금도 부족하지 않을 뿐만 아니라, 도가(道家)의 아름다운 풍속(風俗)으로 후세(後世)를 바로 잡아주는 권선징악(勸善懲惡)의 교본(教本)으로 삼기에도 조금도 손색이 없다 할 것이다.

 승상(丞相)의 사당(祠堂)에 들렸을 때 우연(偶然)하게도
 티끌에 몸을 숨겨 자취를 없애고
 무진(霧津)나루터에 조각배를 대놓고 할 일 없는 듯
 시조견(時照見)의 화두(話頭)에 매달려 다만 한가롭기만 하시던
 전현(前賢) 왕공대인(王公大人)을 만나게 되었는데,

 전현(前賢) 왕공대인(王公大人)은
 칠진수도사전(七眞修道史傳)을 한 번 훑어보시고는 대단히 기

뻐하시며 책을 인쇄(印刷)할 것을 부촉(咐囑)하시였다.

왕공(王公)의 부탁을 받고 다시 책의 문장(文章)을 다듬고 정리(整理)하여,

왕공(王公)의 말씀에 따라 사람을 시켜 인쇄(印刷)할 수 있도록 판각(版刻)을 하여 판본(板本)을 갖출 수 있게 되었다.

여러 가지 형태(形態)로 전(傳)해 내려오던 여러 종류(種類)의 판본(板本)을 한데모아 정리(整理)하여 상하(上下) 두 권으로 나누어 각판(刻板)을 준비(準備)한 것이다.

전현(前賢) 왕공대인(王公大人)께서
편집(編輯)된 초고(草稿)를 시간(時間)가는 줄 모르고 수도 없이 열람(閱覽)해 보시고는
칠진수도사전(七眞修道史傳)을 손에 잡으신 채 나에게 말씀하셨다.

이 책은
수도(修道)하고자 하는 사람들의 아주 훌륭한 성단(誠團)이 될 것이다.

내가 왕공(王公)께 말씀을 올렸다.

세상에 수진(修眞)을 하라고 한 책은 수도 없이 많사오나 어찌 이 수도사전(修道史傳) 한 권과 비교할 수 있겠습니까? 칠진수도사전(七眞修道史傳)이 삼계(三界)와 삼청(三淸)과 도문(道門)의 질서(秩序)를 파악(把握)할 수 있는 천하제일서(天下第一書)가 아니겠습니까?

왕공(王公)께서 말하였다.

세상(世上)에
수진(修眞)을 하라 한 책이 비록 수도 없이 많다고 해도
그 가운데에는 대부분 황당무계(荒唐無稽)한 것뿐이고 선지식(善知識)에 의해 점안(點眼)된 책은 그리 많지가 않다.
도덕(道德)을 지키려는 사람들은 선불(仙佛)에게 간구(懇求)함이 있어야 하고,
이끌기 위해서는 선남선녀(善男善女)들을 잘 따르도록 해야 할 것이다.
그러나 눈이 어둡고 귀가 밝지 못한 어리석은 남녀(男女)들은 풍문(風聞)으로 소문(所聞)만 듣고 신선(神仙)이나 한번 되어보겠다고 덤벼들거나 부처님이나 한번 되어 보려고 망령(妄靈)을 떨며 도깨비에 홀린 듯 몰려다니며 몸을 돌보지 않고 가정(家庭)이 파탄(破綻)되는 것도 마다하지 않고 생명(生命)까지 버리려고 날뛰며, 허망(虛妄)한 명예(名譽)를 추구(追求)하면서도 세상사(世上事)를 깨쳤다고 큰소리치며 공리공담(空理空談) 헛소리로 사람들을 그릇되게 인도(引導)하고 있으니, 이런 사람들에게는 주옥(珠玉)과 같은 수진(修眞)의 보서(寶書)가 태산(泰山)처럼 쌓여 있다고 한들 그것이 무슨 소용이 있겠는가?
만약에 어떤 사람이 있어 스승을 구(求)하며 진언(眞言)을 찾으려고
무쇠 지팡이가 닳아 짜리몽땅이 되도록 헤매고
무쇠 신발이 닳아 구멍이 나도록 천지를 돌아다니다가
칠진수도사전(七眞修道史傳) 이 책 한 권을 얻는다면 그야말로

천하제일(天下第一)의 보옥(寶玉)을 손에 넣은 것이 아니겠는가?

　칠진수도사전(七眞修道史傳)에는 황당무계(荒唐無稽)한 헛소리나 인성(人性)을 더럽힐만한 잡소리가 전혀 없으며, 한 걸음 한 걸음 내딛는 걸음마다 실지(實地)를 걷게 하며, 한 글자 한 글자 구구절절(句句節節)마다 정리(正理)에 복귀(復歸)토록 이끌어 주므로 세상에서 꼭 필요한 일곱 신선(神仙)들의 사적(史蹟)이 아닐 수 없다.

　사람들이 길을 찾으려 안간힘을 다 하면서도 진언(眞言)을 분간(分揀)해 낼 수 있는 지혜(智慧)가 부족하고, 수진(修眞)하려 하면서도 천하제일서(天下第一書)를 손에 넣고도 몰라보고 못마땅해 한다면, 그 또한 어찌하겠는가? 라고 말씀하셨다.

　나 휘암(輝菴)은
　한 평생을
　가시덤불을 헤치듯 천하(天下)를 떠돌면서,

　제자백가(諸子百家)를 두루 섭렵(涉獵)하며 돌아보았지만, 세상 학문(學問)은 모두 돌(砭)침이며 칠진사전(七眞史傳)은 금침(金針)임을 알게 되었다.

　이에 따라,
　전진종조(全眞宗祖)의 각 계파(系派)에서 따로따로 흩어져 전수(傳受)되던 자료(資料)들을 어렵게 한데 모으고 정리(整理)하여 칠진(七眞)들의 인과(因果)를 수록(收錄)한 책(册)임을 증거(證據)하기 위하여 칠진수도사전(七眞修道史傳)이라고 이름을 붙이게 된 것이다.

칠진(七眞)들의 수도(修道)에 얽힌 수많은 일화(逸話)를 돌아보면
참으로 좋은 인연(因緣)이라는 것이 무엇인가를 잘 살펴 볼 수 있는데, 이보다 더 아름다운 인연(因緣)이 세상에 또 어디에 있을까 하는 생각을 지울 수가 없었다.

마단양(馬丹陽)과 손불이(孫不二) 부부(夫婦)가
청복(淸福)과 홍복(洪福)을 모두 향유(享有)한 인연(因緣)과
부부(夫婦)가 서로 도반(道伴)이 되어 함께 공과(功課)를 이뤄가는 아름다운 모습은,
그야말로 삼계(三界)가 모두 부러워 할 아름다운 인연사적(因緣事蹟)이 아닌가?

별전(別傳)에 보면
마단양(馬丹陽)의 제자(弟子) 서른아홉 명 가운데 서른여덟 명이 신선(神仙)의 증과(證果)를 얻었다하는 기록(記錄)은, 스승과 제자(弟子)는 은애(恩愛)에 의해서 시종(始終)을 삼는다는 것을 알기에 충분(充分)하다 할 것이다.

아아,

무진(霧津)나룻터에 조각배를 대놓고 세월(歲月)이 다 가도록 한가롭기만 하시던
전현(前賢) 왕공대인(王公大人)께서
칠진수도사전(七眞修道史傳)을 밝은 청목(靑目)으로 알아보시

고는

  이 책은 천고만행(千古萬行)을 밝히는 등불이며 듣기 힘든 복음(福音)이라 하셨는데,

  이 책을 보고는 바로 터득하는 사람은
왕공대인(王公大人)과 같은 초지(超智)를 가진 사람이 아니겠으며,

  이런 사람들은
칠진(七眞)들을 바로 눈앞에서 대면(對面)하고 곧바로 칠진(七眞)들로부터 복음(福音)을 듣고는 바로 그 자리에서 이목(耳目)을 관통(貫通)하여 밝히고 즉시(卽時) 삼청경계(三淸境界)에 드는 사람들이 아니겠는가?

  판각(板刻)을 새기고 인쇄(印刷)하여 후세(後世)에 전(傳)하고자 하는 것 역시 후세(後世) 사람들이 칠진(七眞)들께서 고구성전(苦口成全)하셨던 복음(福音)을 바로 눈앞에 선 듯 듣게 하고자 함에 있는 것이다.

  칠진수도사전(七眞修道史傳)을 알아보시고는 출판(出版)할 수 있도록 해 주신
무진객사(霧津客舍)의 무상사(無相師)
전현(前賢) 왕공대인(王公大人)은 참으로 진실(眞實)하신 분이시니
전(前)에나 후(後)에나 보기 드문 지음(知音)의 선각자(先覺者)이시며

성도(誠道)의 그릇이며
또한
지인(至人)이시라

이에
칠진수도사전(七眞修道史傳)이 성립(成立)되어 세상에 칠진(七眞)들의 사적(史蹟)이 전(傳)해지게 된 연기(緣起)를 자세(仔細)하게 기록하여

룡문후학(龍門後學)
휘암(輝菴) 황영량(黃永亮)이 삼가 서문(序文)을 쓴다.

광서계사년국월길일(光緒癸巳年菊月吉日)

(3) 중판(重版) 칠진수도사전(七眞修道史傳) 서문(序文)

　한무제(漢武帝)는, 신선(神仙)이란 천하(天下)에 본래부터 없는 것, 있다해도 모두 요망(妖妄)한 것뿐이라 하였는데, 그러나 이는 천지(天地)가 큰 것을 모르고 하는 말이다.

　기린(麒麟)은 뛰어 다니는 짐승 중에서 가장 뛰어난 것이고, 봉황(鳳凰)은 날아 다니는 새 중에서 가장 뛰어난 것인데, 하물며 사람을 그것들에 비유할 수 있겠는가!

　인간이라는 존재는 천지(天地)의 정영(精英)한 기운과 어우러져 있어서 산천의 영수(靈秀)한 재질(材質)을 지니고도 진실로 능히 청정(淸靜)하고 적멸(寂滅)하여, 금(金)과 돌(石)을 끓여 녹여서 단련(鍛鍊)하기도 어렵지 않다.

　또한 구름과 안개를 타고 하늘을 날아다닐 수는 없으나, 환골탈태(換骨奪胎)하여 모습을 바꿀 수는 있는 것이다. 황석공(黃石公)이 구름을 타고 다녔다는 이야기나, 적송자(赤松子)가 비(雨)를 마음대로 오게 했다는 이야기는 허황되다 해도, 팽조(彭祖)가 800년(八百年)이나 살았었다는 것을 생각해 볼 때, 이는 신선(神仙)이 있다는 명백한 증거가 아니겠는가?

　나는 미친 듯이 십여년(十餘年)동안 세상 밖을 떠돌아 다니면서 성의(誠意)와 정심(正心)으로 성실(性實)하게 안주(安住)하며 자운법우(慈雲法雨)를 받았으나 모든 것이 부질없는 일이었다.

　삼진(三秦·陝西地方)에 봉연(烽煙)처럼 흘러 퍼지게 된 유교(儒敎)와 도교(道敎)와 불교(佛敎)마져도 그 행방(行方)을 정할 수 없는데에다, 화조교리(火棗交梨·전설에 나오는 과일로 먹으면 능히 신선이 될 수 있다함)를 서로 양보했다는 열두벽성(十二碧

城) 선객(仙客)들의 이야기, 기총적해(綺悤赤嵇)의 자리를 서로가 양위하였다는 삼천주궐(三千珠闕) 문인(門人)들의 이야기 등 수많은 학설(學說)들이 쏟아져 나와서, 조리에 맞게 주장을 펴기 때문에, 아무리 도서(道書·馬蹄)와 불경(佛經·鹿苑)을 빠짐없이 모조리 읽는다 하더라도 혼란스러워, 몸(身)과 마음(心)과 성명(性命)의 근원에 관(關)한 묘체(妙諦)를 찾아내기란 쉬운 일이 아니다.

근래(近來)에는 각처에 수도 없이 인연을 맺으며 돌아다니던 7조(七祖)께서 경(經)을 보시고는 춤을 출 듯이 기뻤는데, 글자 속에 숨어있는 온갖 풍상(風霜)은 아무리 귀중한 역사 서적(芸編瓠史)도 따를 수 없고, 그 울림은 금석(金石·鍾磬)을 이루었으니, 어찌 송(宋)나라 때 불꽃처럼 일어났던 학문의 반향(班香)들이 이와 어깨를 감히 견줄 수 있겠는가?

이 책을 읽어보니 온갖 인연이 모두 맑아지고, 여덟가지 때(八垢·八種妄想·즉 念煩惱, 不念煩惱, 念不念煩惱, 我煩惱, 我所煩惱, 自性煩惱, 差別煩惱, 攝受煩惱)가 모조리 없어지는 것이 피부로 느껴지는 지라, 일백(一百)번 읽어도 싫증이 나지 않았다. 혀(舌)는 본래 연(蓮)꽃이 피는 연못이라, 한 글자도 빼지 않고 읽는다면, 돌(石)과 같은 머리를 지닌 사람도 그 뜻을 알고 고개를 끄덕이게 될 것이다.

이에 힘을 얻어, 염천양수(廉泉讓水-陝西省)에 가서 두루 선남자(善男子)를 찾아 성역현관(聖域賢關)으로 오르게 하는 한편, 신녀(信女)들을 제도하여 이 도(道)를 뻗어나가게 할 수 있어서 다행히도 내 오랜 근심이 갑자기 풀리게 되었다.

조각조각 흩어져 있던 나머지 책들이 비로소 완성되었음을 보니, 귀한 구슬을 꿰어 놓은 것처럼 참으로 아름답구나!

세상 사람들이 이대로만 받들어 실행한다면, 금옥(金玉) 같은 진액(津液)을 씹을 필요도 없고, 일월(日月)의 정화(精華)를 복용

(服用) 할 필요도 없으니, 그대의 형용(形容)을 따로이 수고롭게 하지 말라.

그대의 원정(元精)이 흔들리지 않고 더할나위 없이 심원(深遠)하고 더할나위 없이 고요하게 되면 우화등선(羽化登仙)하여, 함께 옥루(玉樓)에 올라가서 잔치에 참석하게 될 것이다.

중각(重刻)에 즈음하여

대각산인(大覺山人) 시공자(時空子)는 이에 서문(序文)을 쓴다.

연꽃, 그 인연따라 맺어져 이룬
일곱 명의 육신보살들

머 리 말

(1) 한국어판을 내면서 ……………………………………………… 3
(2) 초간본(初刊本) 칠진수도사전 (七眞修道史傳) 원서문(原序文)
 ………………………………………………………………… 11
(3) 중판(重版) 칠진수도사전(七眞修道史傳) 서문(序文) ……… 21

목 차

(一) 연꽃, 그 인연따라 맺어져 이룬 일곱 명의 육신보살들(上卷)

제1회 일곱송이 연꽃 주인공들 인연 ……………………………… 35
    련빈곤우시측은　입몽매명지전정
   憐貧困偶施惻隱　入夢寐明指前程

    빈곤하고 가련한 이에게 베풀어 주었더니,
    꿈속에서 앞날의 일을 똑똑히 알게 되었다.

제2회 만연교(萬緣橋)에서 다시 만난 여조(呂祖) ………………… 49
    만연교려조친전도　대위촌효렴가중풍
   萬緣橋呂祖親傳道　大魏村孝廉假中風

25

만연교에서 려조가 친히 도를 전하니,
대위촌의 효렴이 거짓 중풍을 앓도다.

제3회 왕중양(王重陽)이 받은 천명(天命) ················· 63
수천조산동도세 입지도종남장신
受天詔山東度世 入地道終南藏身

천조를 받고 산동에서 중생제도하며,
도(道)에 파묻혀 종남산에 몸을 숨기다.

제4회 손불이(孫不二)의 만공가(萬空歌) ················· 75
담진공손씨회부주 구대도마옥방명사
談眞空孫氏誨夫主 求大道馬鈺訪明師

진공을 이야기하여 손씨가 주인을 타이르고,
대도를 구하려고 마옥이 명사를 찾아 뵙다.

제5회 왕중양(王重陽)이 첫 번째 만난 마단양(馬丹陽) 부부 ·· 89
마원외근봉양사례 왕중양경영호도재
馬員外勤奉養師禮 王重陽經營護道財

마원외가 스승을 예로 잘 봉양하고,
왕중양은 재물로 도를 보전할 계획을 세우다.

제6회 손불이(孫不二)의 무상법문(無常法門) ················· 103
손연정권부사가재 마문괴수노통권변
孫淵貞勸夫捨家財 馬文魁受노賂通權變

손연정이 지아비에게 권하여 가산을 버리게 하고,
마문괴는 뇌물을 받고 임시변통을 하다.

제7회 만관(萬貫) 가산(家産) 버린 마단양(馬丹陽) ················· 115
회족장마옥립사약 담현공중양전전진
賄族長馬鈺立捨約 談玄功重陽傳全眞

족장에 뇌물 주어 마옥은 사약서 써주고,
현공 담론하며 중양이 전진을 전수하다.

제8회 선천(先天) 불이법문(不二法門)과 타좌공부(打坐工夫) 입덕문(入德門) ·················· 129

담선천정일묘리　제마근불이법문
談先天貞一妙理　除魔根不二法門

선천의 정일한 묘리를 말한다면,
마구니의 뿌리 뽑힌 둘이 아닌 법문이라.

제9회 왕중양(王重陽)의 분신교화(分身教化) ·················· 143

왕중양분신화도　손불이분노수사
王重陽分身化度　孫不二忿怒首師

왕중양은 분신하여 교화 제도하는데,
손불이는 잘모르고 스승에 분노하네.

제10회 미모(美貌)를 스스로 망가트리고 낙양(洛陽)으로 떠나는 손불이(孫不二) ·················· 157

강삼승연설전진도　손면용감작추루인
講三乘演說全眞道　損面容甘作醜陋人

삼승의 수행법을 강론하고 전진도 설하시니,
아리따운 용모를 망가트리고, 기꺼이 추한 꼴을 하다.

제11회 낙양(洛陽)의 손불이(孫不二)와 왕중양(王重陽)의 현묘(玄妙)한 산술(算術) ·················· 169

강빙포천공호법　시묘산진인지미
降氷雹天公護法　施妙算眞人指迷

우박을 내려 하늘에서 법을 보호해 주시고,
현묘한 산술로 진인이 미혹을 지적하다.

제12회 좌공(坐功)의 묘리(妙理) ················· 181
      지좌공신명묘리　학진도희봉명사
    指坐功申明妙理　學眞道喜逢明師

        좌공을 가리키고 묘리를 잘 설명하며,
        진도를 배우려고 명사를 기꺼이 만나다.

제13회 왕중양(王重陽)의 남행(南行)길 ················· 195
      산단장학인귀가거　환도장사도왕남래
    散壇場學人歸家去　換道裝師徒往南來

        도단과 도량을 걷어치우니, 배우던 사람들 뿔뿔이 집으로
        돌아가고,
        도인의 행장과 채비 차리어, 스승과 제자들이 남으로 오다.

(二) 연꽃, 그 인연따라 맺어져 이룬 일곱 명의 육신보살들(下卷)

제14회 구장춘(邱長春)의 일편단심(一片丹心) ················· 209
      시범심루시질책　순사의상병귀의
    試凡心屢施叱責　順師意常秉皈衣

        범속 마음 시험하며 여러번 질책하여도,
        스승의 뜻 순종하며 항상 귀의하노라.

제15회 왕중양(王重陽)의 우화등선(羽化登仙) ················· 219
      시우화선생귀은　송령츤문인복로
    示羽化先生歸隱　送靈櫬門人服勞

        우화 등선하서 선생이 돌아가 숨으심을 보이고,
        영구를 모시고 가는 문인들 힘들게 고생하다.

제16회 스승 왕중양(王重陽)의 고향산천 ·················· 231
　　　　대위촌삼로담왕사　진안교일언지미도
　　　　大魏村三老談往事　晉安橋一言指迷途

　　　　　　대위촌의 세 노인이 지나간 이야기를 하고,
　　　　　　진안교에서 한마디 말로 잘못 든 길 가리켜 준다.

제17회 담장진(譚長眞)의 계략 ································· 243
　　　　희희홍정계탈신　난혼연당진반도
　　　　戱喜紅定計脫身　難渾然當眞盤道

　　　　　　희홍을 희롱함으로 몸을 빠져나갈 계략을 세우고,
　　　　　　사실 반도(盤道)로 혼연자를 책망하다.

제18회 왕옥양(王玉陽)과 혼연자(渾然子)의 겨루기 ············ 255
　　　　왕옥양이진복가　담장진설고증금
　　　　王玉陽以眞服假　譚長眞設古證今

　　　　　　왕옥양은 진으로써 가를 굴복케 하고,
　　　　　　담장진은 옛 이야기로 금일을 증거대다.

제19회 학태고(郝太古)가 만든 72동(七十二洞) ················ 269
　　　　론현기사언계묘도　개석동일인독근로
　　　　論玄機四言契妙道　開石洞一人獨勤勞

　　　　　　현기를 말씀한 네 구절 묘도에 딱 어울려
　　　　　　석동을 여는데 한 사람 홀로 근로하였네.

제20회 색마단련(色魔煅煉)하는 장생자(長生子)를 만나는 달마조사
　　　　(達摩祖師) ··· 283
　　　　련색상연화혼적　설묘어도념순진
　　　　煉色相烟花混迹　說妙語道念純眞

　　　　　　색상을 단련하기 위해 연화원에다 자취를 감추고,

신묘한 말씀으로 강설하는 도념 순진하구나!

제21회 손불이(孫不二) 성도(成道)와 마단양(馬丹陽)과의 재회
··· 297

<small>손불이락양현도술 마단양관서회우인</small>
孫不二洛陽顯道術 馬丹陽關西會友人

손불이는 낙양에서 도술을 드러냈고,
마단양은 관서에서 도우와 만나다.

제22회 마단양(馬丹陽)과 만난 구장춘(邱長春), 구장춘(邱長春)의 굶어죽을 관상 ······························· 311

<small>분포단대도불연정 문상법당면파인량</small>
分蒲團大道不戀情 問相法當面把人量

포단을 나눠 가짐은 대도가 정에 끌리지 않음이요,
상보는 법을 물으니 얼굴을 보고 그 자리에서 사람의 운명을 알다.

제23회 구장춘(邱長春)과 태백성군(太白星君) ············· 327

<small>화강량개사귀정 담지리인사득생</small>
化强梁改邪歸正 談至理因死得生

강도들을 교화하니 사악한 일 고쳐서 올바른 길로 돌아갔고,
지극한 이치를 이야기하니 죽을 자리에서 살아나다.

제24회 구장춘(邱長春)이 만난 삼관대제(三官大帝) ·············· 339

<small>고근진상수심변 음마기환유인생</small>
苦根盡相隨心變 陰魔起幻由人生

괴로움의 근원 다하면 관상은 마음 쓰는 대로 변하고,
음마가 일어나면 헛것이 인생을 사로잡는다.

제25회 악행(惡行)이 가득차 호수로 변하는 왕부자 집 ········ 353
      진양족군음퇴산 　악관영합가침륜
    眞陽足群陰退散 　惡貫盈合家沈淪

        진양 충족하면 모든 음기 물러가고 흩어지나
        악업이 엉키고 꽉 차면 전 가족이 지옥에 떨어진다.

제26회 구장춘(邱長春)이 변화무쌍한 신통력 ····················· 365
      기우택회천전일 　시묘술환봉투룡
    祈雨澤回天轉日 　施妙術換鳳偸龍

        기도로 비의 혜택 받게 하고 해를 돌리는 대단한 힘,
        묘술을 써서 봉을 용으로 바꿔 놓는다.

제27회 구장춘(邱長春)의 수행강론(修行講論) ····················· 379
      유도중순순고계 　론수행층층설래
    諭道衆諄諄告誡 　論修行層層說來

        도사들은 훈유할 때 순순히 타일러 주며,
        수행법 강론엔 층층으로 강실하노다.

제28회 도(道)를 시험받는 구장춘(邱長春) ························ 393
      사짐주황후시도 　대금관진인음시
    賜鴆酒皇后試道 　戴金冠眞人吟詩

        짐주를 내리어 황후는 도를 시험하고,
        금관을 쓰고 진인은 시를 읊도다.

제29회 반도대회(蟠桃大會)에 나가는 일곱명의 진인(眞人)들
·· 407
      수단조칠진성정과 　부요지군선경반도
    受丹詔七眞成正果 　赴瑤池群仙慶蟠桃

칙명으로 일곱 진인이 정과를 성취하여,
요지에 나아가 여러 신선 모여 반도대회 경축하네.

(三) 화보(畵報)

① 삼천삼경천존(三天三境天尊) ……………………………… 423
② 삼황오악팔선(三皇五嶽八仙) ……………………………… 425
③ 동화목공(東華木公) ………………………………………… 427
④ 요지금모(瑤池金母) ………………………………………… 429
⑤ 전진종조종리권(全眞宗祖鍾離權) ………………………… 431
⑥ 전진종조려동빈(全眞宗祖呂洞賓) ………………………… 433
⑦ 종려이선론오등신선도(鍾呂二仙論五等神仙圖) ………… 435
⑧ 장춘구진인(長春丘眞人) …………………………………… 437
⑨ 처현유진인(處玄劉眞人) …………………………………… 439
⑩ 처단담진인(處端譚眞人) …………………………………… 441
⑪ 단양마진인(丹陽馬眞人) …………………………………… 443
⑫ 대통학진인(大通郝眞人) …………………………………… 445
⑬ 처일왕진인(處一王眞人) …………………………………… 447
⑭ 불이손진인(不二孫眞人) …………………………………… 449
⑮ 왕령관(王靈官) ……………………………………………… 451
⑯ 마천군(馬天君) ……………………………………………… 453

(一) 칠진수도사전(七眞修道史傳)

연꽃, 그 인연따라 맺어져 이룬 일곱 명의 육신보살들

(上卷)

제1회 : 두 걸인을 공손히 베풀어 주고, 그 인연으로 만연교(萬緣橋)에서 일곱 송이 연꽃 주인공들과 사제간이 될 것을 알게되는 왕중양 선생

제 1 회
일곱송이 연꽃 주인공들 인연

련빈곤우시측은 입몽매명지전정
憐貧困偶施惻隱 入夢寐明指前程

빈곤하고 가련한 이에게 베풀어 주었더니,
꿈속에서 앞날의 일을 똑똑히 알게 되었다.

行善當從實處行 莫沽虛譽圖聲名
행선당종실치행   막고허예도성명

착한 일은 마땅히 참되게 진심으로 하고,
거짓 꾸며 얻은 명예 팔아 칭찬받으려 하지말라.

虛名虛譽成何用 反惹窮人說不平
허명허예성하용   반야궁인설불평

실속 없는 헛된 명예 얻은들 무슨 소용이 있으리.
도리어 곤궁한 사람들의 불평만 불러일으킬 따름이다.

 이 몇 구절의 말씀은, 착한 일은 진심으로 해야지, 만약 선행을 보기좋게만 하려고 하거나, 사람들이 알아주기만을 바라고 행한다면, 그것은 곧 헛된 명예욕에 지나지 않으며 이름은 있으나 그 실상은 없고, 다만 세상을 떠들썩하게 만드는 것 뿐이라는 말이다.

지극히 고생스럽고 지극히 빈궁한 사람도, 그 착한 일의 혜택을 입지 못하는 이가 더 많이 있을 것이니, 비록 선행을 하는 이가 아무리 많은 돈을 베푼다 해도 그 모두에게 혜택이 다가도록 할 수 없기 때문에, 결국 가장 올바른 선행(善行)은 하지 못한 것이 된다. 그러므로 가장 완벽한 선행(善行)을 하지 못한 것이 되니, 바로 그릇되었다는 한탄을 하게되는 것이다.

중국 송조(炎宋) 말기(末期), 섬서성(陝西省) 함양현(咸陽縣) 대위촌(大魏村)에 왕(王)씨들 일가(一家)가 절반 이상이나 되는 100여가구(百餘家口)의 마을이 있었다.

그 왕씨족(王氏族) 중엔, 결혼한 일남(一男) 일녀(一女)의 남매를 둔 40여세된 과부가 있었다.

이 과부는 심성(心性)이 매우 착하고 인자(仁慈)하여, 다른 사람의 자녀들도 마치 자기가 낳은 자식인 양 친절하게 보살펴주며, 다른 사람을 거짓으로 속이는 일이 결코 없었다. 아이들이 "마마"(媽媽·엄마·어머니의 애칭)라고 부르면서 울어대면, 그 과부는 바로 대답을 하면서 따뜻하게 대해 주곤 했으므로, 사람들은 모두 그 과부를 "왕마마(王媽媽)"라 불렀다.

이 왕마마(王媽媽)의 집은 큰 부자였는데, 평소 착한 일 하기를 즐겨하였으며, 특히 불교(佛敎)·도교(道敎)의 양문(兩門)을 가장 잘 받들어, 스님과 도사(道士)에게는 언제나 기꺼이 보시(布施)를 하고, 예불(禮佛)과 염불(念佛) 독경(讀經)을 게을리 하지 아니하였으므로, 마을 사람들은 모두 왕마마(王媽媽)를 훌륭한 부인이라고 칭찬을 아끼지 않았다.

그러한 소문이 퍼지자, 더욱더 많은 스님과 도사들이 탁발(托鉢)을 하러 찾아 왔다. 또한 많은 걸인(乞人)이 이 마을을 찾아와도, 그때마다 왕마마(王媽媽)는 많고 적고간에 그들을 베풀어 주는 일을 게을리하지 않았다.

추위가 채 가시지 않은 어느 해 이른 봄날 큰 눈이 내렸는데 왕마마(王媽媽)가 문 앞에 서 있노라니까, 눈이 두둑이 쌓인 저쪽에서 두 사람의 걸인이 왕마마(王媽媽)앞에 이르러, "보태주십쇼" 하는 것이었다. 왕마마(王媽媽)는,

"보아하니 당신들은 열심히 일하면, 충분히 살아갈 수 있는 사지(四肢)가 멀쩡한 사람들인데, 이렇게 와서 구걸(求乞)하는 것을 보니 필시 게으름을 피우며, 놀기만 탐하는 한량(閑良) 패거리가 분명한 것 같습니다. 당신들 같은 사람에게 줄 만한 밥은 없으니, 당장 돌아가십시오" 하면서, 호되게 꾸짖었다. 이 말이 채 끝나기도 전에, 또 몇 사람의 스님과 도사가 탁발(托鉢)하러 왔다. 이에 왕마마(王媽媽)는 그들에게는 앞서온 걸인들과는 다르게 깎듯이 대하며 지체없이 돈과 쌀을 주어 돌아가게 하였다.

스님과 도사가 왕마마(王媽媽)의 공양(供養)을 받고 떠나버린 뒤, 두 걸인은 다시,

"인자하신 할머니, 스님과 도사에게는 기꺼이 포시를 해주시면서, 가난한 사람을 구원(救援)해 주시지 않는 것은 무슨 까닭입니까?" 이에 왕마마(王媽媽)는,

"나는 스님과 도사에게 무턱대고 보시하는 것은 아닙니다. 스님은 독경(讀經)을 하며, 도사는 도(道)를 수행(修行)하고 있으니 내가 스님이나 도사에게 약간의 공양을 하여 드릴 경우에 스님은 나의 재난(災難)을 없애 주시고, 도사는 나의 수명(壽命)을 연장(延長)하여 주십니다. 그러나 당신들을 내가 도와준들, 나에게 무슨 이익이 있겠습니까? 당신들은 다만 우리집 문앞에서 한바탕 소란만 피울뿐입니다."

이 말에 두 걸인은,

"은혜를 베풀고 무언가 보답(報答)해 주기를 바란다면 그것은 은혜를 베푼 일이 되지 않지요. 당신께선 지금 약간의 쌀과 얼마 되지도 않는 돈을 베풀고는 그것으로 재난을 없애고 수명을 연장

하려하고 있습니다. 이는 가당치도 않은 일이라 생각됩니다." 라는 말을 마치고 그들은 그곳을 떠났다.

佈道濟僧結善緣　貧窮孤苦亦堪憐
포도제승결선연　빈궁고고역감련

도사와 스님에게 포시하는 것이 좋은 인연을
맺는 것이 된다면, 가난하고 궁색하고 외로워 고통받는
이도 역시 견디기 어려운 이웃.

只施僧道不憐苦　失却善功第一先
지시승도불련고　실각선공제일선

다만 승도에게만 포시를 하고 고통받는 이웃을
돌보지 않는 것은, 잘 쌓은 공덕을
무너뜨리는 제일의 선봉이라.

두 걸인은 왕마마(王媽媽)가 구원해 주지 않는 것을 보고 다른 곳으로 떠나가게 되었는데, 몇발 가지 않아, 주홍색깔의 누문(樓門) 앞에 이르러 큰 소리로,

"영감마님, 영감마님! 동냥하러 왔습니다." 라고 불렀다. 잠시 후에 문 안에서 한 사람이 나왔는데, 이 사람은 붉은 얼굴에 긴수염을 하고 태어났으며 신기(神氣)가 맑고 시원스러워, 얼른 보기에도 사람을 포용(包容)하는 넓은 도량(度量)이 있는 듯 보였고 호걸(豪傑)다운 풍모(風貌)가 엿보이는 사람이었다. 나이는 40세 안팎이었는데, 그 사람은 성(姓)은 왕(王)씨요, 이름은 철(矗), 자(字)는 지(知), 호(號)는 덕성(德盛)이라 했으며, 어린 시절부터 시서(詩經·書經)를 읽었지만, 과거에는 급제하지 못하여 공명(功名)을 이루지 못하였기 때문에, 마침내 문(文)을 버리고, 무(武)를 배우고 익혀, 드디어 무관(武官)시험에 합격하여 군(郡)에서

추천된 효렴(孝廉)이라는 벼슬을 했던 사람이었다.

이날은 눈이 매우 많이 내려, 몹시 추운 날이었으므로, 왕효렴(王孝廉)은 부인인 주씨(周氏)와 아들인 추랑(秋郞)과 더불어, 마침 화로의 둘레에 앉아, 불을 쬐고 있었는데, 그때 마침 문 밖에서,

"영감마님, 영감마님! 좀 도와주세요." 라고 외치는 소리가 들려, 왕무거(王武擧)가 나가 보니, 두 사람의 걸인이 문 앞에 서 있어서 왕무거(王武擧)가 묻기를,

"영감마님을 도와 드리라는 말씀입니까, 아니면 영감마님께 도와달라는 말씀입니까?"

걸인들이 대답하기를,

"말씀을 자세히 드릴 수가 없습니다. 자세히 말을 하려 하면 반드시 의문만 깊어질 뿐입니다."

왕무거(王武擧)는 그 하는 소리를 듣고 두 걸인의 말에 일리(一理) 있다고 짐작되었으므로, 되묻지 않았다.

그때, 함박눈에 눈보라가 휘몰아쳐, 배꽃이 바람에 춤을 추듯 하늘 가득 분분(紛紛)히 땅에 떨어졌다. 산에는 날아 다니는 새의 모습도 끊어지고, 길에는 오가는 사람조차 없었다.

왕무거(王武擧)가 홑 옷만을 걸치고 있는 두 걸인을 보니까, 이 추위에 도저히 견뎌낼 수 없겠구나 하는 측은한 마음이 갑자기 일어나 두 걸인에게 말하기를,

"눈보라가 휘몰아 치는데 한가하게 이야기하고 서 있을 수는 없고 어떻게 가실 수 있겠습니까. 이 누문(樓門) 곁에 빈방(空房)이 하나 있는데 방안에는 마른 풀이 쌓여 있으나 앉고 누울 수는 있을 것입니다. 두 분은 거기서 이 눈보라를 피하시도록 하세요."

두 걸인은,

"그것 참 너무나 고맙습니다." 라고 대답했다.

왕무거(王武擧)는 지체 없이 빈 방을 열고 들어가서 두 걸인으

로 하여금 쉬도록 하고 안채로 돌아가서, 하녀인 옥와(玉娃)에게 먹을 것을 가지고 가서 두 걸인을 대접하게 했다.

幾人仗義能疎財 肯把貧窮請進來
기인장의능소재 긍파빈궁청진래

정의를 존중하여 재물을 가벼이 여기며,
빈궁한 이를 싫다 아니하고 들어오라 할 이가 몇 명이나 될까.

只有當年王武擧 生平慷慨廣培栽
지유당년왕무거 생평강개광배재

다만 당년에 왕무거(王武擧) 한 사람은
평생동안 큰 마음 써서 강개롭게 널리 인재를 심어 가꾸더라.

이 걸인들이 왕무거(王武擧)의 집에서 이틀동안 묵으니, 날씨도 개었는지라, 그만 하직하고 떠나려 할 때 마침 왕무거(王武擧)가 들어왔다. 그리고 그의 뒤를 쫓아 옥와(玉娃)가 술과 음식을 받쳐 들고 따라왔다.

왕무거(王武擧)가 두 걸인에게,

"제가 연일 볼일 때문에 별로 대접도 못해 드렸습니다. 오늘은 좀 한가하므로, 두분과 한잔하면서 몇마디 문안인사나 올릴까 하는데, 어떠하신지요?" 라고 하니까, 두 걸인은,

"좋습니다! 좋습니다!" 탄성을 연발하니 왕무거(王武擧)는 옥와(玉娃)로 하여금 술잔과 수저를 차려놓게 하였다. 그리하니, 두 걸인은 사양할 것도, 감사하다는 인사도 할 것 없이 자기들끼리 붓고 먹고 붓고 먹고 하여, 눈 깜짝할 사이 두 병이나 먹어치웠다. 왕무거(王武擧)는 또 옥와(玉娃)에게 술을 더 갖다드리라고 하여 두 걸인이 걸쩍하게 퍼마시고 있는데, 왕무거(王武擧)가,

"고생을 같이 하는 두 친구분들은 성씨는 뉘시며 함자는 무엇

이라 합니까? 그리고 평생 무슨 일로 생활하시고 계십니까?" 하고 물으니, 한 사람이 대답하기를,

"우리 둘은 아무것도 할 줄 모르고 이분은 김중(金重)이라 부르고, 나는 무심창(無心昌)이라 하지요." 왕무거(王武擧)가,

"제가 두 분에게 얼마간 자본을 대어 드릴터이니, 그것으로 조그마한 장사라도 해서 생활해 나가는 것이 억지로 구걸하시는 것보다는 훨씬 나을 것 같습니다. 두분의 의향은 어떠하신지요?" 하고 물으니 그 말이 끝나자마자, 김중(金重)이 손을 가로 저으며 말하기를,

"천만의 말씀입니다. 천만의 말씀입니다. 나는 평생을 풀어헤치고 얽매인 일 없이 지내왔는데, 지금 와서 손과 발을 얽어매인 일은 할 수 없습니다."

왕무거(王武擧)는 김중(金重)이 이렇게 말하는 것을 보니, 그는 장사가 생리에 맞지 않음을 알고, 다시 무심창(無心昌·吳心昌)에게 물었다.

"김형께서는 이런 조그만 장사로 살아갈 생각은 없으신줄 알겠습니다만, 오(吳)형께시는 어떠하십니까?" 무심창(無心昌)이 말하기를,

"나는 더한 한량이지요. 일찍이 듣기를, 집에서 기르는 닭은 먹을 것이 있으나 물 끓는 남비가 가깝고, 들에 사는 두루미는 양식은 없어도 마음 놓고 높은 하늘을 날 수 있다고 하였으니, 만약 파리 대가리 같이 더럽게 조그마한 이익을 바라고 따라다닌다면, 이 몸이 어떻게 소요 자재할 수 있겠습니까?"

왕무거(王武擧)는 이 말을 듣고 감탄하면서,

"두분의 말씀을 듣고, 훌륭한 풍모(風貌)가 넘치심을 알겠습니다. 그렇지만, 지금 세상에서는 의관(衣冠)을 중히 여기고 돈만 좋아하는 실정인데, 두 분께서 이처럼 청담(淸淡)하신다 해도 그 누가 알아볼 수 있겠습니까?"

무심창(無心昌)이 말하기를,

"우리는 남이 알아주기를 바라지 않습니다. 사람들이 알아 주기를 바랬다면, 거지 신세로 떨어지지 않았을 것입니다."

왕무거(王武擧)는 그 말을 들으니, 범속(凡俗)한 사람들이 아님을 알아차리고 다시 말하지 않고, 곧 옥와(玉娃)에게 명하여 술상을 치우게 하고는 안채로 들어갔다.

다음날 두 걸인은 일어나 하직을 고하고 떠나려하니, 왕무거(王武擧)가 마을 밖까지 배웅하였다. 그러나 섭섭함을 견디지 못해, 또 몇 걸음을 더 나아가 전송하는데, 난데없는 큰 다리 하나가 눈 앞에 보였다. 왕무거(王武擧)가 가만히 생각해보니, 동네 앞이나 뒤에는 원래 다리라곤 없었다. 머리를 돌려 대위촌(大魏村)을 바라보니, 멀리 아득한 가운데 가물가물 보이는지라, 웬일일까 하고 의아해하고 있으려니, 무심창(無心昌)이 부르며 말하기를

"효렴공(孝廉公)! 어서 이리 오시오." 왕무거(王武擧)가 고개를 돌려 바라보니, 두 사람은 다리 난간에 걸터 앉아 있고, 김중(金重)이 손뼉장단을 치며 노래부르기를,

錢財聚復散 衣冠終久壞
전채취복산 의관종구괴

돈이란 건 모였다가 흩어지고, 의관도 오래되면 헤어지네.

怎如我二人 值身於世外
즘여아이인 치신어세외

우리 두 사람 같이 세상밖에 몸을 두는 사람 또 어디 있으랴.

不欠國家糧 不少兒女債
불흠국가량 불소아녀채

국가식량 축내지않고, 아들딸에 갚을 빚 걱정 없네.

不說好和歹　不言興和敗
불설호화알　부언흥화패

좋다 나쁘다 말할 것 없고, 흥패성쇠 말할 일도 없는지라.

不與世俗交　免得惹人怪
불여세속교　면득야인괴

세속사람 사귀지 않아, 괴이한 일 일어나지 않네.

一件破納襖　年年身上載
일건파납오　년년신상재

헌누더기 장삼 하나, 해마다 몸에 걸치고,

爛了又重補　洗淨太陽晒
란료우중보　세정태양쇄

떨어지면 깁고 또 기워, 깨끗이 빨아 햇볕에 말려,

白日遮身體　晚來當鋪蓋
백일차신체　만래당포개

낮이면 몸에 걸쳐 가리우고 밤이 되면 이불로 삼고,

不怕賊來偸　也無小人愛
불파적래투　야무소인애

도둑맞을까 걱정 없고, 소인들의 사랑 받을 염려 없고,

常存凌雲志　一心遊上界
상존릉운지　일심유상계

뜻은 항상 구름보다 높이 있고, 일심이야 상천 세계 노닌다네.

若人知我意 必要低頭拜
약인지아의 필요저두배

만약 내뜻 알았다면, 고개 숙여 절해야지.

我有無窮理 使他千年在
아유무궁리 사타천년재

나에게 있는 무궁 이치로, 그대를 천년이나 살게 하리.

惜乎人不識 以恩反爲害
석호인불식 이은반위해

가석하다 세상 사람들 이를 모르고, 은혜를 해롭다하네.

　왕효렴(王孝廉·王武擧의 다른 官名)이 다리 위로 쫓아 올라가니, 무심창(無心昌)이,
　"효렴공(孝廉公)이 이렇게 멀리까지 오셔서 전송해 주시니, 술이나 한잔 대접하리다." 말하고서, 술잔이 덮인 조그마한 주석 병을 소매 속에서 꺼내어, 맛좋은 술을 잔에 가득 부어서 효렴(孝廉)에게 건네주었다. 효렴공은 단숨에 연거푸 석잔을 마시고서는 취하여 다리 위에 쓰러졌다. 효렴이 잠이 쏟아져 견딜 수 없는 상태에서 보니 무심창(無心昌)이 와서 한손으로 잡아 일으키면서 말하기를,
　"자지 마시오, 자지 마시오. 우리와 함께 경치를 한번 구경하러 갑시다."
왕무거(王武擧)는 취기가 몽롱한 상태로 무심창(無心昌)을 따라가는데, 몇 걸음 안가서 보니, 아주 높고 험준한 산이 앞길을 가로막고 있었다.
　왕무거(王武擧)가 놀라며,
　"이렇게 높은 산을 어떻게 오릅니까?" 말을 하니 김중(金重)이,

"내가 가는 대로 따라 오시면 저절로 올라갈 수 있습니다." 라고 하는 것이다.

왕무거(王武擧)가 발 뒤꿈치를 쫓아서 그대로 따라가니까, 조금도 힘들지 않고 눈깜짝할 사이에 산 꼭대기에 오르게 되었다.

정상은 퍽 넓고 평탄하며, 큰 못이 하나 있는데, 맑은 물이 가득 괴어 있었고, 물 위에는 일곱송이 금빛 연(蓮)꽃이 활짝 피어 있었다. 그 금빛 연(蓮)꽃은 큰 대야 만큼 컸고, 너무나 깨끗하고 무척이나 고왔다. 왕무거(王武擧)는 금빛나는 연(蓮)꽃에 대한 사랑스러움에 흠뻑 취하여 견디지 못하고 이어 찬탄하면서,

"그 연(蓮)꽃 참 좋다! 정말 좋다! 저걸 내가 어떻게 꺾어 가질 수 있을까?" 라고 하였더니, 그 말이 미처 끝나기도 전에 무심창(無心昌)이 못 가운데로 뛰어들어가서, 그 일곱 송이의 금빛 연(蓮)꽃을 모두 꺾어다가 왕무거(王武擧)에게 주면서,

"모두 당신에게 드리니, 잘 호지(護持)하시오. 이 일곱 송이 연(蓮)꽃은 다각각 일곱 사람의 주인이 있으니, 구(邱)·류(劉)·담(譚)·마(馬)·학(郝)·왕(王)·손(孫)씨 등이며, 이 일곱 사람들은 당신과 시제(師弟) 관계를 맺을 언분이 있어, 후일 언젠가 서로 만날 터이니, 잘 화현(化現)을 열으시오. 그것이 내가 당신에게 연(蓮)꽃을 드리면서 부탁하는 뜻이니 이를 저버리지 말아주시오."

왕무거(王武擧)는 연(蓮)꽃을 받아서 품속에 안고, 바로 집으로 돌아가려 하며 무심창(無心昌)에게 언제 또 만나뵐 수 있을까를 물었다. 무심창(無心昌)이 말하기를,

"만날 날은 그렇게 멀지 않을 것입니다. 다만 셋(三) 두개(兩個)에 헤어진 자리에서 만나, 다릿가에서 모든 인연을 마치기로 합시다(橋邊了萬緣)."

왕효렴(王孝廉)이 그 말씀을 다 듣고 산을 내려가려고 발을 내딛었는데 갑자기 길가에 있는 칡 덩굴에 걸어채어, 곤두박질로 거

꾸러진 채 산 밑으로 떨어지게 되었다.

莫說上來原不易 須知下去更爲難
막설상래원불역 수지하거갱위난

올라오기가 원래 어렵다고 하지 말라.
모름지기 알라, 내려가기란 더욱 어려운 것을.

제2회 : 만연교(萬緣橋)에서 종(鐘)·려(呂) 두 선인으로부터 전진법(全眞法)의 묘체를 전수받은 후, 12년간 거짓 중풍을 앓으며 세속을 끊고 서재에서 도(道)를 닦는 왕중양 선생

제 2 회
만연교(萬緣橋)에서 다시 만난 여조(呂祖)

만연교려조친전도 대위촌효렴가중풍
萬緣橋呂祖親傳道 大魏村孝廉假中風

만연교에서 려조가 친히 도를 전하니,
대위촌의 효렴이 거짓 중풍을 앓도다.

了悟猶如夜得燈 無牕暗室忽光明
료오유여야득등 무창암실홀광명

모두 깨달아 마치고 보면 밤중에 등불 얻은 것 같이,
창구멍도 없는 암실이 갑자기 광명이 깃들진데

此身不向今生度 更向何時度此身
차신불향금생도 갱향하시도차신

이내몸 이생에 제도하지 않으면,
어느 때에 다시 이 내몸 제도하리.

왕효렴(王孝廉)이 일곱 송이 연(蓮)꽃을 안고 산을 내려오려고 발을 옮기다가, 갑자기 칡덩굴에 다리가 걸려, 곤두박질로 거꾸러져 떨어졌는데, 깜짝 놀라 깨어 보니, 모든 형상은 다 공(空)이요, 한낱 꿈이었다. 눈을 떠보니, 자기 집 서실(書室)에 누워 있고, 옆에는 아들 추랑(秋郎)이 서 있는 것이었다.

왕효렴(王孝廉)이 기침을 한번 하니까, 추랑(秋郞)이 듣고서,

"아버지가 깨어나셨어요. 아버지가 깨어나셨어요!" 하고 떠드는 소리를 듣고, 부인 주(周)씨가 놀라며 황겁히 달려와서,

"상공(相公), 술이 깨시었습니까?" 하고 물어보니, 왕효렴(王孝廉)은,

"참으로 기괴(奇怪)한 일이로다! 참으로 기괴(奇怪)한 일이로다!" 하고 중얼거렸다. 주(周)씨 부인이 말하기를,

"일은 모두 스스로 미욱함에서 일어난 일인데, 어찌 이상하다 하십니까?" 왕효렴(王孝廉)이 말하기를,

"내가 분명히 손님을 전송하러 나갔었는데, 어떻게 다시 집 안에 들어와 있게되었오?" 주(周)씨부인이 대답하기를,

"관인(官人)으로서 너무 방탕하셨습니다. 당신은 어제 두 걸인을 전송하러 나가셨는데, 반 나절이 지나도록 돌아오시지 않았지요. 그래서 사람을 시켜 몇 번이고 찾아보았지만, 종적이 까마득하였습니다. 걱정스러워 둘째 서방님 왕무동(王武同)과 옥와(玉娃)에게 부탁해서 당신을 찾게 하였더니, 당신이 이십(二十)여리 밖에 있는 다리 위에 쓰러져 있더랍니다. 게다가 술에 곤드레만드레 흠뻑 취하여 인사불성(人事不省)으로 꼼짝하지 못하셔서 가마를 불러 집에까지 모셔오게 된 것인데 하루 낮 하루 밤을 줄곧 주무시더니, 이제야 겨우 깨어나신 것입니다. 이후로는, 관인(官人)으로서 자중하시고, 술도 조금만 드시고, 일도 바르게 처리하시고, 내력이 분명치 않은 사람과는 서로 사귀지 마시길 바랍니다. 당신께서는 지금 조정의 은덕을 받고 있기 때문에 지방 사람들이 존경하며 우러러보고 있습니다. 그런데 들바닥에 쓰러져 계신다면, 어떻게 체면을 지키실 수 있겠습니까? 스스로 위의를 잃는다면, 지방 사람들의 비웃음을 면치 못할 것입니다."

"부인의 말씀은 참으로 좋은 약입니다. 못난 나로서 어찌 감히 뼈에 새겨 명심하지 않겠소. 그런데 어제 그 고락을 같이하는 두

친구는 신선이 틀림없다고 생각되오." 주(周)씨 부인이 말하기를,

"말할 것도 없이 분명한 거지들 이였는데, 어찌 신선이 틀림없다고 하세요?" 왕효렴(王孝廉)이,

"그 언사(言詞)를 듣고, 그 동정(動靜)을 살펴보니 틀림없이 신선이라는 것을 알 수 있었소." 주(周)씨부인이 또 묻기를,

"그들이 무슨 강설(講說)을 하였고, 어떤 행동을 하였기에 그러십니까? 어디 한군데라도 신선다운 데가 있었던가요?" 왕효렴(王孝廉)은 자본을 대어 사업을 도와 주겠다고 해도, 그들이 곧 거절해 버린 일, 다음날 전송할 때, 몇 걸음 가지도 않았는데 이십(二十)리나 가게 된 일과, 그들이 어떤 노래를 지어 부른 일이며, 어떻게 하여서 술을 먹게 되었는지, 또 함께 산에 올라 연(蓮)꽃 꺾은 일, 작별하고 돌아올 때에 했던 말 등을 처음부터 낱낱이 주(周)씨부인에게 이야기하였다. 그리고는 주(周)씨 부인에게,

"내가 술을 그 조그마한 잔으로 겨우 석잔밖에 마시지 않았는데, 하루낮 하루밤을 꼬박 취해 있었다니, 정말 믿어지지 않소. 만약 그들이 신선이 아니라면 어떻게 이렇게 기괴한 일이 일어날 수 있겠소?" 주(周)씨부인이 듣고,

"사람들이 이야기하는 것을 들은 일이 있는데요, 세상에 별의별 나쁜 사람이 많아서, 축지법을 써서 한 걸음에 십(十)리 밖을 딛기도 하고, 하루에 천(千)리 길을 갈 수 있는 사람도 있고, 또 마취약을 술에 타가지고 몸에 지니고 다니면서, 혼자 다니는 장사치를 보면, 술을 꺼내서 권하기도 하는데 그 술이 입술에 닿기만 해도, 바로 혼미해져서 인사불성이 되는데, 그럴 때 그들은 바로 몸을 뒤져 돈도 훔치고 옷가지도 벗겨간다 합니다. 잠에서 깨어났을 때는 어느 곳으로 도망갔는지 자취를 감추어 버려 알길이 없는데, 사람들은 이렇게 당하고 난 후에야 조심하지 않은 것을 뒤늦게 후회하고 뉘우친답니다."

왕효렴(王孝廉)이 주(周)씨부인의 말을 다 듣고, 혼자 생각하기

를,

 '아내는 결국 여자이기 때문에, 지금 말로 따져서 이해시킬 수는 없겠구나. 그녀의 의견이 맞는 것처럼 이일을 메듭지을 수밖에' 하고는 입에서 나오는 대로,

 "부인 말이 맞아요. 못난 사람이 이제야 알것 같소."

 부인이 나간 후에, 왕효렴(王孝廉)은 서실(書室)에 혼자 앉아 김중(金重)과 무심창(無心昌)이 한 말을 몇번이고 되풀이하며, 마음 속으로 그 이치(理致)를 깊이 생각하며 며칠을 보냈다. 이렇게 생각에 잠겨 있다가 왕효렴이 깨닫기를 '금중(金重) 두 글자는 한데 합치면 종(鍾)자가 되며, 오심창(吳心昌·우심창)은 발음이 같은 무심창(無心昌)으로 되어, 창(昌)자에 심(心)이 없으니, 려(呂)자가 되는구나. 분명히 종(鍾)·려(呂) 두 신선이 나를 제도하러 오신 것이었는데, 내가 지금 연분이 없기 때문에, 만나뵙고도 모르고 잘못 그분들을 그대로 보냈구나' 이렇게 생각이 되니 자신도 모르게,

 "참으로 참으로 애석하다!" 하는 탄식 소리가 터져 나왔다.

 언뜻 작별할 때에 들은 말이 생각났다.

 '〈만날 날은 그렇게 멀지 않을 것입니다. 다만 셋(三) 두개(兩個)에 헤어진 자리에서 만나, 다릿가에서 모든 인연을 마치기로 합시다(橋邊了萬緣)〉라는 말씀인데, 멀지 않다는 말은 필시 가까움을 주장함이요, 셋(三)이 두 개(兩個)라 함은 정녕 3월 3일일 것이며, 헤어진 곳에서 만난다 함은, 오는 곳을 알고싶거든 반드시 떠나갔던 자리를 찾으라는 말이요, 모든 인연을 마친다(了萬緣)는 말은 만법(萬法)이 다 돌아온다는 뜻을 말씀하신 것이로구나.'

 여기까지 생각이 미치니 저절로 기쁜 마음이 솟아 올랐다. 광음은 화살과 같이 흐르고, 일월은 베짜는 북처럼 지나서, 어느덧 순식간에 남은 겨울이 끝나고, 새 봄이 왔다.

一年氣象一年新 萬卉爭姸又一春
일년기상일년신 만훼쟁연우일춘

일년의 기상은 해마다 새로우니,

모든 꽃들 다투어 곱게 피는 새 봄이 또 한번 왔도다.

少少兒童皆長大 看看又是白頭人
소소아동개장대 간간우시백두인

어리고 예쁜 아이들도 모두 자라서,

보고 보는 동안에 어느새 하얀 머리 늙은이가 되었노라.

왕효렴(王孝廉)은 새해가 지나고 어느 사이 기다리고 기다렸던 3(三)월. 초사흘(初三)날이 되자 혼자서 살짝 집을 떠나, 먼저 갔었던 길을 따라갔다. 그리고 그는 지난번 그 다리 있는 데에 이르러 상당히 오래 기다렸다. 그러나 아무도 다가오는 자취가 보이지 않았다.

왕효렴은 가만히 이런 생각 저런 생각을 하며 진실하고 간절한 마음에 사무쳤다. 그리고는 다리 위에 서서, 이리저리 두리번거리고 있는데, 등뒤에서 어떤 사람이 그를 부르며 말했다.

"효렴공(孝廉公)! 퍽 일찍 오셨구료!" 왕효렴(王孝廉)이 돌아다보니, 바로 지난해에 만났던 그 두분의 귀한 친구들이었다. 그는 황망(遑忙)하게 앞으로 나아가서, 도복 자락을 잡고서는,

"두분 대선(大仙)께서 떠나신 후로, 제자는 뵙고 싶어 죽을 뻔했습니다." 라고 말하니, 무심창(無心昌)과 김중(金重)은 함께 다리 가에 가서 걸터앉았다. 그러자 그 앞에 왕효렴(王孝廉)이 두 무릎을 꿇고서,

"제자 왕철(王矗)이, 육안범태(肉眼凡胎)로서 미련하여, 상천(上天)의 대선(大仙)께서 하강(下降)하신 줄을 몰라보고 버릇없이 굴었사오니, 바라옵건데 용서해 주시기 빌어마지않습니다. 오늘

또 이렇게 선안(仙顔)을 뵈옵게 된 것은, 참으로 삼생(三生)의 다행입니다. 원하옵건데, 미로(迷路)를 적시(摘示)하여 주시어서 깨달음길(覺路)에 오를 수 있게 해주시면, 제자 그 깊은 은덕을 영원히 잊지 않겠나이다." 고 말하고는 고두(叩頭) 배례(拜禮)를 올리니 두사람이 가가대소(呵呵大笑)하면서 크게 웃는 소리가 나서 쳐다보니, 입안에서 금광(金光)이 번쩍번쩍 흘러나와 눈이 부실 지경이라, 엎드렸다가 다시 고개를 들어 바라보니 그사이 두 사람의 형용이 바뀌어 왼쪽 한 분은 머리 양쪽에 쌍 상투를 짜올렸고, 몸에는 창의(敞衣)를 입으시고, 얼굴은 대추처럼 붉었으며, 눈은 반짝이는 별과 같고, 한뭉치 긴 구레나룻 수염은 가슴까지 늘어졌으며, 손에는 거위의 깃털같이 가볍고 미세한 부채를 들고 있고, 오른쪽의 한 분은 머리에 구량건(九梁巾)을 쓰고, 몸에는 노랑 도포를 입었으며, 얼굴은 둥근달 같고, 안광(眼光)은 사람을 쏘아 보는 듯하며, 수염은 바람에 다섯 가닥으로 나부끼며, 보검(寶劍) 한 자루를 가지고 계시니, 과연 종리로조(鍾離老祖)와 순양려조(純陽呂祖)가 틀림없는지라.

왕효렴(王孝廉)은 땅에 무릎꿇고 엎드려 절만하며 고개 숙인채로 감히 얼굴을 들어 바라보지도 못하니, 려조(呂祖)께서 말씀하시기를,

"상고(上古)시대에는 인심이 박실(樸實)하고, 풍속도 양순(良淳) 하였기 때문에, 도(道)를 전수(傳授)코저함에, 먼저 법술(法術)을 전하여 몸을 안전히 지키게 한 후에, 현공(玄功)을 전하여 진인(眞人)을 이루게 하였는데, 지금 이때는 세도(世道)가 퇴폐해지고 인심도 옛날 같지 않게 각박해졌으므로, 만약 법술(法術)을 먼저 전한다면, 도리어 그 몸을 그르칠 것이 틀림 없으므로, 먼저 현공(玄功)을 전하면 법술(法術)을 빌리지 않더라도 몸은 저절로 편안할 것이며, 변화법(變化法)을 쓰지 않아도, 도(道)는 자연히 이뤄질 것이며, 도(道)가 성취되면 만법을 모두 다 통달케 되어

법술(法術)을 구하지 않아도 저절로 얻어질 것인데, 이를 바로 전진(全眞)의 가르침이라고 하노라." 즉설(卽說)하시고 전진(全眞)의 묘리(妙理)를 일러 가로되,

"이른바 전진(全眞)이라 함은, 순진(純眞)하고 거짓이 아니라는 뜻.

사람이면 어느 누가 진심(眞心)이 없을까마는, 잠깐 사이 비진심(非眞心)이 되고 만다.

사람 어느 누가 진의(眞意)가 없을까마는 한번 문득 잡념으로 없어지고 만다.

사람 어느 누가 진정(眞情)이 없을까마는 한번 편벽되면 바로 어그러져버리고 만다.

처음 마음(初心)은 진(眞)이라하여도 변환(變幻)하여 곧 가심(假心)이 되는 것.

비롯된 뜻 시의(始意·本意)는 진(眞)이지만, 따지고 재면 바로 가의(假意·虛意)가 되는 것.

지극한 정(至情)은 진(眞)이지만 빗나가 어그러져 가정(假情·虛情)이 되는 것.

소위, 초심(初心)이란 고유의 천량(天良)으로 우러나는 마음이며,

시의(始意)란 조짐의 뜻, 천리(天理)에서 우러나는 뜻이며, 지극한 정이란 본성의 정, 천성(天性)에서 나오는 정이며,

심중(心中)에 진의(眞意)·진정(眞情)이 있으면, 정중(情中)에 진심(眞心)·진의(眞意)가 나타나는 것.

진심(眞心)에서 나와야 진의(眞意)가 되고 심(心)은 의(意)의 주인공(主人公), 진의(眞意)에서 나와야 진정(眞情)이 되는데, 정(情)은 의(意)의 빈객, 이 정(情)이야말로 자연현상(自然現象) 본래(本來)의 면목(面目)이며, 무시(無時)로 천기(天機)가 나타나지 않음이 없으니, 이런즉, 사람이 진(眞)되지 않을 수 있으랴! 사람

이 진심(眞心)이 없으면 진의(眞意)가 없고, 진의(眞意)가 없으면 진정(眞情)도 없는 것.

일찍이, 수도하는 사람들을 보니, 동(動)하면 사념(私念)이 자꾸 일어나고, 념(念)이 사사로우면 곧 마음이 자기 진짜 본성 자리에 있지 못하고 고요(靜)한 즉, 욕념(欲念)이 서로 따라 순환을 일으켜 념(念)이 하고자함에 있으면, 마음이 진짜 자기 자리에 가 있지 못하노라.

사욕(私欲)이 끊어지지 않으면, 발(發)하여 나타나는 것은, 혹 전혀 진의(眞意)가 없거나, 또는 허다(許多)하게 의혹(疑惑)이 생겨 반진반가(半眞半假)로 되는데, 이 반진반가(半眞半假) 시기(時期)가 바로, 하늘과 사람이 함께 어울리고, 사람과 짐승이 두 갈래길로 나뉘는 때이니, 이것은 의(意)이며, 정(情)은 가리어 엄폐(掩蔽)될 수 없는 것이라, 진도(眞道)를 시험하려면 먼저 진정(眞情)을 시험하느니, 진정(眞情)을 시험하면 곧 마음이 진심(眞心)인지 가심(假心)인지 여부를 알 수 있고, 의(意)가 진(眞)인가 가(假)인가를 알 수 있도다.

그러한고로, 진도(眞道)를 닦으려면, 반드시 의(意)로 시발(始發)하여 의(意)가 정성(精誠)되면, 마음 또한 정성(精誠)될진데, 곧 이 마음에 나타나는 정(情)이 정성(精誠)된 것으로 이 정성(精誠)이 바로 진(眞)이노라.

정성(精誠)이 만약 진짜가 아니면, 말을 보더라도, 그 말이 충심(衷心)으로 하는 말이 아니므로, 진언(眞言)이 아니고, 행실(行實)로 보더라도, 행동(行動)이 본성(本性)을 쫓아서 하는 것이 아니므로, 진행(眞行)이 아니노라.

수행(修行)하려는 자는 심(心) 밖의 심(心), 의(意) 밖의 의(意), 정(情) 밖의 정(情)을 닦아 없애고, 념(念)이 일어나 말하려 할 때도, 본래 타고난 양심(良心)이 일어나 인심(人心)도 놓게 되며, 두 마음으로 일어나는 의혹(疑惑)도 막을 수 있고, 그 의

(意)를 혼잡(混雜)하게 하여, 그 의(意)를 잘못 쓰는 일이 없어져, 바로 진심(眞心)·진의(眞意)·진정(眞情)스러워 한오라기도 거짓이 없으리라.

바로 이것이 진도(眞道)인데 이 진도(眞道)를 두루 널리 행하는 것을 일러, 〈전진(全眞)〉이라 하도다."

려조(呂祖)께서 이와 같이 전진(全眞)의 이치(理致)를 왕효렴(王孝廉)에게 설하여 주고 나서, 또다시 자기를 단련(煉己)하고 기초를 쌓는 법(築基)과, 화로를 장치(安爐)하고 솥 거는 법(立鼎)과, 약을 채취(採藥)하여 단전으로 돌려(還丹) 불(火)을 조절하는 법이며, 떼고(抽) 붙이는(添) 공부(工夫) 등 일체를 다 가르쳐 주었다. 이에 왕효렴(王孝廉)이 재배(再拜)하고 가르침을 받으니, 려조가 또 말씀하시기를,

"그대가 성도(成道)한 후에는 속히 산동(山東)으로 가서 칠진(七眞)을 제도하라. 칠진(七眞)은 바로 지난번에 말한 일곱 송이 금련(金蓮) 꽃의 주인공(主人公)들이니라." 하며, 정녕(叮嚀)하게 가르쳐 준 뒤에, 곧 종리로조(鍾離老祖)와 함께 몸을 벌떡 일으키는 사이, 온 천지가 금빛으로 가득 찬란해지더니, 홀연 두 분은 보이지 않았다.

왕효렴(王孝廉)은 하늘을 향하여 우러러보며, 배례하며 감사해하면서, 공중을 바라보며, 신선(神仙)들의 모습을 마음 깊이 그리워하고 있는데, 문득 보니 왕무동(王茂同)과 옥와(玉娃)가 함께 와서,

"저희들은 마님의 명을 받들고, 나으리를 찾아다니다가, 정녕 여기에 계실 것이다 생각하고 왔는데, 과연 여기서 뵙게 되었습니다. 마님이 걱정하고 계시니, 어서 집으로 가시지요." 라고 말하는 것이다. 왕효렴(王孝廉)은 하는 수 없이 느릿느릿 걸어가면서도, 내내 려조(呂祖)께서 전해주신 도(道)를 마음속 깊이 새기면서 집에 돌아왔다. 집에 도착하자마자 그는 내실에 가지도 않고, 서

재로 들어가서 주저앉아버렸다.

 주(周)씨 부인은 남편이 돌아왔다는 말을 듣고, 곧바로 물으러 가서 보니, 효렴(孝廉)은 아무 말도 않고, 마치 무슨 생각에 깊이 잠긴 듯 하였다. 이를 본 부인은 곧 남편에게 권하여 이르되,

 "관인(官人)께서 경망히 외출을 자주 하시니, 저로서는 늘 걱정이 됩니다. 품행에 실수라도 생기면, 향리 사람들에게 웃음거리가 될까 무섭기도 합니다. 관인(官人)께서는 제가 몇 번 말씀드려도 듣지 않으시니, 이를 어찌했으면 좋습니까?"

 이때, 왕효렴(王孝廉)은 려조(呂祖)께서 말씀하신 현공(玄功)을 묵상(默想)하고 있던 참이라, 주(周)씨부인이 와 있는 것마저도 도무지 알지 못하였으니, 무슨 말을 하는지는 더구나 듣지 못했다. 다만 마지막 말인 "어찌했으면 좋습니까?" 하는 부인의 말만 갑자기 들리고, 그 밖의 말은 하나도 알아듣지 못했으므로 입에서 나오는 대로 대답하기를,

 "무엇을 어떻게 하면 좋고, 어떻게 하면 좋지 않다는 말이요?"
부인이 그 말을 듣고 보니, 하나도 이치(理致)에 맞지 않는지라, 다시 더 말하지 아니하고 물러갔다.

 왕효렴(王孝廉)은 마음속으로 혼자 헤아리기를,

 '이렇게 요란스러운 사람들과 함께 있으면서, 어떻게 공부를 이룰 수 있을 것인가? 깨달아 도(道)를 마치려면 무슨 수를 써서라도 진속세(塵俗世)의 인연을 끊어버리지 않고는, 몸이 마칠때까지 공부 하더라도, 도저히 해탈할 수 없겠구나.' 하며, 곰곰히 생각한 끝에, 한가지 방법을 생각해냈다.

 '중풍(中風)에 걸려 말 못하는 사람으로 가장(假裝)하지 않고서는 이리저리 얽힌 인연을 끊어버릴 수 없겠지.'

 그렇게 생각하고 나서, 바로 바보가 된 시늉을 하며, 누가 오는 것을 보면, 끙끙하며 신음하기도 하고, 내실에는 가지않고 서재의 싸늘한 평상 위에 누워 있는 정경을 보니 주(周)씨 부인은 걱정

스러워 견딜 수 없는지라, 하루에도 몇 차례씩 와서 살피며 물어 보아도, 남편은 입 속에서 두런두런 중얼중얼 무엇이라고 말을 하는 모양인데, 도무지 무슨 말인지 알아들을 수 없고, "끙끙!" "아이구!" "나 죽겠네!" 하고 답답한듯 소리를 지르며, 머리를 설레설레 흔드는 것이었다.

주(周)씨부인은 어떻게 하면 좋을지 몰라하다가, 옥와(玉娃)를 보내어, 평소에 왕효렴(王孝廉)과 교제하고 있던 친구 몇 분을 모셔 오게 하여서, 함께 한담하면서, 어찌된 연고인지 살피도록 하였다. 이들 몇 사람 친구는 모두 왕효렴(王孝廉)을 늘 경애하던 분들이므로, 한 번 청하자 바로 달려왔으며, 즉시 서재로 들어가서, 다 함께,

"효렴공(孝廉公)! 어떠하십니까." 하니, 왕효렴(王孝廉)은 머리도 흔들었다가, 손도 저어 보았다가, 속으로 중얼중얼 알아듣지 못할 소리를 하면서, 말을 못하겠다는 것처럼, 한숨만 내쉰다.

그 친구들은 왕효렴(王孝廉)이 말을 못하는 것을 보고, 병이 들어 있는 줄은 알았으나, 무슨병에 걸렸는지는 도무지 알 수가 없었다 그 중에서 나이 많이 먹은 사람이 말하기를,

"내가 보기에는 효렴공(孝廉公)이 말 못하는 중풍병(中風病)에 걸린 것 같은 생각이 드는데, 참으로 그러한지 아닌지를 잘 모르겠으니, 우리 동네 동쪽 어구에 사는 장해청(張海淸)이라는 명의(明醫)를 청해다가 진맥(診脈) 좀 해달라면, 곧 확실할 것입니다." 고 하니, 주(周)씨부인은 문 밖에서 이말을 듣고, 즉시 옥와(玉娃)를 보내어 그 선생을 청해오게 하였다.

얼마 후 그 선생을 모시고 오니, 친구들은 모두 일어서서 선생을 맞이하여 자리에 앉으시게 하고, 효렴공(孝廉公) 증상을 이야기 하였다. 그 이야기를 들은 장해청(張海淸)은 바로 왕효렴(王孝廉)의 맥을 짚어보았다. 양쪽 손의 맥을 다 짚어 보아도, 도무지 병맥(病脈)은 없는데, 여러사람들이 중풍(中風)에 걸려 말못하는

것이라고 하는 이야기소리를 듣고, 중풍에 걸려 말 못하는 증상이리라 생각하고,

"약을 여러 첩 복용하기만 하면 틀림없이 완쾌되실 것입니다."
라고 말하면서, 곧 붓을 들어 몇가지 약재의 처방을 써 주었다.

只緣武擧原無病 非是先生醫不明
지연무거원무병 비시선생의불명

다만 무거가 원래 병이 없음 일러니,
선생이 의술에 어두운 것이 아니로다.

제3회 : 두문불출 서재에서 도(道)를 닦아 깨쳐 드디어 옥황(玉皇)의 칙지(勅旨)를 받고, 종남산(終南山)아래 숨어 때를 기다리다 종(鐘)·려(呂) 두 선인으로부터 책망을 듣는 왕중양 선생

제 3 회
왕중양(王重陽)이 받은 천명(天命)

수천조산동도세 입지도종남장신
受天詔山東度世 入地道終南藏身

천조를 받고 산동에서 중생제도하며,
도(道)에 파묻혀 종남산에 몸을 숨기다.

世態炎凉無比倫 爭名奪利滿紅塵
세태염량무비륜 쟁명탈리만홍진

인정 세태 비할 바 없이 변천하여,
명리 권세 다투는 사람만 홍진에 가득하도다.

衆生好度人難度 願度衆生不度人
중생호도인난도 원도중생불도인

짐승은 가르치기 쉬우나, 사람은 제도하기 어려워라.
원컨대, 짐승 가르치고 사람은 제도말지라.

 그러나, 왕효렴(王孝廉)은 원래 병이 없는 사람이며 거추장스럽게 얽힌 잡다한 인연을 두절(杜絶)하고 현공(玄功)을 깨달으려, 병이 든 것처럼 꾸미고 있는 것이니, 장해청(張海淸) 선생이 아무리 명의라 해도 어찌 그 깊은 마음속을 알 수 있었으랴! 그러한 고로, 좌 우쪽을 다 진맥하여도, 무슨 병인지 진단이 나오지 않을 수밖에 없는 것인데, 여러 사람들이 말하는 대로 중풍에 걸려 말 못하는 것이 틀림없으리라 짐작 하여, 지필(紙筆)을 찾아가지고 그저 천궁(川芎) 서돈중(三錢)·방풍(防風) 닷돈중(半兩)이라고 약처방 한 장을 써 놓고는 사람들과 한담을 나누며 엽차(香茶) 한 잔을 마시고, 사례(謝禮)를 받고는 바로 떠났다. 선생이 나간 후에, 여러 친구들도 왕무거(王武擧)에게 작별 인사를 하면서,

"효렴공(孝廉公) 몸조리 잘하시오. 우리는 갑니다. 요 며칠 사이에 또와서 뵙겠습니다." 하니, 왕무거(王武擧)는 고개를 끄덕인다.

친구들은 돌아가고, 주(周)씨부인은 손님들을 전송한 후, 급히 아들 추랑(秋朗)과 옥와(玉娃)에게, 서촌(西村)에 있는 한약방에 가서 약을 사오라고 했다. 그리고는 약을 지어다가, 약탕관에 잘 달여서 사발에 짜가지고, 추랑(秋朗)을 시켜 왕효렴이 있는 서재로 올려보냈다.

"아버지, 약 드세요." 라고 추랑이 말하면서 쳐다보니, 아버지가 두 눈을 왕방울 같이 부릅뜨고 무섭게 노려보니 기절 초풍한 추랑(秋朗)은 발을 헛디뎌 넘어지면서, 약 그릇을 황급히 내팽개치듯 그 자리에 놓아버리고, 뛰어나갔다. 그래서 그 뒤로는 두 번 다시 왕효렴이 있는 서재에 가려 하지 않았다.

추랑(秋朗)이 나간 뒤에 왕효렴(王孝廉)은 몰래 약을 구석진 곳에 부어버렸다. 그 후로 옥와(玉娃)가 가끔 나와서, 차를 따라드리고 물심부름을 할 뿐, 노비에 이르기까지, 어느 누구 하나 감히 그 문전에 가려 하지 않았다. 만일, 누구라도 왕효렴을 쳐다보면 그는 가슴을 치고 나가 자빠지며, 눈을 동그랗게 부릅뜨고 번쩍거리면서, 노발대발했다. 그러니, 아무도 오려 하지 않는 것은 당연한 일이다.

주(周)씨부인도 지금까지의 부부 정을 생각해서 찾아와 들여다보는 것이지, 그녀 또한 거기에 오기를 원하지 않았다. 더구나 왕효렴(王孝廉)이 거짓 중풍에 걸린후부터는 안 팎 일을 모두 부인이

혼자 처리해야 되었기 때문에 늘 와서 볼 틈도 없었다. 친척이나 친구들도 대개 두어번씩 문병을 왔지만 그가 항상 여전히 그 상태로 있으니까, 다시 오지 않았으며 사람마다.

"왕무거(王武擧)는 참 좋은 사람인데, 아깝게도 몹쓸 병에도 걸렸구나." 라고 그 말만 할 뿐 그는 그저 쓸쓸한 곳에 내던져버린 처지가 되고 말았다. 하지만 더할 나위없이 맑고 더할 나위없이 고요한 경지가 된 왕무거(王武擧)는 홀로 서재에서 도(道)를 깨치고 진(眞)을 닦기 위하여 타좌(打坐)하며 12년을 한결같이 수행(修行)하여 대단(大丹)을 성취하게 된다.

妻爲朋來子爲伴 渴飮茶湯飢餐飯
처위붕래자위반 갈음차탕기찬반

아내를 친구로 삼고, 아들은 도반(道伴)으로 삼아,
목마르면 차를 마시고, 배고프면 밥 먹으니,

看來與人是一樣 誰曉他在把道辦
간래여인시일양 수효타재파도판

보아도 보통사람이나 똑같은지라,
그가 도(道)를 잡고 힘쓴다고 그 누가 눈치챌 것인가?

一十二年功圓滿 陽神頂上來出現
일십이년공원만 양신정상래출현

12년에 공이 원만히 가득차,
양신이 정상에 나타났구나.

世上多少修行人 誰能捨得這樣幹
세상다소수행인 수능사득저양간

세상에 수행한다는 사람들아,

그 누가 이렇게 능히 버리고 얻을 수 있겠는가.

이렇게하여, 왕무거(王武擧) 효렴(孝廉)이 집에서 대도(大道)를 닦아 이루어, 양신(陽神)을 낼수 있고, 분신변화(分身變化)도 할 수 있게 되었다. 그리고 그 후 도호(道號)를 〈중양(重陽)〉이라고 지었다.

왕중양(王重陽)이 어느날 밤, 서재에서 타좌(打座)하니 곧바로 일념불생(一念不生)의 경지에 들고, 온천지 만물이 모두 적막에 잠길 때, 돌연히 허공중에서 부르는 소리가 들렸다.

"왕중양(王重陽)은 빨리 구름 끝(雲端)에 올라와서 옥조(玉詔)를 받들라." 는 소리가 귓가에 사무쳐 중양(重陽)은 황망히 허공으로 올라갔다. 태백성(太白星)이 운단(雲端)에 서서, 칙명인 옥조(玉詔)를 읽고 있었으므로, 왕중양(王重陽)은 무릎꿇고 옥조를 경청했다. 옥조(玉詔)에 이르되,

"생각컨데, 그대 중양(重陽)은 고난을 겪으면서 뜻을 세워 12년 동안 수행하면서 조금의 과실도 없이, 지금 도과(道果)가 원만하게 되었으므로, 특별히 그대를 개화진인(開化眞人)으로 봉(封)하노라. 속히 산동(山東)으로 가서, 세상 사람을 제도(度世)하되, 칠진(七眞)을 어서 상승(上昇)시키라. 공을 이룬 후에는, 다시 봉(封)을 더해 주리라. 공경하여 행할지어다."

금성(金星)이 옥조(玉詔)를 다 읽고 나니, 중양(重陽)은 재배(再拜)하며 은혜에 감사한 후에 태백성군(太白星君)을 뵙는 예(禮)를 올리니 성군께서 다음과 같이 말씀하셨다.

"진인(眞人)은 속히 산동으로 가서 칠진(七眞)을 제도하시며, 노고(勞苦)를 두려워 마시고, 옥제(玉帝)의 마음을 저버리지 마시오. 훗날 반도회상(蟠桃會上)에서 다시 만나, 또 이야기합시다." 말이 끝나자 성군(星君)은 천궁(天宮)으로 돌아갔다.

태백금성(太白金星)이 돌아가시는 것을 보고, 왕중양(王重陽)은

서재로 돌아와 고요히 앉아있는데, 그날 아침 옥와(玉娃)가 세숫물을 떠가지고 와서 문을 밀어보니, 문이 열리지 않았다. 그래서 바삐 옥와(玉娃)는 주(周)씨부인에게 이를 알렸다. 부인은 하녀들을 데리고 서재 문앞에 와서 왕중양(王重陽)을 큰소리로 불렀지만, 문은 끝내 열리지 않았다. 죽었는가 싶은 생각이 들어 주(周)씨부인은 문을 비틀어 제치고 뛰어들어가 보니, 서재 안엔 아무도 없었다. 주(周)씨부인은 놀라고 당황하여 곧장 사람을 시켜 사방을 찾아보았지만 그의 종적은 아득했다. 주(周)씨부인이 이에 대성통곡을 하자, 마을 사람들은 깜짝 놀라 모두들 찾아와서 그 연유를 물었다. 옥와(玉娃)에게서 까닭 이야기를 들은 마을 사람들은,

"참으로 이상하다. 문이 잠겨져 있는데, 사람은 안보이니, 날아올라 벽을 뛰어 넘어 갔단 말인가?" 하면서 의아해 했다. 방안으로 들어가 아무리 둘러봐도 벽돌 한 장 기와 한 장도 끄떡없이 그대로 있었고 왕중양(王重陽)이 나간 흔적도, 그의 자취도 발견되지 않았다.

그 가운데 옛 이야기를 잘 아는 사람 하나가,

"여러분, 찾을 필요가 없겠습니다. 생각컨내, 왕효렴(王孝廉)께서는 반드시 신선이 되신 것이 틀림없습니다." 말하자, 마을 사람들이 모두다,

"어째서 그가 신선이 되었다고 생각합니까?" 하고 물었다. 그러자 그 사람은,

"그는 이 서재 안에 묻혀 12년 동안 앉아 있으면서, 한 발자국도 바깥에 나온일이 없었어요. 중풍(中風)인양 꾸미고서 실은 진세(塵世)의 인연을 끊었던 것입니다. 제가 일찍이 그분을 보니, 붉은 빛이 얼굴에 가득하고, 눈 속의 신령스러운 빛이 사람을 쏘듯했습니다. 신선이 아니고야 어찌 이럴 수 있겠습니까?" 사람들은 그 말을 듣고 반신반의(半信半疑)하면서 다음과 같이 말했다.

"이 말에 따르자면, 그분은 틀림없이 신선이 되어 구름을 타고

하늘로 올라가신 것이 분명해."

주(周)씨부인은 그말을 듣고 크나큰 슬픔에 잠겼다. 그리고 마을 사람들은 모두 돌아갔다.

왕중양(王重陽)은 그날 땅속에 숨는 술법을 써서 서재를 빠져 나와, 대위촌(大魏村)을 떠나 산동(山東)으로 향했다. 그러나 수천리 길을 가면서 보아도, 일곱송이 금연(金蓮)꽃과 인연이 있다는 일곱진인(七眞)을 만날 수는 없었다. 다만 두 사람을 만났지만, 하나는 이름(名)을 위하는 사람이었고, 또 하나는 이(利)를 위하는 사람에 지나지 않았다. 그밖에 별다른 인물은 발견할 수 없었다. 왕중양(王重陽)은 건질만한 사람이 없음을 알고, 섬서성(陝西省)으로 되돌아가 종남산(終南山) 아래 이르렀을때 백리에 걸쳐 이어진 한 흙산(土山)이 보이는데, 그 산은 맑고 그윽해 맘에 들었다. 그래서 토돈법(土遁法)으로 땅 속 깊이 파고들어가 묻혀 있으면서, '세상에 수행할 사람이 있으면 그때 나가서 건져도 늦지 않으리라.' 라고 생각하고 주문과 비결을 외어 반시간쯤 땅속을 파고 들어갔다. 아주 깊은 곳에 이르니 몸을 숨길만한 구멍이 나왔다. 그 속에 들어가 몸을 숨기고, 기(氣)를 먹고, 숨(息)을 가다듬으며, 목숨을 돌보았다.

許大乾坤止二人 一名一利轉流輪
허대건곤지이인 일명일리전류륜

대단히 큰 천지에 명예와 이익을 쫓는 두 사람만이,
쳇바퀴 돌 듯 돌고 도는구나!

七眞未識從何度 土內蟄身待後因
칠진미식종하도 토내칩신대후인

일곱 진인을 알 수 없으니 내 어디로 가서 그들을 건지리.
흙 속에 몸을 묻고 뒷날 인연 기다리노라.

한편, 왕중양(王重陽)은 날짜가 가는 줄도 모르고 반년을 땅 속에 몸을 숨기고 있었다. 그런데 느닷없이 와자지껄 하는 큰 소리가 나며 천지가 무너지는 듯하더니, 땅굴이 쪼개지며, 그 틈으로 환한 빛이 스며들어오고 있었다. 위에서는 금광(金光)이 번쩍번쩍 하며 사존(師尊) 행차가 이르렀음을 알렸다. 왕중양(王重陽)은 깜짝 놀라서, 황망히 갈라진 땅 틈으로 땅위에 올라가 보니, 과연 종(鐘)·려(呂) 두 신선께서 함께 토대에 좌정하고 계시는 것이었다. 왕중양(王重陽)이 땅에 부복(俯伏)하고 감히 쳐다보지도 못하고 있으니까, 려조(呂祖)께서 웃으며 말씀하시기를,

"다른 사람들은 천당(天堂)에 올라가려고 수도하는데, 그대는 지금 수도하여 지부(地府)로 들어가려 하고 있으니, 보건데 그대는 공정(工程)이 다른 사람과 아주 틀리는군! 위로는 천심(天心)을 어기고, 아래로는 스승의 뜻을 거역하니, 이와 같은 신선도 있단 말인가?" 라고 하시니, 중양(重陽)이 머리를 조아리며 사죄(謝罪) 하기를,

"제자가 감히 천의(天意)를 어기고 스승님의 가르침을 거슬리려 했던 것이 아닙니다. 사실은 지금 산동(山東)에 제도할만한 인물이 없으므로, 잠시 땅속에 숨어있다가 세상에 수행하는 사람이 나오는 것을 기다리어, 다시 나가서 제도하여도 늦지 않겠다고 생각했던 것입니다." 하니, 려조(呂祖)께서 이르시되,

"수행하는 사람이 어느 곳에 없다는 말인가? 다만 그대가 서둘러서 찾아보려고 하지 않았기 때문에, 만나지 못하는 것이지. 이를테면, 왕중양, 그대도 당초부터 도(道)를 배우고자 하는 마음이 어디 있었는가? 종리로조(鍾離老祖)와 내가 여러 차례 찾아다니면서 그대를 교화(敎化) 하였기에 가능했지, 만약 그리 하지 않았더라면, 그대는 한평생 한낱 효렴(孝廉)에 지나지 않았을 것이며 이처럼 대라금선(大羅金仙)을 이룰 수도 없었을 것이다. 왕중양 그대도 다른 이들을 그처럼 제도해야되지 않겠는가? 그대가 지금

처럼 구차하게 편안한 것만 생각하고 정진(精進)하지 않는다면, 결국에 가서는 천하에 사람이 없다고 변명할 것이니, 이것이 과연 옳은 일인가? 우리가 그대를 제도하던 방법으로 그대가 다른 사람을 제도한다면, 아마도 천하에 제도하지 못할 사람이 없게 될 것이다. 옛날, 내가 세 번이나 악양(岳陽)에 간적이 있었지만, 나를 알아주는 이를 발견할 수 없었다. 나는 몸을 가볍게 날려 동정호(洞庭湖)를 지나가 보았지만, 역시 마찬가지로 세상에는 제도할만한 사람이 하나도 없음을 발견했다. 내 다시 북쪽 료양(遼陽)에 돌아와, 금나라(金國) 승상(丞相)을 보니, 제도할만한 풍모가 있기로, 친히 내가 지점(指點)하였다. 그랬더니, 승상은 바로 벼슬자리를 물러나(解印) 산으로 들어가서(歸山) 수련하여 대도(大道)를 성취하고, 스스로 호를 해섬(海蟾)이라 하였도다. 류해섬(劉海蟾)은 나를 본받아 남쪽으로 가서, 장자양(張紫陽)을 제도하였는데, 장자양(張紫陽)은 또 석행림(石杏林)을 제도하였고, 석행림(石杏林)은 설도광(薛道光)을, 설도광(薛道光)은 진치허(陳致虛)를, 진치허(陳致虛)는 또 백자청(白紫淸)을 제도하였으며, 백자청(白紫淸)이 또 류영년(劉永年)과 팽학림(彭鶴林)을 제도하였으므로, 이 7인(七人)이 모두 과위(果位)를 증득(證得) 하여 남 칠진(南七眞) 되었노라. 내가 그때 그대처럼 제도할만한 사람이 없다고 생각하였더라면, 해섬(海蟾)이 그렇게 많은 사람을 제도할 수 있었겠는가? 천하사해(天下四海)가 크고 넓으며, 묘리(妙理)도 무궁(無窮)하고, 지극한 덕인(至人)도 적지 않게 있는 것인데, 어찌 제도할만한 사람이 없을 이치(理致)가 있겠는가? 북 칠진(北七眞)은, 구(邱)류(劉)담(譚)마(馬)학(郝)왕(王)손(孫)이라고, 내가 누차 일러주었으니, 이제 그대는 차례로 그들을 제도해야 하리라. 그대의 능력은 해섬(海蟾)보다 못하지 않으며, 다만 어려움을 두려워하는 마음을 가졌기 때문에, 그에 미치지 못하는 것이다."

　려조(呂祖) 말씀이 끝나자, 중양(重陽)은 막힌 것이 일시에 환히 터지는 듯 했다. 그는 황송해서 등줄기에 땀을 줄줄 흘리며 업드려 려조(呂祖)께 사죄(謝罪)했다.

그러자, 종리 로조(鐘離老祖)께선 그를 일어나서 한쪽에 서 있도록 하셨다. 그리고 다음과 같이 이르셨다.

"그대의 사존(師尊)이 재삼 일러주며, 이렇게 노력하라 당부하시는 이유는 다름 아니라, 반도회(蟠桃會)가 열릴 날이 가까워졌기 때문이다. 천하의 수행료도(修行了道)한 진선(眞仙)들에게 조칙(詔勅)을 내리어, 모두 함께 반도회잔치에 나아가야 하는데, 이 잔치에서 쓰는 반도(蟠桃)라는 복숭아의 원산지는 곤륜산이며 천년이 걸려야 완전히 익게 된다. 그 크기는 한 말들이나 되고, 붉기는 열화(烈火) 같으며, 한 개만 먹으면 천(千)년동안이나 살 수 있는 아주 귀중한 것인지라, 서왕모(西王母)께서 차마 혼자 잡수실 수 없어서, 선불신성(仙佛神聖)들과 함께 즐기시려고 이 회(會)를 열으시고 군선대회(群仙大會)라고 이름하고 있다. 이 회(會)가 열릴 때는 새로 수행 성도한 신선들이 모여야, 광채가 나는 법인데, 그렇지 않고 만약에 그전에 오던 선진(仙眞)들만 모인 나면, 결국 전하에는 수행하며 도를 공부하는 이가 없다는 것이므로, 왕모(王母)께서는 아주 언짢아하실 것이 틀림없으리라. 상고시대(上古時代)에는 매회 신진진선(新進眞仙)들이 천(一千)여명씩 있었고, 중고 시대(中古時代)에는 신진 진선(新進眞仙)들이 수백(百)명씩 있었으나, 현재에 와서는 몇 사람 되지않는 고로 그대에게 어서 시급히 칠진(七眞)을 제도하라 부촉(付囑)하는 것이며, 그들과 함께 반도회(蟠桃會)에 가서, 회상(會上)을 더욱 장엄하고 위엄있게 하며, 더욱 광채를 더하자는 것이다. 지금 반도(蟠桃)는 자꾸 익어가고 있는데, 그대가 이대로 날짜만 미루고 있으면, 이 기연(機緣)을 그르칠 것이고, 따라서 또 삼천년을 기다려야 모름지기 이런 회(會)에 나아갈 수 있을 것이다. 그러니 이 어찌 애석한 일이 아니겠는가?"

이러한 말씀으로 사무치도록 설득하시므로, 중양진인(重陽眞人)은 다시 무릎꿇고,

"제자가 지금 조사님 말씀을 듣자오니, 비로소 꿈에서 깨어난 듯 합니다. 원하옵건데 지금 다시 산동(山東)으로 가서 도화(度化)하려 하오니, 전정(前程)을 지시하여 주십시오." 하니, 종리로조(鐘離老祖)께서 말씀하시기를,

"지밀인주(地密人稠)라, 그대는 인구가 주밀한 지방에서, 속세 사람들과 섞이어 있으면서 몸을 나타내어 설법하면, 자연히 그대를 찾아오는 사람이 있을 것이니, 그대가 그속에서 깨우쳐 주면 큰 공덕을 이룰 수 있으리라. 이곳을 떠나서 가다가, 바다(海)를 만나면 머무르고, 말(馬)을 만나면 일어날 것이며, 언덕(邱)을 만나거든 그치라." 하시고, 말씀이 끝나자, 종리로조(鐘離老祖)는 곧 려조(呂祖)와 함께 구름을 타고 떠나셨다.

그리하여 왕중양(王重陽)은 다시 산동(山東)으로 향하여 가기 시작했으며 하루는 영해(寧海)라는 현(縣)에 당도하였다. 그곳은 다름아닌 산동성(山東省) 등주부(登州府) 소관 구역이었다. 그때에 중양 진인(重陽眞人)은, "바다(海)를 만나면 머무르라." 는 조사(祖師)의 말씀이 생각났다. '여기가 정녕코 말씀하신데 로구나' 라고 생각하고, 그는 이 땅에 머물기로 작정했다.

그리하여 려조(呂祖)께서 전에 그를 제도하러 다닐 때의 모양처럼, 손엔 쇠깡통을 하나 들고 거지 행세를 하며 사람을 제도하기로 했다.

混迹同塵待時至　時來道果自然成
혼적동진대시지 시래도과자연성

속인중에 숨어살며 때 되기를 기다리라.
때가 오면 도의 열매 자연히 이뤄지리라.

제4회 : 남편에게 세상의 덧없음을 만공가(萬空歌)로 들려주며, 신분을 숨기고 걸인 행세를 하던 왕중양 선생을 알아본 아내 손연정은 그 걸인을 모셔다 장생(長生)을 배우자고 권하다

제 4 회
손불이(孫不二)의 만공가(萬空歌)

담진공손씨회부주 구대도마옥방명사
談眞空孫氏誨夫主 求大道馬鈺訪明師

진공을 이야기하여 손씨가 주인을 타이르고,
대도를 구하려고 마옥이 명사를 찾아 뵙다.

天也空地也空 人生渺渺在其中
천야공지야공 인생묘묘재기중

하늘도 공이고 땅도 공인데, 인생 아득한 그 가운데 있도다.

日也空月也空 東升西墜爲誰功
일야공월야공 동승서추위수공

해도 공이고 달도 공이라, 동에 떠서 서로 지니, 이 누구의
솜씨일까?

田也空地也空 換了多小主人翁
전야공지야공 환료다소주인옹

논도 공이고 밭도 공인데, 주인이 얼마나 바뀌었나.

金也空銀也空 死後何曾在手中
금야공은야공 사후하증재수중

금도 공이고 은도 공이라, 죽어서 손에 가지고간 적이 있었는가.

妻也空子也空 黃泉路上不相逢
처야공자야공 황천로상불상봉

아내도 공이고 자식도 공이라, 황천길에선 만날 길이 없도다.

朝走西暮走東 人生猶如採花蜂
조주서모주동 인생유여채화봉

아침엔 서로, 저녁엔 동으로, 인생은 흡사 꽃따는 꿀벌과 같구나.

採得百花成密後 到頭辛苦一場空
채득백화성밀후 도두신고일장공

이꽃저꽃 쏘다니며 모은 꿀, 결국에는 천신만고 일장 공이라.

왕중양진인(王重陽眞人)이 산동성(山東省) 등주부(登州府) 영해현(寧海縣)에 와서, 짐짓 거지 행세를 하고 다닌 것은, 사실은 수도하는 사람을 찾고자 함이었다. 그런데, 얼마 있지 않아서, 영해(寧海)의 서북쪽 마가장(馬家庄)이라는 곳에 마원외(馬員外) 혹은, 옥(鈺)이라 불리는 사람을 만나게 되었는데, 그 사람은 부모를 일찍 여의고, 형제도 없으며, 다만 손씨(孫氏)를 아내로 맞아 살고 있었다. 부인의 이름은 연정(淵貞)이라 하였는데, 그녀는 용모가 단정·장엄하고, 심성도 깊고 조용하며, 또 글도 잘 알아서 책을 볼 수 있어, 고금의 일을 추궁하여 짐작하기까지 했다. 바늘로 옷 꿰매기나 수놓기 같은 일은 좋아하지 않았으며, 비록 여자이기는 하지만, 도리어 남자의 기개(氣槪)가 넘쳤다. 그래서, 마원외(馬員外)가 냉큼 결단을 내리지 못할 일이 있어 부인에게 자문(咨問)하면 손연정(孫淵貞)부인은 일언지하에 당장 의혹을 풀어 해결하곤 하였다. 또한 이 두 부부는 서로 손님 대하듯 존경하며, 스승과 벗처럼 정겹게 지냈다. 다만 모자라는 점이 있다면 슬하에 일점 혈육이 없는 채 벌써 나이가 중년이 되어버린 것이다.

迅速光陰不可留 年年只見水東流
신속광음불가류 년년지견수동류

재빠른 광음 붙들 수 없어,
해마다 동류수 흐르는 것만 볼 뿐.

不信試把靑菱照 昔日朱顔今白頭
불신시파청릉조 석일주안금백두

믿어지지 않거든 청릉을 비추어 보라.
옛날의 미모는 간 곳 없고 백발만 남았도다.

 이 몇 마디는, 광음은 화살 같이 빨라서 사람을 쉬이 늙게 하고, 한번 가버린 세월은 다시 돌아오지 않고, 소년 시절은 어느덧 흩어져 사라져 버렸다는 말씀으로서, 마원외(馬員外) 부부의 나이 40이 가까운데 슬하에 자녀가 없음을 보고 안타까와 읊은 싯구(詩句)이다.
 마원외(馬員外)가 어느 날 부인 손연정(孫淵貞)에게 말하기를,
 "당신과 나는 40이 얼마 남지 않았는데, 슬하에 후사를 맡길 아이가 없으니, 우리집 만관(萬貫)의 재산은 어느 누구의 손아귀에 떨어질 것인지 알 수가 없구려." 손연정(孫淵貞)이 답하되,
 "3황(天皇·人皇·地皇)이 세상을 다스린지 오래며, 5제(伏羲·神農·軒轅·堯·舜)가 큰 공을 세우셨으며, 요와 순은 천하를 물려주시었고, 우(禹)는 아홉강(九河)을 소통시켜 탕(湯)에게 나라를 넘겨주었습니다. 성탕(成湯)은 이윤(伊尹)을 초빙하여 썼으며, 문왕(文王)은 태공(太公)을 찾아갔으며, 5패(五覇)는 서로 모략(謀略)을 펼쳤고, 7웅(七雄)은 갖은 계략을 다 부렸지만, 진(秦)나라가 이겨서 6국(六國)을 삼켰고, 초패왕(楚覇王)과 한고조(漢

高祖)는 자웅을 겨루었으며, 오(吳)와 위(魏)와 한(漢)이 삼파전을 벌렸는데, 류비(劉備)는 와룡(臥龍·諸葛亮)선생을 청하였으며, 동진(東晋)과 서진(西晋)의 사업(事業)은 묘연히 자취도 없어졌으며, 남위(南魏)와 북위(北魏)의 강산은 어느 쪽에 속했었는지 몽롱하며, 그 후 당(唐) 나라와 송(宋) 나라를 거쳐서 지금에 이르기까지, 그 많고 많던 부귀한 노인(老人)들은 다 어디에 있습니까? 모두가 한바탕의 공(空)이지요. 예로부터 지금까지, 수 만년 동안에 제왕(帝王)과 장상(將相)도 수 천명이 넘지만, 끝내는 모두가 공(空)으로 돌아가버렸고, 눈동자를 돌리는 한순간 허망하게 되어버렸습니다.

당신과 내가 부부가 되었지만, 전후의 일을 모두 아무 것도 없었던 공(空)으로 치면, 틀림없이 천하에 저희들은 없는 것이 되고, 어느 한집의 부모가 우리 두사람을 낳지 않은 것이 됩니다."

마옥(馬鈺)이 이 말을 듣고 웃으며,

"다른 사람은 공(空)이 되더라도 자손은 있지만, 우리는 한번 공(空)이 되면, 뿌리마저도 끊어져 공(空)이 되어 버립니다." 손연정(孫淵貞) 말하되,

"공(空)도 뿌리 없는 데까지 가면, 태공(太空)이 될 것입니다."

空到極時爲太空 無今無古似洪濛
공도극시위태공 무금무고사홍몽

공이 극치에 도달할 때 태공(太空)이 되니,
　　지금도 없고 옛도 없는 홍몽이로다.

若人識得太空理 眞到靈山覩大雄
약인식득태공리 진도령산도대웅

만약에 누가 태공의 이치를 터득한다면,
　　진짜 영산에 올라 대웅(부처님)을 보리라.

손연정(孫淵貞)이 또 말하기를,

"만약 아들 있는 것으로나 없는 것으로나 말씀 드린다면, 아들이 있다 해도 공(空)이요, 아들이 없다 해도 공(空)입니다. 문왕(文王)은 당년에 100명의 아들에 천명의 손자를 두었다는데, 이제와서 그 희(姬)씨 성 가진 사람이 몇이나 되며, 누가 그의 만대자손(萬代子孫)인 것이며, 마음먹고 그 분묘를 청소하는 사람이 몇 명이나 되겠습니까? 또 전하는 바에 의하면, 장공예(張公藝)는 9남(九男) 2녀(二女)를 두었으며, 곽자의(郭子儀)는 아들 일곱에 사위가 여덟이었고, 두연산(竇燕山)은 유명하고 훌륭한 다섯 아들을 두었으며, 류원보(劉元普)는 아주 잘 생기고 훌륭한 두 아들을 두었다고 합니다. 이 몇 사람은 모두 자녀가 많아서 축복 받고 자손들이 번성한 분들입니다. 그러나 지금은 그 자손이 몇이나 되며, 또 어디에 살고 있는지 알 길이나 있습니까? 단지 헐어빠진 그들의 무덤은 쓸쓸한 바람만 스쳐가고 찬비 내리는 산골 호젓한 곳에 헐어빠진 옛무덤으로 흙 한줌 덮고 누워있을 뿐이며, 무심한 구름만 하늘에 걱정스레 떠 있고, 잡초가 우거진 쑥대밭으로 변하였을 것이니, 이 어찌 있고 없고 간에 모두 공(空)으로 돌아간 것이 아니겠습니까?

쓸쓸한 저 많은 무덤들이 모두다 자손 없는 무덤이라고 할 수도 없거니와, 훌륭한 분묘도 울울총총히 많이 있으나, 그것들이 모두 자손들이 있는 것이라고도 꼭 말할 수 없는 것입니다.

인생 수십년 사는 광경은 잠깐사이에 지나가버리는 것이요, 마치 맞부딪힌 돌에 일어나는 불이나 번쩍하는 번개빛과 같다고 생각됩니다. 그래서 일어났다하면 바로 따라서 없어져버리지요. 또, 그 광경은 꿈·허깨비·물거품·그림자와 같아서, 알맹이도 없고 항상 있는 것도 아닙니다. 천칸이나 되는 큰 건물도 밤에 잠잘 때는 일곱자 몸뚱이 누워 자는 자리만이 내것이요, 만경(萬頃)이나 되는 좋은 전답을 가지고 있어도 하루 세끼 밥 먹으면 그만이며,

아무리 맛있는 진수성찬을 산더미 처럼 쌓아 놓았어도 모두다 헛 것이요. 한량없는 능과주단 비단 옷을 가졌어도 눈동자 한번 굴리는 사이 무상(無常)이 닥쳐오면 만사(萬事)를 놓게 되는 것입니다. 그 때에는 허다(許多)한 영화로움도 모두 버려야지 그대로 누릴 수 없으며, 공연히 아끼고 모아 둔 금전이 아무리 많아도 돈으로 생(生)·사(死)를 살 수는 없습니다. 그렇기 때문에 이 세상 끝내고 떠나는 날엔 부질없는 한장면 속의 사람으로 변하고 마는 것이지요."

經營世故日忙忙　錯認迷途是本鄉
경영세고일망망　착인미도시본향

세상 일 경영하며 날마다 바쁘게 날뛰느라고,
잘못 든 골목길을 고향이라 하는구나.

古往今來皆不在　無非借鏡混時光
고왕금래개부재　무비차경혼시광

왕고래금엔 모두 실된 것은 없고,
단지 혼란한 세월 거울에 비친 것 뿐이도다.

손연정(孫淵貞)은 또 남편인 마원외(馬員外)에게 말하기를,
"우리는 공(空)이면서 공(空)한바가 없는 자리에서, 단 하나의 실답고 또 실다운 일을 찾아서, 생(生)하지도 않고 멸(滅)하지도 않는 공부를 한번 하여, 그 장생불사(長生不死)하는 법(法)을 배웁시다." 하니, 마원외(馬員外)가 말하기를,
"당신의 이야기는 터무니없는 소리요. 옛날부터 생긴 것은 반드시 죽게 되어 있는 법인데, 어디에 장생불사(長生不死)한다는 이치(理致)가 있을 것이며, 종래로부터 무슨 일이든지 시작이 있으면 반드시 끝장이 있기 마련인데, 어디에 오래오래 멈추지 않는

일이 있단 말인가요?" 손연정(孫淵貞)이 말하기를,

"도서(道書)에, 련정화기(煉精化氣·정을 단련하여 원기로 변화시킴)하며, 련기화신(煉氣化神·기를 단련하여 원신으로 변화시킴)하며, 련신환허(煉神還虛·원신을 단련하여 텅빈 허로 돌이킴)하며, 진성상존(眞性常存-진성을 항상 모음)하여, 영광불멸(靈光不滅·신령스러운 기운이 꺼지지 않게 하는것)이 곧 장생의 도(長生之道)라고 한 말씀을 보았습니다. 이 도(道)를 배워 얻을 수 있다면, 자녀를 가진 사람보다 몇 백배나 강할 것입니다."

마원외(馬員外)가 말하기를,

"말로는 그렇게 할 수 있겠지만, 정액(精液)을 또 어떻게 원기(元氣)로 변화시킬 것이며, 기운을 또 어떻게 원신(元神)으로 변화시킬 것이며, 원신(元神)은 또 어떻게 진공(眞空)으로 돌아가게 한단 말이요? 그리고 어떻게 진성(眞性)을 항상 모아 지니며, 어떻게 영광(靈光)이 꺼지지 않게 한단 말이요?" 손연정(孫淵貞)이,

"당신께서 스승을 찾아가 뵙는다면 이 묘한 이치(妙理)를 얻을 수 있을 것입니다."

마옥(馬鈺)이 말하기를,

"나는 바로 당신을 스승으로 모시겠소. 당신이 나에게 그 공부를 전해 주시오." 하니, 연정(淵貞)이 말하기를,

"저는 여자의 몸으로서, 불과 글자 몇 개 알아, 책 두어권 읽었을 뿐이니, 어떻게 그 묘리를 풀고 깨칠 수 있겠습니까? 만약에 진심으로 도(道)를 배우고자 하신다면, 명사(明師)를 찾아가 뵙지 않으면 안될 것입니다." 마원외(馬員外)가 말하기를,

"스승을 뵙고 벗을 찾는 일은, 내가 평생 좋아하는 바 이지만, 다만 수도하는 사람이란 근기(根基)가 있어야 하는데, 만약 근기가 없다면, 신선도 될 수 없으며, 부처도 될 수 없을 것입니다. 그런데 내 스스로 헤아려 보니, 근기가 아주 천박(淺薄)한 사람이란 생각이 듭니다. 이제, 수도(修道) 두 글자는 더 이상 말하지 맙시

다." 손연정(孫淵貞)이 말하기를,

"부군(夫君)의 말씀은 맞지 않습니다. 이 세상에 사람된 자 누구나 모두 근기(根基)가 갖춰져 있습니다. 근기(根基)가 없다면 어떻게 사람 몸을 얻었겠습니까? 다만 근기(根基)의 깊고(深) 얕음(淺)이 다를 뿐으로, 근기(根基)가 얕은(淺) 사람들은 6근(六根)이 온전하지 못하여 눈이 멀어서 안보이거나, 귀가 어두워 총명하지 못하거나, 손병신이 되거나, 앉은뱅이가 되기도 하며, 천치나 귀머거리나 벙어리가 되기도 하고, 홀아비나 홀어미·부모 잃은 고아나 자식 없는 늙은이나, 빈궁하고 천한 아랫사람이 되는데, 이는 근기(根基)가 얕은 사람들이라 할 수 있을 것입니다. 근기(根基)가 깊은 사람들은, 귀한 천자가 되어, 부(富)함이 사해(四海)안을 다 차지하기도 하며, 혹은 존귀(尊貴)하여 천자(天子)를 보좌하는 자리에 올라 만민(萬民)을 관리하기도 하며, 혹은 관리가 되어, 명성을 세상에 드날리기도 하며, 혹은 가세(家勢)가 풍유(豊裕)하여 넓은 토지를 가지고 평생을 호강하며 즐겁게 지내기도 하고, 6근(六根)을 완전히 잘 타고나서, 이목(耳目)이 총명하고, 심성(心性)이 자애롭고 선량하고, 의기(意氣)가 온화하고 따뜻하게 타고나기도 하는데, 이들은 모두 근기(根基)가 깊은 사람들일 것입니다.

세간(世間)에서는 부귀(富貴)함을 소중히 여기는데, 이런 부귀한 사람을 어찌 저 보통 사람과 비교할 수 있겠어요? 이는 근기가 유달리 심후(深厚)함인데, 만약 더욱 사람을 구제하고 만물(萬物)을 이롭게 하는 일을 조금 한다면, 더욱 근기(根基)를 잡아 크게 북돋우어 뛰어나게 될 것입니다. 그래서 신선도 되고 부처도 되고 성현도 되어, 모두 다 이루게 될 것입니다. 그러므로 근기(根基)는 수시로 키우고 채워주도록 해야지, 한뭉치 전생(前生)에 가지고 온 것이라고 생각해서는 안됩니다. 만약 생각 대로 전생에서 근기를 가지고 온 것이라면, 또 어찌 내생(來生)으로 가지고 갈 것을 걱정하겠습니까? 비유하건데, 근기는 산(山)을 쌓는 것과 같아서 쌓을수록 자꾸 더욱 커지고 더욱 높아지는 법이니, 우리는 근기(根基)가 없다고 말하지 맙시다. 만약에 당신과 내가 근기(根基)가 없다면, 어찌 이와 같이 커다란 정원 딸린 집에서 향락을 누릴 수 있겠습니까? 노비(奴婢)들을 불러 일을 부릴 수도 있고, 한번 부르면 백명이나 응답을 하니, 이로 살펴볼 때, 우리는 대단한 근기를 가지고 있음에 틀림없는 것입니다."

마원외(馬員外)는 본시 도(道)를 좋아하는 사람인데 한때 미욱하여 몰랐었지만, 이제 손낭자(孫娘子)가 분명하고 확실하게 파헤치는 설명을 듣자, 의리(義理)가 뚜렷해짐에 황홀히 크게 깨닫고 바로 몸을 일으켜 사례하며 말하기를,

"부인의 말씀을 듣고 나니, 나의 꽉 막힌 데가 후련히 터졌습니다. 그런데 어느 스승을 어느 곳에 가서 찾아야 할지 모르겠구려."

손연정(孫淵貞)이 말하기를,

"그것 그렇게 어려울 것 없습니다. 제가 손에 대지팡이를 짚고 쇠깡통을 들고 다니는 노인 한분을 보았는데 신기(神氣)가 맑고 시원스러우며, 안광(眼光)은 사람을 쏘아보듯 하고, 얼굴 가득 홍광이 빛나는 분이었습니다. 이 근처로 동냥 얻으러 돌아다니고 있는 것이 벌써 몇 년 되는데도 얼굴 모습은 더욱 젊어지는 것 같고 노쇠하지 않았습니다. 아마도 틀림없이 도가 높은 분이라는 생각이듭니다. 그분이 오시거든 기다렸다가, 집안으로 맞아들여 공양하고 시봉(侍奉)하면서, 천천히 묘리(妙理)를 배우도록 합시다."

마원외(馬員外)가 말하되,

"우리는 이렇게 큰집 살림을 하고 있으니, 응당히 노인을 공경하며 가난한 이웃을 불쌍히 여겨 돌보아주어야 합니다. 그분이 도(道)가 있든지 없든지 간에, 우선 그분을 집안에 모셔다가, 평생

토록 받들고 공양합시다. 그분이 먹기는 얼마나 먹을 것이며, 입으면 얼마나 입겠소? 내가 내일 당장 찾아뵙고자 하는데 어떠하오?"

손연정(孫淵貞)이 말하되,

"도(道)를 하루라도 일찍 닦으면, 일찍 하루먼저 해탈할 것이니, 이일을 지체하지 맙시다."

한편, 왕중양(王重陽)은 영해현(寧海縣)에 와서, 몇 해를 지나는 동안에, 현공(玄功)이 정미(精微)롭고 활발(活潑)한 경지에까지 이르러, 능히 과거와 미래의 일과 귀신도 측량하지 못할 기미(機微)까지도 살필 수 있는 신통력이 구족되고, 지혜(智慧)도 원명(圓明)하여져 일곱 진인(眞人)을 제도할 수 있음을 바로 환히 알 수 있었다. 그리하여 마원외(馬員外) 부처(夫妻)부터 시작하는 것이 "말(馬)을 만나면 일어나라" 라는 종리로조(鐘離老祖) 말씀에 따르는 것이라 생각하였다. 그래서 왕중양(王重陽)은 그 근방에서만 왔다갔다 빙빙 돌아다니면서 구걸하며, 마가장(馬家莊) 근방에서 떠나지 않고 몇 해를 지내면서 마원외(馬員外)를 몇 번 보기도 하였는데, 그가 큰 덕행이 있고, 또한 손연정(孫淵貞)에게도 큰 지혜가 있음도 알게 되었다. 그 두 사람을 제도 해보려고 했지만, 왕중양(王重陽)은 『의불고문(醫不叩門)·의사는 환자를 찾아가지 않으며, 도불경전(道不輕傳)·도는 경솔히 전하지 않고, 비대타저두래구(非待他底頭來求)·그가 머리를 숙이고 와서 구하지 않고, 지심고문방가언야(志心叩問方可言也)·성심으로 고두 배례하며 묻기 전에는 말하여서는 안된다.』는 말처럼 함부로 찾아가지 않았던 것이다.

그리하여 왕중양(王重陽)은 그 근방에서만 여러 해 동안 돌아다니면서 탁발하고 있었기 때문에, 사람들은 누구나 그를 알게 되었다. 그리고 모두들 그는 먼 곳으로부터 떠돌아 이 마을에 들어온 쓸쓸한 노인으로 의지할 곳조차 없어서 구걸하고 있는 것으로 알았다. 아무도 그가 신선, 진인(眞人)인 줄을 알아보지 못했던 것이다. 그런데 두루두루 뛰어난 천하의 기녀(奇女)며, 절세의 이인(異人)인 손연정(孫淵貞)이라는 한 사람이 이 훌륭한 분을 알아볼 수 있는 한쌍의 밝은 눈을 가지고 있어, 저 빈궁하여 발붙일 곳 없는 외로운 노인이 진짜 신선임을 알아차리고 부군(夫君)에게 말하여, 그 분을 집으로 모셔다가 공양하면서 구도(求道)하자 하였으니, 드디어 일곱 진인(眞人)이 연달아 나오게 되었던 것이다.

칠진(七眞)의 수행지공(修行之功)을 말할진댄, 손연정(孫淵貞)이 제일 첫째로 추대(推戴)되어 마땅하다 하리라.

生成智慧原非常 識得神仙到此方
생성지혜원비상 식득신선도차방

지혜 이루기란 보통 일이 아닌 것.
신선이 여기 오신 줄을 안.

不是淵貞眼力好 七眞宗派怎流芳
불시연정안력호 칠진종파즘류방

그토록 좋은 연정의 눈 아니었다면,
어떻게 칠진의 종파가 꽃답게 후세까지 이어졌으리.

한편, 마원외(馬員外)는 아내 손연정(孫淵貞)의 이야기를 듣고, 곧 밖으로 나가서 장원(莊園)을 지키는 사람에게,

"만약 쇠깡통 들고 다니는 노인이 이곳에 오는 것을 보거든 즉시 내게 알리라"고 말을 하니, 그 문지기는 "알았습니다"고 연이어 대답을 한다.

어느 날 마원외(馬員外)가 사랑방에 앉아 있는데, 문득 문지기가 방앞에 와서 보고하기를,

"그 깡통 든 노인이 왔습니다." 하므로, 이 말을 들은 마원외(馬員外)는 곧바로 문밖으로 뛰어나가 그를 맞이하였다. 그때가 바로 왕중양(王重陽) 선생에게 도운(道運)이 온 시기라 할 수 있다.

이는 "저절로 와서 찾을 사람이 있으리라." 는 종리로조(鍾離老祖)의 말씀대로였던 것이다.

神仙也要等時來 時運不來道不行
신선야요등시래 시운불래도불행

신선도 오히려 때를 기다려야 하는 것.
시운이 오지 않으면 도를 행할 수 없도다.

제5회 : 거지 노인 왕중양을 맞아들여 머물러 주실 것을 간청하며, 극진히 봉양하는 마단양 부부

제 5 회

왕중양(王重陽)이 첫 번째 만난 마단양(馬丹陽) 부부

마원외근봉양사례 왕중양경영호도재
馬員外勤奉養師禮 王重陽經營護道財

마원외가 스승을 예로 잘 봉양하고,
왕중양은 재물로 도를 보전할 계획을 세우다.

仙佛聖賢只此心 何須泥塑與裝金
선불성현지차심 하수니소여장금

선불성현 되는 것은 오직 마음에만 있는데,
어찌 녹 흙 불상에 금을 입혀 모셔야 되는가.

世間點燭燒香者 笑倒慈悲觀世音
세간점촉소향자 소도자비관세음

세간에 촛불 켜고 소향하는 이를 보고는,
자비로운 관세음보살이 웃으며 넘어진다.

이 네 구절의 시(詩)는 신선 되고, 부처 되고 성현 되는 것은, 모두 이 마음 속에서 공부하는 데에 있음을 말하여 주는 글로서, 마음이 바르면 몸도 바르고, 행하는 일도 바르게 되지만, 마음이 간사하면 몸도 삿되고, 행하는 일 역시 삿되게 되므로 수행하는 사람은, 반드시 먼저 그 마음(心)을 바르게 한 후에, 그 뜻(意)을 정성스럽게 할지니, 대개 마음(心)이 바르지 못하면, 뜻(意)도 성(誠)스럽지 못하고, 뜻(意)이 정성(精誠)스럽지 못하면, 망념(妄念)이 가닥가닥 일어나, 영영 진도(眞道)를 잃어버리게 된다.

옛 사람이 시(詩)에서 이르기를,

妄念一生神卽遷 神遷六賊亂心田
망념일생신즉천 신천륙적란심전

망념 한번 일어나면 원신이 곧 밀려나고,
원신이 밀리면 6적이 마음밭을 어지럽히고,

心田一亂身無主 六道輪廻在目前
심전일란신무주 륙도륜회재목전

심전이 일단 어지러우면 몸에 주인이 없어져,
6도윤회 바로 눈앞에 있게 된다.

또 말하기를,

六道輪廻說不完 畜生餓鬼苦千般
륙도륜회설불완 축생아귀고천반

6도윤회 이루 다 말로 마칠 수 없는 것.
축생 아귀 천만가지로 괴로우니,

勸君勿妄起貪念 一失人身萬劫難
권군물망기탐념 일실인신만겁난

권하건데, 그대는 탐심 망념 내지 마오.
사람몸 한번 잃게 되면 만겁을 지나도 다시 인간되기 어려우리.

그러므로 선불성현은 다만 이 마음에 있을 뿐이라고 하였고, 이 마음은 불가불(不可不) 바르게 해야 하며, 이 뜻은 꼭 성실하게 해야 한다 하였다. 만약 마음을 바르게 하지 못하고 뜻을 성실하게 하지 못하고, 쓸데없이 흙으로 빚은 초상에 금장식하여 모셔놓고 소향하며 촛불 켜고 고두(叩頭)한들 무슨 이익이 있겠는가?

관세음보살(觀世音菩薩)이 웃고 넘어진다는 말은 곧 세상 사람들이 마음(心)의 묘리를 모르고 정심 성의(正心誠意)없이 수행을 강론(講論)하며, 공연히 촛불 켜고 소향하여 복(福)의 혜택만을 바라고 있는 것을 보고 이르는 말이라 할 수 있다. 이는 웃음이 터져나오는일이 아닐 수 없다.

마원외(馬員外)는 깡통 든 노인이 왔다는 말을 듣고 부랴부랴 밖으로 나가 노인을 집 안으로 맞아들였는데, 따라 들어온 노인은 사랑에 들어와 거만한 모양으로 의자에 턱 앉더니 우렁찬 소리로,

"나를 불러들여놓고 무슨 말을 하려 하시오?" 마원외(馬員外)는,

"제가 노인어른을 몇해동안 살펴보니, 종일토록 구걸하고 다니느라 대단히 피로하신 것 같아 차라리 저의 집에서 머물러 계신다면 저희가 공양하고자 하는데, 노인어른 생각은 어떠십니까?" 그러나 말이 끝나기도 전에 갑자기 노인은 낯 빛을 바꾸면서,

"나는 얻이믹어 버릇해서 당신 같은 사람의 까닭없는 음식은 안먹겠소." 마원외(馬員外)는 노인이 낯빛이 변하는걸 보고 감히 다시 말을 못꺼내고 안방으로 들어가 아내 연정(淵貞)에게 말하였다.

"그 깡통 든 노인을 집안으로 맞아들여, 내가 그에게 공양하고 싶다고 말씀드리니, 그는 내 이유없는 음식은 안먹겠다 합니다. 보아하니 집에 묵을 의향도 없는 것 같고. 그래서 당신과 상의하려고 왔는데, 무슨 좋은 방법이 없겠소?" 하니, 손연정(孫淵貞)은 웃으면서,

"군자는 도(道)를 찾지 음식을 찾지 않으며, 소인은 음식을 찾고 도(道)는 찾지 않는다는 말을 들어보지 못하셨나요? 당신은

노인을 보자마자 공양을 허락해달라하여 음식으로 그분을 끌려고 하셨지만 군자가 어찌 음식에 끌리겠어요? 당신의 말씀은 예의에 벗어난 듯 합니다. 지금 곧 제가 나가 두어마디 말씀으로 꼭 노인을 붙들어 머무시도록 해보겠어요."

非是先生不肯留 只因言語未相投
비시선생불긍류 지인언어미상투

선생이 머무르려 하지 않아서가 아니라,
말을 잘못 던져서 그리된 것.

淵貞此去通權變 管叫老人自點頭
연정차거통권변 관규로인자점두

연정이 가서 임기응변하여
노인을 계시도록 승낙을 받아보겠다하네.

손연정(孫淵貞)은 사랑으로 가서 노인을 뵙고 절을 하며 "만복(萬福) 해보이십니다" 하니 노인은 웃으며,

"나는 거렁뱅인데 무슨 복이라 할만한 것이 있겠소?" 그러자 손연정(孫淵貞)은,

"노인어른께선 거리낄것도 없고 걸리적거리는 것도 없이 소요자재(逍遙自在) 하시니 이 어찌 복(福)이 아니며, 근심도 아니하고 걱정도 할 필요없이 청정무위(淸靜無爲) 하시니 이 어찌 복(福)이 아니겠습니까? 티끌 세상의 허다(許多)한 부잣집이나 이름난 사람들은 종일토록 갖은 걱정과 근심, 처자에 대한 애틋함으로 피곤한 마음쓰며 쉴새가 없이 지내니, 복(福)이 있다고 말들 하지만 실은 진정한 향락을 누리지 못하는 것이니, 실속은 없는 것입니다. 그러니 노인 어른께서 누리시는 것이 진짜 복(福)이 아니고 무엇이겠습니까?"

노인은 이말을 듣고 크게 웃더니,

"당신은 소요자재(逍遙自在)며 청정무위(淸靜無爲)가 복(福)인 줄 알면서 왜 소요자재(逍遙自在)를 배우지 않고 청정무위(淸靜無爲)를 배우지 않으시오?"

손연정(孫淵貞) 답하되,

"배우지 않은 것이 아니오라 그 법(法)을 얻지못했습니다. 소요(逍遙)하고 싶어도 소요(逍遙)를 얻지 못했고 청정(淸靜)코자 하여도 청정(淸靜)을 얻지 못한 것입니다." 이에 노인이 말하되,

"꼭 배워야겠다면 내가 가르쳐줄 수도 있지." 손연정(孫淵貞) 말씀 올리되,

"노인어른께서 저희들을 가르쳐주실 뜻이 계시다면 저희집 뒷뜰에 요월헌(邀月軒)이라는 별채가 있는데 아주 깨끗하고 조용합니다. 노인어른께서 거기에 머물러 계신다면 저희들이 배우러 다니기가 좋겠습니다."

노인은 그제서야 비로소 고개를 끄덕이며 허락했다.

說話投機古今通 先生今日遇知音
설화투기고금통 선생금일우지음

던지는 이야기 고금을 관통하니,
선생이 오늘에야 알아보는 이를 만났도다.

知音說與知音聽 彼此原來一樣心
지음설여지음청 피차원래일양심

알아보고 말하는 이나 알아보고 듣는 이나
피차가 원래 한 마음 같은 모습이구나.

노인은 연정(淵貞)의 말을 듣고 너무나 기쁜 마음으로 고개를 끄덕이며 허락했다.

마원외(馬員外)는 곧 하인 마흥(馬興)을 시켜 뒷뜰 요월헌(邀月軒)을 깨끗이 청소하고 침대 휘장과 이불, 요, 탁자, 의자 같은 것을 정돈하게 하여, 노인이 편안히 쉴 수 있도록 하는 한편, 진와(珍娃)라는 아이 하나를 뽑아 차와 물과 식사를 나르게 했다.

그리고 마원외(馬員外)는 손연정(孫淵貞)에게,

"우리가 저 노인과 한나절이나 얘기했지만 아직도 그분 이름을 모르고 있으니, 내가 가서 물어보고 오겠소." 하니, 손부인(孫娘子)은,

"큰 은혜(大恩)는 감사하지 않고(不謝), 큰 덕(大德)은 이름하지 않는다 했으니, 예(禮)로써 서로 만났으면 되었지 왜 이름을 꼭 알려고 그러십니까? 선생님이라고 그냥 부릅시다." 그러나 마원외(馬員外)는 아내의 말을 듣지 않고, 꼭 가서 물어봐야 하겠다면서, 아내의 만류를 뿌리치고, 요월헌(邀月軒)으로 갔다. 그는 탁자 위에 조용히 앉아있는 노인에게 다가가서,

"외람되지만 좀 여쭙겠습니다. 노인어른의 존함은 어떻게 되시며, 집은 어디시며, 왜 이곳에 오시게 되었습니까?" 하고 연달아 몇 번을 물었다. 그러자 노인은 두눈을 동그랗게 뜨면서 큰 소리로,

"내 이름은 왕중양(王重陽)이고, 집은 섬서성(陝西省)에 있는데, 천리길을 마다 않고 그대를 위해 이곳에 온 것이라." 고 대답했다. 마원외(馬員外)는 그 말을 듣고 놀라면서,

"선생님은 처음부터 저를 위해 이곳에 오셨습니까?" 하고 묻자, 왕중양(王重陽)은 손뼉을 치며 크게 웃으면서,

"바로 그대, 그대를 위해 이곳에 왔지." 마원외(馬員外)가 다시,

"선생님이 저를 위해 이곳에 오셨다니 무엇 때문입니까?" 하고 물으니, 왕중양(王重陽)은,

"그대의 만관(萬貫) 재산을 위해서 이곳에 왔다."는 것이었다. 마원외(馬員外)는 이 말을 듣고 우습기도 하고 한편으론 부아가

치밀기도 하여 낯빛이 변하면서,

"제 만관(萬貫) 재산을 위해 오셨다니, 그 생각뿐이란 말입니까?" 하고 대꾸하자, 왕중양(王重陽)은,

"그 생각이 없었다면, 오지도 않았지!" 그 두마디 말을 듣고 마원외(馬員外)는 얼굴이 흙빛이 되어, 휑하니 나와 버렸다.

先生說話令人驚　世上未聞這事情
선생설화령인경　세상미문저사정

선생의 말씀은 사람을 놀라게 하는데
세상 사람들은 그 속사정을 알턱이 없다.

平白要人財與産　其中道理實難明
평백요인재여산　기중도리실난명

공연히 사람의 재산을 요구하니,
그 속의 도리, 실로 알기 어렵도다.

마원외(馬員外)는 요월헌(邀月軒)을 나와,

"이 늙은이가 남의 집에 오자마자 남의 재산을 욕심내어 스스럼없이 입밖에 내어 말하는 걸 보면 어린애만도 못한데, 무슨 도덕(道德)이 있으리!" 하고 혼잣말을 중얼거리며, 윗방으로 가 말없이 앉았다. 손연정(孫淵貞)이 남편의 낯빛을 보고 틀림없이 또 노인에게서 무슨 말을 들은 것이라 생각하고 웃으면서,

"가시지 말라 했더니 듣지않고 기어코 가서 모두 이치(理致)에 맞지 않는 것을 물어보아 선생님의 말씀과 충돌을 일으켰군요. 부디 도량(度量)을 크게 여시고 천한집 사람의 식견을 멀리하도록 하십시요." 마원외(馬員外)가 연정(淵貞)의 말을 듣고 낯빛을 부드럽게 하며 말하기를,

"나도 그 늙은이가 덕행있는 사람이라고 생각했지, 누가 재산

탐내는 탐재귀신(貪財鬼神)인줄 알았겠소?" 하니, 손연정(孫淵貞)은,

"무엇을 보아 왜 그분이 재산을 탐내는 사람이라는 거예요?" 하고 물었다.

그러자 마원외(馬員外)는, 왕중양(王重陽)이 이집 재산 욕심이 나서 왔다는 말을 하더라고 주욱 얘기를 들려주니 손연정(孫淵貞)은 그말을 듣고나서 이렇게 말했다.

"왕선생님이 당신 재산에 관해 말씀하신 것은 틀림없이 무슨 까닭이 있을거예요. 왜 그걸 확실하고 분명하게 물어보시지 않으셨어요? 속담에, 천년(千年)의 밭(田地)에 팔백명의 임자(八百主)라고 했어요. 재산이란 천지의 공공물건(公物)이며, 잠시 사람손을 빌린데 지나지 않습니다. 모아서 쓰는 사람은 수십년씩 그걸 이용하지만, 또 어떤 사람들은 써보지도 못하지요. 마치 비가 꽃잎을 떨어뜨리고 바람이 눈을 흩날리는 것처럼 손이 닿는 대로 손따라 움직이다가 흩어지고 말거나 아니면 다른 사람 손에 넘어가고 말지요. 그래서 재산은 천하의 공물(公物)이라 하며, 쉴새없이 돌고 돌아 없다가도 있고, 있다가도 없어져 버리지요. 결국 백대(百代)를 물려주는 밭임자나 천년간 재산을 지키는 하인은 어디에서도 찾을 수 없는 것입니다.

萬貫家財何足誇 誰能保守永無差
만관가재하족과 수능보수영무차

만관의 재산이 무슨 자랑거리가 되며,
그 누가 영원토록 고스란히 지킬것인가?

財爲天下至公物 豈可千年守看他
재위천하지공물 기가천년수간타

재산이란 천하의 공공물건인데,

어떻게 그것을 천년이나 지킬것인가?

 손연정(孫淵貞)이 남편 마옥(馬鈺)에게 권하여 말하기를,
 "왕 선생님이 우리 재산을 요구하시는 것엔 반드시 무슨 까닭이 있을 것입니다. 그분의 얘기가 이치(理致)에 맞기만 한다면, 그분께 드리는 것도 좋지 않겠어요? 더구나 우리에겐 자식도 없어, 마침내는 재산도 남의 손에 떨어져 갈 것이 아니겠어요?" 하는데 말도 다 끝나지 않아서, 마원외(馬貝外)는 웃으며,
 "당신은 말을 너무 쉽게 하는 구려. 내 선조들은 섬서성(陝西省)에서 이 산동성(山東省)으로 옮겨오셔서 천신만고(千辛萬苦) 끝에 힘들여서 이 재산을 얻으셨소. 내가 비록 재능은 없지만, 선조가 피땀 흘려 쌓아 놓으신 공(功)을 남에게 넘겨줄 수는 없소. 더구나 우리 부부에겐 아직도 반생(半生)이 남아 있는데, 재산을 남에게 줘버린다면, 우리는 이 뒤 반생을 어떻게 먹고 입고 살 것이요? 어찌 큰 일을 그르치지 않겠소?" 그러자 손연정(孫淵貞)은,
 "당신은 사나이 대장부가 되어가지고 그런 헛된 생각을 해서야 되겠어요? 우리 재산을 그분께 드리는 것은 우리가 그분께 오래 사는 장생의도(長生之道)를 구하고자 함인데, 이미 도(道)를 마치고 닦아 신선을 마쳐 이뤘다면 그 재산을 어디에 쓰겠습니까? 한 자손이 도(道)를 이루면 9대조(九代祖)까지 초승해탈(超昇解脫)한다하였는데, 왜 선조에 대한 그런 말씀을 하세요? 이 도(道)라는 글자가 당신의 만관 재산에 비해 얼마나 값진 것인지 아셔야 합니다."

金銀財寶等恒河 不及道功値價多
금은재보등항하 불급도공치가다

**금은 보배 재산이 항하와 같아도
도공의 값어치엔 미치지 못하노라.**

財寶雖多終用盡 道功萬古不消磨
재보수다종용진 도공만고불소마

재물이 아무리 많다 해도 끝내는 다 써버릴 날이 있겠지만
도공은 만고의 세월이 갈아 없애지 못하도다.

마원외(馬員外)는 손연정(孫淵貞)의 말을 듣고,

"당신의 말이 좋지 않은건 아니나, 만약에 도(道)를 닦아도 신선을 이루지 못한다면 호랑이(虎)를 그리려다 개(犬)를 그리고 마는게 되지 않겠소?" 그러자 손연정(孫淵貞)은,

"사람에겐 한결같은 마음인 항심(恒心)이 있어야 합니다. 사람의 마음이 한결같지 않으면 무당이나 의사도 될 수 없는데, 하물며 신선이 되는 과정을 배울 수나 있겠습니까? 지향(志向)을 세우면 일은 끝내 이루어지겠지만, 뜻(志)이 없으면 끝내는 이루지 못할것이므로, 문제는 다만 항심(恒心)이 있느냐, 항심(恒心)이 없느냐, 의지(意志)가 있느냐, 의지(意志)가 없느냐에 달려있는 것입니다. 속담에도, 〈신선도 본래는 범인(凡人·평범한 사람)이 이뤄 된 것이다〉는 말이 있지 않습니까? 그러니 오직 마음이 한결같지 않을까만 걱정됩니다. 마음과 의지를 한결같이 모아 나가면 저절로 구하는 대로, 바라는 대로 얻게 될 것입니다. 역대(歷代)의 선불(仙佛)들도 평범한 사람이 도를 닦아 이룬것입니다. 태어나면서부터 신선인 사람이 어디에 있겠습니까?"

마원외(馬員外)는 이 말을 듣고 머리를 끄덕이며 좋은 말이라고 하였다. 이튿날 마원외(馬員外)는 요월헌(邀月軒)에 가서 왕중양(王重陽)을 뵙고,

"선생님은 어제 저희집 재산이 필요하다고 말씀하셨는데, 전재(錢財)를 어디에 쓰시려 하십니까?" 하고 묻자, 왕중양(王重陽) 선생은 정색(正色)을 하며,

"내가 그대의 재산이 필요한 이유는 천하에 수행하고 도(道)를 깨달은 사람들을 널리 불러모아 여기서 수행하게하고 도(道)를 펴려는 것이며, 사람들이 본성을 기르고(養性) 도를 지키면서(護道), 바깥일에 걸려 얽히지 않고, 안에서 보양(補養)하게하기 위해서이다. 또한 사람들이 오고감에 있어서도 더할나위 없이 안락(安樂)하고 환희(歡喜)롭게 하기 위함이다." 하고 중양선생(重陽先生)께서는 당신의 참뜻을 마원외(馬員外)에게 말하였다. 마원외(馬員外)는 이 말씀을 듣고는 기쁜 마음에 기꺼이 그 말씀을 따르길 원했다.

能做捨己從人事 方算超凡大聖人
능주사기종인사 방산초범대성인

자기를 버리고서 다른 사람을 따라 일하는 것
바야흐로 범속을 벗어난 대성이라 하겠네.

제6회 : 손연정이 남편과 만관재산을 버릴 계획을 세우고, 친척 마문괴를 매수하여 문중(門中)사람들을 설득하도록 회유하다

제 6 회
손불이(孫不二)의 무상법문(無常法門)

손연정권부사가재 마문괴수뇌통권변
孫淵貞勸夫捨家財 馬文魁受賂通權變

손연정이 지아비에게 권하여 가산을 버리게 하고,
마문괴는 뇌물을 받고 임시변통을 하다.

萬法皆空何所求 借財護道養眞修
만법개공하소구 차재호도양진수

만법이 다 공인데 어느 곳에서 구할까?
재물 빌어 도를 지키며 진수하며 본성 기르리.

暫將此物通權變 他日依然一概去
잠장차물통권변 타일의연일개거

잠시는 이 물건으로 임시변통하지만,
어느날엔가 그대로 모조리 내어놓으리.

중양(重陽) 선생이 재물을 빌려 도(道)를 지키고자 수행하는 사람들을 불러 모을 일을 마옥(馬鈺)에게 설명하니, 마원외(馬員外)는 기쁘게 따를 생각으로, 선생에게,
"어르신네께서 이처럼 말씀하시니, 이는 크게 도덕이 있으신 분으로 알겠습니다. 제가 저의 아내인 손씨(孫氏)와 함께, 어르신네

를 스승으로 모시려고 하는데, 선생님의 뜻은 어떠하신지요?" 하니, 중양(重陽)이 말하기를,

"다만 그대들 부부가 진심(眞心)으로 수도(修道)하면 될 것이지, 나야 옳다 그르다 할 것이 없지. 다만 반드시 먼저 가산(家産)을 버려야 하네. 그런 후에 그대들에게 지극(至極)한 도(道)를 전할 것이오, 그래야만 한마음한뜻(一心一意)이 되어, 항상 얽히고 걸리는 것을 면할 수 있으리라." 마원외(馬員外)가 말하기를,

"제가 결코 아끼거나 인색하지 않을 터이니, 어른신네께서 돈을 쓰시려거든, 얼마든지 마음 대로 쓰십시오. 그런데도 가산(家産)을 버릴 필요가 있겠습니까?" 하니, 왕중양(王重陽)이 말하기를,

"버리지 않으면 끝내는 그대의 것이니, 내가 내 마음대로 나 편리하게 쓸 수야 없지!" 하시니, 마원외(馬員外)가,

"논밭같은 토지는 밖에 있고, 은전(銀錢)은 집안에 있으니, 이것을 바친다는 계약서를 작성하여 어르신네께 드리겠습니다. 그렇게 하면 되겠습니까?" 중양선생(重陽先生)이,

"계약서는 우선 그대에게 두기로 하고, 다만 그대 집안의 문중 어른인 족장(族長)이 재산을 버려도 좋다는 증거가 될 사약서(捨約書)를 한 장만 써 주면 그것으로 증거가 충분하겠네." 라고 말하므로, 마원외(馬員外)는 기쁨이 변하여 걱정이 되었다. 그래서 그는 중양선생(重陽先生) 앞을 물러나와 큰채로 가서, 중양(重陽)의 말씀을 손연정(孫淵貞)에게 알렸다. "내가 볼때에 이일은 타협이 잘안될 것 같소." 하니까,

손연정(孫淵貞)의 말이, "어떻게 보시고 타협이 안될 것이라고 하십니까?"

마원외(馬員外)가 말하기를, "당신도 우리 집안 사람들의 마음을 모를리 없겠지요."

연정(淵貞)이, "사람 마음은 다 각각인데, 어떻게 모두 다 알겠어요?"

마원외(馬員外)는 "우리 집안 사람들은, 우리 내외에게 자식이 없으니 대(代)가 끊길 것으로 보고, 제각각 모두 이 끊긴 가업을 나누어 가지려고 하고 있소. 우리 두 식구가 죽기만 하면 바로 이 가재와 전지(田地) 등은 모조리 자기네에게로 돌아올 것으로 기다리고만 있는 터에 내가 재산을 남에게 준다는 걸 어찌 허락 하겠소? 나는 이 때문에 타협이 힘들다 말하는 거요."

손연정(孫淵貞)이 대답하길, "그거야 어려울 것 없지요. 당신께서 내일 유력(有力)한 일가 어른 몇분을 오시라하여 상의하세요. 그래서 그분들이 그대로 들어주면 다행이고, 만약에 듣지 않을 때는 「여차(如此)여차(如此)」하세요. 그분들은 틀림없이 좋아라고 들어줄 것이며, 당신 하시는 이 일이 잘되도록 보증할 것입니다." 하니, 마원외(馬員外)는 듣고 나서 웃으며,

"부인은 과연 재주꾼이요. 일이 벌써 절반 이상이나 이뤄진 것 같구료!" 하고, 바로 마흥(馬興)을 불러 일가 어른들 집을 다니며 내일 오전에 모두 오시게 하도록 했다.

마흥(馬興)이 일가 어른들을 찾아다니면서 오시라고 하니, 모시러 갈 것두 없이, 이튿날이 되자 일가 어른들이 다 모였다. 게다가 같은 항렬의 형제와 손아래 아들이나 조카들까지 한 두사람씩 따라와서, 맛있는 잔치상이 나와 줄 것을 기대하며 방안에서 또래끼리 나누어 앉았다.

그 중 제일 윗자리에 지방관리 과거시험에 합격한 마륭(馬隆)이라는 사람이 있었는데, 그 마륭(馬隆)이 마옥(馬鈺)에게 물었다.

"자네가 우리를 이렇게 오라고 해서 왔는데, 무슨 할 이야기가 있어서인가?" 마옥(馬鈺)이 말하기를,

"제가 근년에 와서는 늘 끙끙거리며 앓느라고 사흘이면 편한 날이 이틀이 못될 지경입니다. 그러니 혼자서 이 많은 사람들의 일을 감당하지 못합니다. 거기다가 제 아내마저도 가끔 노망끼가

나와 정신이 혼미하여 일처리를 제대로 하지 못하고 있던 차에, 이번에 섬서성(陝西省)에서 왕(王)선생님이라는 분이 오셔서 저의 집에 머물게 되었습니다. 잘 살펴보니 그 분이 매우 충실하고 후덕하므로 제 집에 머무시도록 하여 집안 살림과 전원(田園)의 일을 맡겨 관리하도록 부탁하고, 저는 아내와 함께 편히 먹으면서 조용히 살아 보고 싶은 생각이 들어 이러한 사정을 그분께 여쭈었더니, 그분 말씀이, '그래도 좋으나, 재산을 내어주어도 좋다는 사약서(捨約書) 한 장을 일가 어른들이 마련해 주셔야 증빙(證憑)이 되겠다.'고 하십니다. 그래서 제가 집안 여러 어른들을 이렇게 오시라고 하여 상의드리는 것입니다. 사약서(捨約書) 한 장 써서 그분에게 드리도록 하겠습니다."

마원외(馬員外)의 말이 채 끝나지도 않아서, 마명(馬銘)이라는 사촌형이 벌컥 화를 내며 일어서더니, 마옥(馬鈺)을 가리키며,

"자네가 지금 미쳤나, 바보가 됐단 말인가? 당치도 않은 말을 함부로 지껄이다니! 조상님들이 남겨주신 가업(家業)과 터전을 보전하여 지키는 것이 옳지, 이것을 다른 사람에게 내어 주어버린다는 것이 무슨 이치(理致)란 말인가? 자네 누군가의 속임수에 넘어갔거나, 함정에 빠진 것 같군."

마원외(馬員外)는 자기도 그것이 이치(理致)에 맞지 않는 일인 줄 알기 때문에 그가 역정 내는걸 보고 다시 말을 하지 못하였다.

그때 그 자리에 당숙(堂叔) 되는 마문괴(馬文魁)라는 유학생원(儒學生員)과 국자감(國子監)이라는 국립대학 태학(太學)의 학생인 사촌형 마쇠(馬釗)가 있었는데, 이 두 높은 관원(縉紳)은 마(馬)씨 문중의 특출한 인재(人才)로서 모든 대소사(大小事)를 결정하는데 단 한마디 말로 끝낼 만큼 수완이 뛰어났다. 게다가, 이 마문괴(馬文魁)는 임기응변의 변통수가 있는 특출난 사람이었다. 마명(馬銘)이 마옥(馬鈺)을 꾸짖는 것을 보고 있던 마문괴(馬文魁)는 이내 입에서 나오는 대로 거침없이,

"우리들은 원외(員外)가 얼마나 진실한 사람인 지를 모두 알고 있으니, 원망할 필요가 없을 것 같소. 단지 왕(王)선생님을 나오시라고 해서 대체 어떤 연고로 그러시는지 한번 여쭈어나 보도록 합시다." 라고 말하고 마흥(馬興)을 시켜서 왕중양(王重陽)선생을 오시도록 했다.

마흥(馬興)이 나간지 얼마 되지 않아 노 선생이 사랑채에 왔으나, 그는 그곳에 있는 누구와도 인사를 하지 않았고, 그들은 모두 그런 선생에게 눈을 떼지 않았다.

그런데 이때 마명(馬銘)이 보고는 크게 웃으며,

"왕(王)선생님이라는 분이 어떤 분인고 했더니, 바로 저 걸식하던 고독한 노인이었군!" 하니 마문괴(馬文魁)가 중양선생(重陽先生)에게,

"노인은 이 지방에서 수년간 걸인 행세를 하며 지냈지만 나는 당신에게 어떠한 재능이 있다는 말도 듣지 못했소. 우리집 원외(員外)가 당신의 어떤 좋은 점을 높이 보고 그런지는 모르겠으나 당신에게 입을 것, 먹을 것을 아무런 불편없이 대접하고 있다고 들었소. 그렇다면 노선생은 응당히 자기 분수를 편안히 지키며 때와 날을 보내고 살다가 생을 마치는 것이 도리일 터인데 무엇 때문에 내 조카를 속여서, 가재(家財)를 당신에게 달라고 하는 거요? 나이도 오·육십세가 되었으니, 사리를 분간하지 못하는 바보도 아닐텐데, 천하에 이렇게 도리에 맞지 않는 말을 어찌 할 수 있으며 어찌 남들이 멸시하고 비웃는 것을 부끄럽게 여기지 않을 수 있단 말이요?" 마문괴(馬文魁)가 말을 마치니 중양선생(重陽先生)이 대답하기를,

"나는 평생에 재능이란 없고, 이렇게 빈궁한 것이 두려울 뿐입니다. 그래서 그분이 가재(家財)를 내게 양도해주면 몇 해 동안 여생을 쾌락하게 지내려는 것이니, 사람들이 멸시하든 비웃든 아무 상관없습니다." 하니, 말이 미쳐 끝나기도 전에, 마부(馬富)와

마귀(馬貴)가 튀어나오더니, 중양선생(重陽先生)의 얼굴에다 "퉤 퉤" 하고 침을 몇 번 뱉어주고는,

"이런, 염치도 없고 뻔뻔스런 늙은이야! 입 비뚤어진 계집종이 왕후가 쓰는 봉관(鳳冠)을 쓰려하는 것이나, 날지도 못하는 쪽제비가 거위 고기를 먹고 싶어하는 것과 마찬가지로 수십년동안 몹시도 잘못 살았군! 부끄러운 줄 모르는 말을 해도 분수가 있지!" 하고 퍼부어대니 거기 있던 사람들 모두 덩달아 화를 내었다. 마부(馬富)가 마귀(馬貴)에게,

"우리 이렇게 시끄럽게 떠들 것 없이, 이집에서 노인네를 쫓아내세" 하고는 힘껏 달려들어 끌어 잡아당기었다. 이를 본 마쇠(馬釗)가 나서서 말리며,

"생각해보니, 쫓아낼 것도 없네. 우리 원외(員外)가 그 고독한 노인을 이 집에 머물게 했으니, 그대로 놔두게 하고, 원외(員外)가 재산을 넘겨주는 것만큼은 허가하지 않으면 되지 않겠는가." 이 말을 들은 마부(馬富)와 마귀(馬貴)는 곧 잠자코 있게 되었다.

그때, 마원외(馬員外)가 마륭(馬隆)의 귀에다가 무슨 말인지 몇 마디 소근소근하니, 마륭(馬隆)이 여러 사람들을 보고,

"여보게들, 어린애들같이 그렇게 시끄럽게 싸울 필요 없이 모두 다들 돌아가게나. 내게 재산을 물려주지 못하게할 방법이 하나 있으니, 원외(員外)도 내말을 들으면 감히 함부로는 못할꺼야." 하고 말하였다. 이 마륭(馬隆) 노인은 마씨(馬氏) 일족 중에서 제일 나이가 많은 웃어른이므로 어느 누구도 감히 그 말을 어길 수 없었다. 그리하여 각자가 집으로 돌아갔다.

마원외(馬員外)는 남모르게 살짝 마륭(馬隆)과 마문괴(馬文魁)와 마쇠(馬釗) 세사람만 남아있게 하여, 서재로 모셔놓고, 술과 음식으로 정중히 대접하였다. 마륭(馬隆) 노인이 상좌에 앉고, 당숙인 마수재(馬秀才)는 다음 오른쪽 자리에 앉게 하고, 사촌형 마감생(馬監生)은 왼쪽에, 마원외(馬員外)는 오른쪽에 자리잡고, 앉

자마자, 바로 집안 하인들이 맛있는 산해진미(山海珍味)를 차려놓았다.

술이 서너 순배(巡杯)가 돈 뒤에 마원외(馬員外)가 일어서서,

"세째 할아버님과, 둘째 당숙과 형님계신 앞에서 저 마옥(馬鈺)이 마음먹고 있던 일을, 상의 여쭙겠습니다." 라고 말을 하니, 당숙인 마수재(馬秀才)가,

"네가 무슨 할 얘기가 있는지는 모르지만, 염려하지 말고 어서 하려무나. 우리 모두가 너의 뜻이 이루어지도록 해볼 터이니" 마원외(馬員外)가 말하기를,

"제가 어찌 진정으로 가재(家財)를 왕중양(王重陽)에게 내어 주려 하겠습니까? 다만 그분에게 몇 해 동안만 대신 관리해 달라 하고, 그 동안 저희는 좀 한가하게 쉬고 싶어서 그러는 것 뿐입니다." 이 말을 들은 사촌형 마쇠(馬釗)가,

"그분에게 관리하도록 하는 것은 상관없으나, 왜 하필이면 사약서(捨約書)를 써 주어야 한단 말인가?" 하니, 마원외(馬員外)가

"형님은 모르시는 말씀입니다. 이것은 모두 그분이 진심으로 재산을 관리하도록 하기 위한 일시 임기응변입니다. 이렇게 해야만이 저도 마음놓을 수 있으며 그분도 게으름을 피우지 않을 것이기 때문입니다." 마문괴(馬文魁)가 이 말을 듣고,

"네 말을 들어보아도 그렇게 하려는 이유를 내 도무지 알 수 없구나. 천천히 자세한 연유를 얘기해 보도록 하여라."

마원외(馬員外)가 말하기를,

"둘째 당숙, 제 말씀을 들어보십시오. 이런 결정을 내리게된 것은 단지, 제가 병치레를 자주 하고, 제 아내 역시 자주 앓아서 머리가 혼미해져 가사 관리하기가 어려워졌기 때문입니다. 내 오래 전부터 충실하고 알뜰한 사람 하나를 찾아서, 대신 살림을 경영토록 하려 했었는데, 다행하게도 하늘이 저의 소원을 들어주셔서 왕(王)선생님을 보내주신 듯 싶습니다. 게다가 그분이 아주 충실하

고 후덕한 노인장이라는 생각이 들어 그분께 제가 '당신이 이 집을 잘 경영하시되, 자기자신의 집과 똑같이 보살피실 것이며, 결코 그럭저럭 되는 대로 해서는 안됩니다.' 라고 하였더니, 그 선생님은 말귀를 잘못 알아듣고 바로 저에게 묻기를,

'그대가 나더러 이집 재산을 자기 자신의 것과 마찬가지로 잘 보살피라는데, 그럼 이 집 재산을 내게 넘겨준다는 말인가?' 하더이다. 이는 참 바보같은 이야기지요. 저는 바로 이 바보같은 이야기에 대답하였지요. '드린다면 드리는 것이지, 무슨 딴소리가 있겠습니까.' 하였더니, 이 분명한 농담을 가지고 그분은 도리어 진짜라 생각하고, 집안 어른들에게 재산 넘겨준다는 사약서(捨約書) 한 장을 얻어 달라고 하는군요. 그 사람은 홀몸 고독한 사람으로, 가족이나 일가 친척이며 사귀는 친구도 없는 형편이니, 제 생각엔 재산을 그분에게 내어드린다 하더라도, 어디로 가져갈 수도 없을 것 같습니다. 또한, 나이가 많아 몇 해 더 살지도 못할 것이니, 사약서 한 장만 만들어 주면, 그분이 기뻐하면서 딴 생각 없이 전심전력(全心全力)으로 저 대신 잘 경리(經理)하도록 하면, 저희는 한가하게 편히 쉬면서 병(病)을 조섭할 수 있을겁니다. 그리그리하다가, 그분이 돌아간 후에는, 가산(家産)은 결국 저에게로 되돌아오게 될 것이니, 아무런 손해도 없을 것입니다. 둘째 당숙께서는 제 소원대로 이루어지게 해주십시오." 마문괴(馬文魁)가 듣고는,

"친족중에 사람이 많으니, 나혼자 주장한다고 될 일이 아니야. 셋째 할아버지께서는 어떻게 생각하시는지 여쭈어 보는게 좋을 듯 싶구나." 마문괴(馬文魁)의 말이 끝나기 전에, 늙은 공생(貢生) 마륭(馬隆)이 머리를 저으며,

"나 역시 이는 함부로 결단할 문제가 아닌 듯 싶네. 마쇠(馬釗)는 어찌할 것인가?" 하니, 감생(監生)인 마쇠(馬釗)가 말하기를,

"족장(族長)님 계신 앞에서 제가 어찌 감히 이래라 저래라 하겠습니까?" 하니,

마원외(馬員外)는 공연히 헛소리만 해서는 안될 것을 알아차리고, 바로 안으로 들어가더니, 그럴듯한 보물을 가지고 나와서, 번쩍거리게 잘보이도록 눈앞에다 놓았다. 그들은 곧 혹(惑)하여 마음이 어두워져서, 결정짓지 않을 수 없게 되었다. 게(偈)하여 이르되

白森森又硬又堅　明幌幌有圓有方
백삼삼우경우견　명황황유원유방

새하얗고 억세고 단단하며,
황홀하게 밝은 빛에 모진데다 둥글구나.

有了他百事可做　莫得他萬般無緣
유료타백사가주　막득타만반무연

그것 갖는다면 못할 일 없으련만,
못얻으면 세상 만사 인연 끊겨 안된다네.

그리고는, 마원외(馬員外)가 이 보배를 세 사람에게 각각 조금씩 나누어주었는데, 보배를 받은 그들은 좋아라고 웃으며 보물에 정신이 팔려 눈은 감기고, 결국 안된다는 말을 하지못하게 되었다. 공생(貢生)인 마륭(馬隆)이 마문괴(馬文魁)에게,

"마옥(馬鈺)이 말하는 뜻을 이제야 알겠구만. 사약서(捨約書)를 써 주고, 그 노인의 마음을 사로잡아 이집 일을 전심(專心)으로 잘 보살펴 다스리도록 하려는 일이니, 그것 거리낄 것 없는 일이야." 하니, 마문괴(馬文魁)가 말하기를,

"임시변통으로 한다지만, 그것보다 여러분의 힘을 합쳐야 할것입니다." 감생(監生)인 마쇠(馬釗)가,

"그저 셋째 할아버지와 당숙께서 주장하여 처리하시기만 하면, 그 사람들은 제가가서, 잘 알아듣도록 설득하겠습니다." 하니, 마

문괴(馬文魁)가 말하기를,

"그렇다면 나하고 셋째 할아버지가 둘이서 책임지고 일을 처리하기는 하겠지만 여러 사람들을 납득시킬 수 있을지 걱정이구나."

하니, 마쇠(馬釗)가 귀에다 무엇이라 몇 마디 속삭이니까, 마문괴(馬文魁)는 기뻐하며,

"아주 잘 됐다. 됐어! 그렇게 말하면 아마 사람들이 말을 듣지 않을까 걱정할 것이 없지!" 라고 말하면서 일어서더니, 마옥(馬鈺)에게,

"이젠 안심하게. 자네 생각 대로 될 것이야." 라고 하였다.

有了銀兩大事就　何愁捨約立不成
유료은양대사취　하수사약립불성

돈만 있으면 대사를 이룰 수 있기에
사약서 써주지 않을까 근심하노라.

제7회 : 문중(門中)회의에서는 결국 사약서(捨約書)를 쓰게되고, 왕중양 선생은
　　　　마단양의 집에서 드디어 전진(全眞)의 문(門)을 열다

제 7 회
만관(萬貫) 가산(家産) 버린 마단양(馬丹陽)

회족장마옥립사약 담현공중양전전진
賄族長馬鈺立捨約 談玄功重陽傳全眞

족장에 뇌물 주어 마옥은 사약서 써주고,
현공 담론하며 중양이 전진을 전수하다.

流光迅速莫蹉跎 名利牽纏似網羅
류광신속막차타 명리견전사망라

세월은 재빠르게 흘러가니 헛되이 보내지말라.
명리에 엉겨 달라붙은 것이 그물속에 있는 고기와 같도다.

萬丈縣崖撒手去 一絲不掛自無魔
만장현애살수거 일사불괘자무마

만길 낭떠러지에서 두손을 떼어놓으니
한오라기도 걸릴 것 없고 마도 없다.

 손연정(孫淵貞)의 말대로, 친척 세 사람에게 뇌물을 써서, 일이 뜻대로 통과되었다. 마문괴(馬文魁)는 드디어 마쇠(馬釧)를 시켜서 친척들에게 말을 전하였다.
 "집 재산 양도하는 일은, 한 계약에 지나지 않아요." 하므로,
 여러 친척들이, "어떤 계약인가?" 하고 물었다.

마쇠(馬釗)가 대답하기를, "호랑이를 머물게 하여 산(山)을 지키게하자는 계략이지요."

일가들이 또 묻기를, "그건 또 무슨 속셈인가?"

마쇠(馬釗)가 말하기를, "마옥(馬鈺)이 편하고 한가롭게 살고 싶기 때문에, 그 노인을 머물게 하여 재산 지키는 하인을 만들려는 거랍니다." 하니

일가들이 또, "그 사람을 어떻게 보고서 붙들어 두고 재산 지키는 하인을 삼겠다는 것인가?" 하고 물으니,

마쇠(馬釗)가, "마옥(馬鈺)은 그 노인을 충후(忠厚)한 사람으로 여기고 그를 머물게 하여 가산(家産)을 경영토록 하려는 것인데, 그가 착실히 집안일을 돌보지 않을까 걱정되어서 짐짓 재산을 양도한다고 거짓말하니까, 그는 곧 참말인줄 곧이듣고, 양도증서를 써달라고 한답니다. 마옥(馬鈺)이 생각하니, 만약 양도증서 한 장 써주지 않으면, 그가 또 충실하게 관리하지 않을까 걱정되었기 때문에, 우리들을 오라하여 증인이 되게 해서 사약서(捨約書) 한 장을 써주게 된 것입니다. 그래서 그의 마음을 붙들어 메어 놓고, 성심성의 살림을 하게 하려는 것이니, 이것이 바로 호랑이를 머물게하여 산(山)을 지키게 하자는 것이 아니겠어요?" 라고 대답하니까 여러 친척들이,

"그에게 양도하면 그 사람 것이 되니, 제살림 제가 간수(看守) 못할 리가 있나!" 하니, 마쇠(馬釗)가 말하기를,

"그가 털끝만큼도 가져가지 못할 것인데, 어찌 그 사람 것이라고 하십니까?" 여러 친척들이 또 말하기를,

"어째서 그가 털끝만큼도 못가져간단 말인가?" 마쇠(馬釗)가 말하기를,

"그는 아주 먼곳에서 온 홀홀단신 외로운 노인으로서, 친척도 친구도 없는 터요, 또 나이도 많은지라, 하루 세끼 외에 많이도 못먹고 옷도 여러벌 입을 것도 아니며, 눈 한번 감게 되면 빈손으

로 왔다가 빈손으로 가는 공수래공수거(空手來空手去)라. 그때가 되면 원래 재산은 필연코 옛주인에게 돌아올 것이라. 그 노인은 한바탕 공연히 남의 살림을 대신 지켜준 꼴이 되지요. 그러니, 어찌 재산 지키는 노예가 아니겠습니까?" 여러 친척들이 이 말을 듣고 모두 한바탕 웃었다. 마쇠(馬釗)는 또 이해관계로 달래어서 말하기를,

"그 노인이 죽은 뒤에는, 가재(家財)가 결국 마옥(馬鈺)에게로 되돌아갈 것인데, 마옥(馬鈺)은 대를 물릴 자식이 없으니, 그 재산은 영락없이 우리 자식이나 조카들 손에 들어올 것입니다. 물따라 배가 떠내려 가듯이 이번 기회를 타서 인정베푸는 체하면서 그 사람 하자는 대로 내버려둡시다.

노선생(老先生) 역시 인정많고 의리도 있어 보이니, 우리가 이 일을 성취시키면 이후 우리 노소(少長)간에 아쉬운 일이 있어, 그에게 돈을 융통해 쓸때나 나중에 서로 만날 때 더 좋을 것 같은 생각이 듭니다." 마쇠(馬釗)의 말이 끝나자, 모든 친척들은 다 함께 동의하며 그대로 따르기로 했다.

言語原來不在多 片言都可息風波
언어원래불재다 편언도가식풍파

말이란 원래가 많다고 되는것이 아니며
반 마디로도 넉넉히 풍파가 멈출 수 있다.

若非受賄了私事 總有好言也錯訛
약비수회료사사 총유호언야착와

뇌물로 사삿일을 끝내지 않았다면
모두가 좋았던 말 헝클려 속임수라 했으리.

여러 일가 친척들이 모두 마쇠(馬釗)의 말에 동의하자, 그는 그

들에게 내일 다시 모여달라고 당부했다.

이튿날이 되어 일가 친척들이 마원외(馬員外)의 집으로 와서 보니, 셋째 할아버지인 마륭 노공생(馬隆老貢生)이 왕중양(王重陽)선생과 함께 응접실에 앉아있었다. 그들은 이런 저런 우스개 소리를 손짓발짓을 해가며 하고 있었는데 그 모습이 아주 절친한 관계로 보였다.

당숙인 마문괴(馬文魁)가 마원외(馬員外)에게 분부하여 술과 안주를 차려 놓게하고는, 친척들을 모이게 하였다. 모두 자리잡은 뒤, 그들은 이야기를 시작하였다.

"일가친척 장유(長幼) 존비(尊卑) 여러분이, 모두 함께 이 자리에 모였습니다. 지금 마옥(馬鈺)이가 가재(家財)를 왕중양 선생(王重陽先生)께 내어 드리기를 원하고 있는데, 여러분들은 그대로 찬성하겠습니까, 반대하시겠습니까?" 하니 사람들은 모두 마쇠(馬釧)가 설득해 놓은 대로 반대하는 사람 하나도 없이, 그 자리에서 일제히 같은 소리로,

"우리들은 모두 그대로 따르겠습니다. 다른 할말이 없습니다." 라고 말했다. 그러자 마문괴(馬文魁)는 곧 마옥(馬鈺)에게 양도계약서를 써가지고 오라하여 그것을 치켜들어 보이면서, 여러 사람들이 들을 수 있도록 마쇠(馬釧)에게 읽게 했다.

立出捨約人馬鈺今將祖父所遺家園田産房屋銀錢貨物家人小子僕婦使女
립출사약인마옥금장조부소유가원전산방옥은전화물가인소자복부사녀

"양도 계약을 체결한 마옥(馬鈺)은, 지금 할아버지가 물려주신 가원·전답·토지·가옥·금전·화물·집안의 머슴·고용녀·사환·

家具器用使物等件一幷捨與王重陽老先生名下管業任其自由自使馬姓族
가구기용사물등건일병사여왕중양로선생명하관업임기자유자사마성족

가구나 모든 물건들을 일체 왕중양선생님의 명의로 관리하도록

양도해 드리어, 그 편의 대로 자유롭게 처리하시도록 일임할 것이며, 마씨성 가진

內人等並無異言馬鈺自捨之後亦不得退悔恐口無憑立約爲據
내등병무이언마옥자사지후역불득퇴회공구무빙립약위거인

일족들은 결코 딴소리가 없을 것입니다. 마옥도 양도한 이상, 후회하여 되물러달라고 하지 못할 것을, 입으로는 증거되지 못할 것이 두려워, 계약서를 써서 증거로 하는 바입니다.

族長馬隆馬文魁馬文賢馬文德馬文玉
족장마륭마문괴마문현마문덕마문옥

(족장) 마륭(馬隆)·마문괴(馬文魁)·마문현(馬文賢)·마문덕(馬文德)·마문옥(馬文玉).

在證人馬釗馬銘馬鑑馬鎭
재증인마쇠마명마감마진

(증인) 마쇠(馬釗)·마명(馬銘)·마감(馬鑑)·마진(馬鎭).

立捨約人馬鈺是實
립사약인마옥시실

(양도계약) 마옥(馬鈺). 이상 대로 틀림없습니다.

마쇠(馬釗)가 계약서를 다 읽고 마옥(馬鈺)에게 건네니, 마옥(馬鈺)이 두손으로 중양선생(重陽先生)께 그것을 바쳤으며, 그후 곧 잔치가 시작되었다.

옛 어느 시인(詩人)이 여기까지 읽고, 마옥(馬鈺)이 그때 재산을 버릴 용기와 결단력이 있었기에, 그 같이 성도(成道)도 빠르게 되었노라 말하며 이를 시(詩)로 다음과 같이 읊었다.

家財捨盡慕修行 一物不留慾怎生
가재사진모수행 일물불류욕즘생

집안 재물 남김 없이 버리기로 마음먹은 수행
한 물건에도 머물 것 없으니 무슨 욕심 생기랴?

此日早將妄念了 他年故得道先成
차일조장망념료 타년고득도선성

날 일찍 서둘러 망념 여의더니
어느 해 그리하여 도 먼저 이루었네.

한편, 마원외(馬員外)는 일가 친척들이 흩어져 가는 것을 보고, 안방으로 들어가서, 연정(淵貞)에게 감사해 하며,
"만약 부인이 나더러 여차(如此) 여차(如此)하라 가르쳐주지 않았더라면, 이 일이 어떻게 이루어졌겠소?" 하니, 손연정(孫淵貞)이 웃으며,
"모든 일은 순리대로 해나가면 이뤄지지 않는 것이 없습니다."
마원외(馬員外)가 말하기를,
"이 일은 이제 마무리 되었는데 우리들이 구도(求道)하는 일은, 또 어떻게 하면 좋겠소?"
손연정(孫淵貞)이,
"구도(求道)하는 일은 천천히 진보(進步)하도록 해야지요. 선생님께서 며칠 푹 쉬고 요양하신 후에, 우리가 함께 가서 선생님을 뵙기로 합시다." 하니, 마원외(馬員外)는 연이어서 참 잘 생각한 일이라고 말했다. 그리고 마원외(馬員外)와 손연정(孫淵貞)은 구도(求道)에 대해선 더 이상 말하지 않았다.

왕중양(王重陽) 선생은 일심으로 천하의 수행(修行)하는 사람을 불러 모아다가, 수진양성(修眞養性)케 하려고 생각하였으나 주위에서 유언비어를 꾸며내어, 뜻하지 않은 말썽이 일어날까 걱정

이 되었다. 우선 혜택을 얼마간 베풀어주고 사람 사람마다 은혜를 입도록 하여 그것을 고맙게 생각하도록 하여야 일을 할 수 있겠다고 생각한 왕중양은 이에 광범위하게 방편(方便)을 써서, 인덕(仁德)을 많이 베풀었다. 돈이나 쌀로, 빈궁한 이와 홀아비, 과부, 고아, 늙어서 자식이 없는 사람까지 가리지 않고 두루 두루 구제하였다. 또한 마(馬)씨 가족은 나이가 많건 적건간에 반드시 얼마씩이라도 돌봐 주었으며, 장가들지 못한 남자와 시집 가지 못한 여자는 꼭 혼사를 이루게 해주었다. 그는 질병이나, 초상이 나면 장사지내는 장소까지도 두루 주선하며 그들과 아픔을 함께 했으며 빚을 지고 미처 갚지 못하는 이에게 조차 억지로 빚을 독촉하는 법이 없었다. 그리하여 마쇠(馬釗)는 왕중양(王重陽)을 인자하고 의리 있는 분이라고 늘 말하였다.

이리하여 안팎이 조용하고 상하가 서로 믿고, 편안하게 되니, 선생을 쫓아 모여든 많은 사람들은 이곳에서 도(道)를 강의하고 현(玄)을 담론(談論)하며, 도(道)밖의 쓸데없는 이야기는 하지 않았다. 그들은 모두 사리가 분명하였으며, 시종 일관(始終一貫)하게 되니 이 모두가 왕중양(王重陽)선생이 사람들에게 은혜를 베풀어 준 힘이었다. 무릇, 윗사람 노릇하는 이나 부귀한 사람은 베푸는데 인색함이 없도록 하라.

다음은 후세 사람이 여기까지 읽고, 탄(嘆)하면서 지은 시(詩)이다.

慳吝居心事不成 閑言閑語隨時生
간린거심사불성 한언한어수시생

인색한 마음 쓰면 일은 이루지 못하고,
허튼 소리와 잡담만 생기는 구나.

若非王祖能施惠 焉得連年享太平
약비왕조능시혜 언득련년향태평

왕조께서 은혜 베풀지 않으셨다면
어찌 태평 세월 누릴 수 있었으랴.

　왕중양(王重陽) 선생은, 밖으로는 이미 은덕을 베풀었으니, 이제는 내부를 경영하는데 힘을 쏟았다. 그는 십 여채 초가집(茅菴)을 후원 꽃밭 옆에 짓고, 거기에서 수행인들이 정양(靜養)할 수 있도록 하였다. 모든 일들이 다 알맞게 되자, 선생은 바로 그 중앙에 있는 한채 초가집(茅菴)으로 옮겨가서 깨달음(悟)의 공(功)을 매듭 짖고 있었다.

　하루는, 마옥(馬鈺)이 부인 연정(淵貞)과 함께 둘이서 초가집(茅菴)으로 찾아와서, 나란히 무릎꿇고, 선생께 구도(求道)코자 하니, 중양(重陽) 선생이 말씀하시기를,

　"도(道)라는 것은 길(路)을 깨닫는 것(覺)으로서 사람들로 하여금 길(路)을 깨쳐(覺) 미로(迷路)를 벗어나 귀환(歸還)토록 하는데 있으므로 반드시 얕은 데로부터(由淺) 깊은 데로 들어가며(入深), 작은 것으로부터(以小) 크게 사무쳐 가서(致大), 차례 대로 해나가야 공(功)을 이룰 수 있는 것이다. 무릇, 도(道)를 배우는 사람은 누구나 먼저 본성(本性)을 단련(鍛鍊)하여야 할진데, 성(性)은 본래가 선천(先天)의 물건이라, 반드시 그 성(性)을 이지러진 데 없이 원만히 원타타(圓陀陀)하게 하고, 어두운 곳 없이 환하게 광작작(光灼灼)스러이 수련해야만 묘용(妙用)을 얻으리라.

　대저, 성(性)과 정(情)은 연결되어 붙어 다니는 것이라, 성(性)·정(情)이 발동하면, 용(龍)과 호(虎)가 난폭하게 미쳐 날뛰는 것과 같으니, 만약에 이 성(性)·정(情)을 수련하여 항복 시키지 못하면, 그 미쳐 날뛰는 것을 어떻게 떼어버리고 허무(虛無)로 귀환(歸還)할 수 있으랴?

본성(本性)을 수련(修煉)하는 도(道)에는, 더할나위 없이 혼돈(混沌)되고 불식부지(不識不知)하여 아무것도 몰라야 하며 무인무아(無人無我)하여 자신도 남도 없도록 하여야만, 단련(煅煉)의 법(法)에 들게 되느니라.

용(龍)을 항복시키고 호(虎)를 복종시키는 항룡복호지도(降龍伏虎之道)를 행(行)하게 되었거든, 반드시 마음 원숭이인 심원(心猿)을 꼼짝 못하게 자물쇠로 가두고, 생각말(馬)인 의마(意馬)를 고삐에 단단히 묶어 매어 놓아야 하느니라. 심원(心猿)·의마(意馬)라는 것이 뜻하는 것은, 마음(心)은 교활한 원숭이처럼 날뛰는 것이요, 생각(意)은 맹렬한 말이 뛰어 다니는 것처럼 달리려고만 하므로 잡아 매어두고 가두어서 원숭이가 교활하게 잔재주를 부리지 못하게 하고, 말은 제멋대로 뛰어 다닐 데가 없도록 하여, 정정(靜定)에 복귀(復歸)토록 해야한다는 것을 나타낸다.

정정(靜定)의 공력(功力)은 천지(天地)의 조화(造化)를 부릴 수 있는 음양(陰陽)의 묘(妙)한 이치(理致)가 있어, 능히 고요(靜)할 수 있으면 만가지 사려(思慮)가 한꺼번에 사라지며, 능히 좌정(坐定)할 수 있으면 한 생각도 싹이트지 못하지만, 되는 대로 순행(順行)하면 범부 중생이 되고, 거슬려 역행(逆行)하면 선불(仙佛)이 되느니라. 그러므로 마음속에 털끝 만큼의 잡념(雜念)과 장애(障礙)가 없도록하면, 더할나위 없이 텅빈 공동(空洞)이 되어 한 물건에도 집착되지 않고, 아득하고 깊은 묘묘명명(杳杳冥冥)이 되어 아무것도 끼치지 못하는, 즉 한가닥 한오라기도 걸림이 없는 일사불괘(一絲不掛)가 되고, 한 티끌도 물들지 않은 일진불염(一塵不染)의 경지가 되는데, 이런 것이 바로 도(道)의 개요(概要)라 할 수 있을 것이다.

깊고 그윽하여 무엇이라고 이름 할 수 없는 상태가 되면, 마음(心)을 통솔하고 생각(意)을 한곳에 모을 수 있을 것이므로, 그대들이 여기까지 진보(進步)할 때를 기다려 내 반드시 지점(指點)

하여 주리라." 하면서 마옥(馬鈺)에게 단양(丹陽)이라는 도호(道號)를 갖도록 하였으며, 손연정(孫淵貞)에게는 불이(不二)라는 도호(道號)를 지니도록 하였다. 이는, 영원히 두 마음이 없다는 영무이심(永無二心)의 뜻이었다. 도호(道號)를 다 받고나서, 마단양(馬丹陽)과 손불이(孫不二)는 함께 나란히 사부(師傅)에게 사은례(謝恩禮)를 올리고 안방으로 돌아 왔다. 손불이(孫不二)가 마단양(馬丹陽)에게 말하기를,

"스승께 배례(拜禮)를 올리지 않고 도(道)를 배우기 전에는 우리가 부부였지마는, 이제 함께 사부(師傅)를 뵙고 묘도(妙道)를 학습(學習)하게 되었으니, 도우(道友)가 된 것입니다. 저는 당신을 사형(師兄)이라 하겠으니, 당신은 저를 도우(道友)라고 불러주소서. 그리고 도(道)를 배우는 사람은 은혜와 사랑을 모두 끊어야 한다했으니, 반드시 거처하는 방을 따로 써야 하겠습니다. 그러므로 당신은 사사일로 여기에 오실 수 없고, 저도 사사로이 당신 방에 가지 않도록 하겠으니 상의할 일이 있으면, 하녀를 시켜서 양쪽을 왕래하며 서로 청(請)해서, 앞채 큰 사랑에서 만나 의논하도록 하십시다." 마단양(馬丹陽)이 말하기를,

"당신이 그렇게 하겠다면 못할 것 없지요. 당신이 진심(眞心)으로 할 수 있다면, 나도 실(實)된 생각(意)을 가지고 할 수 있어요. 일년이고 반년이고 당신 방에 가지 않겠으니 걱정하지 말아요." 단양(丹陽)은 이렇게 말하고 바로 마흥(馬興)을 불러다가 담요와 이부자리를 행랑채의 사랑방으로 옮기게하고 침대와 장막등을 마련하게 하였다.

마단양(馬丹陽)이 손불이(孫不二)와 헤어져서 곁채 사랑방에 가서 거처를 정한 일에 대하여, 후세 사람이 시(詩)를 지어, 그 부부가 분방(分房) 별거하기로 용감한 결단을 내렸기 때문에 도(道)를 이루기가 쉬웠노라 하였다.

大道原來不戀情 戀情焉得道功成
대도원래불연정 련정언득도공성

대도는 원래가 정을 그리워하지 않느니,
정을 그린다면 어찌 도를 이룰 수 있으랴?

且看馬祖當年事 夫妻分房意最誠
차간마조당년사 부처분방의최성

마조의 그해 일을 보라,
부부가 서로 다른 방 쓴 뜻이 매우 성실하도다.

 손불이(孫不二)가 마단양(馬丹陽)과 분방(分房)별거한 지, 어느덧 보름이 지났다. 하루는 하녀를 시켜서 마단양(馬丹陽)을 청(請)하여 함께 초가집에 가서 도(道)를 묻자고 하였더니, 마단양(馬丹陽)이 곧 곁채 사랑방에서 나와, 손불이(孫不二)는 그와 함께 초가집에 갔다. 선생을 뵙고 묻기를,
 "사부(師傅)님께서 지난번에 성(性)은 선천(先天)의 물건(物)이라고 하셨는데, 선천(先天)이라 흡사 무엇처럼 생겼습니끼?" 중양(重陽) 선생이 말씀하시기를,
 "선천(先天)이란 혼돈(混沌)한 한 뭉치 기운(一氣)이라, 빛깔도 없고(無色) 소리도 없으며(無聲), 식별도 안되고(不識), 지각으로도 알 수 없는 것(不知)이니, 닮은 것이 어디있겠는가? 무엇과 닮았다는 말이 있다면, 그것은 선천(先天)이 아니다. 흔히 한일(一)자와 닮은 것 같다고 하지만 그것도 묘체(妙諦)를 잃은 것으로, 닮았다는 말은 할 수 없을 것이다. 선천(先天)과 닮은 말이 있다면 이는 곧 형상(相)에 집착된 것이요, 일단 상(相)에 집착되면, 곧 선천(先天)의 본체(體)를 잃게 되고, 누군가 선천(先天)은 여기에 있다고 말하면, 여기는 벌써 선천이 아니며, 또 누군가가 선천(先天)은 저기에 있다고 말하면, 거기 역시 선천의 의(義)를 잃

은 것이다. 이렇게 말하고 저렇게 말하며 아무리 여러 가지로 이야기해도, 결국 아무것도 없이 무일물(無一物)이므로, 곧 한일(一)자에 비유하여 본떠서 생각하는 것이지 한일(一)자가 곧 선천(先天)이란 말을 하지 말라. 원래는 한일(一)자도 아니니까. 그대들이 지금 선천(先天)의 이치(理致)를 알고자 하니, 글로 써가면서 우리 함께 자세히 판단해보세." 중양(重陽)선생은, 말씀을 마치시고 손에 붓을 들어 선천(先天)의 묘체(妙諦)를 판단해주시었다.

性本先天最靈物 能煉眞性卽先天
성본선천최령물 능련진성즉선천

본성은 본래 선천의 가장 영특한 물건,
진성을 단련하면 그것이 바로 선천이도다.

제8회 : 왕중양 선생에게 탐진치애·주색재기를 다스리는 유(儒)·불(佛)·선(仙) 삼교이론과 선천불이법문(先天不二法門)을 듣는 마단양 부부

제 8 회
선천(先天) 불이법문(不二法門)과
타좌공부(打坐工夫) 입덕문(入德門)

담선천정일묘리 제마근불이법문
談先天貞一妙理 除魔根不二法門

선천의 정일한 묘리를 말한다면,
마구니의 뿌리 뽑힌 둘이 아닌 법문이라.

心外求仙路就差 水中月影鏡中花
심외구선로취차 수중월영경중화

마음 밖에서 신선을 찾는건 엉뚱한 길.
물 속의 달 그림자요 거울 속의 꽃이러니.

先天妙理君知否 只在一心便可誇
선천묘리군지부 지재일심편가과

선천의 묘한 이치 그대는 아는가 모르는가?
다만 이 일심 뿐낼만 하도다.

중양(重陽)선생이 단양(丹陽)과 손불이(孫不二)에게,
"성(性)은 본래 선천지물(先天之物)로서, 둥글둥글하여 모난 데 없이 원타타(圓陀陀)하며, 환하고 밝게 빛나 광작작(光灼灼)하고, 비록 그 이름(名)은 있어도 그 형상(形)은 없으며, 알아볼 수도 없으며(不識), 알아낼 수도 없어(不知), 무엇과 같이 생긴 것인지 그 모습을 그려낼 수 없다. 허나, 내가 그대들을 위해 알기쉽도록 형상(形象)을 그려보겠다." 선생은 설명을 마치고 바로 손에 붓을 쥐고 붉은 칠을 한 걸상에다, 먼저 동그라미 ○ 하나를 그려놓고, 후에 또 하나 동그라미 ○를 그리고는 그 속에 점 하나 ⊙를 찍어 놓고, 마단양(馬丹陽)과 손불이(孫不二)를 돌아보며,

"그대들 두사람은 이 의(義)·리(理)를 알 수 있겠는가?" 하고 물으니, 단양(丹陽)과 손불이(孫不二)는 똑같은 소리로,

"제자들이 심성(心性)이 우매(愚昧)하여 이 의리(義理)를 알 수 없습니다. 사부(師傅)께서 지시(指示)하여 주시기 바랍니다." 하고 대답했다.

중양(重陽)선생이 말씀하시되, "처음의 동그라미 ○ 하나는, 너무나도 혼돈(混沌)하여 천지(天地)조차 아직 구분(區分)이 안되고, 해(日)와 달(月)도 확실히 알아볼 수 없는 때의 형상(形象)인데, 이를 무극(無極)이라 하며 무(無)가 유(有)를 낳는 고로, 동그라미 ○ 속에 일점(一點)이 생하니, 이것은 태극(太極)이라고 한다. 그 일점(•)이 하늘을 생기게 하고 땅을 생기게 하고 만물을 생기게 하는데 이 선천(先天)은 태극으로 말미암아 나오며, 이 한점(•)이 바로 한기운(一氣) 이므로, 선천일기(先天一氣)라고 말하는 것이다. 선천일기(先天一氣)인 이 성(性)은 선천에서 발생(發生)되는데, 그 몸이 있기 전에 발생(發生)하여, 그 몸이 이미 없어진 후에도 착(着)되어 있으므로, 그 일점(一點) 영성(靈性)은 불생(不生)불멸(不滅)하는 뿌리(根)가 되므로 영근(靈根)이라고 하는 것이다. 그 영근(靈根)은 모든 사람이 가지고 있지만 속인(俗人)들은 스스로 어두워져 자매(自昧)되고, 스스로 어두워져 자매(自昧)된 자는, 곧 스스로 미혹되어 자미(自迷)되어버려 본성이 미혹되므로 드디어 망념(妄念)이 한꺼번에 일어나게 되는 것이다. 게다가 요사(邪)하고 사치(侈)스러운 기운이, 망념(妄念) 일어나

는 대로 따라 들어와서, 영영 선천(先天)을 잃고 대도(大道)를 듣지 못하게 되는 것이다.

고해(苦海)는 가이 없어 어느 곳이 언덕인지 알 길이 없으니, 슬프도다! 도(道)를 깨달은 사람은 몇 되지 않고 행(行)하는 이도 적으니, 실로 참담하구나!

선천(先天)은 어디서나 증험(證驗)할 수 있으니, 인심(人心)을 선천(先天)에 끼어들게 하지 말라. 만약 인심(人心)을 선천(先天)에 끼어들게 한다면, 선천(先天)은 얻을 수 없게 될 것이다. 도심(道心)을 선천(先天)에 들게 하면, 선천(先天)이 바로 목전(目前)에 있게 되리라. 인심(人心)이란 곧 일심(一心)이 우매하고 어리석게 탐구(貪求)하는 마음이고, 도심(道心)은 곧 본래 타고난 양심인 천량(天良)이 나타나는 마음이다. 본래 타고난 양심인 천량(天良)이 발현(發現)되면 선천(先天)은 구(求)하지 않아도 저절로 얻게 될 것이다.

다음은 병(病)을 물리쳐야 할 일이니, 병(病)을 물리치는 이 각병(却病)이란 풍(風)한(寒)서(署)열(熱)로 인하여 생긴 몸의 병을 없앤다는 것이 아닌 탐(貪)진(嗔)치(痴)애(愛)로 생긴 병(病)을 없애버리도록 하라는 말이다. 이 병(病)을 한번 떼어버리면, 모든 백병(百病)이 생기지 않고 가히 수명을 연장하여 오래 오래 살 수 있어 부처도 이룰 수 있고 신선도 될 수 있고, 성인도 되고 현인도 될 수 있는 것이다. 내가 이 일부분의 공부(工夫)를 그대들에게 전(傳)해 줄 것이니, 힘써 열심히 실행토록 하라. 병(病)을 없애는 도(道)는, 병(病)의 뿌리(根)를 뽑아버려야 할 것으로, 그 뿌리(根)를 찾았다면 병(病)을 떼어버리기는 어렵지 않다. 그 병(病)은 거의가 탐(貪)진(嗔)치(痴)애(愛)에서 얻게 되는 것이며, 또한 주(酒)색(色)재(財)기(氣)로 인해 걸리는 것이니 수행(修行)하는 사람들은, 반드시 먼저 주(酒)색(色)재(財)기(氣)를 멀리하고 외부로부터 오는 느낌을 차단하여, 탐(貪)진(嗔)치(痴)애(愛)

(愛)를 끊어버려야 한다. 그후에, 그로 인해 생긴, 내부 상처의 병(病)이 뿌리(根) 뽑히면 병(病)든 몸이 저절로 낫게 되느니, 그런 연후에서야 대도(大道)를 닦을 수 있으며, 장생(長生)도 할 수 있는 것이다.

이제『술주(酒)』자를 가지고 말해보도록 하자. 사람에게 술(酒)이 도(道)에 해(害)롭다는 것을 깨닫고 반드시 이를 마시지 말아야 하며, 술이 입에 착달라 붙을 정도로 맛이 좋다 하더라도 스스로 경계하고 지켜 허물어지지 않게 하여야 한다. 사람들이 권한다는 이유로, 혹은 술자리에서 사람들이 흥겹게 마시고 먹고 놀고 있는 것을 보고서, 드디어는 마시고 싶은 의욕이 일어났다면, 술을 마시지 않았다 하더라도, 한번 일어났던 마시고 싶었던 의욕이 술을 마신것과 같다. 이것이 술의 병근(病根)이다. 그러니, 병(病)을 없애 버렸다 함은 의욕(意慾)이 일어나는 그『시(時)』마저 없애버려 그 뿌리를 깨끗이 뽑아버린 것을 말한다.

사람에게『색(色)』이 도(道)에 해(害)롭다는 것을 알라. 맹세코 반드시 이를 없애야 하며, 색(色)을 볼 때는 생각마다 스스로 경계하고 지켜 허물어지지 않게하여야 한다. 때로, 교태로 요염을 보내오거나, 얌전하고 고운 요조숙녀(窈窕淑女)가 정(情)을 바쳐 줄 때, 마음과 의욕(意慾)이 사무쳐, 흠모하는 정(情)에 끌려가면, 정(情)을 통(通)한 일이 없다하더라도, 한번 일어났던 정욕(情慾)이 통정(通情)한 것과 같다. 이것이 색(色)의 병근(病根)이다. 그러므로, 색(色)의 병근(病根)을 없앴다 함은 정념(情念)이 일어나는 그『시(時)』마저 없애버려야 그 뿌리도 소진(消盡)되었다 할 것이다.

주색(酒色)의 병근(病根)을 보면, 모두 심(心)과 의(意)속에 감추어져 있다는 것을 알 수 있다. 병근(病根)을 제거하려면, 우선 먼저 그 마음(心)을 바르게 하고, 후에 성실하게 그 뜻(意)을 가지면 병근(病根)은 저절로 끊어지는 것이다. 그 병근(病根)이 끊어지지 않았다면, 마음(心)과 뜻(意)이 바로잡히지 않았기 때문이고, 마음(心)과 뜻(意)이 바로잡히지 않으면, 우연히 한 생각 념(念)이 일어나 술을 마신 일은 없지만, 이 뜻(意)은 벌써 마시고 싶어한 것이되고, 정(情)은 비록 통(通)한 일이 없어도, 이 정(情)은 이미 통(通)하고자 한 것이다. 애초에 이런 생각이 없었어도, 밖의 외부 경계에 느낌을 받아 속 안 내부가 움직인 것이므로 이는 언덕에서 돌을 던져 물을 출렁이게 하면, 물이 움직이고 달(月) 또한 따라서 함께 움직이게 되는 비유와 같아, 물속엔 실제로 달이 없으나, 그 모습과 그림자는 이미 움직였으므로, 이렇게 되면 진도(眞道)는 얻을 수 없는 것이다.

뿌리를 끊는 법(法)에 대하여, 유교(儒敎)에서는, 〈비례물시(非禮勿視)·비례물동(非禮勿動)〉이라 하여 예(禮)가 아니면 보지 말며, 예(禮)가 아니면 움직이지 말라, 〈견여불견(見如不見)·문여미문(聞如未聞)〉이라 하여 보아도 안본 것 같이 하며, 들어도 안 들은 것 같이 하라하였고, 불교(佛敎)에서는 〈망인망아망중생(忘人忘我忘衆生)〉이라하여 다른 사람도 잊어버리고, 나도 잊어버리고, 중생도 잊어버리라는 말이 있으며, 노교(道敎)에서는, 〈시지불견(視之不見)·청지불문(聽之不聞)〉이라 하여 보아도 보아서는 안되고, 들려도 들어서는 안된다 하였는데, 이는 모두 주색(酒色)의 병근(病根)을 캐어 내버리는 것을 말한 것이다.

『재(財)』라는 것에 대하여는 간단히 말하기가 곤란하다. 도(道)의 연분(緣分)이 아직 접근하지 않았기 때문에 잠시 재산에 대하여 계산하는 이도 있으며, 집안 살림이 대단히 곤궁하여 잠깐 먹고살기 위하여 구하는 이도 있는데, 이는 부득불(不得不) 어찌 할 수 없는 것이기 때문에, 그 마음씨를 보아 행위를 심하게 추궁할 수 없는 예(例)라 할 수 있다. 그러나 그밖에, 겉보기를 중시하는 자나, 명예와 세력을 키우려는 자나, 의복과 음식을 호화롭게 하려는 자나, 전답 토지나 집치례를 욕심내는 자나, 사악한 속임수로 교묘히 음행을 저지르는 자, 항상 명예와 이익만을 들어 내려고하는 자, 타산적으로만 말(斗)과 저울질을 해서 혹독하게 뺏고 차지하고 그렇게 명리(名利)를 추구하는자가 그위에 더하여 신선되고 부처되려고 도(道)를 배우려 한다는 것은 어찌 가소(可笑)로운 일이 아니겠는가?

『기(氣)』자에 관하여 말하건데, 사람 사람마다 평평치 못하니, 강기(剛氣)있는 사람 그 누구며, 정기(正氣) 기른 사람 그 누구인가? 그저 온갖 부기(浮氣)와 조기(躁氣)와 혈기(血氣)와 속기(俗氣)를 부리는 것에 불과할 뿐이다. 혹은 얼굴에 무의식 중으로 나타나기도 하며, 혹(或)은 말하면서도 이기려고 다투며, 혹(或)은 일에서도 고집으로 다투며, 혹(或)은 분통이 터져 뽐내고 우쭐대려 힘을 쏟고, 기(氣)는 분간하면서도 이치(理致)는 알아보지 못하니 어찌 호연지기(浩然之氣)가 있다고 할 것인가? 이와 같은 사람들이 와서 도(道)를 배운다면, 어찌 가소(可笑)롭지 않겠는가! 이러한 것 등의 병(病) 뿌리를 싹뚝 끊어버리는 법(法)을, 유교(儒敎)에서는 〈불의지부귀(不義之富貴)·어아여부운(於我如浮雲)〉이라 하여, 옳지 못하게 얻는 부귀는 나에게는 뜬구름과 같다 하였고, 또, 〈지기지물폭기기(持其志勿暴其氣)〉라 하여, 그 지향을 꼭 지키고 그 기(氣)를 함부로 말라 하였다. 불교(佛敎)에서는, 〈불수복덕(不受福德)·득성어인(得成於忍)〉이라, 복덕은 받는 것이 아니라 인(忍)을 이뤄 얻는다 하였고, 도교(道敎)에서는, 〈실파간탐(悉破慳貪)·자심하기(慈心下氣)〉라, 인색하고 탐욕나는 마음을 전력을 다해 파괴하고, 자비로운 마음으로 기(氣)를 내리라고 하였는데, 이는 모두 재기(財氣)의 병근(病根)을 제거하는 방법이라 하겠다.

이상 주색재기(酒色財氣) 사단(四端)의 병근(病根)을 참단(斬斷)하려면, 반드시 그 심념(心念)을 바르게 해야 하는데, 유교(儒敎)에는 깰『성(醒)』자가 있고, 불교(佛敎)에는 깨달을『각(覺)』

자가 있으며, 도교(道敎)에는 깨달을 『오(悟)』자가 있는데, 능히 성(醒)하고 능히 각(覺)하고 능히 오(悟)할 수 있게 되면, 온 천하(天下)의 일을 투철(透徹)하게 꿰뚫어 볼 수 있을 것이다."

중양(重陽)선생이 병(病)을 제거하는 이치(理致)의 말씀을 마치자, 마단양(馬丹陽)과 손불이(孫不二)는 또 참선(參禪) 타좌(打坐)하는 공부에 관하여 어떠한 방법으로 공부할 것인지 여쭈어 보았더니 중양(重陽)선생이 말씀하시기를,

"정좌(靜坐)하는 것은, 정(情)을 잊는 공부로서, 념(念)을 정지시키고 심(心)을 죽이고 신(神)을 살리도록 해야할 것이니 방석을 두껍게 깔고, 옷의 띠를 느슨히 매고서, 자시(子時)에 동쪽을 향하여 살짝 책상다리를 하고 앉되, 주먹을 꼭쥐고 몸은 곧바르게 할 것이며, 고치(叩齒)하여 침(津)을 삼키고, 혀(舌)를 윗 입천장에 댈 것이며, 귀는 안들리도록 반청(反聽)하고, 그 눈(目)은 2부쯤 살짝 떠서 눈꺼풀을 내리깔아 신광(神光)을 제하(臍下)에까지 반조(返照)하는고로 이를 현관(玄關) 정좌(靜坐) 공부라고 한다. 모름지기 정좌(靜坐) 공부는 반드시 망념(妄念)을 그쳐야 하니, 털끝하나 만큼이라도 망념이 있다면, 바로 신(神)이 순양(純陽)되지 못해 공(功)을 이루기가 어려운 것이다. 또한 정(情)도 잊어야 하니, 정(情)을 잊지 못하면 심사(心事)가 편치 못하여 도(道)를 성취하지 못한다. 방석을 두껍게 깔라 하는 것은, 오래 앉아 견딜 수 있어 몸이 피곤하거나 싫증나는 일이 없게 함이요, 웃저고리 단추나 옷고름을 늦추고 허리띠도 느슨히 하라 하는 것은, 기(氣)가 막힘없이 돌게하기 함이다. 자시(子時)는 곧 양기(陽氣)가 발생하는 때이며, 동(東)쪽을 향(向)하라하는 것은 생기(生氣)를 취함이요, 책상다리를 하고 앉는 것은, 신(神)과 기(氣)를 거두어 기르는 것(收養)이요, 주먹을 꼭 쥐는 것(握固)은 주먹을 쥐되 엄지손가락으로 가운데 손가락(第三指)을 눌러, 형상을 잊기(忘形) 위함이요, 단정한 몸으로 등을 곧바르게 하는 단신직척(端

身直脊)은, 앞과 뒤·좌와 우 사이가 통달(通達)하여 기운이 막히지 않게 함이요, 입술과 이(齒)를 다물라 하는 것은 중루(重樓)가 기운을 허비하는 환난을 없게 함이요, 입(口)은 곧 기(氣)가 왕래하는 문인 기규(氣竅)라, 입(口)이 열리면 기(氣)가 흩어지는 고로 닫아야 한다. 반청(反聽)이라 함은, 귀(耳)는 정(精)이 통하는 문인 정규(精竅)로서, 소리(音聲)를 쫓아다니는 까닭에, 들려도 듣지 말라하는 것이요, 눈(目)을 2부쯤 살짝 뜨라하는 것은, 흑암(黑暗)된 어두운 자리에 앉지 않도록 함이니, 눈(目)은 신(神)의 문(門)인 신규(神竅)라, 눈(目)이 색(色)에 상(傷)하여, 신(神)이 색(色)을 따라 흩어지며 눈(目)을 전부 뜨면 신(神)이 노출(露出)되고, 아주 감아버리면 신(神)이 어두워지기 때문에 반쯤 뜨고 내려뜨게하는 것이다. 눈빛(目光)은 현궁(玄宮)으로부터 광명(光明)하여 만물(萬物)을 생육(生育)하는 이치(理致)와 같은 것이다. 말을 적게 하여서 기운을 모아, 기운이 입(口)으로 새지 못하게 하고, 음성(音聲)을 단절(斷絶)하여서 정(精)을 기르고, 정(精)이 귀로 새지 못하게 하며, 색상(色相)을 텅비게 하여서, 원신(元神)을 엉기게 하고, 원신(元神)이 눈(目)으로 새나가지 못하게 하는 이런 사람을 샐것이 없는 진짜 사람이라하여 비로소 〈무루진인(無漏眞人)〉이라고 말하는 것이다."

중양(重陽)선생이 강도(講道)를 다하시고 나더니, 또 다시 말씀하시기를,

"이것은 참선(參禪) 타좌공부(打坐之工), 입덕문(入德門)으로서 이 공부를 허망(虛妄)한 것이라고 보아서는 안되며, 그대들은 마땅히 근행(勤行)하라. 그리하면 자연히 응험(應驗)이 있을 터이니 게으름이나 태만함으로 자기 전정(前程)을 그르치는 일이 없도록 하라."

선생(先生)이 말을 마치고, 또 특별히 나무를 들어 한번 가르쳐 주니, 마단양(馬丹陽)과 손불이(孫不二)는 그 뜻을 이심전심으로

곧 바로 알아차렸으며, 선생(先生)께 사가(辭駕)하고, 각기 자기 처소로 돌아가서, 가르침 받은 법(法)대로 지켜 행하니 점차 응험(應驗)이 있기에, 도(道)가 이것으로 다된 것이라고 생각하고는, 다시 스승님 계시는 초가집에 가서 더욱 정미(精微)함을 구하여 배우려 하지 않고, 이 한가지 공부에만 눌러넘어져 그럭저럭 한달 정도 지났다. 어느 날 마단양이 마침 곁채 자기 사랑방에서 정좌(靜坐)하고 있자니, 중양(重陽)선생이 들어오시기에 마단양(馬丹陽)은 일어서서 그를 맞아들였다. 선생(先生)이 자리에 앉아 단양(丹陽)에게 말씀하시기를,

"대도(大道)는 무궁(無窮)하여, 아무리 취(取)하여도 다하여 없어지지 않으며, 아무리 써도 바닥이 들어나는 일이 없고, 관통(貫通)하여 만화(萬化)로 나타나는 것이니, 어느 한 일단(一端)만을 붙잡고 하지말며, 도(道)를 향하여 성심(誠)을 다하고 진심(眞心)으로 지난 허물을 고쳐 나가야 바야흐로 몸(身)과 마음(心)에 이익됨이 있을 것이다. 도(道)에 향(向)하지 않고는 이룰 수 없나니, 일시(一時) 일각(一刻)이라도 본체(本體)를 떠나지 말며, 한마디 말이나 조그만 힌 움직임도 반드시 마음(心)속에서 비롯되도록 하며, 깨침이 어두워지지않고, 념념(念念)마다 인(仁)을 머금고 일어나면 바로 이것이 진짜 도(道)로 향(向)한다 할 것이다.

과(過)를 고치지 않고 없애지 않으면 병(病)은 삿(私)됨에 있을진데, 공심(公心)으로 그 삿(私)됨을 제거해 버리고, 병(病)이 욕(欲)에 있으면 리심(理心)으로 그 욕(欲)을 제거해 버리고, 병(病)이 한쪽으로 쏠린 편(偏)에 있으면 중심(中心)으로 그 편(偏)을 제거해 버리고, 병(病)이 오만한 오(傲)에 있다면 화심(和心)으로 그 오(傲)를 제거해 버리고, 대저 병(病)이 이곳에 있으면 이곳에서 당장 치료하여, 공(功)을 이와 같이 구(求)하면, 일어나는 대로 깨침(覺)이 따르고, 깨침에 따라 쓸리게(掃) 되고, 쓸림(掃)에 따라 없어져(滅), 자연히 마음속(心中)이 봄바람처럼

화창할 것이며, 별이나 달처럼 명랑할 것이며, 천지처럼 광활(廣闊)할 것이며, 산악(山嶽)처럼 고요(靜)하여지고, 점점 기(氣)가 가득차고 흘러넘치게 되어, 묵묵히 일원(一元)으로 운전되고, 사지(四肢)가 두루 원만되어 자기도 모르는 동안 대도(大道)가 성취될 것이다."

한편, 손불이(孫不二)는 혼자서 자기 방안에 앉아 정좌(靜坐) 공부를 하고 있는데, 갑자기 왕중양(王重陽) 선생이 방문에 쳐놓은 발(簾)을 들추더니, 방안으로 걸어들어오는 것을 보았다. 손불이(孫不二)는 깜짝 놀라 허둥지둥 일어서서, 막 입을 열어 연유를 물어보려 하는데, 선생(先生)은 웃으면서 말씀하기를,

"도리(道理)는 정미(精微)하고, 도법(道法)은 무변(無邊)하며, 일체 모두를 관통(貫通)하여, 만파(萬派)가 모두 종가(宗家)로 모이는 것이니, 아주 활발(活潑)하게 하면서 아주 자연(自然)스럽게 행하여야 바야흐로 공(功)이 있다하리라. 그대처럼 이렇게 차갑게 빠져서 너무나도 고단하게 앉아 있기만 하면 절대로 이로울게 없다. 음(陰) 혼자서는 낳을 수 없고 양(陽)이 홀로 자라게할 수 없다는 것을 어찌 모르는가? 그대처럼 이렇게 죽은 모양으로 사좌(死坐)하면 음(陰)과 양(陽)이 서로가 통(通)할 수 없는데, 어떻게 잉태(孕胎)할 것이며, 어떻게 아기(嬰兒)를 낳을 수 있겠는가? 내가 그대와 더불어 말하겠노라. 이것(這個-眞陰)이 필요하면 저것(那個-眞陽)이 떠나지 못하고, 그대가 만약 저것(那個)이 필요하면 여전히 이것(這個)도 떠나지 못하는 것이다."

왕중양(王重陽)선생이 "이것(這個)", "저것(那個)"이라는 말을 몇번 하는 동안에 손랑자(孫娘子)의 얼굴은 새빨갛게 질리고, 부끄러움에 견디기 어려워 울화가 치밀어 온몸을 부르르 떨면서, 황급히 발(簾)을 걷어 올리고 밖으로 뛰쳐나와서, 대청앞에 주저앉았다. 그때 바로 추향(秋香)이 주인마님의 이와 같이 성나심을 보고는, 감히 지체할 수 없어, 급히 곁채 사랑방으로 가서 마원외

(馬員外)를 오시라 하려고 갔다. 단양(丹陽)은 그때 중양(重陽)선생을 모시고 묘도(妙道)를 강설(講說)하심을 듣고 있던 차에, 문득 추향(秋香)이 몹시 당황해 하면서 달려 와서는 마원외(馬員外)에게,

"주인마님께서 무엇 때문에 화가 나셨는지 모르겠사오나, 대청 앞에 앉아 계시면서 저를 불러 서방님을 모셔오라고 하시는데, 하실 말씀이 있답니다." 마단양(馬丹陽)이 선생께 사가(辭駕)를 올리고는,

"사부(師傅)님은 잠시 편히 앉아 쉬십시오. 제자가 갔다가 바로 오겠습니다." 하니 중양(重陽)선생은 고개를 끄덕하며,

"가보게, 가보게." 하였다.

不知這個那個理 故起這樣那樣心
불지저개나개리 고기저양나양심

이것·저것의 이치를 알지 못하고,
이런·저런 마음을 일으킨다네.

제9회 : 단양에게 정과성취(正果成就)를 강론하며, 분신으로는 손불이에게 음양
조화로(陰陽造化爐)를 깨우쳐 주시는 왕중양 선생

제 9 회
왕중양(王重陽)의 분신교화(分身敎化)

왕중양분신화도 손불이분노수사
王重陽分身化度 孫不二忿怒首師

왕중양은 분신하여 교화 제도하는데,
손불이는 잘모르고 스승에 분노하네.

吾度衆生授眞傳 無無有有口難宣
오도중생수진전 무무유유구난선

내 중생 제도할 제 성리심법 전수하나,
무·유 있고 없고 입 있어도 들어내기 어렵도다.

明知大道非遙遠 人不專心便失緣
명진대도비요원 인불전심편실연

대도 밝게 아는 것 요원한게 아니건만,
사람이 마음 한결같지 않아 연분 잃는도다.

마단양(馬丹陽)이 손불이(孫不二)에게 다가가서 웃는 얼굴로 묻기를,

"손도우(孫道友)는 어째서 화가 난거요? 혹시 집안 식구나 하인들이 당신에게 무슨 잘못이라도 저지른 것은 아니요? 주인(主人)이란 모름지기 큰 도량을 가져야지 그들과 따질 필요가 없어

요." 하니, 손불이(孫不二)가,

"사형(師兄)은 잘 모르시오. 우리가 왕중양(王重陽)을 도인(道人)으로 보았는데, 그 늙은망태기가 그렇게 점잖지 못한 줄은 몰랐어요. 방금 제 침실에 들어와서는 차마 들을 수 없는 별 망칙한 말들을 함부로 해 진짜 화가 나서 못 견디겠어요. 이런 도(道)는 배우지 않겠어요." 마단양(馬丹陽)이 묻기를,

"사부(師傅)님이 언제 당신 방에 들어오셨다는 말씀이오?"

손불이(孫不二)가, "지금 방금이요."

마단양(馬丹陽)이 손불이(孫不二)의 말을 듣고는, "그거 거짓말이요. 선생(先生)께서는 일찍부터 내 방에 오셔서 강도(講道)하시며, 한 발자국도 옮기신 일이 없고, 나도 곁에서 떠난 일이 없으며, 사부(師傅)님은 현재도 내 방안에 계십니다. 추향(秋香)이도 나를 오라할 때 보았을 것이니, 당신이 못 믿겠거든, 추향(秋香)에게 물어보시오." 손불이(孫不二)가 미처 입도 열지 않아서 추향(秋香)이가 말하기를,

"제가 서방님을 모시러 갔더니, 왕(王)선생님은 마침 하늘을 강설(講說)하고 땅을 논(論)하고 계셨는데, 아주 재미있었어요. 서방님과 제가 이리로 온 후는, 지금도 거기 계신지 어떤지는 모르겠습니다." 손불이(孫不二)가 듣고는 고개를 숙이고 말이 없었다.

마단양(馬丹陽)은, 선생(先生)이 사랑에서 오래 기다리실 것이 걱정되어서, 손불이(孫不二)이와 더 이상 이야기하지 않고, 급히 사랑으로 돌아왔다.

한편, 마단양(馬丹陽)이라도 와가지고, 선생(先生)을 한바탕 나무래 주기를 바랬던 손불이(孫不二)는 뱃속으로부터 치밀어 오르는 울화를 참으며, 도리어 기분이 엉망이 되고 울적하고 속이 상해 가지고 도로 안방으로 들어갔다.

그후 한달 남짓 지나서, 마단양(馬丹陽)이 선생(先生)이 계신 초가집에 가서 도(道)에 대하여 물으니, 중양(重陽)선생이,

"우선 앉기나 하게. 말해줄터이니." 하시고 크게 탄식하며,
"오호(嗚呼)라! 세상(世上) 수도자(修道者)는, 혹은 일로만 닦으며(事上修), 혹은 모양으로만 닦으며(貌上修), 혹은 입으로만 닦고(口上修)있는데, 이는 모두 본체를 멀리 떠난 것들이다. 도(道)엔 원래가 털끝만한것도 없어서, 또는 이목(耳目)을 따라서 닦는 이도 있고, 배(肚腹)를 위해서 닦는 이도 있고, 받는것(恭敬)만으로 닦는 이도 있는데, 이런 것은 일체가 유위법(有爲法)으로서 모두 도(道)가 아니다. 진도(眞道)의 본체(本體)를 잃은 것은 도(道)라고 할 수 없다. 그 형상으로 들어나 보이는 그것을, 이루다 말할 수 없으니, 사도(邪道) 방문(旁門)을 가까이 하는자, 어느 것을 이런 저런 핑계로 수련(修煉)하는 자, 실속없이 겉치레만 중(重)히 여기고 진정(鎭靜)하여 차분한 자는 적고, 심지(心志)는 간절(懇切)하나 역량(力量)이 박약(薄弱)한자, 이는 다 각각 병(病)이 있는 것으로, 병(病)이 이것(這個)에는 너무 가볍지만, 저것(那個)에는 병(病)이 너무 중(重)하기도 한데, 모두가 다 중(中)을 중심 잡아놓고 자연스레 지어간 것이 되지 못하므로, 이쪽에 즐거우면 저쪽에 걱정이 되고, 한치(一寸) 전진하고는 열자(十丈) 뒤로 물러나, 대도(大道)의 묘취(妙趣)가 있을 수 없으니, 실속을 알 수 없다. 총괄(總括)해보면, 인심(人心)이 소멸되지 않으면, 도심(道心)도 꿰뚫수 없는 것이다. 인심(人心)을 없애지 못한 이는, 속세(俗世)인정(人情)을 담담(淡淡)히 보지 못하고, 옷이 화려하지 못할까 걱정, 먹는 음식은 산뜻하고 맛이 없을까 걱정, 명성(名聲)이 높이 나타나지 않을까 걱정, 재주있고 잘난 것을 남이 알아주지 않을까 걱정, 돈이나 재산을 많이 차지하지 못할까 걱정, 토지와 가옥(家屋)을 넓히지 못할까 걱정, 일체를 담담(淡淡)히 보지 못하고 복(福)을 구(求)하는 마음이 있어서, 때로 편안하고 싶은 생각을 가지며, 때로 가난하고 고생스러움을 한탄하며, 때로 사치하고 싶은 마음만 일어나, 사욕(私欲)만 가득차

있으니, 이것이 바로 이른바 『인심(人心)』이라는 것인데, 이를 없애지 못한다는 것은, 세속(世俗)의 일을 담담히 보지못하고 이를 버리지도 못함이라. 대저 사람들에게 모두 진성(眞性)이 갖추어져 있어서 이 진성(眞性)이 무엇이든지 창조해낼 수 있는 타고난 도(道)의 기구(器具)이며 근기(根基)이건마는, 도리어 세속(世俗)을 담담(淡淡)히 보지 못하기 때문에, 도심(道心)도 꿰뚫수 없는 것이다. 이른바 도심(道心)이라는 것은, 있음(有)에도 담담(淡淡)하며, 없음(無)에도 담담(淡淡)하며, 아름다움(美)에도 담담(淡淡)하며, 추함(醜)에도 담담(淡淡)하며, 얻음(得)에도 담담(淡淡)하며, 잃음(失)에도 담담(淡淡)하며, 비방(毁)에도 담담(淡淡)하며, 칭찬받음(譽)에도 담담(淡淡)하며, 생(生)에 대해서도 담담(淡淡)하며, 죽음(死)에도 담담(淡淡)하며, 일체것을 담담(淡淡)히 볼 수 있다면, 이것이 바로 『도심(道心)』인 것이다. 이러한 도심(道心)을 가지고 수도(修道)하면 도(道)는 성취되고, 이 마음을 가지고 마귀(魔鬼)를 항복(降伏)시키려 하면 마귀(魔鬼)가 저절로 소멸(消滅)될 것이다. 수도(修道)하는 이가, 그 인심을 버리지 못하고서 그 도심(道心)을 어찌 보존(保存)할 수 있으리? 그저 사람사람마다 모두 도심(道心)을 발(發)하여 정과(正果)를 성취(成就)하기를 바랄 뿐이다."

한편, 손불이는 그날 대청 앞에서 마단양(馬丹陽)이 설득한 몇 마디 말을 말없이 잠자코 듣고는 방안으로 돌아왔는데, 마음은 복종할 수 없는 일이었다. 만약 꿈을 꾼것이라 하면, 잠을 자지 않았으니 꿈을 꿀리 없으며, 더구나, 명명백백히 그가 들어오는 것을 눈으로 보았고, 말소리도 역력히 귓가에 남아있는데 어찌하여, 그가 사랑채에서 꼼짝하지 않았다 하는지 도무지 알 수 없었다.

그런일이 있은 후 의심스런 마음이 내내 떠나지 않고 있었는데, 또 왕중양(王重陽) 선생이 발(簾)을 걷어올리고, 싱글벙글 웃으면서 들어서서 말하기를, "대도(大道)는 남(男)·녀(女)를 구분할 것 없이, 음양(陰陽)을 떠나서는 이룰 수 없는 것이다."

 손불이는 그를 들어와 앉으시게 하고, 자기는 물러나와 방문 앞에 서서, 입을 열어 묻기를, "선생님은 초당 모암(茅菴)에서 정좌하고 계시지 않고 내실(內室)로 오신 것은 무슨 일이신지요?" 하니, 중양(重陽)선생이 말하기를,

 "그대가 조화로(造化爐)를 등지고 정좌(靜坐)하여 외로이 닦으면(孤修), 기(氣)가 말라버리기(轉枯) 때문이니, 여자(女子)는 지아비가 없으면 공규(空閨)를 지키는 여자 원녀(怨女)가 되고, 남자(男子)는 아내가 없으면 홀아비(曠夫) 신세라. 내가 이제 그대에게 그일에 대해서 똑똑히 강도(講道)하겠노라. 일음(一陰)과 일양(一陽)은 서로가 없어서는 절대 안되느니, 음양(陰陽)이 알맞게 배합(配合)을 이루는 것이 정리(正理)라, 황(黃)매파(媒婆)가 술병을 들고와서 서쪽집에 여자(西家女)와 동쪽집 총각(東家郞)에게 권하여 마시게 하면, 피차에 화목하여 양쪽이 서로가 좋을 것이라.

"只因黃婆爲媒證 配合夫婦入洞房
　지인황파위매증　배합부부입동방

다만 황매파가 중매하고 증명하여,
부부로 짝이 맞아 동방에 들어가서

二八相當歸交感 結成胎孕在身傍
　이팔상당귀교감　결성태잉재신방

이팔이 서로 맞아 함께 느끼게 되면
신방에 잉태하여 태아를 결성하고,

十月工夫溫養足 産個嬰兒比人强
　십월공부온양족　산개영아비인강

열달동안 온양공부가 만족 이뤄,
아기를 낳게 되면 남보다 튼튼할 것이니.

你今依我這樣做　立到天宮朝玉皇
니금의아저양주　립도천궁조옥황

그대가 지금 내말대로 이렇게 하면,
곧바로 천궁에 올라가 옥황님을 뵈오리라."

　라고 하시니, 손불이(孫不二)는 이 말씀을 듣고, 말대꾸도 하지 않고, 방문 밖으로 나가서, 두 문짝을 꽉 닫고 빗장을 질러놓았다. 그리고 전에 한 이야기가 거짓말이 아닌 것을 마단양(馬丹陽)에게 알게 하려는 생각으로 곧장 마단양(馬丹陽)있는 사랑채로 달려갔더니, 방문이 잠겨져 있었다. 하인인 마흥(馬興)에게 물으니, 원외(員外)가 초당(草堂)에 갔다하므로, 손불이(孫不二)는 이 말을 듣고, 곧 바로 초당(草堂)을 향하여 걸어갔다.

　한편, 마단양(馬丹陽)은 마침 초당(草堂)에서 왕중양(王重陽)선생을 모시고 강도(講道)를 듣고 있었는데, 선생께서 바로 "인심(人心)은 담담(淡淡)해야 하며, 도심(道心)은 진처(眞處)에 있어야 한다." 는 대목을 말씀하시던 참이었다. 그런데 그가 느닷없이 "하하" 하고 크게 웃으며, 단양(丹陽)에게,

　"그대는 나가보라. 누가 찾아왔다." 고 하시므로, 마단양(馬丹陽)은 이 말을 듣고 아마 어떤 손님이 온 것이라 생각하고, 선생께 사가(辭駕)를 올리고는, 초당(草堂)을 나와 대청으로 가다가, 대뜸 손불이(孫不二)와 마주쳤다. 손불이(孫不二)가 한손으로 마단양(馬丹陽)의 옷소매를 잡아 끌면서, "당신, 가보세요." 하니,

　마단양(馬丹陽)이, "가서 무엇을 보란 말이요?" 하고 물었다.

　손불이(孫不二)는, "물으실 것도 없어요. 가서 보시기만하면 자연히 알게 되실꺼예요." 라고 했다.

마단양(馬丹陽)이 그녀를 따라 곧장 안방 문앞까지 가니, 손불이(孫不二)가 빗장을 잡아당겨 열고서, 마단양(馬丹陽)에게 들어가 보라고 했다. 마단양(馬丹陽)은 무슨 연고인지 알지못하고, 그저 안으로 들어가 사방(四方)을 한번 둘러보았다. 그러나 침대 장막도 그전처럼 여전했고, 궤나 옷장, 탁자·의자도 원래 있었던대로이며, 그 외에 별다른 일이 없어 보였으므로, 그는 손불이(孫不二)에게 물었다.

　"당신은 나를 불러 무엇을 보라한 것이오?" 하니, 손불이(孫不二)가,

　"당신의 사부(師傅)요." 하고 말했다. 마단양(馬丹陽)이,

　"사부(師傅)님은 초당(草堂)에서 나에게 강도(講道)하고 계셨는데, 어디에 또 무슨 사부(師傅)님이 계시다는 말이요?" 하고 말을 하니까 손불이(孫不二)는 믿어지지 않다는 듯 친히 들어와서, 휘장도 치켜들어보기도 하고 이불도 떠들어 보기도 하며, 침대 밑과 침대 뒤 할 것 없이 구석구석 모조리 뒤쳐보았다. 그러나 그녀는 아무런 자취도 발견할 수 없었고 입속에선 계속 "괴상하다, 괴상하다."는 소리만 나왔다.

　마단양(馬丹陽)이, "무슨 괴상한 일이 있다는 거요? 이것은 당신의 도념(道念)이 불순(不純)해서 마(魔)가 붙은 거요." 이 말을 듣고 손불이(孫不二)는,

　"사형(師兄)은 어찌하여 그렇게 말씀을 하시지요? 저야 평생 잡념(雜念) 없이 일심(一心)으로 정(靜)을 즐겼는데, 어찌 마귀(魔鬼)가 달려들 이치가 있겠어요? 사부(師傅)께서 두 번씩이나 제 방에 오신 그 형용이 눈에도 완연하고, 음성(音聲)도 귓가에 완연하고, 하신 말씀도 역력히 기억나는데, 어찌 마귀에게 홀린 거라고 하겠어요?" 하니, 마단양(馬丹陽)이, "선생님께서 하셨다는 말씀이 어떠한 것인지, 내게 말해보시오."

　손불이(孫不二)는 그제야 중양(重陽)선생이 두차례나 방안으로

들어와서 하신 말씀들을, 마단양(馬丹陽)에게 한바탕 설명을 하였다. 마단양(馬丹陽)은 "하하" 크게 웃으며, "손도우(孫道友), 당신의 일세(一世) 총명도 한때 바보가 되었구려. 이번 일은 분명히 당신이 미혹(迷惑)되어 일어난 일인 듯 싶소." 하니 손불이(孫不二)가,

"무엇을 가지고 제가 미혹(迷惑)되었다 하시오?" 하였다. 마단양(馬丹陽)이,

"도(道)를 배우는 사람은 마음을 텅비우고 기(氣)를 낮추어, 아랫사람에게 묻는것도 부끄러워하지 않아야 바야흐로 한걸음씩 전진하며, 한걸음씩 높이 올라가게 되는 것입니다. 한푼을 쌓아 한치 되고, 한치가 한자 되고, 한자가 한길되며, 열(十)을 쌓아 천(千)이 되고, 천(千)으로 만(萬)을 이루는 것이지만, 도(道)의 묘(妙)한 자리(處)는 수(數)로는 헤아릴 수 없는 고로, 도(道)의 묘(妙)함은 무궁(無窮)하다 하는 것이요. 그런데, 당신은 지금 일점(一點) 현공(玄功)을 얻고서, 도(道)는 이것으로 그치는 것이라 생각하며, 매일 죽은 듯이 빈 방만 지키면서 마음은 재(灰)가 되고, 말라진 나무토막처럼 꼼짝하지 않고 앉아만 있습니다. 또한 당신은 음양(陰陽)의 이치(理致)에도 밝지 못하고, 조화(造化)의 기미(機微)도 잘 알지 못하면서, 사부(師傅)님 슬하에 가서 가르침도 받지 않고 있으며 다만 남(男)·녀(女)의 구별에 얽메어, 드디어는 인견(人見)·아견(我見)의 견해를 일으키고 말았소. 선생님은 당신이 이 법(法)만 무작정 죽은 듯이 지키는 것을 알아차리시고, 친히 오셔서 당신에게 이렇게 하여서는 도(道)를 료(了)하여 마칠 수 없다는 것을 지시하려 하셨던 것인데, 의심받는 것이 방해가 되었던 고로 양신(陽神)을 나타내 분신(分身)하여 가르치시려 했던 것이오. 선생님은 나에게 누차 일음(一陰) 일양(一陽)을 도(道)라고 하시며, 음(陰)·양(陽)이 서로 분리(分離)되어서는 도(道)를 이루지 못한다고 강설(講說)하셨는데, 이 음(陰)과

양(陽)이 바로 양화(陽火)·음부(陰符)의 음양(陰陽)으로서, 남·녀가 결혼하는 치세(治世)의 음양(陰陽)이 아니지요. 『이것(這個)』이라 하신 말씀에는 이러한 묘(妙)한 이치(理致)가 있는데, 애석하게도 당신이 그걸 깨닫지 못하였으며, 『그것(那個)』이란 말씀도 이러한 현묘(玄妙)한 기미(機微)를 이야기하신 것인데도, 당신이 알아차리지 못하였으니 한탄할 일이요. 양(陽)이 홀로 독(獨)으로는 자랄 수 없다 하는 것은, 양(陽)은 화(火)에 속하는데 불(火)이 많으면 반드시 조급하여져, 단(丹·舍利)을 이룰 수 없다는 말씀이요, 음(陰)이 혼자 외로울 고(孤)로는 생산(生産)할 수 없다는 것은, 음(陰)은 수(水)에 속하는데 물(水)이 많으면 반드시 흘러 넘쳐서, 단(丹·舍利)을 이룰 수 없다는 말씀이니, 이 『독양(獨陽)·고음(孤陰)』은 물(水)과 불(火)이 제구실을 못하여서 구제할 수 없음을 비유하신 것이오.

통털어 종합해서 말해보면, 수도(修道)하는 사람은 수(水)·화(火)가 서로 왕래하도록 상제(相濟)하여주고, 음(陰)과 양(陽)이 한몸을 이루듯이 관통(貫通)되도록 하여야, 비로소 본래의 단(丹) 상태로 되돌아 갈 수 있다는 것입니다. 그런데 당신이 조화로(造化爐)를 등졌다 하는 것은, 당신이 진음(眞陰)과 진양(眞陽)의 이치(理致)를 모르고 있다는 것을 설명한 것으로, 홀아비인 광부(曠夫)·홀어미인 원녀(怨女)란 말도 역시 고음(孤陰)은 낳지 못하며, 독양(獨陽)은 자랄 수 없다는 뜻이오. 그러한 고로 선생님께서 확실히 당신에게, 〈도(道)를 배우는 사람은 이 음양(陰陽)이 없어서는 안된다〉는 것을 강도(講道)하신 것이고, 이 음양(陰陽)이라 하는 것은 결국 단(丹) 본래의 상태로 돌아오게 하는 묘용(妙用)이 되는 것이라 할 수 있을 것이오.

또한, 황매파(黃媒婆)라는 것은 진의(眞意)인데, 이 진의(眞意)로써 음양(陰陽)을 융회관통(融會貫通)케 함은 술병을 가지고 와서 아주 맛좋은 술을 권하여 합환주(合歡酒)를 마시게 하는 것과 같은 것이며, 진의(眞意)는 토(土)에 속하며, 토는 황색이라, 황매파(黃媒婆)로 비유한 것이라오. 서쪽집 여자 서가녀(西家女)는 금(金)이요, 금(金)은 서(西)쪽에 왕성하기 때문에 서가(西家)라고 하고, 동쪽집 총각 동가랑(東家郞)은 목(木)이라, 목(木)은 동(東)쪽에 왕성하기 때문에 동가(東家)라고 하며, 양쪽이 서로 각각 팔(八)량씩 닿아 합한 이팔(二八)은 십륙(十六), 십륙(十六)량 한근(一斤)의 수(數)가 되고, 금(金)은 목(木)의 아들 자(子)가 아니면 이겨낼 수 없으며, 목(木)은 금(金)의 아들 자(子)가 아니면 살릴 수 없다는 것은, 음양(陰陽) 조화(造化)에서 상생(相生) 상극(相剋) 하는 이치(理致)지요.

수도자(修道者)가 반드시 뜻(意)을 융회관통(融會貫通)케 함은, 매파(媒婆)가 양쪽집을 중매(中媒)서서 맺어주는 것과 같고, 금(金)과 목(木)이 서로 상봉(相逢)케 하여, 간격(間隔)이 없게 함은, 부처(夫妻)가 서로 금슬 좋게함과 같으며, 동방(洞房)은 단정(丹庭)인데, 금(金)·목(木)을 이 단정(丹庭)으로 돌아가게 하는 것. 금(金)은 넋이라고 하는 백(魄)이고, 목(木)은 얼이라고 하는 혼(魂)이니, 이 혼백(魂魄)을 한곳으로 모이게 하며, 너무나 그리워 차마 버리고 떠날 수 없게 하고, 서로 의지하고 정들게 하여, 혼(魂)은 백(魄)을 떠나지 못하고 백(魄)은 혼(魂)을 못떠나는 것이, 부처(夫妻)가 함께 있으면서 쌍방이 서로 적당히 어울리는 것과 같은 것이오. 수은(汞)도 팔(八)량, 납(鉛)도 팔(八)량이, 서로 맞닿아 교감(交感)을 이루는 곳, 바로 그곳에서 단(丹)과 사리(舍利)가 맺어지는데, 그 자리에서 혼백(魂魄)이 서로 정기(精氣)에 의지한다는 말이며, 정(精)과 기(氣)가 서로 어울려 감격하는 바 그 중(中)에 응결(凝結)되는 것이 바로 잉태(孕胎)함과 같지요. 화후(火候)로서, 이는 정기(精氣)가 응결(凝結)함에는 화후(火候) 단련(煅煉)으로서 단(丹)을 이루게 됨이요, 만족(滿足)이란 원만(圓滿)하다는 말이며, 공정(工程)이 원만(圓滿)하게 되면 영아(嬰兒)가 강생(降生)하고, 영아(嬰兒)는 진기(眞氣)가 화(化)하여 신(神)이 된 것이며, 이 신(神)이 니환궁(泥丸宮)에서 나와서 하늘로 올라 금궐(金闕)에 조회(朝會)하므로 진인(眞人)이 되는 것이니, 이것이 신선(神仙)이 아니겠소?"

단양(丹陽)이 말을 마치니, 손불이(孫不二)는 크게 깨달음이 있었다.

天機細要明不難 一身淸淨皆在間
천기세요명불란 일신청정개재간

천기 세요를 밝히기는 어렵지 않은 것,
한 몸 청정한 그 사이에 모두 있도다.

제10회 : 아름다운 미모가 수도에 지장이 됨을 알고 끓는 기름에 물을 붓고 얼굴을 망가트려 버리고, 낙양으로 출발하려고 스승 왕중양에게 사가(辭駕)를 올리는 손불이

제 10 회
미모(美貌)를 스스로 망가트리고
낙양(洛陽)으로 떠나는 손불이(孫不二)

강삼승연설전진도 손면용감작추루인
講三乘演說全眞道 損面容甘作醜陋人

삼승의 수행법을 강론하고 전진도 설하시니,
아리따운 용모를 망가트리고, 기꺼이 추한 꼴을 하다.

旣得眞傳道可修 三乘妙法任君求
기득진전도가수 삼승묘법임군구

진전도를 얻었으니 가히 닦을 수 있도다.
세 가지로 나뉜 묘법, 그대 마음 대로 골라하라.

淵貞當日毀容面 換得金身萬古秋
연정당일훼용면 환득금신만고추

연정은 그날 즉시 고운 용태를 내던지니,
그 대신에 금신얻어 천추만세 지나도다.

손불이(孫不二)는 마단양(馬丹陽)의 이야기를 듣고나니, 머리를 방망이로 한대 얻어맞은 듯, 그물의 눈과 같이 얽혀 어지럽던 미혹의 덩어리가 타파(打破)되고, 문득 크게 깨달아지고, 꿈꾸다가 깜짝 놀라 깨어난듯한지라, 한탄하며 마단양(馬丹陽)에게 말하기

를,

"만약 사형(師兄)께서 말씀해 주지 않으셨다면, 하마터면 큰일을 그르칠뻔 했군요! 저는 평소에 사형(師兄)보다 영리하다고 생각했었는데, 어쩐 일인지 도(道)를 배우기 시작하면서부터는 당신만 못하게 되었어요." 하니, 마단양(馬丹陽)이,

"당신이 나만 못한 것이 아니라, 다만 당신이 가르침을 받으러 가지 않았기 때문에, 나보다 못한 것 같은 것이오. 그래서 총명이 도리어 자기 총명을 그르친다고 하는 거요. 허다한 재주꾼들이 자신만 믿고 스스로를 망치고 있듯이, 천하의 모든 일은 배워야만이 알게 되어있는 법이오. 나면서부터 아는 이가 몇 사람이나 되겠소?" 손불이(孫不二)가 감사해 하며,

"삼가 스승님의 가르침을 따르며, 이후부터는 마음을 비우고 가르침을 받아야 하겠습니다." 고 하니, 마단양(馬丹陽)이 크게 기뻐하였다.

사랑채로 돌아온 뒤 며칠이 지나서, 외삼촌댁에 가서 생신 축하를 해야 하겠기로, 마단양(馬丹陽)은 예물(禮物)을 모두 사다 놓고, 선생님께 여쭌 후, 손불이(孫不二)에게 함께 가자고 요청하였더니, 손불이(孫不二)는 몸이 불편하다고 핑계를 대며 가려하지 않았다. 그래서 마단양(馬丹陽)은 하인에게 예물(禮物)을 가지고 가게하고, 그는 검정당나귀를 타고, 외삼촌집을 향하여 떠났다.

한편, 가르침을 받으려하지 않기 때문에, 도(道)의 묘(妙)함을 잘 모르는 것 이라고 마단양이 말한 것을 마음속에 새겨두었던 손불이(孫不二)는, 지금 마단양(馬丹陽)이 집에 없고, 하인들이 모두 집앞쪽에서 놀고 있음을 알게 되었다. 그래서 손불이(孫不二)는 혼자 초당(草堂)에 와서, 책상다리로 참선(參禪)하고 있는 선생님을 뵙고 그 면전에 바로 무릎꿇고 앉아 다음과 같이 아뢰었다.

"제자 손불이(孫不二) 심성(心性)이 우매(愚昧)하여, 지극한 이

치(理致)를 잘 모르고, 두차례나 실수하여 잘못을 저질렀습니다. 그런데, 어제 사형(師兄)이 개시(開示)하여주어 먼저 하여주신 말씀이 바로 도(道)임을 알게 되었으나, 후회막급(後悔莫及)이나이다. 바라옵건데, 선생님께서 너그러이 용서하시고, 또다시 깨우쳐 주시기 바랍니다." 라고 말을 마치고는 연이어 몇 번이고 고두(叩頭)배례(拜禮)를 하였다.

왕중양(王重陽) 선생이 말씀하시기를,

"그대는 그만 일어나라. 내 그대에게 말하리라. 대저 도(道)에는 세가지 종류의 삼승(三乘) 수행법이 있으니, 자기 역량(力量)에 알맞게 행하여야 하느니라. 이제 내가 이야기하리니 그대는 들으라. 삼승(三乘) 가운데 어느 것을 배울것인지는 그대가 보아서 할 일이다." 하시니, 손불이(孫不二)는 곧 일어나, 한쪽으로 비껴서서, 몸을 굽히고 가르침을 들었다. 중양(重陽)선생이 말씀하시기를,

"도(道)를 배우는 사람은, 죽고 사는 생(生)·사(死)를 도외시(度外視)하여야 할것인 즉, 죽을사(死)자 하나만 사무쳐 얻어도 불사(不死)하는 사람이 될 수 있다.

『상승법(上乘法)』은 허무의 도(虛無之道)라, 한 오라기도 걸림이 없고, 한 티끌도 물들지 않아서, 밝은 달이 구름 한점 없는 만리 창공에 떠있듯 이 한점(一點)의 영근(靈根)은 천성(天性)을 말하는 것으로, 천지(天地)의 조화(造化)를 부릴 수 있고, 음양(陰陽)의 정리(正理)에도 참여 할 수 있으니, 이 법(法)대로 단련(煅煉)하면, 유(有)를 무(無)로 돌아가게 할 수 있고, 무(無)에서 또 유(有)를 생(生)할 수도 있는 것이다. 그러므로 천지(天地)와 수명(壽命)을 같이하고, 일월(日月)과 함께 꾸밀 수 있는데, 이것이 바로 상품(上品) 천선(天仙)의 도(道)이다.

『중승법(中乘法)』이란, 경건(敬虔)하고 정성(精誠)스런 마음으로 매달려 재계(齋戒)하며, 성현 성진(聖眞)을 받들어 모시고 예

배하며, 천존(天尊)의 성호(聖號)를 외우고 태상(太上)의 비결문(秘訣文)을 념송(念誦)하면은, 일념(一念)으로 순진(純眞)해져서, 만가지 사려(思慮)가 모두 맑아짐에, 하늘로 올라가 격(格)을 이루며, 만령(萬靈)을 통찰할 수도 있고, 영광(靈光)이 불멸(不滅)되는 일점(一點) 진성(眞性)은 곧장 허무(虛無)자리에 도달(到達)하여 선반(仙班) 자리에 설 수 있는데, 이것이 중승(中乘)의 도(道)이다.

대저 『하승법(下乘法)』이란, 공(功)을 쌓고 육도만행(六度萬行)을 하면서, 널리 방편(方便)을 행하여 인물(人物)을 구제하여 이롭게 하며, 좋은 일을 많이 하면서, 항상 자기 허물을 점검하여 살피고 있으면, 진성(眞性)은 자연히 어둡지 않게(不昧) 될 수 있고, 영(靈)은 밝아져서 원래 대로 뚜렷하게 나타나 혹은, 숨기도 하고 혹은, 나타나기도 하니 신선(神仙)과 다를 것이 없는데 이것이 바로 하승(下乘)의 도(道)이다.

이상과 같은 상승(上乘)·중승(中乘)·하승(下乘) 세가지가 삼승인데, 이 세가지 중 어느 하나를 그대가 스스로 능력 대로 헤아려서 선택한다면, 내가 그에따른 진결(眞訣)을 전수하겠다."

손불이(孫不二)가, "제자는 상승(上乘) 천선(天仙)의 도(道)를 배우렵니다." 하니, 중양(重陽)선생이 웃으시며, "그대의 마음이야 더할 나위 없이 크지만 지향(志向)이 견고하지 못할까 걱정되노라." 하니, 손불이(孫不二)가, "마음은 오히려 크지 못하옵고, 지향(志向)은 아주 단단합니다. 이 몸이 없어져 소멸될지라도, 지향만은 빼앗기지 않을 것입니다." 하니, 중양(重陽)선생이,

"대저 수도(修道)하려는 사람은 산천(山川)의 영기(靈氣)를 얻어야 하므로, 지리(地利)를 가려 택하지 않으면 안된다. 지금 동도(東都)인 낙양(洛陽)은 영기(靈氣)가 한창 왕성하고 있으니, 거기서 진선(眞仙) 한분이 나와야할 것이다. 만약 그곳에 가서 12년 동안만 수련(修煉)하면, 성도(成道)할 가망(可望)이 있는데, 그대

가 갈 수 있겠는가?" 손불이(孫不二)가, "제자가 가기를 원합니다." 하니, 중양(重陽)선생이 흘깃 한번 쳐다보고는, 머리를 흔들며, "가서는 안된다. 가서는 안된다." 했다. 손불이(孫不二)가,

"제자는 죽음을 버리고 살기를 잊어버렸는데, 어찌 가서는 안된다 하십니까?" 중양(重陽)선생이, "죽어서 이득이 있을 것이면 죽어야 하지만, 만약 죽어서도 이득이 없다면 생명(性命)만 공연히 버리는게 아닌가? 낙양(洛陽)은 여기서 천리(千里)나 떨어져 있고, 가는 길에는, 방탕한 부랑자(浮浪者)들도 적지 않을 것이요. 희롱하는 건달꾼도 수두룩한데, 만일 그대의 이 꽃같고 백옥같은 용모를 보았을 제, 어찌 그들이 가만 두겠는가? 작게는 미치광이 소리로 희롱할 것이요, 크게는 필시 능욕(凌辱)까지 하게 될터이니, 그렇게 되면 정조를 끝까지 지키려는 그대의 정렬(貞烈)한 성품이 그들에게 더럽힘을 당하도록 놔두겠는가? 틀림없이 목숨을 버려 오로지 이름과 절개를 지킬 것이다. 본디 그대가 그곳에가고자 하는 것은 장생(長生)을 구(求)하고자 함인데, 도리어 목숨을 잃게 됨이 염려스러워 가서는 안된다고 말한 것이다."

손불이(孫不二)가 이 말씀을 듣고, 잠깐동안 방설이다가, 선생님께 간다는 인사도 없이 초당(草堂)을 나와 주방(廚房)으로 내려왔다. 그녀는 부엌일하는 사람들을 모두 구실을 붙여 나가있게 하고, 몸소 불을 피우고, 식용유 기름 한통을 가마솥에 따라놓고서, 기름이 팔팔 끓기를 기다렸다. 그리고는 손에 냉수를 한 그릇 들고 와서, 얼굴을 솥안에 갖다 대고, 두눈을 꼭 감고, 심장에 힘을 주고 온몸을 단단히 하고는 냉수를 솥에 쏟았다. 펄펄 끓고 있던 기름에 냉수를 붓자 세차게 튀어올라, 얼굴에 온통 톡톡 기름방울이 튀어박혔고, 기름이 튀긴 자리는 모두 데어 부르터 물집이 생겼다. 손불이(孫不二)는 고통을 참고, 선생님께 와서 "제자가 이 모양이라면 가도 좋겠습니까?" 하니, 중양(重陽)선생이 한번보고 박장대소(拍掌大笑)를 하며, "훌륭하도다. 훌륭하도다! 세상에 이

렇게 큰 지향을 가진 사람도 있었구나! 내가 산동(山東)까지 한 바탕 온 것이 괜한 짓은 아니었도다!"

선생이 말을 마치자, 바로 음양(陰陽)의 묘리(妙理)와 조화(造化)를 이루는 현기(玄機)와 음(陰)을 단련(煅煉)하여 양(陽)을 이루는 공부와, 범속(凡俗)을 초탈(超脫)하여 성역에 들어가는 공부를 모조리 손불이(孫不二)에게 전해주고는,

"대도(大道)는 도저히 알아 차릴 수 없는 부지불식(不知不識)자리에 숨는 것이라, 이 부지불식(不知不識) 공부는 약간 정신병 환자 모습을 띠어야 사람들에게서 벗어나 숨기고 살아갈 수 있는 것이다. 사람들을 부지(不知)하게 하는 공부와 사람들을 불식(不識)하게 하는 수행(修行)을 하면서, 큰공(大功)이 이루어지는 날을 기다려야, 비로소 몸을 나타내 법(法)을 설(說)할 수 있는 것이다.

그대는 얼굴의 기름 물집이 다 치유되거든 내게 하직 인사하러 올 필요 없이, 속히 낙양(洛陽)으로 가도록 하라. 세월이 흘러 그대가 공과(功果)가 가득차 원만(圓滿)히 되었을 때, 반도회상(蟠桃會上)에서 다시 만나도록 합시다."

선생(先生)은 말을 마치고, 눈을 감고 앉아서 말이 없으므로, 손불이(孫不二)는 선생께 절을 몇 번하고 초당(草堂)을 나왔다. 그때 밖에 나가 있던 하인과 하녀들이 들어오는 길로 정면으로 대뜸 손불이(孫不二)와 마주치자, 만약에 먼저 보았던 원래 옷차림 그대로가 아니었다면 하마터면 누구인지 조금도 알아보지 못할뻔한 모습을 보고 깜짝 놀라 어쩔줄 몰라하며, 모두들 모여와서, 이것이 어떻게 된 연고인지 물으니, 손불이(孫不二)가, "내가 중양(重陽)선생님께 유과(油菓)를 몇 개 만들어 드리려고 했는데, 너희들이 하면 깨끗치 못할까 염려되어 너희들에게 구실을 붙여 나가있게 하고는 나혼자 직접 만들려다가, 끓는 기름 위에 잘못 실수로 깜박 냉수를 모르고 부었는데, 순간 피하지 못했기 때문

에, 이렇게 온통 얼굴에 화상을 입고 부르터서 물집이 생겼다. 그렇지만 이것은 나의 한때 액운이니, 너무 걱정들 하지마라. 그리 놀라지도 말고, 모두들 돌아가 맡은 일들이나 하도록 해라. 나 때문에 신경쓸 것 없다."고 말을 마치고는, 안방으로 들어가서 문을 닫아 걸어 버리고는, 선생님이 전수해주신 공부를 조용히 생각하면서, 하나씩 해보기도 하고, 구결(口訣) 묘언(妙言)을 처음부터 외워보기도 하였다.

이틀이 지나서, 단양(丹陽)이 돌아와서 대문으로 들어서는데, 하인과 하녀들이 몰려와서, 손불이(孫不二)가 끓는 기름에 화상을 입고 얼굴을 못쓰게 되었다하는 말을 듣고, 마단양(馬丹陽)이 견디지 못하고 탄식하며, 먼저 초당(草堂)으로 가서 선생님을 뵙고 인사드린 후에, 안채로 가서 손불이(孫不二)를 만나 보았더니, 얼굴이 온통 물집투성이요, 그것이 진물러 터져서, 노란한 진물이 줄줄 흐르고, 그토록 꽃처럼 아름답고 옥과 같이 곱던 얼굴이 도깨비 낯이 되어버렸다. 마단양(馬丹陽)은 한번 보자마자 탄식을 금치 못하고, "손도우(孫道友)!" 하며 외마디 소리를 지르며 달려가, "왜 조심하지 않고 이렇게 기름에 네어 이쓸이 되었단 말이요? 얼마나 괴롭겠소." 말이 미처 끝나기도 전에, 손불이(孫不二)는 두눈을 동그랗게 뜨고 마단양(馬丹陽)을 한번 바라보더니, 계속 큰소리로 깔깔거리며 웃어대다가 앞으로 다가서며 마단양(馬丹陽)의 옷깃을 움켜잡고,

"당신이 서왕모(西王母)님의 아들이라면서요? 서왕모(西王母)님께서 당신더러 저를 데리고 반도대회(蟠桃大會)에 오시라고 하셨어요. 저는 오늘 당신과 함께 천궁(天宮)으로 가겠어요, 어서가요, 어서요." 하고는, 탁자에 올라가 그것을 딛고, 손을 뻗쳐 창틀을 붙들고 위로 올라가는 시늉을 하다가, 미끄러져 방바닥에 나가떨어져 끙끙대며 신음하는 것을, 마단양(馬丹陽)이 급히 부축하여 일으키니, 그는 또다시 웃다가 울다가 하는 것이었다. 마단양(馬

丹陽)은 이런 광경을 보고, 마음속에 처참한 생각이 들어, 다시 초당(草堂)으로 가서, 선생을 뵙고,

"저의 손도우(孫道友)는 신선처럼 보이기도 하고 미친사람 같기도 합니다. 어떻게 하면 좋습니까?" 하니, 중양(重陽)선생이, "미치지 않고 뒤집혀지지 않고 누가 신선이 된단 말인가." 하였다. 마단양(馬丹陽)이 또 물어보려고 하는데, 선생은 벌써 눈을 감고 정에 들어가(入靜) 계시는지라, 아무리 생각해도 그 까닭을 알 수가 없었다. 선생께서 거들떠보시지도 않으므로, 마단양(馬丹陽)은 초당(草堂)을 나올 수밖에 없었으며, 앞채로 되돌아왔지만 걱정이 태산 같고 마음이 놓이지 않았다.

한편, 손불이(孫不二)는, 마단양(馬丹陽)을 떼어 보내고나니, 더 할나위 없이 청정(淸靜)해지고 공부하기가 참 좋아졌다. 성체(性體)가 원만(圓滿)해지고 환히 밝아져서, 현묘(玄妙)하기 이를데 없고, 마음자리는 명랑하게 트이며 그제서야 도무(道務)의 일을 함이 얼마나 좋은 것인가를 알게 되니, 기쁘기 한이 없었다. 그래서 곧 능화경(菱花鏡) 거울을 집어들고 거울 속에 자신을 비춰보니, 자기도 깜짝 놀랐다. 비춰보니 얼굴 전체가 흉터와 딱지로 덮여 있고, 검붉은 반점이 널려있는 데다가, 한달이 넘도록 머리도 빗지 않고 화장도 하지 않았기 때문에, 머리는 마구 헝클어져 마치 털옷을 뒤집어쓴 귀신 같기도 하고, 영락없는 항아리귀신(鳩盤茶)이나, 두억시니(活夜叉)라, 원외(員外) 랑자(娘子) 손불이(孫不二)의 모습은 이제 사라져 버렸음에 마음속으로 크게 기뻐하며, 스스로 이르기를,

"'이만하면 낙양(洛陽)에 가도 좋겠지!" 하고는, 홑옷(衣衫)을 마구잡이로 갈기갈기 찢고, 남비에 낀 끄으름을 움켜다가 얼굴에 바르고 집앞으로 뛰쳐나가며, 서너번너털웃음을 크게 웃어대니, 하녀와 하인들이 깜짝 놀라며 모두 몰려와서 에워쌌다. 손불이(孫不二)는 그들이 바싹 다가오는 걸 보고, 잽싸게 밖으로 뛰쳐나가

려하니, 여러 하녀들이 잡아끌어서, 손불이(孫不二)는 입으로 두 서없이 꽉꽉 물어댔다. 그 중에서 가장 친했던 하녀가 필사적으로 손불이(孫不二)의 옷을 붙들고 늘어지자, 손불이(孫不二)가 홱 돌아서더니, 그 하녀의 손을 물어뜯어 피가 나게 하니, 그 하녀가 손을 늦추는 순간, 얼른 빠져나와 달아났다. 다른 하인이나 하녀들도 그 상황이 몹시 사나운지라 아무도 감히 붙들러 오지 못하고, 황망히 원외(員外)에게 알리는 수밖에 없었다.

한편 마단양(馬丹陽)은 마침 사랑채에서 정좌(靜坐)하고 있다가, 갑자기 밖에서 떠드는 소리를 듣고 급히 나와 보았다. 그때 하인들이 달려와서, 손낭자(孫娘子)가 크게 발광하여 미쳐서 밖으로 뛰쳐나갔다고 하였다. 마단양(馬丹陽)은 이 말을 듣자, 잘못하면 큰일이다 싶어 하인들에게 빨리빨리 쫓아가보라고 하고, 자기도 뒤따라갔다.

손불이(孫不二)는 곧장 마을을 뛰쳐나갔으나, 마을 문지기도 막아낼 수가 없었으며, 마을 앞뒤에 있던 사람들도 손낭자를 알아보지 못하여 놓칠 수밖에 없었다.

손불이(孫不二)는 뒤쪽에서 틀림없이 누가 쫓아올 것을 예견하고, 마을밖에 아무렇게나 쌓아놓은 마른풀 더미가 근방에 있음을 보고는, 그 풀더미 속으로 후벼파고 들어가 숨었다. 아니나 다를까, 조금후 과연 마단양(馬丹陽)이 식구·하인·하녀들과 함께 뒤쫓아와, 그 앞을 지나가더니만 그녀가 없는 것을 발견하고, 얼마 안되어서 곧바로 되돌아서, 오던 길로 가 버렸다.

손불이(孫不二)는 그들이 멀리 가버리는 것을 똑똑히 본 다음에야 풀더미 속에서 슬그머니 나왔다. 그녀는 그후 동남쪽을 향하여 걸어가면서, 큰 나무나 바위 밑에서 비를 피하기도하며, 대낮이면 동네에 들어가 걸식하고, 밤늦게는 묘당이나 절간에서 잠을 자기도 하였는데, 이는 대개 황량하고 궁벽하고 쓸쓸한 무인지경이였다. 사람들이 와서 무엇을 물어라도 보면, 도막도막 한마디씩 말에 두서가 없이 모를 말만 몇 마디 하고, 횡설수설하기도 하며, 울다가 웃다가 하므로, 사람들이 이런 꼴을 보면, 미친 사람인줄 알고, 물어 볼 생각을 안하므로, 노정(路程)은 더할나위없이 평안 하였다. 또한 올바른 사람이나 군자 같은 사람을 만나면 길을 물 어보기도 하면서, 두달이 못되어서 결국 낙양(洛陽)에 도착했다.

一葉扁舟游大海 萬丈波濤不着驚
일엽편주유대해 만장파도불착경

일엽편주 띄워놓고 큰 바다를 저어가나
만장의 높은 파도 닥쳐와도 무서울 것 없노라.

제11회 : 낙양 기와가마에서 수행중인 손불이를 겁탈하려던 불량배는 벼락으로 쫓겨나고, 단양의 집에선 왕중양 선생이 현묘한 산술로 사람들의 미혹을 깨우쳐주고 계시다

제 11 회
낙양(洛陽)의 손불이(孫不二)와
왕중양(王重陽)의 현묘(玄妙)한 산술(算術)

강빙포천공호법 시묘산진인지미
降氷雹天公護法 施妙算眞人指迷

우박을 내려 하늘에서 법을 보호해 주시고,
현묘한 산술로 진인이 미혹을 지적하다.

陷溺沈淪已有年 愛河滾滾浪滔天
함익침륜이유년 애하곤곤랑도천

깊이 빠져 가라앉은 지 이미 몇 해를 지났어도,
애정의 강물은 세차게 굽이쳐 파도치며 하늘을 덮는도다.

修行自可登高岸 何用中流另覓船
수행자가등고안 하용중류령멱선

수행하면 높은 피안 스스로 오를 수 있으련만
어찌 중류에까지 가서 따로 배를 찾으려 하는가?

손불이(孫不二)는 마가장(馬家庄) 동네를 거짓 미치광이 시늉을 하면서 떠난지 두어달 지나 낙양(洛陽) 성밖에 도착했다. 거기서 그녀는 헐어진 기와 굽던 기와가마를 발견하고 그 기와가마에서 살기로 하고, 늘상 낙양현(洛陽縣) 성중(城中)에 들어가 걸식

(乞食)하며 돌아다녔다. 틀림없이 미친 것처럼 꾸미고 있었으므로, 아이들이 따라 다니면서, "미친아지매! 미친년!" 이라고 부르며 떠들어댔다.

이렇게 그녀가 오랫동안 마을을 오고가는 사이에, 이 성의 안팎의 사람들은, 모두 그가 미친 여인이라고 알게 되어서, 아무도 와서 건드리려고 하지 않아 안심하고 도(道)를 깨달을 수 있었다. 이를 볼때 중양(重陽)선생의 〈대도(大道)는 미치광이에게 숨는다.〉는 말씀은 분명한 진리라 할 수 있을 것이다.

그런데, 이 낙양현(洛陽縣)에 장삼(張三)과 이사(李四)로 불리는 악당으로 이름난 건달이 둘이 있었는데, 이들은 왕왕히 간음(姦淫)과 사기(詐欺) 등을 일삼고 못할 짓 없이 행패를 부리는 자들이었다. 두 건달들은 길거리에서 걸식하는 손불이(孫不二)를 자주 보아왔었다. 그들이 생각하기에 손불이는 얼굴이 비록 추하고 지저분하지만, 밝은 눈동자에 하얀 이를 지녀 어떠한 인재(人材)에도 결코 빠짐없다고 여겨져 그녀를 잘 눈여겨 보아 두고, 마음에 담아두었었다. 그러던 어느날 밤, 달 밝고 바람 맑게 솔솔 불며, 하늘 가득 별이 총총한 때, 두 불량배가 동네에서 양민(良民)을 윽박질러 돈을 뜯어내가지고, 술마시어 폭 취해 훈훈히 냄새를 풍기며 걸어오다가, 헐어진 기와가마가 얼마남지 않았을 때, 장삼(張三)이 이사(李四)에게 말했다.

"우리 저 미친 여자 데리고 한바탕 재미 좀 보러 가자구." 하니, 이사(李四)가,

"그건 안돼! 그건 안돼! 사람들이 말하는데, 만약 미친 여자를 상관하면, 한평생 재수가 없어서, 영영 운수가 풀리지 않는다고 하더라고." 장삼(張三)은,

"우리는 천신(天神)도 거두어 드리지 않고 지신(地神)도 상관않는 사람들인데 그놈의 운수가 길고 운수가 짧고가 무슨 필요있나?" 하고 이사(李四)의 말을 듣지않고 막무가내로 그 허무러진

기와가마 쪽으로 다가가니 이사(李四)도 장삼(張三)의 뒤를 쫓아 걸어갔다. 그런데 몇 걸음 가지 않아서, 문득 한덩어리 검은 구름이 머리위에 나타나더니, 기와가마 가까이 왔을 때, 와그랑창하고 벽력 소리가 두사람 머리위에서 울리는데, 마치 산이 무너져내리고 땅이 갈라지는 것 같았다. 두 사람의 머리 위에서 울려오는 벽력 소리에 장삼(張三)과 이사(李四)는 깜짝 놀라서 온몸을 부들부들 떨고 있는데, 그 먹구름 덩어리가 느닷없이 흩어지니, 천지(天地)가 어두워져 손바닥을 벌려보아도 보이지 않으며, 광풍(狂風)이 몰려오니, 두 사람은 추위가 뼈속까지 스며들어 어찌할 바를 몰랐다. 거기다가 한바탕 폭우(暴雨)가 두 사람의 머리에 북을 치듯 쏟아져내려 두들겨대니 두 사람의 머리는 멍해지고 골통이 아파서 정신을 잃을 지경이 되었다. 이사(李四)가 손으로 머리를 감싸니, 그 비가 손등을 치는데, 마치 쇠탄알로 맞는 것 같았으니, 그것은 비(雨)가 아니라 설탄자(雪彈子), 혹은 랭자(冷子)라 하는 우박(氷雹)이었다. 이 차가운 탄알 랭자(冷子)가 마구 두들겨대므로, 두 사람은 머리를 파묻고 피신할 곳이 없어 쩔쩔매었다.

  이사(李四)가 참지 못하고 말하기를,

"살아서 응보(應報)가 있는 것이 분명해. 내가 애초에 그러지 말자고 했는데도 자네가 억지쓰고 오더니만, 결국은 이 변을 당하고 마는군!" 라고 하니, 장삼(張三)이 이사(李四)의 원망하는 소리를 듣고, 화가나서 느닷없이 한쪽발로 우박덩어리인 설탄자(雪彈子)를 꽉 밟으니까, 그 설탄자(雪彈子)가 요리저리 미끈미끈 빠져나가서 제대로 밟아뭉갤 수가 없었다. 한번 미끈하면 그대로 꼬꾸라지고, 황망히 기어 일어나서 또 한번 꽉하고 밟으면 헛밟혀 그냥 퍽 하고 나가 자빠지는 모습이, 꼭 누가 옆에서 떠다미는 것 같았다. 연달아서 몇 번 엎어지고 나니, 머리는 깨지고 눈퉁이가 부어오르고, 살은 터지고 피가 흐르게 된지라, "에이 제기랄, 에이 제기랄" 하고 소리지를 뿐이었다.

잠시 후에 구름 걷히고 달이 나와서, 먼저처럼 별이 하늘가득 총총 빛나게 되었다. 이사(李四)는 우박은 몇개를 맞았어도, 넘어진 일도 없고, 별로 해(害)를 보지도 않았지만 장삼(張三)이는 몇차례 곤두박질을 하고나니, 머리가 멍하고 눈이 침침해지고 말았다. 그제서야 그는 혀를 빼물고 머리를 이리저리 설레설레 흔들면서,

"못배겨내겠군! 못배겨내겠군! 이 미친 여편네는 건드려서는 안되겠는데." 라하니, 이사(李四)가, "자네가 이제야 겨우 건드려서는 안된다는 것을 알았군. 자네가 두 번 다시 오나 안오나 보겠네." 하니, 장삼(張三)이 말하기를, "재수가 없어서 실패했는데, 왜 또 오겠나!" 두사람은 이야기하면서 걷다가, 자기 집으로 돌아갔다.

이사(李四)는 이 이야기를 몇몇 부랑자 건달들에게 알렸는데, 한사람이 열사람에게 전하고, 열사람이 백사람에게 알렸기 때문에 놀이 패거리나 거지들이 감히 다시 기와가마 근처에 얼씬거리는 일이 없었다.

그리하여 손불이(孫不二)가 낙양(洛陽)에서 12년동안 수행(修行)하면서 오도(悟道)할 때까지 건드리려한 무리들이 전혀 없었으니, 이는 모두 이사(李四)의 공(功)이라 할 수 있다.

후세 사람이 책을 여기까지 읽다가 시(詩)를 지어 탄(嘆)하기를,

眞人在此悟玄功 豈叫狂徒來逞雄
진인재차오현공 기규광도래정웅

진인이 여기서 현공을 깨치니
어찌 미친 무리가 와서 잘난 체하리요.

氷雹降時遭毒打　方知護法有天公
빙포강시조독타　방지호법유천공

우박 내려 독하게 얼어맞고서야,
비로소 하늘에 법를 지키는 천공이 계심을 깨닫는구나.

라고 하였다.

　한편, 중양(重陽)선생이 마원외(馬員外) 집에 와서 머문지 어언 일년정도 지났을 때, 동네 몇몇 노인들이 모여 한담(閑談)을 나누며,
　"마원외(馬員外)는 복(福)을 누릴 줄 모르는 것이 분명해. 멀쩡하게 가재(家財)를 덩어리째 몽땅 다른 사람에게 내어주었고, 원외부인(員外娘子)은 미쳐서 어디로 나갔는지 행방도 알 수 없으니 말이야." 그중 나이 50여세 되어보이는 단안인(段安仁)이라 하는 사람이 말하기를,
　"내 어제 마원외(馬員外)를 만나러 그집을 갔었습니다. 문밖에 지키는 사람 없어서, 곧 바로 늘어갔는데 여자라고는 하나도 없고, 모두 남자만 있더라구요. 그래서 그들에게 '원외(員外)는 어디 계신가?' 하고 물으니까, '뒷쪽 초당(草堂)에서 중양(重陽)선생님의 강도(講道)를 듣고 계십니다.' 하고 대답하기에, 바로 뒤쪽으로 가보니까, 초가집을 여러채 지어놓았는데, 마원외(馬員外)는 왕중양(王重陽)과 함께 그 한가운데 초가집에서 참선(參禪)하고 앉아 있다가 나를 보더니, 곧 일어나 나를 데리고 앞채로 가더라구요.
　내가 손부인(孫娘子)은 어디에 있느냐고 물었더니, 마원외(馬員外)가, '그사람은 그 사람의 도(道)가 있고, 나는 나의 묘(妙)가 있습니다.' 라 하므로, 또 '어찌 여자 심부름꾼이 안보입니까?' 하고 물었더니, '남자는 장가들게 하고, 여자는 시집가게 해서, 제각기 살림을 차려주고 생전 먹고살기에 걱정이 없도록 해주었습니

다.' 라고 말합디다.

내가 또 묻기를 '이 초가집은 무엇하려고 지었는가요?' 하니까, 원외(員外)가 말하기를 '수행하는 사람을 불러모아 도(道)를 깨달아 진성(眞性)을 기르도록 하기 위해서입니다.' 하기에, 또 내가 '중양(重陽)선생께서는 어째서 돌아다니시는 것을 볼 수가 없습니까?' 하고 물으니, '그 어른은 청정(淸靜)함을 가장 좋아하실 뿐이고 속인(俗人)들과는 어울리지않기 때문입니다.' 하고 말하더군요.

내 묻기를 마치고는, 원외(員外)와 볼일을 다 끝마치고 나오다가 마흥(馬興)을 만나게되어, 또, 물어보았습니다. '마흥(馬興)이! 자네들의 이 큰주택이 전에는 왁자지껄 떠들썩하더니, 지금은 왜 이렇게 쓸쓸한가? 마치 사원(寺院)과 똑같네.' 하니, 마흥(馬興)이, '우리집에 와 계신 중양(重陽)선생님이 살아있는 활신선(活神仙)이신 것을 당신은 모릅니다. 그분께선 왁자지껄 시끄러운것은 좋아하지 않으시고, 다만 청정(淸靜)한 것 만을 좋아하십니다. 손낭자(孫娘子)가 나가신 후에는 그분이 집안에서 일시키는 계집아이나 심부름하는 부인이나 여자종들은 모조리 내보내고, 다만 우리들 좋은 몇 사람만 여기 남아서 지키게 하셨습니다. 그래서 이렇게 쓸쓸하답니다.' 고 하기에 내가 또 마흥(馬興)에게, '중양(重陽)선생의 어디를 보고 살아있는 신선이라 하는가?' 하고 물었더니, 마흥(馬興)이 '대저 집안일과 지금까지 전에 지나간 일을 사람들이 그분에게 말하지 않아도 환히 아시며 미래의 일과, 어느 날은 날이 맑고, 며칠날은 비온다는 등의 일까지 도무지 모르는게 없으시니, 어찌 살아있는 활신선(活神仙)이 아니겠습니까?' 하고 대답해 줍디다." 하며 단안인(段安仁)이 마가장(馬家庄) 이야기를 다하고 나니, 여러 노인들 중에 반(潘)씨라는 성(姓)을 가진 노인이 말하기를,

"자네가 말한대로라면 그분이 과거 미래의 일을 다 알고 있겠군. 그렇다면 우리가 지금 오래도록 가뭄을 당하고 있으니, 언제

비가 내릴지 함께가서 물어보는 것이 어떠하겠는가?" 하니 모두들 "좋습니다. 좋습니다." 하고는, 곧 반(潘)노인과 함께 마가장(馬家庄)으로 가서, 우선 마원외(馬員外)를 보고, 찾아온 뜻을 말했다.

마단양(馬丹陽)이 여러 노인들을 즉시 초당(草堂)으로 인도하였으며, 그들은 중양(重陽)선생에게 언제 비가 올것인지 물었다.

선생이 말씀하시기를,

"당신들 동네의 동쪽 들머리에 있는 토지신당(土地廟)의 담벽에 비올 날짜가 주해(註解)되어 있으니, 당신들이 가보면 바로 알 수 있을 것입니다." 하니, 여러 노인들은 이 말씀을 듣고, 곧 마가장(馬家庄)을 나와서, 동네로 돌아와, 동쪽 끝에 있는 토지묘(土地廟) 앞에 까지 바짝 다가갔다. 그랬더니 과연 그곳에 분필(粉筆)로 글자가 몇 줄 씌여져 있었다. 반(潘) 노인이 여러사람에게 들려주는데,

"人王面前一對瓜 一顆珍珠照王家
인왕면전일대과 일과진주주왕가

인왕의 면전에 일대일의 외요,
한알의 진주가 왕가를 비추네.

二十三天下大雨 和尙口內吐泥巴
이십삼천하대우 화상구내토니파

23일에는 큰비(雨)가 와서,
화상의 입속에서 진흙을 토하리라."

고 하였으며, 벽 뒤에는 작은 글자로 몇줄이 적혀있는데, 네글자로 파자(破字)한 것이었다. 반(潘)노인이 보고 나서, 웃으며 말하기를,

"이건 저 학생아이들이 여기에다 글자 수수께끼 한수(首)를 적어 놓은 것이지. 무슨 비올 날짜가 있다는 게지?" 하니, 여러 노인들이,

"글자 수수께끼라면, 자네가 풀어맞칠 수 있는가?" 하는 말에 반(潘)노인이,

"나는 글자 수수께끼 풀기로 도가 텄는데, 내 못 마칠것이 있겠나!" 여러 노인들이,

"자네가 그리 잘 맞친다면, 빨리 맞쳐보게. 우리가 듣겠네." 반(潘) 노인이,

"인왕(人王)이라는 글자 아래에 오이가 일대일(一對一)이라 하였으니 일대일(一對一)은 두점(二點)으로, 이는 금(金)자요, 왕(王)의 집에 진주 한알이 비추니 옥(玉)자며, 이십삼(二十三) 아래에 비라 하니 쏟아져내려 만(滿)자가 분명하며, 화상(和尙)의 화(和)자를 떼어내고 상(尙)자를 남기고, 진흙은 흙토(土)자라, 토(土)위에 상(尙)자를 더하니 당(堂)자가 아니겠는가? 갈곳 없는 금옥만당(金玉滿堂)네 글자가 분명한데, 어디에 비올 날짜가 있단 말인가?"

단안인(段安仁)이 앞으로 나아가서 손으로 "이십삼천하대우(二十三天下大雨)"라는 글귀를 가리키면서, "이것이 비올 날짜가 분명해. 여러분 한쪽에 치우친 말은 하지 맙시다. 아무리 말못하는 수수께끼가 몇귀절 있다 해도, 그 속에는 기연(機緣)이 담겨 있을 것이요. 오늘이 19일이니까, 23일까지는 4일밖에 남지 않았으니, 23일이 되어서 비가 오나 안오나 보고, 그분에게 영험(靈驗)이 있는지 없는지를 판단합시다."

노인들이 모두 말하기를,

"단형(段兄) 말씀이 이치(理致)가 있어요." 하고는 모두 집으로 돌아갔다.

마침내, 23일이 되었다. 아니나 다를까, 그렇게 맑기만 하던 하

늘에 먹구름이 온하늘에 가득해지고, 물을 퍼붓듯 큰비가 아침부터 쏟아지더니, 한낮이 되어서야 그쳤다. 동네 사람들은 모두 그 때서야 비로소 중양(重陽)선생의 신통(神通)함을 믿게 되었다.

또 북촌(北村)에 사는 한사람이, 소(牛)를 잃고, 여기저기 두루 찾아보았으나, 찾지 못하여, 선생께 와서 물었다. 중양(重陽)선생이,

"소는 남촌(南村) 큰 나무 위에 있는 까마귀집 속에 있지." 라고 하니, 그 소 잃은 사람이 이 말씀을 듣고, 참지 못하고 웃음을 터뜨리며 말하기를,

"굉장히 큰 소가 그 조그마한 까마귀 둥지 속에 어떻게 들어가겠습니까?" 하니, 중양(重陽)선생이,

"당신이 거기 가기만 하면, 소는 찾을 수 있게 되니까, 여러 말 할 것 없소." 하시므로, 그 사람은 그저 그 초당(草堂)을 나와 남촌(南村)에 와 보니, 과연 굉장히 높은 큰 나무가 있고, 나무 위에 새집이 있었다. 시골 사람들은 원래 나무를 잘 오를 줄 알기 때문에, 바로 나무를 올라가서, 까마귀 둥지를 더듬어 잡았다. 원래 그것이 텅 빈 둥지라서인지, 손을 뻗쳐 한번 잡아당기니까, 마른 나뭇가지가 떨어지면서 얼굴을 덮쳐 오는지라, 순간적으로 머리를 숙였더니, 동네 부서진 집안에 소 한 마리가 매어져 있는게 보이는 것이었다. 자세히 쳐다보니, 그것이 바로 자기가 잃어버린 소였다. 이 소는 허물어진 집안에 누워 있었으므로, 집안에는 땔 감용 마른풀더미를 쌓아 놓고 있었으며, 사방 둘레가 모두 가리워져 있었기 때문에, 높은 곳에서 내려다보지 않으면, 더욱 보이지 않도록 되어 있었다. 그 사람은 바쁘게 나무에서 내려오면서 그제서야 까닭을 알게 되었다. 이 마을에는 전부터 양상군자(梁上君子)인 도둑 하나가 살고 있어, 예사로 이런 일을 일삼고 있었던 것이다. 만약 선생의 지시가 아니었더라면, 밤이 되어 그 소를 끌고 멀리 가서 다른 사람에게 팔아 넘길뻔했으니, 그때는 다시 찾

아내지 못했을 것이었다. 그 사람은 그 허물어진 집으로 가서 자기 소를 끌고 집으로 돌아갔다.

그날 또 서촌(西村)에서 몇 사람이 와서 물어 보았는데, 그 중에 열서너살 되는 아이가 말하기를, 저의 형이 집을 나간지 수개월이 되는데, 언제 돌아올지 모르므로 와서 노선생님께 여쭈어보는 것이라 했다. 중양(重陽)선생이

"집에 가서 너의 엄마 손에게 물어보아라." 하니, 그 꼬마는 이 말씀을 듣고는, 우스워 하하거리며, 잠시후 집으로 돌아와서 보니 엄마가 손에 편지 한통을 쥐고서 말하기를,

"네 형이 내주(萊州·山東省)에서 장사를 하는데, 인편이 있어 서신을 보내왔구나. 편지를 가져온 사람은 지금 막 갔단다. 어서 뜯어 내가 들을 수 있게 읽어보도록 해라." 아이는 편지 봉투를 뜯고 큰 소리로 읽기 시작했다.

"불초 자식 어머님께 글월 받들어 올립니다. 아버지께서 세상을 떠나신 후 어머님 교육의 은덕으로 장성하여, 이제야 아버님 뜻을 본받아, 외지에 나와 무역에 종사하고 있습니다. 덕분에 장사가 아주 잘 되고 있습니다. 다만, 지금 거래금이 미처 다 걷히지 못하고 있으므로, 속히 돌아가서 어머님 마음을 위로해 드리지 못하오나, 가을 서늘할 때까지 기다려주시면, 9월 중순에는 집에 돌아가서, 편히 받들어 모시려하오니……" 꼬마아이는 미처 다 읽지도 않고, 손뼉을 치고 크게 웃으며 말하기를, "영험(靈驗)이 기가막힌다. 영험(靈驗)이 기가막힌다." 하므로, 그 어머니가 의아해 하며 무엇이 기가막힌지 까닭을 물어보려 할때에 마침 문 앞에 대여섯분 사람이 누구를 찾는 소리가 났다.

不因漁父引 怎得見波濤
불인어부인 즘득견파도

어부가 끌지 않으면, 어찌 파도를 볼 수 있으랴!

제12회 : 제자들에게 참선하는 방법과 마음다스리는 법을 강론하시는 왕중양 선생

제 12 회
좌공(坐功)의 묘리(妙理)

지좌공신명묘리 학진도희봉명사
指坐功申明妙理 學眞道喜逢明師

좌공을 가리키고 묘리를 잘 설명하며,
진도를 배우려고 명사를 기꺼이 만나다.

恩愛牽纏解不開 一朝身去不相偕
은애견전해불개 일조신거불상해

은애에 끌리고 휘감김을 풀어 헤쳐버리지 않으면,
어느날 아침 느닷없이 몸이 떠나게 되면 서로 함께 할 수 없다.

於今撒手無沾滯 直上瑤池白玉墀
어금살수무첨체 직상요지백옥계

이때에 손을 털어, 물은 것도 뭉친 것도 없게 하면,
곧바로 요지의 백옥층계에 오르리라.

서촌(西村)의 꼬마가, 마침 중양(重陽)선생이 알아낸 이야기를 어머니에게 설명하려 하고 있는데, 홀연 문밖에서 찾던 그 사람들이 마가장(馬家庄)에는 어느 길로 가느냐고 묻는 것이었다. 꼬마가 나서서, "여러분께서 마가장(馬家庄)을 물으시는 것이, 혹시 활신선(活神仙)을 만나뵈러 가시는 것 아닙니까?" 하니, 그사람들이, "맞다. 맞다." 하고 대답했다.

꼬마는 그들 몇 사람이 활신선(活神仙)을 만나고자한다는 말을 듣고, 저절로 흥이 솟아남을 참지못하고,

"여기서 멀지 않아요! 여기서 멀지 않아요! 제가 안내 해 드릴께요." 말하고는, 곧 앞장서서 걸어가니 모두들 꼬마를 따라 서촌(西村)으로 향했다. 그리고 그들은 얼마 되지 않아 마가장(馬家庄)에 도착하게 되었다.

당연히 연분 있어 모이는 것이라. 때마침 마원외(馬員外)가 큰 방앞에 앉아 있다가 그들이 다가오는 것을 보고, 바로 일어서서 방안으로 맞아 들여 자리에 앉게 하고는,

"여러분들은 무슨 일로 저희 마가장(馬家庄)까지 오셨습니까?" 하고 물었다.

그 사람들은,

"우리는 구도(求道)하러 온 것입니다." 고 하니, 마단양(馬丹陽)이 이 말을 듣고, 곧 그들을 초당(草堂)으로 안내하여 선생님을 배알케 하였다. 그들 중 한 사람은 성(姓)이 담(譚)씨이고 이름은 처단(處端), 호는 장진자(長眞子)로서, 오래전 고질병(痼疾病)에 걸렸는데 왕중양(王重陽)이 산동(山東)에 처음 왔을 때, 병 없애는 법을 가르쳐 주셔서 병이 나았던 것이다. 그 후로는 일심으로 도를 깨달으려고, 두루 왕중양(王重陽)선생을 찾아다녔으나, 계신 곳을 도저히 알 수 없다가, 이제야 들으니, 마가장(馬家庄)에 활신선(活神仙)이 한분이 나타났는데 이름이 왕중양(王重陽)이라 하므로, 그제야 선생님이 여기 계신 줄 알게 되었다는 것이었다. 도(道)를 좋아하는 또 한사람은 성(姓)은 학(郝)씨요, 이름은 대통(大通)이며, 호는 태고(太古)인데, 이는 본부문등현(本府文登縣) 사람이라 하였으며, 그 나머지 몇사람도 배우기를 좋아하는 사람들로 그들의 성명을 구태여 나타낼 필요는 없으리라.

왕중양(王重陽)선생께 안내된 담장진(譚長眞)은 그를 뵙자마자

왕년에 병을 퇴치해 주신 은혜에 진심으로 감사를 표하며, 비로소 이제 도(道)를 배우러 왔다는 뜻을 전했다. 중양(重陽)선생은, "법문(法門)은 활짝 크게 열려 있으므로, 가는 사람은 가고, 오는 사람은 오는데, 가는 사람을 붙잡지 않으며, 오는 사람을 막지 않으리라."하고는 곧 마단양(馬丹陽)에게, 그들을 초당(草堂) 제2호에 자리잡고 묵게 하도록 지시하였다.

며칠이 지나서, 또 두명의 수행인(修行人)이 왔는데, 한 사람은 성(姓)이 류(劉)씨요, 이름은 처현(處玄), 호는 장생자(長生子)이며, 또 한사람은 성(姓)이 왕(王)씨요, 이름은 처일(處一) 호는 옥양자(玉陽子)로서, 모두 산동(山東) 사람인데, 마단양(馬丹陽)이 접견(接見)하여, 찾아온 뜻을 물어보니, 역시 구도(求道)하러 온 사람들이라, 즉시 두 사람을 초당(草堂)으로 안내하여 선생을 배알케 하니, 중양(重陽)선생은 그들을 제3호 초당(草堂)에 머물게 하라고, 마단양(馬丹陽)에게 지시하였다. 이렇게 동쪽에서 하나, 서쪽에서 하나씩 찾아 와서, 한달도 못되어 수십인이 되었으므로, 중양(重陽)선생은 마단양(馬丹陽)을 불러 그들과 상의하여 인처리를 정하여, 각각 한 부문씩 맡아 책임지고, 모두 규칙과 조례를 갖추어 월권행위를 함부로 하지 못하게 하였다.

모든 일이 알맞게 정리되자, 중양(重陽)선생은 그들에게 좌공(坐工)법을 강론(講論)하시니, 여러 제자들은 양쪽으로 분반하여 차례로 늘어서서, 허리를 굽히고 청강(聽講)하였다. 중양(重陽)선생이 말씀하시기를,

"사람의 몸 인신(人身)은 이기위본(以氣爲本)이라하여 기(氣)로써 밑천(本·근본)을 삼고, 이심위근(以心爲根)이라하여 마음으로써 뿌리를 삼고, 이성위막(以性爲幕)이라하여 성으로써 막(幕)을 삼으라. 하늘(天)과 땅(地)사이 상거(相去)는 8만4천리이고, 사람의 심(心·염통)과 신(腎) 사이는 8치4푼(八寸四分·25·5센티미터)이라, 신(腎)은 내신(內腎·콩팥)을 말하며, 배꼽밑으로

세치 서푼(臍下三寸三分·10센티미터)이다. 일맥(一脈)을 바로 한 줄로 꿰어 숨(息)과 관통(貫通)시키라. 그리하면 떠오르고(浮) 가라앉음(沈)의 숨(息)이 백맥(百脈)을 지배하리니, 한번 내쉬면(一呼) 백맥(百脈)이 모두 열리고, 한번 들이쉬면(一吸) 백맥(百脈)이 모두 닫히는데, 천지(天地)의 조화(造化) 유행(流行)함도 역시 호흡(呼吸) 두글자 안에 들어있는 것이다. 사람의 호흡(呼吸)이 심장(心臟)과 신장(腎臟) 사이에 있으면, 혈기(血氣)는 저절로 순(順)하고, 원기(元氣)가 저절로 탄탄해져서, 칠정(七情)이 멋대로 행패부리지 못하여, 일백가지 병(病)은 고치지 않아도 저절로 사라지고 만다.

타좌(打坐)하는 법(法)은, 매일 자(子)·오(午)·묘(卯)·유(酉)의 시간에 고요한 방안에서 두터운 방석을 깔고, 그 방석위에 책상다리로 발개고 앉아, 눈(目)은 2부쯤 지그시 떠서 배꼽을 본다. 솜으로 귀를 막고, 마음에서 일어나는 모든 염려(念慮)를 끊고, 뜻(意)은 호흡을 따라 다니게 하되, 한번 가고 한번 오기를 호흡을 따라 오르내리는 동안, 느리지도 빠르지도 않게, 그 자연스러움에 맡긴다.

일주(一炷)의 향(香)이 타는 동안쯤 앉아있으면, 입이나 코를 드나드는 숨이 굵고 거칠지 않아져서, 점점 부드럽고 가늘게(柔細) 됨을 느끼게 되며, 또 향(香) 일주(一炷)가 타는 동안 있으면, 입과 코의 기운이 있는 듯, 없는 듯 싶게 느껴지리라. 그런 연후에, 천천히 다리를 뻗고 눈을 뜨고 귀마개를 빼어내고, 일어서서 몇 걸음 걷다가는, 다시 옆으로 누워서 잠시 쉬고 있다가 일어나서, 죽을 반공기쯤 먹을 것이며, 고되게 움직여서는 안되며, 결코 걱정하거나 성내지 말아야지, 그렇지 않으면, 공부(工夫)도 손해되고 진기(眞氣)도 상(傷)하게 된다."

打坐工夫不在多　全憑煉氣與除魔
타좌공부불재다　전빙련기여제마

타좌 공부는 많이 한다고 좋은 것이 아니고,
온전히 원기를 단련함과 마를 제거함에 있는것.

且將障礙一齊去　勿使心頭有網羅
차장장애일제거　물사심두유망라

장애를 일제히 떼어버리고,
마음 속에 얽힌 망라가 있게 하지 말지니라.

障礙不消煩惱聚　網羅不解怎娑婆
장애불소번뇌취　망라불해즘사파

장애가 없어지지 않으면 번뇌가 모여들며,
망라를 못풀면 사바를 어찌할 것인가?

分明至理相傳授　切勿因循自坎痾
분명지리상전수　절물인순자감아

지극한 이치를 분명히 알고 전수하는 것이니,
결코 중병에 걸려 돌고 돌리지 말라.

중양(重陽)선생이 좌공(坐工) 법의 강론(講論)을 마치시고는 자리에서 일어나 휴식하시니, 모든 제자들도 각기 자기들 처소로 돌아갔다.

또한, 산동성(山東省) 등주부(登州府) 서하현(棲霞縣) 두촌(荳村)에 한 사람이 있었는데, 성(姓)은 구(邱)씨며, 이름은 처기(處機)요, 자는 계발(啓發)이라 하였고, 삼형제 중 막내로서, 장형은 계명(啓明)이고, 중형은 계흥(啓興)이었다. 그들은 부모를 일찍 여의었으므로, 막내 구계발(邱啓發)은 주로 형수의 보살핌을 많이 받으며 자랐는데, 몇 해 동안 글을 읽어서, 시사가부(時詞歌賦)에도 능했지만, 다만 공명(功名)에는 마음이 없고, 오로지 조용한 것만 좋아하여, 종일토록 혼자 앉아 있으면서, 사람들과 어울려 이야기를 아니하므로, 흡사 그런 가운데 어떤 깨달음이 있는 사람인 듯도 했으나, 그 까닭을 알 바 없었다.

형과 형수가 여러 차례 그에게 독서(讀書)는 공명(功名)을 구하는데 있다하며 과거시험 보기를 권했지만, 그는 "독서(讀書)란 원래 궁리(窮理)를 위한 것인데, 어찌 공명(功名)을 도모하며 바라겠습니까?" 라고 하였다. 또 혼인하기를 의논하려 하면, 그는 또 굳게 거절하고 듣지 않았으며, "남자가 아직 제대로 서지도 못하면서 어찌 혼인하여 휘감기고 얽혀 넘어지겠습니까?" 라고 하니, 형과 형수가 그 말이 범상치 않음을 듣고, 다시는 억지로 혼인을 권하지 않고, 스스로 알아서 하도록 놓아두었다.

구계발(邱啓發)은 일찍이 사람들에게 다음과 같이 말한 일이 있다.

"사람이 세상에 나와서, 만약 머리를 내밀 출두로(出頭路)의 길을 찾지 못한다면, 종일토록 명예와 이익을 쟁탈(爭奪)하며, 처자(妻子)만을 탐련(貪戀)하고 살다가 무상(無常)이 밀어닥쳐 숨이 끊어지면 만사(萬事)가 다 공(空)으로 돌아가는 것인데, 사람들은 이런 세상일을 모두 진짜로 여기고 있지만 나는 이 세상을 뜬 구름이나 아침 이슬과 같고, 꿈이며 환상(幻想)이며 물거품이며 그림자와 같다고 봅니다."

그런데 하루는 누군가가 와서, "영해현(寧海縣) 마가장(馬家庄)에 왕중양(王重陽)이라는 선생 한분이 계신데, 도덕(道德)이 아주 넓으신 대수행인(大修行人)이라" 하며, "우리 서하현(棲霞縣)에서도 몇 사람이 거기에서 도(道)를 배우고 있습니다." 라고 그에게 말했다.

구계발(邱啓發)은 평생에 도(道)를 좋아하고 있었던 터라, 이 소리를 듣고, 가서 도를 배우고 싶은 마음이 간절했지만, 형과 형수에게 냉큼 설명 할 수가 없었다. 또 형이나 형수가 허락하지 않고 못가게 할까봐, 다만 몰래 노자 돈만 조금 준비하고, 갈아입을 옷 몇 가지만 수습(收拾)해 가지고서, 살그머니 집을 빠져나올 수 밖에 없었다.

영해현(寧海縣)을 향해, 하루도 안 걸려서 마가장(馬家庄)에 도착했다. 그날은 마침 마단양(馬丹陽)이 당직을 하는 날이었다. 마단양은 찾아온 뜻을 확실히 물은 뒤, 성명(姓名)을 장부에 기록하니, 담(譚)·류(劉)·왕(王)·학(郝) 등이 모두 와서 물어보고는, 다함께 반가와하며,

"이러한 청년은 바로 성심껏 도(道)를 공부할 수 있을 것이라 생각됩니다." 하고는, 곧 그를 안내하여 초당(草堂)으로 가서 중양(重陽)선생을 배알케 하였다. 마단양(馬丹陽)이 그가 도(道)를 배우러 왔다는 뜻을 선생께 설명해 드리니, 중양(重陽)선생이 그를 힐끗 보고는, 고개를 저으며, 말씀하시기를,

"이 사람은 마음에 생각이 너무 많고, 지나치게 너무 영리(伶俐)하여, 도(道)를 끝까지 배울 수 없노라. 조금이라도 일찍 서둘러 집으로 돌아가도록 하라. 스스로를 그르치는 일은 없어야지" 라고 하였다. 구계발(邱啓發)이 무릎꿇고 말씀올리기를,

"소자(小子)는 일심(一心)으로 도(道)를 배우겠으며, 다른 생각(二意)도 품지않겠습니다." 하면서 거두어 주십사 갈망(渴望)하고, 마단양(馬丹陽)도 그를 대신하여 애원하였지만, 선생은 거듭 안된다고 강조하며,

"내가 이사람을 거두어 주지 않는 것이 아니라, 이사람은 고(苦)의 뿌리(根)가 아주 깊이 박혀있어서, 오는 훗날 마난(磨難)을 받게되면 이겨내지 못하고 틀림없이 퇴축(退縮)하여 후회(後悔)하는 마음이 날터인즉, 그를 지금 받아들이지 않는것보다 더 좋은 묘책(妙策)은 없으리라." 라고 설명하였다. 구계발(邱啓發)

이 다시 애원하며 고(告)하려 하니, 중양(重陽)선생은 꽃구경하러 그만 초당(草堂)에서 나가버렸다. 마단양(馬丹陽) 등은 어찌할 도리가 없어, 구계발(邱啓發)을 앞채로 인도하여, 거기서 머물면서 집안 청소를 하게 하고, 몰래 그에게 타좌공부(打坐工夫)를 조금 전수했다.

하루는 계발(啓發)이 마단양(馬丹陽)에게 말하기를,

"노선생(老先生)님께서 저를 받아 주시려 하지 않으시니, 저는 당신을 스승으로 모실 수밖에 없습니다." 하니, 마단양(馬丹陽)이 말하기를,

"그건 안돼, 그건 안돼! 사람을 구(求)하려면 반드시 대인(大人)을 구해야 하고, 스승을 모시려면 반드시 명사(明師)를 모셔야지. 나는 겨우 초공(初工)을 조금 터득하고 있을 뿐으로, 대도(大道)에 이르러서 지극(至極)한 곳은 나도 들어본 일이 없소. 우선 안심하고 머물고 있어요. 내가 천천히 애원해서 주선해드릴 테니까."

계발(啓發)은 이 말을 듣고 대단히 기뻐하며, 아침 저녁 두때에 해야할 일에 정성을 다하고, 심부름할 일이 있어서 부르는 소리가 떨어지면 바쁘게 응대하면서, 며칠을 머무는 동안에 여러 사람과 모두 친숙해지니, 누구나 다 그를 반가와하며 좋아했다.

그러던 어느 날, 그는 여러 사형(師兄)들을 따라서 초당(草堂)에 가니, 중양(重陽)선생은 가운데에 앉아 계시고, 제자들은 양옆에 선생을 모시고 서서, 공손히 강설(講說)을 듣고 있었다.

중양(重陽)선생은 다음과 같이 말씀했다.

"나는 이곳에 온 이래로, 진심(眞心)으로 세상을 제도하려고, 입이 쓰도록 고구(苦口)로 사람들을 교화하며, 모든 사람들을 다 함께 깨치는 길인 각로(覺路)에 귀환(歸還)케 해보려고 마음먹고, 사람들이 있는 곳곳마다 잘못 들어가는 미로(迷路)길에서 빠져나오게 하려고 하노라. 그런데 나도 역시 하나의 사람으로서, 나서부터 도(道)를 좋아하였으나, 어려서는 분별없이 어리석었고, 자

라서는 괴이(怪異)하였고, 중년에는 통신(通神)하였다. 이 세상에서 나를 기이하게 여기는 이는, 모두 나를 이인(異人)이라고 하지만 내가 어찌 이인(異人) 노릇을 하겠는가? 그저 바보(蠢)이고, 못난이(庸)이고, 어리석을(愚) 뿐이지. 내가 다른 사람과 다르다는 것은, 탐욕(貪慾) 부리지 않고 투기(妬忌)하지 않고 생각 없이 망령되지 않으니 바보(蠢)요, 계교(計巧)하고 사려(思慮)함이 없으며 재간있고 서툰 것을 잘 알아보지 못하니 어리석으며(愚), 괴이(怪異)한 것 이야기하지 않고 진속세(塵俗世)에 빠지지 않으니 못난이(庸)라. 세상 사람들이 나를 바보라 하고, 어리석다고 웃으며, 아주 못난이면서도, 애써서 어떻게 분발하여 벗어날 줄을 모르는 것을 통탄하는 것이다. 나는 바로 이 너무나 바보스럽고, 너무나 어리석고, 너무나 못난 지준(至蠢)·지우(至愚)·지용지도(至庸至道)로서 세상 사람들을 가르치려는 것이니, 그대들은 마음(心)을 모르고서는 도(道)는 알 수 없는 것이므로, 수도(修道)하는 이는 반드시 마음 단련하는 련심(煉心)으로부터 시작해야 하지만, 그러나 그중에서도 아직 나타나지 않은 미발(未發)에서 단련하는 것이며, 이미 벌써 나타난 기발(旣發)을 단련함은 더욱 귀(貴)한 것이다. 떠도는 마음 즉 유심(游心)·놓아버린 마음 즉 방심(放心)·모든 잡념심(雜念心)들은 모두가 이 기발심(旣發心)인데, 이것을 적연(寂然)히 움직이지 않게 부동(不動)시키고자 하려면, 반드시, 그 마음을 지키는 것을 수기심(守其心)이라 하고, 그 마음을 정하는 것을 정기심(定其心)이라 하며, 그 마음을 거두어 들이는 것을 수기심(收其心)이라 하는데, 그와 같이 마음을 철저하게 단속하지 않으면 안되는 것이다.

대저 수심(守心)이라 하여 마음을 지킴은 그것이 아직 움직이지 않은 때인 미동시(未動時)에 지키는 것이요, 정심(定心)이라 하여 마음을 정함은 그것이 꼭 움직여야 할 때인 필동시(必動時)에 정하는 것이요, 수심(收心)이라 하여 마음을 거둠은 그것이 이미 움직였을 때인 이동시(已動時)에 거두어들이는 것이지만, 거두어들이는 일이 쉽지 않으므로, 먼저 일어나는 대로 거두어들여야 하는 것이다.

거둠에 있어서 거두기는 더욱 빨리해야하고, 지킴에 있어서 지키기는 더욱 굳게 해야 하고, 정함에 있어 정하기를 더욱 오래오래 이끌어가는 것, 이것이 바로 우리 도문(道門)에서 마음닦는 묘법(妙法)이니, 이 마음을 비워서 공(空)이 되면 한 물건(一物)도 없이 되는데, 대개 마음(心)이란, 선천(先天)의 한기운(一氣)인 진양(眞陽)이 결성(結成)된 것으로, 마음(心)은 불(火)에 속하니, 순양(純陽)이라 해도 음(陰)이 없는게 아니고, 양(陽)이 진음(眞陰)을 가지고 있다. 그러므로 마음 심(心)자의 모양을 보면, 위에서 삼수(三數)의 점(點)이 아래를 덮고 있고, 밑에 활모양의 반달이 있어 위에 것을 싣고 있으니, 가히 양(陽)은 음(陰)이 아니고는 자라지 못하며 음(陰)은 양(陽)이 아니고는 낳지 못함을 볼 수 있다.

진음(眞陰)은 진양(眞陽)을 쫓아 따라다니므로 심(心)이라 이름하는 고로, 털끝만큼이라도 망념(妄念)이 움직이면, 마음속(心內)에 바로 한푼(一分)의 진기(眞氣)가 줄어들고(短少), 일 한가지(一事)가 마음에 들어오면, 바로 한가지의 마장(一種魔障)이 더 붙게 된다. 그러니, 마음(心)이 한번 일어나면(一起), 마음 심(心)이라고 이름하지 않고 생각 념(念)이라고 이름하느니, 생각념(念)자의 모양은, 사람(人)이 두마음(二心)을 가졌다는 것이 된다. 사람이 두마음(二心)을 가지면 한가지에만 매달릴 수(專一) 없으므로, 백가지일(百事)을 이룰 수 없고, 도(道)에는 더욱 멀어지는 것이다."

중양(重陽)선생은 또,

"마음(心)은 일신(一身)의 주인으로서, 하나뿐(有一)이요 둘이 아닌 것(無二)이라, 만약 두마음(二心)이 일어나면 생각념(念)이라고 하며, 이 념(念)이 한번 싹트면, 바로 허망(虛妄)한 일이 쏟아져나오는 까닭에 마음(心)이 주인(主人) 노릇을 못하고, 이몸(身)을 함정깊이 빠트리게 해놓으니, 오호(嗚呼)라! 그런 속에서 빼내어 제도하기가 어려우니 이를 어이하리!"

이렇게 한참 강도(講道)하고 계시는데, 구계발(邱啓發)이 사람들 틈에서 듣고 있다가, 너무나 재미가 있어, 연성(連聲) "그것참 묘(妙)합니다. 오묘합니다." 하고 소리를 지르니, 선생이 한심스러운 눈으로 한번 쳐다보고는, 그만 강도(講道)를 중단해 버렸다. 여러 문인(門人)들이 나와서 모두 원망하며, 소리지르지 않았더라면 선생께서 강도(講道)를 그만두지 않았을 것이라고 말해도, 구계발(邱啓發)은 이에 아랑곳 하지 않고 그들이 한바탕 멋대로 아무렇게나 원망하게 두고는 선생님의 마음 단련하는 련심(煉心)의 말씀은 도(道)를 수련(修煉)하는 비결(秘訣)이로구나 하고 홀로 생각에 잠겼다.

'도(道)를 수련(修煉)하는 이가 만약 먼저 마음(心)을 잘 단련(煅煉)하지 못하면, 아무리 묘(妙)한 도(道)가 있어서 수련(修煉)을 하여도 이룰 수 없는 것이다.' 하며, 그는 매일 그 마음(心)을 점검하였으며, 틀리고 실수하는 일이나 없는지, 과오와 착오는 없는지, 조심스럽게 행동했다.

어느 날 여러 사형(師兄)들이 앞채에 없는 것을 발견한 구계발(邱啓發)은, 그들이 필시 뒤에 있는 초당(草堂)에서 선생님의 강도(講道)말씀을 듣고 있는 것이리라 여기고 강도(講道)를 들으려 초당으로 뛰어갔다.

天下原來無難事 只怕世上有心人
천하원래무난사 지파세상유심인

천하에 원래 어려운 일이란 없을진데,
다만 세상에 마음가진 사람만이 두렵다.

제13회 : 무위도식하며 입으로만 수도하는 사람들을 집으로 돌려보내려고 도단(道壇)을 걷어치우고, 남쪽으로 떠나는 왕중양 선생과 제자들

제 13 회
왕중양(王重陽)의 남행(南行)길

산단장학인귀가거　환도장사도왕남래
散壇場學人歸家去　換道裝師徒往南來

도단과 도량을 걷어치우니, 배우던 사람들 뿔뿔이 집으로 돌아가고,
도인의 행장과 채비 차리어, 스승과 제자들이 남으로 오다.

嗟嘆凡夫不悟空　迷花戀酒逞英雄
차탄범부불오공　미화연주정영웅

오호라! 범부는 공을 깨닫지 못하고
주색에 빠져 영웅인체 뽐내고 있도다.

春宵漏永歡娛促　歲月長時死限攻
춘소루영환오촉　세월장시사한공

봄밤이 짧다하고 밤새도록 즐기다가,
세월을 보내고 나니 죽음이 쳐들어 오는구나.

弄巧常如貓捕鼠　光陰却似箭離弓
롱교상여묘포서　광음각사전리궁

재주부림은 언제나 고양이 쥐잡기 같고,
광음은 활에서 화살이 떠난 것 같건만,

不知使得精神盡 願把此身葬土中
불지사득정신진 원파차신장토중

정과 신이 다 빠져나가도 써버리는 줄 모르고,
이 몸을 땅속에 묻기만 바라는구나!

  초당으로 뛰어가서 보니, 과연 선생님이 자리에 앉아 설법(說法)을 하고 계시며, 문인(門人)들은 모두 양쪽으로 늘어서서 있었다. 그는 안으로는 들어갈 수 없으므로, 문 밖에서 귀를 기울여 조용히 듣고 있었다. 들어보니 선생님의 강도(講道) 말씀이,
  "수행(修行)하는 생각(念頭)에는, 세미(細微)한 가운데에 또 세미(細微)함이 있으니, 한 생각만(一念)이라도 사사(私事)로움이 있으면, 곧 마음(心)에 털끝만한 찌꺼기가 있는 것이요, 한 생각만(一念)이라도 욕구(欲求)가 있으면, 곧 마음 가운데(心中)에 아주 큰 마장(大魔障)이 있음이라. 대개 사욕(私欲)이 한번 일어나면, 바로 선천(先天)을 잃게 되는 것이니, 반드시 사욕(私欲)을 버려야 바야흐로 선천(先天)이 생존(生存)할 수 있는 것이다. 선천(先天)이란 한덩어리 기운(一氣)이다. 사욕(私欲)이 일어나면 곧 화(火)가 동(動)하는 것이며, 화(火)가 동(動)하면 곧 기(氣)가 흩어지니(散), 기(氣)가 한번 흩어지면 어떻게 선천(先天)이 있을 수 있으며, 또 무엇으로 화후(火候)를 살필 것인가? 사사(私事)로움이 중(重)하면 기(氣)가 낡아버리니 또 어떻게 영기(靈機)를 회복할 것인가? 욕구(欲求)가 심하면 기(氣)가 말라버리니 또 어떻게 오묘(奧妙)함을 얻을 수 있겠는가?
  그 기틀(機)이 이와 같으니 사념(私念)을 당연히 버려야 할 때에 버리지 못하였거나, 욕념(欲念)을 버려야 할 때에 버리지 못하였거나, 망념(妄念)을 버려야 할 때에 버리지 못하여, 사념(私念)이 있는 사람은, 내 말을 듣고 반드시 경계할 것이며, 욕념(欲念)을 가진 사람은 반드시 경계할 것이며, 망념(妄念)이 남아있는 사

람은 반드시 경계할지니, 통털어 마음(心)이 적연(寂然)히 움직이지 않도록 수양이된 연후라야 념두(念頭)가 없어지게 되는 것이다. 념(念)이 없어지면 사욕(私欲)이 다 없어지고, 사욕(私欲)이 다 없어지면 욕구(欲求)가 깨끗이 없어지며, 욕구(欲求)가 깨끗이 되면 양기(陽氣)가 순수(純粹)해져 양순(陽純)이 되고, 양순(陽純)해지면 음(陰)이 없어지느니, 진선(眞仙) 대불(大佛)이 모두 그 가운데에서 쫓아 나오지 않음이 없건마는, 생각이 일어나는 자리인 념두(念頭)에서 공부를 시작해야한다는 것을 말로는 자세히 나타내줄 수 없는 것이다."

중양(重陽)선생이 막 정미(精微)한 자리까지 강론(講論)하고 있을 때, 구계발(邱啓發)이 듣고는 좋아서 흥분한 나머지 그만 자기 처지를 잊어버리고, 무의식중에 "옳습니다.!" 하고 소리질렀다. 중양(重陽)선생이 여러 제자를 향하여,

"문(門)안에서 설법(說法)하는데 문(門)밖에도 사람이 듣고 있으니, 대체 몇사람이나 있으며, 누가 내말의 뜻을 알아들었다는 말인가?" 하시니, 마단양(馬丹陽)이 밖을 내다보니 구계발(邱啓發)이 있으므로, 바로 불러 안으로 들이오게 했다.

선생이 보고 노(怒)하시며 마단양(馬丹陽)에게,

"내 일찍이 그대에게 분부하기를, 저 사람은 내쫓아 돌려보내라 했는데, 어찌해서 아직 이곳에 머물게 했단 말인가? ……" 말이 다 끝나기 전에, 류장생(劉長生), 학태고(郝太古), 왕옥양(王玉陽), 담장진(譚長眞)이 일제히 앞으로 나아가서 아뢰기를,

"이미 여기에 머물고 있는 구계발(邱啓發)은 선생님을 배알하고 구도(求道)한 것이나 다름없으니, 바라옵건데 선생님께서 불쌍히 여기시어, 이 사람을 문하(門下)에 거두어주시면, 저희가 조만(早晚)간에 가르쳐 인도 되도록 하겠습니다." 하니, 중양(重陽)선생이,

"내가 그 사람을 안받아들이는 것이 아니라, 그 마음이 진실로

간절하지 않기 때문에, 일단 마난(磨難)을 만나면, 바로 퇴축(退縮)하고 후회(後悔)하는 마음이 일어날까봐 걱정하는 것이다. 그 때에는 도(道)를 닦아도 이루지 못하고, 도리어 죄건(罪愆)만 불러오게 되므로, 그를 받아들이지 않는 것이 도리어 묘책(妙策)이라 생각된다." 하였다. 류장생(劉長生)등이 간절히 애원하고, 구계발(邱啓發)도 땅바닥에 무릎꿇고, 일어나지 않으니, 중양(重陽)선생이,

"그대들이 이렇게 재삼 천거(薦擧)하여 끌어들이니, 난들 어떻게 전혀 사정을 모른체 하겠는가? 그대들이 이처럼 그를 보살피겠다하니, 그를 받아들이겠다. 그리고 도호(道號)를 장춘(長春)이라 하겠다."

구계발(邱啓發)이 바로 일어나, 삼례구고(三禮九叩)로 선생께 절하고 나서, 모든 사람들에게도 예(禮)를 올렸다. 예(禮)식이 끝나자 선생이 자리에서 내려오고, 문인들은 제각기 자기 처소로 돌아갔다.

그로부터 한달남짓 지나자, 선생께서는 마단양(馬丹陽)에게 분부하여, 여러 도우(道友)들을 강도(講道)를 들으러 모두 모이라 할 것이며, 이번 설법(說法)은 반드시 초당(草堂) 밖에 설단(設壇)케 하라고 하였다. 마단양(馬丹陽)이 이 말씀을 듣고, 바로 가서 잘 마련해 놓으니, 얼마 있지 않아서, 의관과 예모를 당당하게 가지런히 하고 다함께 초당(草堂)앞에 모였다. 그리고 나서 선생께 자리에 오르셔서 설법(說法)해 주시기를 청하였다.

중양(重陽)선생은 초당(草堂)을 나와서 상좌(上座)에 올라, 단정한 모습으로 조금 앉아있다가 말씀하시기를,

"나의 가르침은 고요할 『정(靜)』을 위주로 하는데, 이〈고요정(靜)〉자는, 위로는 천지(天地)의 화육(化育)을 참여하여 돕고 아래로는 만상(萬象)을 포라(包羅)할 수 있는 것이다. 내가 이〈정(靜)〉자를 가지고 그대들을 위하여 드러내 설명하리라. 이는 수행

(修行)하여 도(道)를 깨닫는 데에만 쓸 뿐 아니라, 집안을 다스리고 치국(治國)하는 데에도 빼놓을 수 없는 것이다.

〈정(靜)〉이라는 하나의 글자는 묘(妙)한 이치(理致)가 무궁(無窮)하여, 〈정(靜)〉을 말하는 사람은 많으나 〈정(靜)〉을 제대로 아는 사람은 적은지라. 그러므로 〈정(靜)〉하고자 하여도 도저히 〈정(靜)〉할 수 없는데, 이는 아직 〈정(靜)〉의 근원(根源)을 찾지 못했기 때문이다. 〈정(靜)〉의 근원을 찾으려면 우선, 공세계(空世界)인 〈정(靜)〉에 들어가는 문(門)인 정문(靜門)부터 먼저 보아야 할 것이며, 마땅히 〈정(靜)〉하지 못하는 자리(不靜處)에서부터 자르고 끊는 참절공부(斬絶工夫)를 시작할 것이다. 그리하면 〈정(靜)〉은 항상 변함없이 고요해진때(常靜時)로서 마땅히 마지막을 삼을 것이다.

〈정(靜)〉이 어지럽힘을 당하려할 때 이를 방비(防備)하는 묘법(妙法)은, 염두(念頭)가 일단 일어나려 하거든, 일어나는 대로 따라서 즉시 소멸(消滅)케하는 일인데, 멸(滅)해도 또 살아나면 살아나지 못하게 할 것이며, 그래도 살아나면 곧 멸(滅)하여서, 그 염두(念頭)가 없어지도록 하는 것이 〈정(靜)〉의 절정(絶頂)이라 할지니, 그곳에까지 이르르면 〈정(靜)〉하려 하지 않아도 저절로 〈정(靜)〉함이라. 어찌 이를 〈정(靜)〉하지 못하다 하랴?

지선(至善)에 그친다는 말의 지어지선(止於至善)도 〈정(靜)〉보다 지나치지 못할 것이며, 이러한 곳에 〈정(靜)〉이 있다면, 태산(泰山)이 바로 눈앞에서 무너져도 놀라지 않을 것이니, 일부러 놀라지 않는 것이 아니라, 무너지는 것을 보더라도 무너지기 전을 보는 것과 같이 함이요, 아름다운 계집이 앞에 닥쳐도 끄떡도 하지 않을 것이니, 이도 미색(美色)을 보면서 일부러 끄떡도 하지 않으려 해서 움직이지 않는 것이 아니라, 미색(美色)을 보더라도 아직 보지 않았을 때와 같이 하는 것이다.

동작(動作)과 행위(行爲), 인(人)과 물(物)을 접대(接待)함이 이곳에까지 이르르면, 그 진정(鎭靜)한 공(功)은 스스로 그렇게 그러한 바를 알지못하는 바가 있을지라도, 부모(父母)가 보고는 완고(頑)한 자가 자비롭게(慈) 되고, 형제(兄弟)가 보고는 어기는(戾) 자가 화합(和)하게 되고, 처자(妻子)가 보고는 독살스럽고 사나운(悍)자가 유순(順)하게 되고, 벗(朋友)이 보고는 속이던(僞) 자가 성실하게(誠) 되고, 범속한(俗) 자가 보고는 거친(粗) 것이 세밀(細)하게 되고, 선비(士人)가 보고는 방자(肆)한 자가 점잖게(斂) 되는데, 이렇게 해서 나아가 벼슬하면 임금에게 충성(忠)을 바치는 것이니, 충성(忠)은 본성(本性)의 한부분이며, 이로써 백성을 사랑하면, 바로 진실한 사랑이요, 임시 방편으로 하는 사랑이 아니니, 어디에 행하지 못할 도(道)가 있으며, 또 펴지 못할 뜻(志)이 있으리요? 이 말씀은 기이한(奇)것이 아니나 그 기이한(奇)것은 말로 다할 수 없도다.

다만 〈정(靜)〉 한가운데 〈정(靜)〉할 뿐 아니라, 동(動)하면서도 〈정(靜)〉하여, 동(動)·정(靜) 이 모두 다 〈정(靜)〉하면 도(道)를 이룰 수 있는 것이다.

부처님은 명심견성(明心見性)이라하여 마음을 밝게 하면 본성을 볼 수 있다 하였는데, 〈정(靜)〉이 아니고는 밝을 수도 없고 볼 수도 없는 것이며, 유교(儒敎)에서는 궁리진성(窮理盡性)이라하여 이치(理致)를 궁구하고 천성을 다한다라고 하였는데 정(靜)이 아니고는 궁구도 안되고 다할 수도 없는 것이다. 도교(道敎)에서는 수진양성(修眞養性)이라하여 참을 닦고 본성을 기른다라고 하였는데, 모두가 다 이 정(靜)이 아니고는 닦을 수도 없는 것이고 기를 수도 없을 것이다. 정(靜)이라는 것은 유(儒)·불(佛)·선(仙) 삼교(三敎)가 모두 떠날 수 없는 공부로서, 사(士)·농(農)·공(工)·상(商)과 왕(王)·후(侯)·장(將)·상(相) 모두가 정(靜)한 후에라야 편안(安)할 수 있고, 편안(安)한 후에 능히 사려(思慮)할 수 있으며, 사려(思慮)한 후에 능히 얻을(得) 수 있는 것이다. 부모(父母)가 능히 정(靜)할 수 있으면, 아들이 저절로 효도하게 되고, 군왕(君王)이 정(靜)할 수 있으면, 신하가 저절로 충성하게 되고, 형제(兄弟)가 정(靜)할 수 있으면 화목하게 되고, 벗(朋友)이 정(靜)할 수 있으면 신실(信實)하게 되고, 부부(夫婦)가 정(靜)할 수 있으면, 순종하게 되는 것이다."

이 고요〈정(靜)〉자를 여러 문인(門人)들에게 듣도록 설명해 주었지만 이 수십인 중에서, 구(邱)·류(劉)·왕(王)·담(譚)·마(馬)·학(郝) 여섯사람만이 겨우 알아듣고 한결같은 마음을 내어 공부하여 도(道)를 깨닫게 되었을 뿐, 나머지 사람들은 모두 처음에는 부지런히 하다가 나중에는 게을러지고, 머리는 들고일어나다가 결말을 짓지 못하여 정경(正經) 수행(修行)한 사람으로 꼽을 수 없는데, 후에 그들은 쟁명탈리(爭名奪利)의 행(行)에서 벗어나기가 어려웠다. 그러나, 이 진정(鎭靜)하는 공부를 그 사람들에게 들려주면, 그들이 이 공부하는 방법을 듣고, 이치(理致)에 어그러진 일(乖戾)을 없애기도 하고, 좋은 버릇을 함양(涵養)하기도 하면, 비록 범속(凡俗)을 벗어나 성역(聖域)에 들어가지는 못한다 할지라도 수신제가(修身齊家)도 하고, 졸렬(拙劣)하지 않아 좋은 사람 노릇도 하기에, 여기 와서 선생을 뵙고 한바탕 공부한 것이 결코 헛된 일은 아니었다.

한편, 구장춘(邱長春)은 선생이 고요〈정(靜)〉자를 잡고 말씀하신 것이, 더할나위 없이 자연(自然)에 딱 들어맞고, 더할나위 없이 아주 투철(透徹)하며, 좋은 점이 너무나도 많다는 것을 깨닫고, 마음 속으로부터 꿈틀거리며 일어나는 환희심을 금치 못하여, 너무 기뻐서 저절로 덩실덩실 춤을 추게 되었는데, 바로 선생이 그것을 보고는 화가나서 장춘(長春)을 손가락으로 가리키며 말하기를,

"네이놈! 도(道)를 듣고도 앞으로 나아가지 못하며, 리(理)는 알면서도 깨닫지는 못하고, 총명함이나 들어내 나타내려 하고, 영

리(伶俐)한 것만 보여주려 하고, 몰래 참으며 깊숙이 감출줄은 모르고, 이것저것 잔재주만 부릴 줄 아니, 도(道)를 이룰 그릇이 아니다! 내가 몇 차례 설법한 것이, 너 때문에 법규(法規)를 어기고 범한 것이 되었으니, 나는 이제 너를 피해 멀리 동남쪽으로 가서, 네가 항상 나를 성가시게하는 것을 면해야겠다." 하고는, 마단양(馬丹陽)에게,

"나는 내일 강남(江南)으로 도(道)를 찾으러 갈것인데, 류장생(劉長生)·담장진(譚長眞)·학태고(郝太古)·왕옥양(王玉陽) 네 사람만 함께 가기로 하겠으니, 그대는 집안 일이나 보살피고 있으라. 그 나머지 사람들은 다 각기 혹은 가든지 혹은 있든지 알아서 들 하라. 내가 지금 떠나면, 많이 걸리면 일년, 적게는 반년만에나 돌아올 수 있을 것이다."

선생의 이러한 분부말씀이 떨어지자, 여러 문인(門人)들이 집으로 돌아가고 싶은 마음이 불현 듯 솟아올라, 집에 돌아가서 부모를 뵙겠다는 사람, 집에 돌아가서 자녀들을 보살펴야겠다는 사람도 있었는데, 밤 새워 보자기와 짐작을 수습해 놓고, 날 밝기를 기다리고 있다가, 모두 마단양(馬丹陽)에게 와서 작별인사를 하고, 또 선생님께도 인사말씀 전해주십사 부탁했다. 마단양(馬丹陽)은 그들이 이 마가장(馬家庄)을 떠나는 마당에 전송을 아니할 수 없어서 모두에게 공수(拱手)의 예(禮)를 나누며 작별을 고했다.

마단양(馬丹陽)이 초당(草堂)으로 돌아오니, 중양(重陽)선생이 마단양(馬丹陽)에게 분부하여, 장삼(衲衣) 다섯벌과 포단(蒲團-부들방석)·도모(道帽)·종립(棕笠·종려나무로 만든 삿갓)·망혜(芒鞋)짚신·초리(草履)짚신·암표(岩瓢·표주박)·편산(便鏟·삽) 등 일체 모든 물건을 다섯벌씩 꺼내다 준비하게 하고, 류(劉)·학(郝)·왕(王)·담(譚)과 함께 도장(道裝·도인의 행장)을 갖추어 도가(道家)의 모습으로 차린 후, 날이 아직 환히 밝기 전에 살짝 마가장(馬家庄)을 빠져나갔다.

마단양(馬丹陽)이 마가장(馬家庄) 밖까지 가서 전송하고 돌아와 보니, 구장춘(邱長春)이 읍(揖)하며 이별을 고하는 지라. 마단양(馬丹陽)이 어디를 가려느냐고 물으니, 구장춘(邱長春)이,

"저는 사부(師傅)님을 따라가겠습니다." 고 하므로, 마단양(馬丹陽)이,

"사부(師傅)님은 그대를 만나지 않으실 꺼야. 그래서 지금 막 떠나신 것이지. 그대가 지금 따라간다면, 틀림없이 꾸중을 들을 것일세." 구장춘(邱長春)이,

"사부(師傅)님이 어째서 진심으로 저를 만나려 하지 않겠습니까? 다만 저를 잘 가르치시려고 그러시는 것이지요. 그러니 제가 어찌 사부(師傅)님의 일편호심(一片好心)을 저버릴 수 있겠습니까?" 하고 말을 마치자마자 바로 달리기 시작했다.
마단양(馬丹陽)이 큰소리로 부르며,

"어서 되돌아오게! 할말이 있네." 하였다.

諸人思家各自去 長春戀師赶將來
제인사가각자거 장춘연사간장래

사람들은 집생각나서 떠나가버리고,
구장춘은 스승이 그리워 쫓아 달리는 도다.

(上卷) 끝

(二) 칠진수도사전(七眞修道史傳)

연꽃, 그 인연따라 맺어져 이룬 일곱 명의 육신보살들

(下卷)

제14회 : 어떠한 시련에도 한결같이 뜻을 세워 스승께 귀의하는 구장춘

제 14 회
구장춘(邱長春)의 일편단심(一片丹心)

시범심루시질책 순사의상병귀의
試凡心屢施叱責 順師意常秉歸衣

범속 마음 시험하며 여러번 질책하여도,
스승의 뜻 순종하며 항상 귀의하노라.

去惡猶如解亂絲 靈心自有解開時
거악유여해란사 령심자유해개시

악을 제거하기는 헝클어진 실을 풀기와 같지만,
영특한 마음은 저절로 풀려 열릴 때가 있으니,

若敎錯用些兒力 萬劫千生莫了期
약교착용사아력 만겁천생막료기

만약 가르침에 이 조그마한 힘을 잘못쓴다면,
만겁에 천번 태어나도 마칠 날이 없으리라.

마단양(馬丹陽)은 구장춘(邱長春)을 되돌아오라고 부르고서 말하기를,
"선생님은 여러 사형(師兄)들과 모두 도인 행장(道人行裝)으로

옷차림을 하셨네. 그래야 원행(遠行)할 수 있으니까. 그런데 그대의 모습은 속가(俗家)의 옷차림을 하고 어떻게 쫓아 갈 수 있겠나? 내게 장삼(衲衣)과 도모(道帽)가 있으니, 그대가 그것을 차려 입고 가도록 하게." 라고 하니, 구장춘(邱長春)이 그 말을 듣고 너무나 기쁜지라, 곧 장삼(衲衣)을 입고 도모(道帽)를 머리에 쓰고, 마단양(馬丹陽)의 포단(蒲團)과 편산(便鏟)과 암표(岩瓢) 등 일체 모두를 챙겨 가지고는, 선생을 쫓아갔다.

한참을 달려가니, 멀리에 담(譚)·학(郝) 등이 선생님을 모시고 천천히 걸어가는 것이 보였다. 장춘(長春)이 보니 그들이 마을에서 조반을 먹으려고 하는지라, 혼자 생각하기를, '우리가 모두들 일찍 나섰기 때문에, 식사를 못했는데, 내가 밥을 좀 탁발 해다가 사부(師傅)님께 공양 올리는 것이 좋겠다. 그런데 이제까지 탁발을 해본 일이 없으니, 어떤 방법으로 해야 될까? 에라 모르겠다.' 하고 그는 염치 불구하고 어느 집 문 앞에 가서 표주박을 손에 들고 서 있었다. 마침 괴물은 저리가라할 정도로 무섭게 생긴 큰 누런개(黃犬)가 사정없이 짖어대는지라, 누가 나와서 언뜻 보고는 되돌아서 들어가더니, 국수밥 한 그릇을 그득히 담아다가 그 표주박에 쏟아 주는 것이었다. 장춘(長春)이 미친 듯이 좋아서 어쩔 줄 모르면서, 또 두집을 더 다니며 탁발했더니, 표주박에 가득 찼으므로 두손으로 받들어 들고서 선생님 계신 곳으로 급히 따라갔다.

한편, 중양(重陽)선생은 오랜 시간 걸어가더니, 큰 나무 밑에 가서 천천히 쉬면서, 류(劉)·학(郝) 등에게 묻기를,

"그런데, 모두들 여비는 가지고 왔는가?" 하고 물으니, 류장생(劉長生)이

"선생님께서 너무 급히 서둘러 출발하시는 바람에, 저희들 모두 꼼짝할 수 없이 바빠서 마사형(馬師兄)에게 미처 여비 달라는 말을 못했습니다." 고 대답했다. 선생이

"기왕에 여비를 안가지고 왔으니, 각자가 밥을 얻어먹으러 가도록 하라. 나는 여기서 기다리겠다." 하시므로 말씀을 듣고, 제각기 표주박을 들고 탁발하러 갔다.

중양(重陽) 선생이 나무 밑에 혼자 앉아 있노라니, 홀연히 구장춘(邱長春)이 보이는데 표주박에 밥을 가득히 받쳐들고 와서, 선생께 공양 올리는 것이었다. 중양(重陽) 선생이 화를 내며,

"누가 그대더러 나를 성가시게 하러 오라고 했느냐? 나는 그대가 주는 밥은 안먹겠다." 하시므로, 장춘(長春)은 두번 세번 간청했지만, 선생은 전연 거들떠보지도 않는다.

조금 있으니, 류(劉)·학(郝) 등이 각기 밥을 조금씩 얻어가지고 와서, 선생님 잡수시라고 권하니 선생은 류장생(劉長生)이 얻어온 밥을 조금 들고는 더 들지 않았다. 그들이 함께 식사를 마치고 일제히 출발하여 10여리 정도 가니, 날이 어둑어둑 저물어 왔다. 그래서 길가에 쓸쓸한 냉묘(冷廟)가 한 채 있는 것을 보고, 거기 들어가서, 깨끗이 청소를 하고는, 부들방석을 깔고, 타좌(打坐)하며 하룻밤을 새웠다.

다음날 스승과 제자 여섯 사람이 또 길을 걸어갈 때, 구장춘(邱長春)은 뒤쪽에 처져가면서 연로(沿路)에서 탁발을 하다가 우연히 한집을 만났는데, 주인이 착한 사람이라, 밥을 차려다 주며 먹으라고 하는 것이었다. 장춘(長春)이 말하기를,

"내 사부(師傅)님은 지금 저 앞에 가고 계십니다. 그 어른이 아직 잡수시지 않으셨는데 어찌 감히 먼저 먹겠습니까?" 하니, 그 착한 사람은,

"걱정마세요. 당신이 잡수시고 떠나실 때 내가 당신에게 정갈한 공양밥을 따로 마련해 드릴테니 당신의 표주박에 담아 받쳐들고 가서, 공양해 드려도 늦지 않을 것입니다." 하니, 장춘(長春)도 그 말씀이 옳다고 생각하고 바로 자리에 올라가 앉아 한 끼니를 배불리 먹은 연후에, 자리에서 내려와 그 착한 주인에게 감사하다고

인사하니, 과연 표주박에 가득히 공양밥을 담아 주는 것이었다. 그래서 장춘(長春)은 그것을 두손으로 받쳐들고 바삐 따라가니, 선생은 그리 멀리 떨어져 있지 않았으므로,

"사부(師傅)님! 천천히 가세요. 제자가 진지를 가지고 왔습니다."하고, 장춘(長春)이 뒤에서 부르며 말하지만, 선생은 들은체도 아니하고, 앞만 보고 걸어간다. 장춘이 큰 걸음으로 달려와서, 식사를 받들어 올리니, 선생이 그 식사를 언뜻 살펴보고는,

"이건 한 집에서 받아온 식사로군. 나는 받을 만한 공(功)이 없네. 일표천가반(一瓢千家飯)이라, 한 표주박으로 일천집과 인연을 맺고, 고신만리유(孤身萬里遊)라, 외로운 몸 홀로 만리를 떠돈다라는 말을 듣지 못했는가?" 하므로, 장춘(長春)은 선생의 말씀에 묵묵히 아무말도 못하고 있다가, 고개를 들어보니, 선생은 저만큼 앞서 떠나가고 있었다.

이 말을 듣고 장춘(長春)은 밥을 그 착한 사람에게 도로 갖다 줄까도 생각했지만, 한번 다시 갔다가 오는 시간만 허비될 것 같아 그만두었다. 먹어치워버릴까 생각해도, 배가 너무 불러서 안되겠고, 어찌할 바를 몰라하며 그는 표주박을 두손으로 잡은채 따라가는데, 두손이 시큰시큰하고 저려서, 온몸은 땀으로 흠뻑 젖어버렸다.

그때 주위를 둘러보니 사형들이 모두 선생을 모시고 바윗돌 위에 자리잡고 앉아, 함께 공양들고 있었다. 다행스럽게도 그들이 얻은 음식은 매우 적은 양이었다. 이를 본 장춘(長春)은 즉시 표주박에 가득한 밥을 갖다 바쳤더니, 모두 조금씩 더 먹게 되어, 곧 표주박 속의 밥을 다 비울 수 있었다.

그날 밤 그들은 옛절(古廟)에서 유숙하게 되었는데, 장춘(長春)이 혼자 가만히 생각하기를,

'우리 사부(師傅)님은 섬서(陝西) 땅에서 태어나신 분이라, 밥은 좋아하지 않고, 만두(饅麵)를 좋아하시겠지. 내일은 나가서 만

두를 몇 개쯤 탁발 해다가 사부(師傅)님께 공양해야지.' 하고 그 날 밤 마음속으로 작정하였다. 이튿날, 과연 그는 하얀 밀가루로 만든 찐만두를 몇 개 탁발해 가지고 와서, 선생님께 공손히 바쳤다. 그랬더니, 중양(重陽)선생이 노(怒)하여,

"애시당초 나는 그대가 주는 음식은 먹지 않겠다고 했는데, 대체 무엇 때문에 나를 이처럼 성가시게 하는가?" 하고는, 표주박을 뺏어들더니, 땅바닥에다 내동댕이쳤다. 하마터면 표주박이 박살날 뻔했으며, 몇 개의 찐만두들은 땅 움푹패인 곳으로 굴렀다. 구장춘(邱長春)은 재빨리 표주박을 집어들고 찐만두를 표주박안에 주워담고서, 선생이 벌써 멀리 가시는 것을 보고, 곧 뒤따라 쫓아갔다.

왜 왕중양(王重陽)선생은 그에게 이렇게 큰 시련을 주었을까? 그 이유는 다름이 아니라, 그가 어린나이에 도(道)를 배우려 하고, 기질(氣質)을 바꾸어 마친 류(劉)·학(郝)·왕(王)·담(譚) 네 사람들과 비교할 수 없을 정도로 뛰어나다는 것을 선생이 알고 있었기 때문이다. 만약 선생이 그에게 깊은 탁마(琢磨)를 더 가(加)해주시 않았더라면, 그가 어찌 큰 그릇을 이룰 수 있었을까? 이와 같은 탁마(琢磨)는 바로 그의 모든 총성(總性)을 연마(研磨)시켜주려는 선생의 깊은 뜻이 담겨져 있었다. 선생의 이러한 깊은 뜻을 아는지 모르는지 장춘(長春)은 여러 차례 꾸지람에도 불구하고 원한(怨恨)의 마음이라곤 조금도 없었다. 장춘(長春)의 근기(根基)가 이렇게 깊고 두터운(深厚) 줄을 그 누가 알았으리!

왕중양(王重陽)선생과 사도(師徒)들이 두달 남짓 걸어간 어느 날, 눈비가 내리고 날씨가 매우 차가운지라, 그들은 마을에서 불쏘시개 마른풀 몇 단을 얻었다. 이날 밤은 눈비가 내리고 너무나 추웠으므로, 그들이 그 마른풀을 조금 가져다가 불을 피워놓고 쬐고 있는데, 중양(重陽)선생이 그 광경을 보고 화가 치밀어 옆으로

다가가서 그 마른풀 몇 단을 들어다가 몽땅 한꺼번에 불속에다 집어던졌다. 순식간에 맹렬한 불꽃이 활활 타오르며, 불똥도 이리저리 마구 튀는지라, 중양(重陽)선생이 삽을 가져다가 몇 번을 쿡쿡 누르니, 화염이 잠시사이 줄어들면서, 짙은 연기가 어지럽게 피어올라 사당안에 꽉차 매워서 숨이 막힐 지경이 되었다. 사당도 비좁은 데다 바람까지 안으로 불어들어오니, 구(邱)·류(劉) 등은 매운 숨을 견디다 못해, 겨우 문 밖으로 나가서 연기를 피해 저마다 눈썹을 문지르고 눈을 비비면서, 모두,

"지독한 연기로군! 지독한 연기로군!" 하고 모두 한마디씩 했다.

선생은 그들이 나가는 것을 보고, 즉시 산문(山門)을 닫았다. 그리고 부들방석을 문 밑으로 옮겨 놓고, 문에는 빗장을 지르고 앉았다.

그들이 한참을 밖에 서있으려니까, 연기가 없어 매움지는 않았으나, 도리어 몹시 추워지기 시작했으므로, 뒤로돌아 문을 밀어보았지만, 문이 열리지도 않고, 또 감히 소리내어 선생님을 부를 수도 없어서, 모두들 처마밑에 앉아 있었다. 그런데 느닷없이 눈보라가 불어와 그들을 추위에 오들오들 떨게 만들었다. 그때 류장생(劉長生)이 입을 열어,

"선생님께서 전수해주신 화공(火工)법을 우리가 알고 있으니, 우리 모두 그 화공(火工)법으로 이 엄한을 몰아내어 봅시다." 라고 말하니, 구장춘(邱長春)과 여러 도우(道友)들이 함께 공부(工夫)에 들어갔다. 숨을 막고(閉息) 기운을 모으니(聚氣), 반운(搬運)이 일어나서(起來), 얼마 되지않아 추위가 가시고, 도리어 더운 기운까지 일어났다.

조금 지나, 날이 환히 밝아왔으며, 산문(山門)을 보니 이미 열려 있기에 모두 안으로 들어갔다. 부들방석을 깔고 앉아 계신 선생은 몹시 화가 나서 제자들에게,

"그대들은 뜨거운 것(熱)을 꺼리고 찬것(冷)을 두려워하며, 살

기만 좋아하고(貪生) 죽음을 무서워하며(怕死), 진짜는 버리고(棄眞) 가짜만을 찾으며(求假), 가짜 불쬐기를 탐내면서(貪烤假火) 진짜 불을 운반하기(運眞火)는 마다하고, 구차히 편안하기를 바라면서 깊은 공부(深用工夫)는 하지 않으니, 이렇게 나태하고 산만해서야 어떻게 닦아서 성도(成道)할 수 있겠는가? 만약 단단히 매맞아 꾸지람 받지 않으면, 필경 시작은 있고 끝은 없을 것이다." 라고 말하며 바로 왕옥양(王玉陽)에게 죽비(竹篦)인 계척(戒尺)을 가져오라 하여, 모두 한사람당 20회씩 꾸짖고 때려서, 장래를 경계토록 하였다.

류(劉)·학(郝)등이 이 말을 듣고, 얼굴이 흙빛으로 변하여, 감히 말씀도 못아뢰고 있는데, 구장춘(邱長春)이 선생의 면전(面前)에 무릎꿇고 아뢰기를,

"이는 제자 한사람의 잘못이옵고, 사형(師兄)들과는 관계가 없사오니, 저만을 꾸중하시옵고 사부(師傅)님께서 사형(師兄)들을 용서해 주십시오." 하니, 선생은,

"그대가 이렇게 말하는 걸로 보면 감히 그대가 그들을 대신해서 매를 맞겠다는 말인가?" 구장춘(邱長春)이

"네! 바로 그렇습니다." 중양(重陽)선생이,

"이미 그대의 소원이 그들 대신 책망(責望) 받기로 한 것이니, 한사람이 20회면, 모두 합해 계산하여 100대를 맞아야 하겠군." 하고 말하니, 그제서야 류(劉)·학(郝) 등 제자가 일제히 와서 용서를 빌었다. 선생이 한탄하며,

"그대들이 서로 용서해 달라하니, 내 어찌 풀어주지 않을 수 있겠는가? 그러나 다음에는 이와 같은 일이 있어서는 안된다. 전정(前程)을 그르칠까 두렵도다." 하고는, 계척(戒尺)을 땅에 던져버리고, 류장생(劉長生)에게, "내가 한때 화가나서(性起) 남쪽으로 고집(執意)스레 무작정 왔지만, 여기까지 오니 모든 화가 가라앉은 듯 하다. 이제 그만 북쪽으로 돌아가겠으니, 즉각 출발하자. 딴

소리들하면 용서 않겠다." 이렇게 말하시고는, 바로 밖으로 나가서 걷는 것이었다.

구(邱)·류(劉)등이 황망히 부들방석을 걷고 삽도 챙겨 가지고, 향올리며 사당지키는 노인에게 작별을 고하고 선생의 뒤를 따라갔다. 왔던 길을 따라 산동(山東)으로 다시 되돌아오니, 며칠 걸리지 않아서 영해현(寧海縣)에 도착하여 마가장(馬家庄)에 왔다. 구장춘(邱長春)은 먼저 가서 마단양(馬丹陽)에게 이 사실을 알려 주니, 단양(丹陽)이 황급히 뛰어나와서 선생을 영접하여 안으로 모셔들여서, 후면의 초당(草堂)에 계시도록 하였다.

돌아와서 한달 남짓 지나니, 그동안 집으로 돌아갔던 문인(門人)들이, 선생님이 돌아오셨다는 소식을 듣고, 한사람 한사람씩 도(道)를 배우러 모여 와서, 먼저처럼 왁자지껄 붐비었다. 이에 선생은 묘(妙)한 방법 하나를 생각해 내어 그들을 해산시키려 하였다.

不將假意遣開去 焉得眞心悟道來
불장가의견개거 언득진심오도래

거짓 마음 모두 내쫓아 버리지 않고,
어찌 진심 얻어 도를 깨칠 수 있으리!

제15회 : 일곱송이 연꽃 주인공들과 모두 인연맺은 왕중양 선생은 우화등선하시고, 종남산(終南山)을 향하여 스승의 영구(靈柩)를 모시고 가는 제자들

제 15 회
왕중양(王重陽)의 우화등선(羽化登仙)

시우화선생귀은 송령츤문인복로
示羽化先生歸隱 送靈櫬門人服勞

우화 등선하셔 선생이 돌아가 숨으심을 보이고,
영구를 모시고 가는 문인들 힘들게 고생하다.

風旛動處原非眞 本性圓明是法身
풍번동처원비진 본성원명시법신

바람에 깃발 휘날리는 곳 원래 진의 자리가 아니요,
원만하고 광명한 본성이 곧 법신이라.

解得拈花微笑意 後來無處著纖塵
해득점화미소의 후래무처착섬진

염화미소하시던 뜻 터득하여 풀면
그 다음엔 실낱만한 티끌도 물을 곳 없으리.

중양(重陽)선생은, 도(道)를 배우겠다는 사람들이, 전처럼 모여드는 것을 보고, 살펴보니 그들은 조금도 도(道)를 향한 진심(眞心)이 없고 공연히 헛된 명예만 구하며 남의 결점을 들어내 시비를 일으키는 무리들에 지나지 않았다. 또한 그들은 도(道)를 깨닫기 위해 수행(修行)하는 것 마저 사람들이 알아주기를 바라는 바,

그 실상은 한톨(一點)도 도(道)를 향한 염두(念頭)가 없으므로, 만약에 저들을 해산시켜 떠나도록 하지 않으면, 이대로 가다가는 필연코 가짜가(以假) 진짜를 어지럽히고(亂眞), 법문(法門)마져 청정(淸靜)치 못하게 만들 것이라 생각되었다. 그래서 그는 그들을 모두 돌려보낼 묘책(妙策) 하나를 생각해내고는 고개를 끄덕였다. 그리고 느닷없이 큰 소리로,

"기분 나쁘다. 기분 나쁘다." 하고 몇 마디 하니까 사람들이 놀라 몰려와 그 이유를 물어보니 선생이,

"내가 밖에 나다녀서는 안되는데, 오랫동안 밖에 머물러 말썽이 났다. 남쪽을 다녀오는 노상(路上)에서 더위를 먹어 마음이 울적해지고, 몸에는 물집이 생기고 말았다." 하고, 옷을 벗고 사람들에게 보여주니 과연 마음속(心頭)에 종기가 났는지 온몸이 물집 천지였으므로, 마단양(馬丹陽)과 구(邱)·류(劉) 등 제자는 황급히 의원을 찾고 약을 구하는데, 이어서 몇 분 명의(名醫)를 청해 오고, 묘약이라는 약도 몇 제를 써 보았지만, 전연 효험이 없었다. 또 이틀이 지나매, 물집이 모두 터져서 짓무르고, 고름과 진물이 질질 흐르며, 냄새가 나서 견딜 수가 없게 되었다. 도(道)를 배우며 수행(修行)한다는 몇 사람들이 등뒤에 몰래 모여서 주거니 받거니 하며 수근수근 하기를,

"중양(重陽)선생은 틀림없이 도(道)가 없는 게야. 자신 몸하나도 보전하지 못하면서 어떻게 다른 사람들을 제도할 수 있단 말인가? 병(病)을 전부 물리치지 못하고, 어떻게 신선이 될 것인가? 우리들은 각자 집으로 돌아가 큰일을 그르치지 말도록 하세." 이렇게 해서, 살금살금 알게 모르게 하나씩 빠져나가는데 이틀이 다 못가서 도량이 텅텅 비고 깨끗하게 되었으며, 다만 구(邱)·류(劉)·담(譚)·마(馬)·학(郝)·왕(王) 여섯사람만 남아서 밤낮을 가리지 않고 줄곧 시중을 들고 있었다.

선생은 사람이 모두들 가버린 것을 보고, 그제야 남아있는 여섯

사람을 가까이 오게하여 분부하기를,

"나는 내일 오시(午時)에는 틀림없을 죽을 것이다. 내가 여기 와서부터 마옥(馬鈺·마단양)의 한몫(一項) 은전(銀錢)을 가지고, 내가 두루 빈곤한 사람들을 구제하며, 또 다른 사람 장례지내고 혼인시키는 데에 보태주기도 하고, 부리던 계집아이들 시집 보내고, 하인들이나 그 아들 딸들의 일체 혼수와 납채 등을 주선해서 챙겨 주느라고 얼마쯤 썼으며, 또한 도(道)를 배우러 온 사람들을 두해 동안 공양하였더니, 지금에 와서는 돈을 하나도 없이 다써버렸으므로, 이제는 금고나 창고가 다 비어버렸다. 내가 죽은 뒤에, 만약 장례를 치르려 하면, 필연코 전답을 팔아야만 할 것이니, 그저 내가 분부하는 대로만 하고, 은전(銀錢)을 허비해서는 안된다. 내가 죽거든, 그때에 슬퍼하거나 큰 소리로 울어서도 안되고, 제전(祭奠)을 올리거나 조문을 받아서도 안되며, 다만 얇은 판자 몇 장만 마련해서, 그 판자로 썩은 냄새나는 시체가죽 자루를 꾸려가지고, 구(邱)·류(劉)·왕(王)·담(譚)·학(郝) 다섯사람으로 하여금 번갈아가며 떠메고 섬서(陝西)지방 저현(樗縣) 종남산(終南山) 아래로 돌아가되, 새끼동아줄 끊어지는 자리가 바로 내몸을 묻을 곳이니, 착오가 없도록 하여라. 만약 내 말을 어기면 내가 편안치 못하리라." 하니, 구(邱)·류(劉) 등은 선생의 말을 듣고, "흑흑" 흐느끼며 울려 하니, 중양(重陽)선생이,

"아녀자(兒女子)가 하는 모습을 하지 말라." 고 하며, 울지 말라고 분부하였지만, 구(邱)·류(劉) 등 여러 사람은 슬픔과 비통함을 견딜 수 없었으니, 그 참담함이란 더 얘기할 필요도 없었다. 다음날 오시(午時)에 선생은 의관(衣冠)을 정제(整齊)하고, 부들방석 위에 단정히 앉아, 구(邱)·류(劉)·담(譚)·학(郝)·마(馬)·왕(王) 여섯사람을 앞에 가까이 불러 놓고, 강도(講道)하시는데,

"성명쌍수(性命雙修)하는 법(法)은 내공(內功)과 외공(外功)이

다 있어야지(俱有), 외공(外功)이 모자라면 덕행(德行)이 온전치 못하고, 내공(內功)에 흠이 있으면 본원(本源)을 맑힐 수 없다(不淸).

대저 외공(外功)이라 함은, 평생에 마음잡고(居心), 결함이 없이(無虧) 행동하는 것을 말한다. 모름지기 한마디 말(言)이라도 반드시 조심하면 말(言)에 공(功)이 있고, 한가지 행동(行)이라도 반드시 조심하면 행동(行)에 공(功)이 있으며, 일 한가지(一事)라도 함부로 하지 않고 조그마한 것(一介)이라도 반드시 엄중하게 하면, 쌓는 것마다 공(功)이요 쌓이는 것마다 공(功) 아님이 없을 것이다.

내공(內功)이란, 언제나 초롱초롱 깨어있으면서(惺惺), 흐리멍텅하게 멍하니(昏昧)하지 않는 것이다. 의욕(意)의 움직임을 험준한 성(城)을 막아내 듯 할것이며, 마음을 텅텅비게하여 한 물건도 집착할 수 없도록 그 마음 지키기(守心)를 몸지키기(守身)보다도 더욱 엄격하게 하면, 때로 천인(天人)이 어쩌다가 드물게 개입하기도 하는데, 이는 천인(天人)이 교전(交戰)하는 시기 이니라.

내가 내공(內功)의 중요성에 대해서 말하겠다. 대저 내공(內功)이란 색(色)으로써 보아서(見)도 안되며, 상(相)으로써 찾아서(求)도 안되고, 요행(僥倖)으로도 안되는 것이고, 일시적인 안일을 탐해서도 안된다. 이러한 모든 색상(色相)을 한 티끌이라도 남김없이 쓸어버리면 한티끌 만큼의 양(陽)이 생기고, 까닭없는 색상(色相)을 쓸어 없애버리면 까닭없는 양(陽)이 생기나니, 색상(色相)이 다 쓸려 없어지면 맺힌 응어리 마음이 조금도 남아있을 수 없는데 이것이 곧 순양체(純陽體)이다.

어떤 수도인(修道人)은 신심(信心)이 견고(堅固)하기는 하나, 속성(速成)으로 하려는 폐단이 있고, 공부는 안됐는데 과위(果位)를 얻는 생각을 하는 사람도 있고, 또 어떤이는 우리 도(道)를 익힌다는 사람이, 빙빙 돌며 서성거리는데는 주의 하지만, 편안하고 한가하려는(安閒) 폐단이 있고, 날마다 푹빠져 잠이나 자려하고, 때때로 마음이 답답하여 울적하고, 정신도 차릴 수 없고, 수행을 지속함에는 어려운 일이 따른다 여기면서도 용공(用工)은 하지않는데, 왜 모르는가? 다만 한가지 장기(長技)를 지님에 있어서도 무한한 심기(心機)를 다써야 비로소 마음먹은 대로 부릴 수 있고, 실오라기 반쪽만큼이라도 얻으려면, 허다(許多)한 기력(氣力)을 다 들여야만, 마음대로 뜻대로 되는 것을! 하물며 신선(神仙)공부하는 자가 어찌 고공(苦工)을 마다하고 이룰 수 있겠는가?"

중양(重陽)선생이 말을 마치고, 또 책 한권을 집어들었으니, 이는 〈도광집(韜光集)〉이라는 책이라, 바로 선생께서 친히 손수 지으신 것으로, 거기에는 숨어사는 도리가 담긴 회적도(晦跡道)와 벼슬하기를 피하여 숨은 인재가 되는 비방이 담긴 은일묘(隱逸妙)라는 것이 담겨져 있었는데 그것을 마단양(馬丹陽)에게 주며 이르시기를,

"그대들 여섯사람은 마땅히 그 속에 있는 지극한 이치(理致)를 찾아내어야 하느니, 알아내기는 어렵지 않으나(知之非難), 행하기가 어려우니(行之爲難), 반드시 노력하고 힘써 행하라. 그리해야만 바야흐로 나의 마음을 저버리지 않으리라. 그대의 손도우(孫道友)는 도과(道果)가 곧 이루어질 터이니, 걱정할 것 없고, 다만 구장춘(邱長春)은 공행(功行)이 아직도 모자라므로, 그대가 조금 맡아서 지시해 주도록 하라. 류장생(劉長生)은 아직도 색상(色相)을 몽땅 떼어버려 비우지 못했으니, 다시 한번 파도가 닥쳐올 것이며, 학태고(郝太古)는 동쪽으로 가서 돌아다니다가 서쪽에 돌아와서, 보는 데(所見之處)가 바로 료도(了道)하는 자리이며, 담장진(譚長眞)은 고(顧)를 만나서 통현(通玄)할 것이요, 왕옥양(王玉陽)은 요(姚)를 만나 묘(妙)에 들어갈 것이며, 구장춘(邱長春)은 석번계(石番溪) 곁에서 고근(苦根)이 다 빠져, 용이 문위로 날아서(龍飛門上), 대단(大丹)을 성취할 것이다."

중양(重陽)은 말씀을 마치자, 웃으며 돌아가셨다. 구(邱)·류(劉) 등은 선생님의 유훈(遺訓)을 삼가 지켜야 하므로, 감히 울음소리는 내지 못하고, 법도대로 염습을 끝내어 입관한 후, 새끼 동아줄로 관을 동여매고는, 몽둥이 한 개를 찾아다가, 두 토막으로 하여 가로질러 꿰어 놓았다.

　　다음날 아침 일찍 구(邱)·왕(王)·담(譚)·학(郝) 네 사람은 영구(靈柩)를 메고서 떠났으며, 류장생(劉長生)은 행장(行李)을 지고서 뒤따라가는데, 마단양(馬丹陽)은 20여리나 전송하고서, 작별할 때에 허리춤에서 사오십(四五十)냥쯤 들어있는 잔돈(散碎銀) 한보자기를 꺼내어, 류장생(劉長生)에게 주면서,

　　"집안에 있는 은전(銀錢)은 선생께서 좋은 일 하시느라고 다 쓰시고 없는지라, 갑자기 변통도 안되고 해서, 우선 이 잔돈만 있기에 가져왔으니, 노자돈으로 쓰되, 도중에서 조금 절약하여 쓰면 될 듯합니다. 선생님의 장례를 모시고 나면, 급히 돌아와서, 우리들 사형(師兄)과 도우(道友)가 한데 모여 수행(修行)하도록 합시다." 고 하였다.

　　류장생(劉長生)은 그 은전(銀錢)을 받아가지고 단양(丹陽)과 헤어져서, 몇리(數里)를 못갔는데, 여러 사람들이 조그마한 향(寸香)과 종이조각(片紙)을 가지고 와서, 길을 가로막은 체 제사를 올리고 있는 것을 류장생(劉長生)이 가까이 다가가서 보니, 모두들 선생의 문하(門下)에서 도(道)를 배우던 제자로서, 가짜 수행자(修行者)들인지라, 류장생(劉長生)이 그들 모두에게 고맙다는 인사를 했다. 그러나 중양(重陽) 선생이 살아 계신 동안에도 늘 만날 수 없었던 가짜 수행인들이, 오늘 그 신선께서 돌아가셨다 해도 진령(眞靈)께선 불매(不昧)하시다는 것을 어찌 알았으리! 그들이 여전히 악(惡)한 일만 범(犯)하고 있음을 보시자, 선생은 관속으로부터 한줄기 냄새를 풍겨내는데, 모두들 냄새를 견디지 못해서 코를 싸쥐었다. 모두들 구역질이 나서 그대로 서 있을 수

없으므로, 아무렇게나 되는대로 몇 번 꾸벅꾸벅 절하고는 일제히 가버리자, 그 냄새도 그쳤다.

구장춘(邱長春)은 학태고(郝太古) 등과 영구(靈柩)를 메고 또 서쪽으로 가기 시작했다. 10여리도 못갔을 제, 어떤 사람이 식사를 갖다 놓고 가는 길을 막았다. 구(邱)·류(劉) 등은, 이분이 왕년에 선생과 사귀어 아는 사이이기 때문에, 이제 선생께서 귀천(歸天)하셨다는 소식을 듣고, 특별히 조문하는 식사를 지어와 인정(人情)을 극진히 함이라 여기고, 이상하게 생각할 것도 없다고 생각하여 서둘러 영구(靈柩)를 내려놓고, 바로 밥을 먹었다. 식사가 끝나자 한마디로 고맙다는 인사를 한 뒤, 영구(靈柩)를 메고 또 걸어갔다.

얼마 못가서, 길가에 옛절(古廟)이 있는 것을 보았는데, 그때 영구(靈柩)가 꼼짝하지 않으므로 메고 갈 수가 없었다. 그래서 그들은 곧 영구(靈柩)를 평평한 곳에 내려놓고, 고묘(古廟)에서 그 밤을 쉬어가기로 했다.

다음날 날이 밝자, 또 영구(靈柩)를 메고 조반(早飯) 시간까지 걸어가니, 또 어떤 사람이 길가에 밥을 지어 놓고 길을 막았다. 점심때에도 역시 그랬고, 날이 저무니 또 쓸쓸한 사당 있어, 거기에 머물러 쉬게 되었다.

이처럼 한달 남짓 가서 섬서(陝西)성 경계에 도착할 무렵, 구장춘(邱長春)이 이번 일을 가만히 생각하니, 참으로 기괴(奇怪)하기 그지없다. 천지간에 어디에 이처럼 때를 척척 들어맞추는 일이 또 어디 있겠는가? 가는 길 근처에 선생과 서로 아는 사람이 있어, 모두 인정을 극진히 다한다는 것도 될 수 없는 일이며, 지금까지 아주 머나먼 길을 왔는데도, 역시 길목에 밥을 가져다 놓고 길을 막는 사람이 있다니, 참으로 이건 기이(奇異)한 일이아닐 수 없었다. 그는 '나는 이 연고를 물어보지 않고는 도저히 못견디겠다.' 하고 마음속으로 가만히 생각하고 있었다. 마침 그때가 점심때라,

홀연 밥을 가지고 와서 그들에게 먹기를 권하는 이가 있었다. 류(劉)·학(郝)·왕(王)·담(譚) 네사람은 그 사람에게 고맙다고 인사한 후, 그릇과 젓가락을 잡고 먹기 시작했다.

구장춘(邱長春)은, 밥 가지고 온 사람을 한쪽으로 데리고 가서 물어 봤다.

"당신은 우리가 여기에 오는 것을 어떻게 아시고, 우리들 먹으라고 이러한 음식을 갖다 주시는 겁니까? 또 이 어찌된 연고 입니까?" 그 사람이,

"아침 일찍 노랑 옷 입은 노도장(老道長) 한분이 우리 동네에 오셔서, 탁발하시며 하는 말씀이, 그분에게 다섯 제자가(徒弟) 있는데, 산동(山東)에서 영구(靈柩)를 운반하여 이곳을 지날 것이니 한 끼니 식사를 베풀어 달라고 부탁하시더군요. 우리 주인 어른은 아주 착하신 분이라, 이 말씀을 듣고, 나를 시켜 식사를 여기까지 가져오게 하신 것입니다." 라고 하였다.

장춘(長春)은 이 말을 듣고 마음에 새겨두었다가, 다음날 조반 때가 되자, 배가 몹시 아프니, 이 앞마을에 가서 더운물을 얻어 마셔야겠다고 평계를 대면서, 류장생(劉長生)에게 영구(靈柩)의 한 쪽을 메고 가기를 부탁하니, 장생(長生)이 응낙하였다. 곧 행장(行李)을 내어 주고, 목도를 받아 메고 가므로, 장춘(長春)이 행장(行李)을 짊어지고서, 큰 걸음으로 급히 몇 리를 걸어가니, 과연 노랑 도포(道袍)를 입은 노인 한분이 보이는데 선생님 모습과 닮았으며, 마을 안으로 들어가기에, 구장춘(邱長春)이 빨리 몇 걸음 앞으로 뛰며 옆에 바짝 따라가서, 한손으로 도포자락을 붙잡고는 무릎을 꿇고,

"사부(師傅)님! 천천히 가십시오. 도제(徒弟)가 여기서 모시겠습니다." 고 외치니, 중양(重陽)선생이 몸을 돌려 돌아서더니, 얼굴에 가득 노기(怒氣)를 띠며 장춘(長春)을 꾸짖되,

"그대는 업(業)을 짓는 도제(徒弟)로다. 천지(天地)에 가득차

오고 비워짐과, 사라지고 쉬고 어두워지는 자취의 도(道)를 모르고 한갓 간악한 꾀나 부리며, 선기(仙機)를 누설(漏洩)하였으니, 이로 미루어 가면 일후에 3년을 더 마(魔)의 단련 받는 공(功)을 필요케 되었으니 이것도 제스스로 취한 허물이니라." 하시고는 청풍으로 변하여(化淸風) 사라져버렸다.

장춘(長春)이 이때에야 깨닫고 뉘우치고 있는데, 영구(靈柩)가 눈앞에 와 있었다. 그는 급히 가서 목도를 받아 메고, 행장(行李)을 장생(長生)에게 넘겨주었다. 그리고 이 후로는 영영 밥을 갖다주는 이가 없었으니, 만약 마단양(馬丹陽)이 노자돈에 쓰라고 준 은량(銀兩)이 아니었더라면, 굶주림을 면치 못했을 것이다.

또, 거기서 반달(半月)이나 가서, 비로소 장안(長安)에 도착했다. 저현(樗縣)을 지나서 종남산(終南山) 곁에 오니, 느닷없이 새끼 동아줄이 모조리 끊어지며, 영구(靈柩)가 땅바닥에 떨어지는 것이었다. 장춘(長春)이 눈을 들어 쳐다보니 저 앞마을 밖에 한 노인이 서 있었다. 곧 그리로 가서 예(禮)를 올리고 인사를 하니까, 미처 이쪽에서 말도 내놓기 전에, 그 노인이 먼저 묻기를,

"당신들은 산동(山東)에서 영구(靈柩)를 메고 돌아오는 것 같은데, 맞습니까?" 구장춘(邱長春)이 대답하기를,

"그렇습니다. 노인장께서는 어떻게 아십니까?" 노인이 말하기를,

"내가 어젯밤 꿈에 왕효렴(王孝廉)을 만났는데, 그는 이미 죽었다고 하면서, 제자 다섯사람이 영구(靈柩)를 메고 이리로 올 것이니, 일혈(一穴)의 땅을 희사하여 그 몸을 매장하게 해달라고 나에게 요구합니다. 내가 생각하니, 예전에 그와 성성(省城)땅에 함께 가서 과거(科擧)를 본 일이 있으며, 우리들 둘이는 아주 친히 사귀었기 때문에, 말이 떨어지자 지체없이 승낙하고, 언제 매장하려느냐고 물으니까, 오늘 오시(午時)라고 대답하는 것을 듣고, 잠을 깨어 보니, 그게 꿈이었는지라, 반신반의하면서, 몇 번인가 밖에 나와서 바라보고 있었는데, 이제야 당신들이 영구(靈柩)를 메고

와, 이 늙은이의 땅에 와서 떨어뜨리는 것을 보게 되었소." 하는 것이었다.

장춘(長春)은 선생께서 역시 새끼 동아줄이 끊어지는 자리가 바로 몸을 장사지낼 곳이라는 말씀이 있었다는 이야기를 노인에게 하니, 노인이 퍽 기뻐하며, 곧 안으로 들어가서 장정 몇 사람을 불러내었다. 그들이 괭이·가래·삼태기 등을 가지고 영구(靈柩) 옆으로 가서, 관을 옮겨 놓고, 그 자리에 광중을 파서 안장(安葬)하고는, 순식간에 커다란 봉분을 만들어 놓았다. 구(邱)·류(劉) 등은 노인에게 고두 사례하고, 여러 장정들에게도 노고를 치사하니, 그 노인이 그들 사형제우(師兄弟友)를 마을 안으로 오라고 청하여, 한끼 공양 음식을 정중히 대접했다. 그런 후에, 구(邱)·류(劉)등은 노인에게 작별인사를 하고, 옛날 왕중양(王重陽) 선생이 거짓 중풍을 앓으시며 수도하셨던 곳인 대위촌(大魏村) 가는 길을 자세히 물어가지고 모두 공수(拱手)의 예(禮)를 한 뒤 대위촌(大魏村)을 향하여 떠났다.

送師西歸大事畢 訪道東行眞道成
송사서귀대사필 방도동행진도성

스승께서 서천에 돌아가심 봉송하니 대사는 끝났고,
도를 찾아 동쪽으로 가서 진도를 이루도다.

제16회 : 스승의 고향인 대위촌을 찾아가서 노인들에게 왕중양 선생이 신통력
으로 마을 사람들을 구제한 얘기를 들으며 사당에 참배하는 제자들

제 16 회
스승 왕중양(王重陽)의 고향산천

대위촌삼로담왕사 진안교일언지미도
大魏村三老談往事 晉安橋一言指迷途

대위촌의 세 노인이 지나간 이야기를 하고,
진안교에서 한마디 말로 잘못 든 길 가리켜 준다.

萬轉身如不動舟 風翻浪湧便難收
만전신여불동주 풍번랑용변난수

만번 굴러도 몸은 흔들림 없는 배처럼 하라,
모진 바람과 물결에 휩쓸리면 걷잡지 못하느니.

臨流執定篙和舵 一路經帆到岸頭
림류집정고화타 일로경범도안두

흐르는 물에서도 상앗대와 키를 꼭 잡고 있으면,
돛 달고 힘 안들여 곧장 저 언덕으로 가게 된다.

구장춘(邱長春)이 여러 사형(師兄)들과 함께 함양(咸陽) 대위촌(大魏村)에 도착하여 보니, 가옥들은 파괴되고, 동네는 황폐하여 처량했다. 그런데 한 묘당(廟子)의 문어귀에 노인 세분이 앉아 있는 것을 본 장춘(長春)은 앞으로 나아가서 깍듯이 예(禮)를 올리고, 왕효렴(王孝廉)이 살던 집이 어디냐고 물었더니, 그 중에

수염과 머리가 하얗게 센 노인 하나가 말하기를,

"당신이 왕효렴(王孝廉)의 살던 자리를 묻는 것이, 필시 어떠한 관계가 있는 게 아닌가?" 하므로, 구장춘(邱長春)이,

"그 어른은 저희들의 사부(師傅)님이신데, 산동(山東)에서 도(道)를 전해 주시다가 우화승선(羽化昇仙)하셨으므로, 저희들 몇이서 영구(靈柩)를 모시고 돌아 와서, 어제 남산(南山)밑에 땅을 얻어 안장했습니다. 그리고, 이젠 산동(山東)으로 돌아가는 길에, 여기에 들러서 그댁 가족들이 평안한지 여쭈어 보려는 것입니다." 하니, 그 노인이 이 소리를 듣더니, 크게 탄식의 숨을 내쉬며,

"당신의 사부(師傅)님이라는 분이 바로 나의 종형(宗兄)됩니다. 그리고 나는 항렬(排行)이 세째이기 때문에, 사람들이 나를 왕삼로(王三老)라고 부릅니다. 우리 종형(宗兄)이 집을 떠나신 후로부터 주씨(周氏)형수님은 근심한 나머지 병이 되어, 그 길로 세상을 떠나시고, 그 아들 추랑(秋郞)은 장인(岳父)을 따라갔는데, 일년에 한 두번 돌아오면 만날 정도이고, 그 집에는 지금 아무도 없습니다."

"이 마을이 어떻게 해서 이렇게 못쓰게 허물어져 버렸습니까?" 하고 물으니, 왕삼로(王三老)가 또 한번 탄식하며,

"우리 종형(宗兄)이 떠나가신 후로, 마을에서 일을 맡아 해낼 사람이 없어졌고, 사람들은 각각 자기일을 각자 자기가 처리할 뿐, 무슨 일이 생겨도 나서서 해결하는 사람이 없었기 때문에 자기들 나름대로 다른 사람들에 따라 휩쓸려 치고 받고 함으로 하여 더욱 못쓰게 되고 더욱 뒤죽박죽 되고 더욱 간사하여지고 더욱 궁핍하게 되어서, 필경에는 이렇게 이 마을이 못쓰게 허물어지게까지 된 것입니다.

나중에 들리는 소리가, 효렴(孝廉)이 신선이 되었는데, 그가 풍맥(風脈)을 뽑아서 가버렸기 때문이라고 모두들 말하며, 이 죄과(罪過)를 그 분 신상(身上)에 경솔히 덮어씌우고 있습니다 하는

것이다.

　장춘(長春)이 또, "그 어른께서 신선 되신 것은 어떻게 알게 되셨습니까?" 하고 물으니, 왕삼로(王三老)는 사당(廟宇)을 가리키며,

　"이것은 남북(南北)의 몇 마을이 힘을 합하여 세운 사당이라, 올라가 보시면 아시게 될 것입니다."

　장춘(長春)과 여러 사형(師兄)들이 함께 사당에 들어가 보았더니, 과연 위쪽에 사부(師傅)님의 신상(神像)을 흙으로 빚어서 모셔 놓았는데, 엄연(儼然)한 모습이 꼭 살아계신 듯 하였다. 일제히 앞으로 나아가서 예배하고, 가로 걸린 액자(扁額)를 보니, "정호인호(挺乎人豪)"라, 즉 〈곧고 굳음이시여 호걸이시도다〉라는 네글자가 씌어 있고, 좌우로 대련(對聯)의 싯귀가 다음과 같이 씌어 있었다.

顯道術於咸陽　噀酒滅火
현도술어함양　손주멸화

　도술을 함양에서 나타내시어 술을 뿜어서 불을 껐고,

垂恩光於故里　施符驅瘟
수은광어고리　시부구온

　고향에 은광을 내리시어 부적을 주어서 온역을 몰아냈도다.

　구(邱)·류(劉) 등이 보고도 그 연고를 알 수가 없어서, 삼로(三老)에게 어떻게 전염병을 퇴치하고 어떻게 불을 껐느냐고 물었다. 삼로(三老)가 말하기를,

　"그 해 우리들이 살던 일대에 온역(瘟疫)이 유행(流行)했는데, 전염병(傳染病)이 아주 지독하여, 사람 사람마다 놀랍고 무서워하던 중, 홀연히 노랑 도포를 입은 도장(道長) 한분이 나타나 주사

(朱砂)로 영부(靈符)를 써서, 이 일대 시골에 두루 나누어 주었는데, 돈은 한푼도 받지 않았으며, 이 부적을 받아 문 위에 붙였더니, 온역(瘟疫)이 순식간에 사라졌습니다.

　또 사람들의 말을 들으니, 함양(咸陽) 시내에서 불이 일어나 민가(民家)를 마구 태웠으나, 도저히 불길을 잡을 수가 없었을 때, 한 분이 나타나셨는데, 이분 역시 노랑 도포를 입었으며, 술집에서 술 반잔을 손에 들고 나오더니, 술을 한모금 입에 머금고 불을 향해 뿜어대니까, 그 불이 저절로 꺼졌다 합니다. 시중 사람들이 그 불을 꺼주신 은공에 감격하여, 모두 다가와서 이름(名號)을 물으니, '삼(三)은 옆으로, 일(一)은 세운 것이 성(姓)이요, 세 선비(三士)가 입을 벌리고(張口) 있는 것이 이름이노라.' 하고 말하고는, 표연(飄然)히 떠났는데, 눈깜짝할 사이에 어디로 갔는지 보이지 않았답니다. 그 후에 어떤 사람이 이 두 구절의 말을 간파하여 알게 되었는데 옆으로 삼(三)과 세워서 일(一)은 왕(王)이요, 세 선비(三士)가 입(口)이 있음은 철(朤)자라. 그분이 말한 것이 바로 왕철(王朤)이었다는, 이 이야기가 우리 마을까지 전해져서, 그가 신선되었음을 알게 되었습니다. 우리 친척 중에 왕마마(王媽媽)라고 부르던 형수가 한분 계셨는데, 임종(臨終) 때에 역시 '효렴(孝廉)이라는 시아재가 노랑 도포를 입고 와서, 나를 데리고 가겠다고 한다.' 한 일이 있었습니다. 그 일로 이 근처 남북(南北) 몇 마을이 그가 감싸고 보호하신 은덕을 감사하며, 이 사당을 지어 그 은덕을 갚자고들 하였는데, 왼쪽 벽에 걸어놓은 목패(木牌)에 그 사연을 기록해 놓았으니, 보시면 바로 알게 될 것입니다."
류(劉)·구(邱)등이 함께 패 걸어 놓은 밑에 가서 얼굴을 들고 그 글을 읽어보니, "대개 듣건데, 나라에 공덕(功德)을 베푼 이는 사당에 모셔 제사하노라. 우리 마을 왕공(王公) 휘(諱) 철(朤)은 이인(異人)이로다. 어려서는 읽기를 좋아하였고, 커서는 무예를 익혀, 과거(科擧)에서 효렴(孝廉)이 되었다. 그후 중풍병(病中風)

이 들었다 거짓으로 핑계하고 말을 하지 않고, 12년 동안 병을 고치기 위해 요양한다고 하면서, 문을 열고 내다보는 일도 없어서, 사람들은 그 동정(動靜)을 살필 수 없었는데, 어느 날 아침 나가 버린 후로는, 어디로 갔는지 사방으로 다니며 찾아보았지만 종적이 묘연하였다.

 그 후 급성전염병이 휩쓸게 됐을 때, 공(公)은 부적으로 구(救)하여, 많은 생명을 보전케 하니, 고향 사람들이 고루 혜택을 입었다. 또 함양(咸陽) 시내에서 술을 머금었다 내뿜어 불을 꺼주고, 이름을 수수께끼로 남겼으며, 과부 형수를 제도하여 승천케 하기도 하여서, 고향 사람들에게 많은 복을 받게 하였다.

 공(公)이 이렇게 고향을 잊지 않고 있는데, 고향사람인들 어찌 공(公)을 저버릴 수 있겠는가? 더구나 전염병을 몰아내고 불을 꺼서 백성들에게 공덕을 베풀었기에, 사당에 모시려고, 향리 사람들을 모이게 하여, 중론(衆論)을 모아 전우(殿宇)를 짓고 신상(神像)을 모시기로 하고, 해마다 제사를 올려서, 그 공로에 보답하려는 바이다. 이로써 말을 마치노라." 고 적혀 있었다.

 구(邱)·류(劉) 등이 읽고 나서, 감탄하며,

 "선생님의 신기(神機)는 헤아릴 수 없고, 무궁(無窮)하신 변화도 우리는 도저히 알 수 없노라." 하고, 말하며 왕삼로(王三老)를 보니, 그는 어린종의 귀에다, 무어라고 속삭이고 있었다. 무슨 말을 했는지 알 수 없으나, 종은 고개를 끄덕거리고 갔다. 조금 있으니, 바구니를 든 장정 하나를 데리고 왔는데, 그 안에는 밀가루 음식들이 들어 있었다. 그것들을 도우(道友) 몇 사람들에게 잡수시라고 하니, 구(邱)·류(劉) 등은 그저 고맙다는 인사만 했다. 삼로(三老)가 말하기를,

 "당신들이 종형(宗兄)의 영구(靈柩)를 보내드리고 고향에까지 오셔서 그가 살던 집까지 찾아주셨는데, 잘 대접해 드릴 것도 없어, 간편한 식사밖에 못차렸는데 고맙다는 말씀은 당치도 않습니

다." 하므로, 구(邱)·류(劉) 등은 이렇게 말하는 것을 듣고, 곧 다가가서 음식을 들었다. 그날 밤은 그 사당 안에서 쉬는데, 많은 사람이 와서 인사하고 이야기를 했으며, 이튿날 아침 일찍 일곱, 여덟군데에서 밥을 해왔으나, 그들 도우(道友) 몇 사람이 어떻게 그 많은 음식을 모두 먹을 수 있으랴? 다만 각각 집에서 가져온 것을 조금씩만 떼어먹었는데, 이는 그 정(情)을 한무더기씩 받은 셈이라 할 수 있다.

　류장생(劉長生)은 도우들과 상의하기를, 마단양(馬丹陽)이 준 노잣돈이 지금도 10여냥이 남았으니, 삼로(三老)영감에게 갖다주어, 선생님의 묘우(廟宇)비용에 보태쓰라고 하는 것이 어떻겠느냐고 하니, 모두들 잘된 일이라고 하므로, 삼로(三老)에게 주기로 하고 그 뜻을 설명하니, 왕삼로(王三老)가 그 돈을 받아 들여 구(邱)·류(劉) 등은 곧 작별 인사를 하고 대위촌(大魏村)을 떠나, 10여리를 가다가 커다란 나무 밑에 앉아 함께 쉬게 되었다. 그 때 담장진(譚長眞)이,

　"우리가 스승님의 영구(靈柩)를 모시고 서쪽으로 돌아와 보내드리고 대사(大事)도 잘 끝냈는데, 만약 산동(山東)으로 다시 돌아간다면, 또 마사형(馬師兄)의 밥이나 먹고, 돈이나 축낼 뿐이지, 아무런 할 일이 없을 것이라 생각됩니다. 속담에, 세무불산적연석(世無不散的筵席)이라 하여 『세상에는 헤어지지 않는 연석(筵席)이 없다.』 또는 도불연정(道不戀情)·연정비도(戀情非道)라하여 『도는 정을 그리워하지 않으니, 정을 그린다면 도가 아니다.』 했으니, 오래도록 같은 외길을 감에, 셋이 모이면 무리를 이루고(成群), 다섯만 모이면 당파를 맺는다(結黨)는 소리도 있지 않습니까? 우리가 산동(山東)으로 다시 돌아간다면 물의(物議)만 일어나고, 크게 불편할 것이니 각자가 어느 한 방향을 가려가지고 자유로이 가는 것만 못할 것 같습니다." 하니 왕(王)·학(郝) 등이,

　"사형(師兄)님의 말씀이 옳습니다." 하였다. 이에 류장생(劉長

生)은 동남쪽으로 가고, 왕옥양(王玉陽)은 서남쪽으로 갔으며, 담장진(譚長眞)은 남쪽으로 떠나고, 학태고(郝太古)는 동쪽으로 갔다. 구장춘(邱長春)은 그들이 각각 길을 잡아 떠나는 것을 다 보고났는데도, 자기는 갈곳이 없는 것이었다. 그래서 그냥 섬서지방(陝西地方)에 있으면서 탁발하며 의지를 괴롭히며 수행하였다.

한편, 학태고(郝太古)는 여기저기 다니다가 진나라땅(晋地·山西省)까지 갔을 때, 돌다리가 하나 있는데, 여덟-아홉개의 동굴이 있고, 다리밑 기초가 모두 반석(磐石)으로 되어 있는 것을 보았다. 또 해마다 가을에서 겨울이 되면 강물이 마르는데, 피난온 어려운 백성(飢民)들이 항상 다리 밑에서 묵고 있었다. 학태고(郝太古)가 보니, 다리 밑에 아주 깨끗하고 마침 물이 빠진 때이므로, 곧 다리 밑으로 내려가서 타좌(打坐)하기로 했다. 처음에는 알아차리는 사람이 없어서, 깨끗하고 조용했는데 나중에는 점점 알아보는 사람이 생겨서 끈덕지게 따라붙어 성가시게 되었다. 근처의 주민들이 그가 종일 참선(參禪) 타좌(打坐)하는 것을 보고 수행하는 사람인 줄 알아보고 감동했다. 그래서 항상 먹을 것을 가져다주었는데, 어찌 그 많은 것을 다 먹을 수 있겠는가? 남는 것을 앞에다 소복하게 쌓아 놓았더니, 갈가마귀와 참새들이 떠들어대며 와서, 이녀석도 한조각, 저녀석도 한조각 쪼아 물고 공중에 올라가서, 물에도 떨어뜨리고 길바닥에도 떨어뜨리니, 동물의 갓난새끼들이 보고 주워 먹으며, 그 자취를 더듬어 밟아 다리 밑으로 내려와, 학태고(郝太古)의 면전(面前)에까지 와서 장난을 쳤다. 학태고(郝太古)가 꼼짝 않고 앉아있는 것이 마치 진흙이나 나무로 새겨 만든 형상과 같았으므로, 어린아이들이 낯이 익자 놀면서 장난치며 보살(菩薩)이니 당연히 법당을 지어드려야 한다면서, 돌맹이와 기와들을 주워다가 양쪽에 담을 쌓고, 나뭇가지를 끊어다가 위에 들보와 석가래를 만들고 풀을 뜯어다가 지붕을 만들었다. 그리고는 매일 밥만 먹으면 서로 나오라하여서 그 길로 곧장 다리 밑으로 내려와, 학태고(郝太古)에게 고두(磕頭)하고 작읍(作揖)도 하며, 장난치며 "와와" 웃기도 하며 왁자지껄 떠들썩하기를 그칠 줄 몰랐다. 학태고(郝太古)는 수양이 되어 있는 사람이라, 아이들이 시끌벅적 법석을 떠들든지 치며 뛰어오르든지 일체 마음에 두지 않았다. 이것도 왁자지껄 시끄러운 가운데 고요함(靜)을 취하는 셈이 되니, 이익이 없는것도 아니었다. 어느 날인가는 앞마을에서 관음련대회(觀音蓮臺會)를 한다 하여, 아이들도 그걸 구경하러 모두 가고 없었으므로 너무나도 청정(淸靜)했다. 학태고(郝太古)가 보니, 어떤 사람이 다리 밑에서 벽돌을 갈고 있는데, 한번 갈고는 또 얼굴 앞으로 쳐들어 비춰보고, 비춰보고는 또 갈고, 갈다가 또 비춰보기를 수십차례하면서 벽돌 한덩어리를 다 갈아 없애버리고 또 다른 벽돌 두덩어리를 갖다 갈고 있는 것이었다. 학태고(郝太古)가, 그 사람이 반나절이나 그렇게 갈고있는 걸 보고, 벽돌을 갈아서 무슨 그릇을 만들려는 것인가 하고 궁금해 하였는데, 지금 가만히 보니 그가 벽돌을 갈아 진흙물이나 만들고 있을 뿐 조금도 소용이 없는 듯이 보였다. 그는 다시 두개를 더 갖다 갈려고 하고 있었다. 학태고(郝太古)는 '아마도 그는 쓸데없는 고생만 하리라. 일부러 가르쳐 그만두게 해야지.' 라고 생각하고는 드디어 그 벽돌 가는 이에게,

"당신은 이 벽돌을 갈아서 그릇을 만들려고 합니까?" 하니, 그 사람이,

"그렇소." 하고 대답하므로, 학태고(郝太古)가 그 사람에게,

"그릇을 만들려거든, 우선 어떤 것을 만들것인가 마음을 먹어야 하고, 높게 내민데는 평평하게 깎아내고, 모난 곳은 둥글게 하여 이리저리 규격에 맞게 해야, 비로소 교묘하게 만들어지는데, 당신은 지금 아무런 기준도 없이 마구잡이로 갈기만 하니, 어떻게 성공하겠소? 다시 묻겠는데 어떤 그릇을 만들려고 가는 것입니까?" 하니, 그 사람은,

"나는 이 벽돌을 갈아서 반짝반짝 빛나는, 거울을 만들어, 조석으로 얼굴과 몸매를 비추어 보려합니다." 하고 대답했다. 학태고(郝太古)가 이 말을 듣고 웃으며,

"벽돌은 제아무리해도 진흙을 구워만든 기와장이라, 구리도 아니고 쇠도 아닌데, 어떻게 반짝반짝하게 만든단 말이요? 어찌 헛고생만 하시오?" 하니, 그 사람이 크게 웃으며,

"당신이 나더러, 이 벽돌을 갈아서 거울을 만들 수 없다고, 강설(講說)하는데, 당신은 어찌 그대로 앉아서, 또한 어찌 신선이 된다하시요? 당신이 이렇게 마른나무처럼 앉아 있는 것이, 내가 벽돌을 가는거나 무엇이 다르겠소?" 하는 것이었다.

학태고(郝太古)가 이 말을 듣고 깜짝 놀라며, 황당히 몸을 일으켜서, 급히 앞으로 나가, 가르침을 달라고 청하려 하였으나 그 사람은 표연히 어디론가 가버렸기 때문에 이야기를 주고 받을 수가 없었다. 학태고(郝太古)는, 이인(異人)이 이곳에 와서, 마른 나무처럼 앉아만 있는 것이 무익(無益)하다는 것을 가르쳐 주신 것으로 알고, 행장을 수습하여 진안교(晋安橋)를 떠나, 하북성(河北省)을 향해 떠나갔다.

글을 지어 탄식하기를,

磨磚枉自用工夫 靜坐孤修氣轉枯
마전왕자용공부 정좌고수기전고

벽돌을 가는 것은 시간만 헛보내는 것이요
정좌하여 외로이 닦으면 기운만 말라버리느니,

兩下俱爲費力事 一言堤醒破迷途
양하구위비력사 일언제성파미도

양쪽이 모두 헛고생만 하는 것,
한마디 말로 깨우쳐 미로를 부수다.

한편, 담장진(譚長眞)은 남쪽으로 가다가 하루는 수주(隨州·湖北省)땅에 왔는데, 날은 저물어 어두워지건만, 옛 절간이나 빈 정자도 없고, 나그네를 재우는 주막도 없었다. 길가에 큰 저택(大莊院)이 하나 있고, 집도 여러 채 있었으므로, 투숙할 방도 빌리고, 탁발해서 밥이라도 좀 얻어먹으려고 문앞으로 다가가려는데, 문안에서 주인 영감처럼 보이는 사람이 나왔다. 이 사람의 성은 고(顧)씨요, 이름은 족성(足成), 호는 유풍(裕豊)으로서, 왕년에는 도(道)를 좋아하는 사람이었지만, 몇몇 질이 안좋은 도우(道友)로 인해 함부로 굴며, 신선을 가장해 가지고, 속임수로 전재(錢財)를 도둑해간 일이 여러 차례 있었다.

또한, 도사(道士)가 그 앞에 보이기만 하면 그는 모래세례로 도사를 쫓아내어, 뒤에 오는 사람은 놀래고 무서워 탁발을 얻어 갈 수가 없었다.

그러한 판에, 고유풍(顧裕豊)은 담장진(譚長眞)이 저택 가까이로 다가오는 것을 보자, 소리를 크게 지르며,

"도장(道長)은 올 것 없소! 여기 우리 집은 스님이나 도사님들과는 인연이 없으니까." 담장진(譚長眞)이 그를 한번보고는, 그에게 도(道)를 깨우쳐 주고싶은 생각이 불현듯 일어났다.

欲要別人信服我　須將我事信服人
욕요별인신복아　수장아사신복인

다른 사람이 나를 믿고 복종케 하고 싶거든
모름직이 내가 사람을 믿고 복종해야 하노라.

제17회 : 하녀인 희홍을 유혹하는 듯 꾸며 고유풍의 집을 빠져나갈 궁리를 하는 담장진

제 17 회
담장진(譚長眞)의 계략

희희홍정계탈신 난혼연당진반도
戲喜紅定計脫身 難渾然當眞盤道

희홍을 회롱함으로 몸을 빠져나갈 계략을 세우고,
사실 반도(盤道)로 혼연자를 책망하다.

※반도(盤道)―전진도인(全眞道人)들이 교리에 대해 이야기를 주고 받는 것.

心境原來要朗明 莫因一事誤平生
심경원래요랑명 막인일사오평생

마음의 온갖 경계 원래 명랑해야 하느니,
다만 한가지 일만으로 인하여 평생을 그르치지 말라.

昔年曾被假人騙 今遇眞人認不淸
석년증피가인편 금우진인인불청

왕년에 진실하지 못한 사람에게 속은 일이 있기 때문에,
지금 진인을 만나고도 알아보지 못하는 도다.

담장진(譚長眞)이 고유풍(顧裕豊)을 보니 그래도 착한 기운(善氣)이 있음에 교화하여 깨우침을 열어주려했지만, 고유풍(顧裕豊)은 이쪽에서 입을 열 틈도 주지않고 먼저, "이보시요. 도장(道長)은 여러 말 필요 없소. 당신들이 하는 말은 너무 많이 들어서 이

제는 진절머리가 나오. 당신이 말을 해도 난 안믿어요. 나는 당신들한테 여러번 속아봤소. 수행이니 뭐니 하는 사람들은 내가 보기에는, 모두 다 구차히 옷이나 밥을 얻으려는 무리들이오." 하고 말을 마치자 집안으로 들어가 버리고 다시는 나오지 않았다. 담장진(譚長眞)은 이 말을 듣고, 도문(道門)에 도(道)의 정기(正氣)가 모두 없어진 탓이라 여기고 종풍(宗風)을 크게 일으켜야겠다고 생각했다.

고개를 쳐들어 바라보니, 날은 이미 어두워졌는지라, 그는 대문 입구에서 그대로 타좌(打坐)하고 앉았다. 어둑어둑해지자, 그 집 머슴이 담장진(譚長眞)을 다른데로 내쫓으려고, 찬물 한통을 들고 나와, 앞에다가 쫙 끼얹어 바닥을 적셔 놓고 들어가며 문을 닫아 걸었다. 담장진(譚長眞)은 그들이 이와 같이 모질게 하는 것을 보고, 그 문전을 떠나, 길가에 가서 타좌(打坐)하고 앉았다.

이날 밤하늘에서는 눈이 내리어 한 자가 넘게 쌓였고, 날이 밝을 무렵에 그 머슴이 나와 보니 담장진(譚長眞)이 노천(露天) 맨 땅위에 앉아있고, 주위에는 백설이 수북이 쌓여있는데 이상하게도 그의 몸주변에는 눈이 하나도 없는 것이었다. 그래서 곧 바로 이를 유풍(裕豊)에게 알렸더니, 고유풍(顧裕豊)이 말을 듣고, 친히 자기가 나와서 보았다. 바싹 다가가니, 그의 몸주변에서 열기(熱氣)가 사람을 훈훈하게 함을 느끼고는, 도(道)가 높은 선비라는 것을 깨닫고 곧 안으로 드시라하여 손님을 맞는 예(禮)로 접대(接待)하면서,

"제가 도(道)를 믿지 않음이 아니라, 도문(道門)에 좋은 사람이 없기 때문입니다. 어르신네처럼 이렇게 고지수행(苦志修行) 하시는 분이라면 어느 누가 존경하지 않겠습니까? 이제부터 제가 공양(供養)하겠으니, 제집에서 3년이고 5년이고 10년이고 8년이고 머무신다면 제가 기꺼이 모시겠습니다. 앞으로 좋은 날을 골라 어르신네를 스승님으로 모시는 예(禮)를 올리려 하는데, 어르신네께

서 허락하여 주시겠습니까?"

담장진(譚長眞)은 본디 그를 교화하여 깨우침을 열어주려했던 터라, 지금 그가 대략 신심(信心)을 일으키는 것을 볼 때 경건한 신심을 내는 것보다 크지는 못하지만, 어찌 허락 하지 않을 수 있으랴! 그래서 고개를 끄덕이어 허락했다. 고유풍(顧裕豊)은 크게 기뻐하며 곧 하인에게 후원에 있는 방 한칸을 청소하게 하고, 담장진(譚長眞)에게 안으로 들어가 타좌(打坐)하시고 현문(玄門)을 참오(參梧)하시라 청하여 매일 차(茶)를 올리고 식사를 올리며 공양함에 부족함이 없게 하였으며, 또 희홍(喜紅)이라는 처녀아이를 시켜서, 심부름 뒷바라지를 잘 하도록 하였으니, 참으로 도덕(道德)이란 존귀(尊貴)하며, 묘리(妙理)는 무궁(無窮)한 것이었다.

세월은 빨라서 어느 사이 반년이나 훨씬 지났는데도, 고유풍(顧裕豊)이 와서 구도(求道)하려하거나 도리를 묻거나 하는 일이 없었다. 추측하건데 아마도 고유풍(顧裕豊)은 도(道)를 좋아하기는 하나 도(道)를 배우려는 것이 아니고, 다른 사람이 자기의 공양을 받게히여서 그 사람이 대신 복을 싳고 그 사람이 대신 수행(修行)도 하게 함으로써, 현재 이뤄놓은 복덕(福德)이나 제가 받아누리려는 속셈을 가지고 있는 듯 했다. 담장진(譚長眞)은 이 계략을 간파하고는 그의 집에서 더 이상 공양을 받을 마음이 없어져서, 여러 차례 작별인사를 하고, 떠나려 했으나, 고유풍(顧裕豊)은 강력히 만류하면서 놓아주지않고, 도리어 집안사람들을 시켜서 정신 차려 지키라고 분부하는 것이었다. 그러므로, 담장진(譚長眞)은 몇 번이나 떠나려 했지만, 번번이 그들에게 저지당하고 끌려서 되돌아오곤 했다.

담장진(譚長眞)은, 도저히 빠져나갈 재간이 없으므로, 기묘한 계책을 하나 생각해 냈다. '반드시 이렇게 해야만 빠져나갈 수 있으리라.' 얼마 후에 희홍(喜紅)이 차(茶)를 가지고 왔으므로, 담장

진(譚長眞)이 일부러 그 손목을 꼭 붙잡고,

"네 손은 어쩌면 이렇게 희고 고을까! 사람을 미쳐 죽게 하는구나!" 하니, 희홍(喜紅)은 얼굴을 붉히며 간신히 말하기를,

"희다는 말씀은 칠(漆)과 같이 시꺼멓다는 말씀이시지요? 사부(師傅)님, 농담하지 마셔요." 하고는, 곧장 밖으로 나가 안채까지 가 주인 마나님께 이를 알렸다. 이 안주인은 곧 남편에게,

"담사부(譚師傅)가 우리집 어린 여자애를 희롱하는 걸 보니 올바른 수행인은 아닌가봐요. 가도록 내버려둡시다." 하므로, 고유풍(顧裕豊)은 이 말을 들었으나 믿지 않고,

"이건 희홍(喜紅)이가 시중들기 귀찮으니까, 그걸 견디지 못하고 그런 터무니없는 말을 만들어 지어낸 것이다." 했다. 부인은 남편이 이와같이 말하는 것을 보고 희홍(喜紅)을 몇 마디로 꾸짖으니, 희홍(喜紅)은 다시 말을 하지 못했다.

이틀이 지나서 고유풍(顧裕豊)은, 희홍(喜紅)이 차(茶)를 들고 담장진(譚長眞)에게 가는 것을 보고, 뒤따라가서 그 동정(動靜)을 엿보았더니, 과연 담장진(譚長眞)이 희홍(喜紅)의 두손을 나꿔채듯 움켜잡아 치켜들며, 웃는 얼굴로 말을 하는데,

"이 손은 옥과 같이 희고 솜처럼 보드럽다. 참으로 사랑스럽구나!"

유풍(裕豊)은 밖에서 이 소리를 듣고, 심중에 대단히 화가 났다. 즉시 내쫓아 버려야겠는데, 또 생각해 보니, 그가 그 동안 여러 차례 나가겠다는 것을, 내가 재삼(再三) 만류하여온 터라, 지금 쫓아내면 나만 어질지 못한게 되므로, 몇 마디 글로 써서 벽에 붙여놓고 그가 그것을 보면 알아차리고 틀림없이 스스로 떠나갈 것이라 생각했다. '나는 그저 아랫사람에게 분부하여 그가 가는걸 구태어 막지 말라하면 그만일꺼야. 그거 참 좋은 생각이로다.' 하고 있었다.

한편, 담장진(譚長眞)은 이튿날 조반 후에 희홍이 차(茶)도 가

져오지 않고 물도 가져오지 않음을 보고, 담장진(譚長眞)은 계교가 딱 맞아 떨어졌음을 알고, 곧 나가보았더니 문위에 종이가 한 장 붙어있고, 거기에 네구절 글이 적혀있는데,

西風盡夜飛雪花　冷坐蒲團形影斜
서풍진야비설화　랭좌포단형영사

서풍이 밤새워 불고 눈보라 휘날리는데
포단 깔고 차갑게 앉았던 객의 모습 비뚤어졌구나.

休羨今朝手似玉　廻思囊昔身如蛙
휴선금조수사옥　회사낭석신여와

오늘 아침 옥과 같은 손 부러워 마오,
돌이켜 개구리 같던 몸 옛날 주머니를 생각하시오.

담장진(譚長眞)은 그 글을 보고나서, 웃으며 방으로 들어가, 탁자 위에 필묵이 있으므로, 먹물 찍은 붓을 들고 다시 나와, 그 종이에 또한 네구절 글을 써놓고는 방에 들어가서 간단히 행상을 수습하여 곧 바로 집앞으로 뛰쳐나와,

"고맙소. 고맙소!"를 연발하였으나, 아무도 대꾸하는 이가 없었다. 드디어 대문(莊門)을 나와 남쪽을 향해 가서, 2년을 떠돌아다니다가, 다시 북쪽으로 돌아갔다. 한편, 고씨집 종이나 머슴들은, 주인이 미리 분부하기를 담도장(譚道長)이 나오거든 막지말고 모두 각각 피해있으라 하였기 때문에 그가 나간 후에야 주인에게 알렸다. 고유풍(顧裕豊)이 이 말을 듣고, 후면으로 와서 보니, 먼저 붙여 놓은 종이 후미(後尾)에 네 구절을 첨가해 써놓았는데, 그 네구절은,

休言雪月與風花 心正豈愁形影斜
휴언설월여풍화 심정기수형영사

눈이니 달이니 바람이니 꽃이니 이야기하지 마오.
마음이 바르면 어찌 모습이 비뚤어진 것을 근심하랴!

不說喜紅手若玉 此身定作井中蛙
불설희홍수약옥 차신정작정중와

희홍의 손이 옥 같다고 하지 않았으면,
이몸은 정작 우물안의 개구리가 되었으리.

고유풍(顧裕豊)은 이 네구절 글을 보고나서야, 담장진(譚長眞)이 희홍(喜紅)을 희롱한 것은 몸을 빠져나가려는 계책이었다는 것을 알고 한탄해 마지않았다.

한편, 왕옥양(王玉陽)은, 대위촌(大魏村)에서 여러 도우(道友)들과 헤어진 후, 이리저리 다니다가 방주(房州·湖北省房縣)지방까지 왔다. 이 방주(房州) 북로(北路)에 관리(官人) 한 사람이 살고 있었는데, 성(姓)은 요(姚)씨요, 이름은 숭고(嵩高)로서, 일찍기 신안유부(新安遊府)가 되었지만, 세간(世間)풍정(風情)을 담담(淡淡)히 보고 관직에서 물러나 고향으로 돌아와 전원(田園) 생활을 즐기고 있었다. 또 평생에 도(道)를 너무 좋아하여, 출가(出家)한 사람만 보면, 육친을 만난 것처럼 반갑게 맞이하며, 수행(修行)이 있거나 없거나를 가릴 것 없이, 이야기를 나누었다.

그의 집 가까이에 우선관(遇仙觀)이라는 도교사원(道敎寺院)이 있었는데, 관(觀)을 지키는 주지(住持)도 이를 도가(道家)로 이용했으며, 오고가는 스님이나 도인 모두 항상 이 관(觀)에서 유숙(留宿)했다. 요숭고(姚崇高)가 미리 관주(觀主)에게 누구든지 수행하는 사람이나 학문이 훌륭한 사람이 오면, 반드시 나에게 통지하여 달라고 부탁해 놓았고, 관주(觀主)도 그렇게 한다고 승낙한 일이 있었다.

 그후 스님도 아니고 도인도 아닌 수행인 한 사람이, 자칭 도사(道士)라 하며 찾아왔는데, 이 사람은 언제나 사람들 앞에서 자기 정신(精神)을 뽐내며, 자기가 96세요, 일찌기 장삼봉(張三丰)도 수차 만난 일이 있고, 또 려동빈(呂洞賓)도 몇번 만나보았으며, 달마(達摩)는 자기의 사부(師傅)이며, 제공활불(濟公活佛)은 자기의 좋은 친구라 하며 좌공(坐工)도 하루 이틀은 끄떡없이 할 수 있다고 말하는 것이었다.
그날도 우선관(遇仙觀)에 와서 수없이 많은 사람을 제도했다는 이야기를 하였으므로, 관주(觀主)가 듣고, 그의 성명(姓名)을 물으니, 호(號)를 혼연자(渾然子)라 한다고 하였다. 관주(觀主)는 곧 그를 안내하여 요(姚)씨 노인과 만나게 했더니, 만나자마자 대뜸하는 말이,

 "화상(和尙)은 색중의 아귀(色中餓鬼)요, 도사(道士)는 기중의 마왕(氣中魔王)이라, 신선도 될 수 없고, 부처도 될 수 없지. 나처럼 이런 모습이라야 만사(萬事)를 간파(看破)하여 알아낼 수 있고 한티끌(一塵)도 물들지 않아야(不染) 미망히 진수행(眞修行)을 한다고 할 수 있노라. 나의 도(道)를 공부하는 이는 수백세를 살리라." 하니, 요숭고(姚崇高)는 이 말을 듣고, 마음에 대단히 기뻐서, 바로 그에게 예(禮)를 올리고 스승으로 받들며, 집안에 머물게 하여 공양했다.

 그 혼연자(渾然子)라는 노인은 윗사람의 이름을 아무렇게나 거론하며, 말끝마다 스님과 도인을 얕잡아 비루한 말로 욕을 하므로, 그때 곁에 있던 우선관(遇仙觀)의 도인이 심중에 못마땅하게 여기고,

 '이 노인네는 참으로 사리판단도 못하시는군. 내가 호의를 가지고 천거하여 공양받게 했건만, 자기는 전혀 남의 체면도 돌보지 않고, 바로 내 눈앞에서 스님과 도인들을 헐뜯다니! 지붕 위의 기

와를 벗겨 내리면서 처마 밑에 사람이 있는 것도 보아야지, 다만 요(姚)씨 영감에게서 존경받을 것만 도모하느라고, 우리들을 깔보다니! 좌공(坐工)할 줄 아는 사람 하나를 꼭 찾아다가 이 노인을 한번 면박을 주어야 내 마음이 시원하겠다.'라고 생각하고, 요(姚)씨 영감집을 떠나 도관(道觀)으로 돌아왔다.

며칠 후 마침 왕옥양(王玉陽)이 와서 투숙(投宿)하게 되었는데, 관주(觀主)가 그를 보니, 기개와 도량이 자연스럽고 대범한 것이 필시 도(道)가 있는 사람인 것 같고, 또 종일토록 타좌(打坐)하고 있어도 정신이 상쾌한 것을 보고는, 저 혼연자(渾然子)라는 노인네를 반박해서 눌러버리려면 이 양반을 놓쳐서는 안되겠다고 생각했다. 그러나 그런 상황을 설명하고 싶어도, 이 양반이 거기에 가주지 않으면 어쩌나 하고 걱정했다. 그래서 한 꾀를 생각해 내어, 곧 옥양(玉陽)에게, "요(姚)씨 노인댁에 지금 대수행인(大修行人)이 한분 와서 계시는데, 10여일을 앉았어도 장중(莊重)한 모습이 무너지지 않습니다. 제가 도우(道友)와 함께 지금 그분을 한번 찾아가 보고자 하는데, 도우(道友)께서는 의향이 어떠신지요?" 하고 말하니, 왕옥양(王玉陽)은 크게 기뻐하며, 관주(觀主)와 함께 요(姚)씨의 저택으로 갔다.

문지기가 안으로 들어가 전달하니, 요숭고(姚崇高)가 친히 나와서 영접하여, 객실로 안내하여 차를 대접하는데, 아직 이야기도 나눌 사이 없이, 갑자기 머리가 하얀 노인 하나가 들어오고 있는지라, 왕옥양(王玉陽)이 언뜻 보니, 굵고 거친 눈썹에 눈은 가늘고, 들창코에 광대뼈는 내밀고, 입술과 이는 쳐들려 삐뚤어졌고, 네모진 얼굴에 귀는 길고, 드문드문 몇 가닥 늘어진 수염, 머리엔 몇 가닥 흰 머리털이 헝클어져 있어, 마치 늙은 하녀 같이 생겼는데, 들어오자마자 위쪽 의자인 상좌(上坐)에 걸터앉는 것이었다. 관주(觀主)는 왕옥양(王玉陽)에게,

"이 노선생님이 바로 제가 당신에게 말씀 드린 대수행인(大修

行人)이십니다." 하므로, 왕옥양(王玉陽)이 그 말을 듣고 곧 그의 앞으로 가서 인사를 했다.

그러나 그 혼연자(渾然子)라는 영감은 의젓하게 머리를 뒤로 젖히고 앉아 끄떡도 하지않고 왕옥양(王玉陽)을 전혀 안중에도 두지 않고 말하기를,

"어이, 도우(道友)! 혹시 꽃을 심어(栽花)보았나? 혹시 버드나무는 꽂아(插柳)보았나?" 라고 하니, 왕옥양(王玉陽)은 막연하여 도무지 알지 못하겠는지라, 대답을 미처 못하고 있는데, 그 영감이 또

"자네 아내는 있는가?" 하고 속세의 말로 물으므로, 왕옥양(王玉陽)은 그저 입에서 나오는 대로 대답하기를,

"아내가 있으나, 지금은 내버린듯이 집에 따로 살고 있습니다." 하니, 혼연자(渾然子)는 가가대소(呵呵大笑)하며,

"자넨 출가(出家)한번 잘못했군 그래. 이런 말 두어 마디 말도 도무지 모르다니! 내가 강의해 주겠네. 꽃을 심어보았나하는 재화(栽花)는 소년출가(少年出家)란 뜻이요, 버드나무는 꽂아 보았냐 하는 삽류(插柳)는 중년(中年) 출가(出家)를 말하며, 아내가 있느냐고 물어본 것은 진음(眞陰)의 소식(消息)을 얻었느냐는 말인데, 자네가 세속(世俗)의 말로 나에게 대답한 것은 도(道)를 알지못하기 때문이야. 만약 다시 또 잉태(懷胎)의 일에 대해 묻는다면, 자네는 더욱 알아차리지 못하겠군." 하며, 혼연자(渾然子)는 면전에서 왕옥양(王玉陽)을 마구 흠잡아 꾸짖는 것이었다.

왕옥양(王玉陽)은 도리어 개의치 않았지만, 관주(觀主)는 벌써 얼굴빛이 변해 버렸다. 왕옥양(王玉陽)이 관주(觀主)의 안색을 보니, 수치심으로 샛빨갛게 되어 있는지라, 부득불(不得不) 몇 마디 변론(辯論)을 해서 여러분의 체면이라도 돌아봐야 겠다는 생각이 들어

웃으면서 묻기를,

"지금 선생님께서는 진음(眞陰)을 말씀하셨는데, 그 진음(眞陰)이란 과연 어떤 물건입니까? 그리고 또한 회태(懷胎)에 대해서 말씀하셨는데, 태(胎)는 어느 곳에 있는지 모르겠고, 품어(懷) 맺는(結) 물건은 어떤 것입니까?" 하고 물으니, 혼연자(渾然子)는 한동안 응답이 없더니, "허허" 하고 헛웃음치며,

"현묘한 천기(天機)는 함부로 누설할 수 없는 것이지. 이런 것을 어찌 자네에게 가볍게 말할 수 있겠나?" 하는 것이었다.

관주(觀主)는, 그 영감이 억지로 말하는 것을 보고, 잘 알지 못하고 있다는 것을 알아차리고, 곧 왕옥양(王玉陽)에게

"도우(道友)께서 이야기하여 주시요. 헤아려보건데 저분은 잘 알지못하는 것 같으니, 저분에게 물어볼 필요가 없어요." 라고 하는 것이었다.

屢次誇大口 一問答不來
루차과대구 일문답불래

여러 차례 큰 입 벌려 자랑했는데,
한번 물어보니 대답을 하지 못하네.

제18회 : 왕모(王母)를 배알하면서 요지궁의 선녀에게 무심코 한눈팔다 쫓겨나는 류장생

제 18 회
왕옥양(王玉陽)과 혼연자(渾然子)의 겨루기

왕옥양이진복가 담장진설고증금
王玉陽以眞服假 譚長眞說古證今

왕옥양은 진으로써 가를 굴복케 하고,
담장진은 옛 이야기로 금일을 증거대다.

聞說西方種異蓮 花開十丈藕如船
문설서방종이련 화개십장우여선

듣건데, 서천에는 특이한 연꽃이 있어
꽃은 피어 열길이나 되고 뿌리는 배만 하다더라.

靈臺自有祇園樹 本地風光卽佛天
령대자유기원수 본지풍광즉불천

영대 거기에 기원수 나무가 있음에
눈앞의 것이 바로 부처님 계시는 곳이다.

왕옥양(王玉陽)의 요긴한 몇 마디 이야기가 혼연자(渾然子)를 면박주고 억눌러 대답을 못하게 하니, 관주(觀主)는 옆에서 박수치고 크게 웃으며 제가 헤아리건데 그 사람은 모르는 것이 분명하니 어려워 할 필요 없이, 왕옥양(王玉陽) 보고 빨리 이야기 해달라고 재촉하는데, 혼연자(渾然子)는 관주(觀主)가 자기를 알지 못한다는 말을 듣고 화를 냈지만, 왕옥양(王玉陽)은 곧 그 사람을 위하여 기분을 풀어서 다음과 같이 말했다.

"노선생께서 모르시는 것이 아니고 말씀을 안하시는 것뿐이라 생각됩니다. 소도(小道・道士의 自稱)가 감히 이 이치(理致)를 설명하겠으니, 여러분께서 상세히 참조하시어 맞는지 틀리는지 살펴보시기 바랍니다.

대저, 진음(眞陰)이니 진양(眞陽)이니 하는 것은, 음(陰)과 양(陽)의 두 기운(二氣)입니다. 진양(眞陽)의 기운은 간(肝)에 암장(暗藏)되어 있고, 진음(眞陰)의 기운은 허파(肺)에 모여있습니다. 간(肝)은 목(木)으로서 나무 기운이 감춰져 있는 것이요, 얼이라 일컫는 혼(魂)이 취혼(取魂)되어 있는 곳이지요. 허파(肺)는 금(金)으로서 쇠기운이요, 넋이라 일컫는 백(魄)이 깃들어 있는 곳입니다. 금(金)은 태녀(兌女)요, 목(木)은 진남(震男)으로서, 목(木)은 동(東)쪽에 왕성하고, 금(金)은 서(西)쪽에서 생산되는 고로, 이를 동가랑(東家郞・동쪽집 남자)과 서가녀(西家女・서쪽집 규수)로 비유하여, 금(金)과 목(木)을 서로 상봉케 함은, 혼(魂)이 백(魄)을 떠나지 않게하고, 백(魄)이 혼(魂)을 떨어질 수 없게 하여, 지아비가 아내를 그리워 하듯이, 지어미가 남편을 의지하는 것과 같은데, 이것이 곧 음양(陰陽)이 회합(會合)하는 이치(理致)로서 혼연(渾然)선생이 저에게 물으신 가실(家室)이 있느냐에 관한 말씀의 뜻입니다.

그러나 반드시 황파(黃婆)의 유혹을 빌려야만 서로 만나게 할 수 있으니, 황파(黃婆)란 중매쟁이로서 진의(眞意)를 말합니다. 그래서 반드시 진의(眞意)를 빌려 회통(會通)하게 해야만 금(金)과 목(木)이 서로 간격이 없게 되며, 능히 부부가 정답게 될 수 있음과 같은 것입니다.

의(意)는 토(土)에 속하며 정이 많고(多情), 그 빛깔이 황색(黃色)이며 움직이기(動)를 좋아하므로, 중매장이 매파(媒婆)에 비유

합니다. 매파(媒婆)는 동쪽과 서쪽을 오가며, 두집을 회통(會通)하게 하니, 중매장이와 같은 것이지요.

잉태했다는 회태(懷胎)라하는 것은 진기(眞氣)가 단전(丹田)내에 응결(凝結)했다는 말씀이니, 만약 잉태(孕胎)한 상태가 되면, 진기(眞氣)가 넉넉이 갖추어져서, 신(神)이 발현(發現)하는 고로, 신(神)은 기(氣)의 아들이 되는 것이고, 기(氣)는 곧 신(神)의 어미가 되는 셈입니다.

그러므로 영아(嬰兒·갓난아기)가 강생(降生)한다는 말이 있는데, 이 경지에 이르면 대단(大丹)이 이루어지는 것으로서, 가히 천지(天地)와 더불어 같이 늙을 수 있으며(同老), 일(日)월(月)과 함께 마치게(同休)되는 것입니다."

요(姚)씨 노인은 이 말씀을 듣고 칭찬하여 마지않았으나, 혼연자(渾然子)는 왕옥양(王玉陽)에게 밥그릇을 빼앗길까 두려워 큰 소리로 말하기를,

"덕(德)이 있는 이는 꼭 말을 하지 않아도 되지만, 말하는 이는 덕(德)이 있다고 꼭 말할 수는 없지. 나하고 한번 좌공(坐功)해볼 용기가 있는가? 2~3일 동안 차도 물도 입술에 묻히시 않아야 공부(工夫)가 좀 되었다고 계산할만하지." 라고 하니, 왕옥양(王玉陽)이 웃으며,

"많은 날은 소도(小道)가 앉아 있을 수 없습니다마는, 2~3일이라면, 저같은 것도 한번 받들어 모시고 앉겠습니다." 고 말을 마치자, 두사람은 바로 공부(功夫)를 겨루기로 하여, 사랑방에 담요를 깔아 놓고, 어깨를 나란히 하고 앉았다. 혼연(渾然)이 본래 2~3일 좌공(坐功)하며 차도 물도 안된다고 한 것은, 다만 옥양(玉陽)과 시합하려는 때문이었으나, 이미 마음에 한덩어리 분한(忿恨)이 붙어있는지라, 앉았어도 안녕치 못하고, 수없이 번뇌가 쏟아져 나오고, 때로는 차도 마시고 싶고 물도 먹고 싶다가, 조금 있다가는 대변보러 가고, 소변보러 가고 하면서, 첫째 날에는 몇

번씩 자리를 떠나곤 하더니, 이튿날이 되니, 그대로 얌전히 앉아 있지도 못하고, 드디어 자리에서 일어나, 음식을 찾아서 먹고는 졸기 시작하다가, 연속해서 코를 드렁드렁 골고 있는 것이었다. 왕옥양(王玉陽)은 꼼짝 않고 곧게 앉아있다가 사흘이 되어서야 자리에서 일어났으며, 도리어 정신은 맑아지고 상쾌한 기분이 들었다.

요(姚)씨 노인은 재삼 칭찬하며 말하기를,

"사부(師傅)님의 좌공(坐工)에는 노선생은 어림도 없군요." 하니까, 왕옥양(王玉陽)이,

"노선생이 저보다 못한 것이 아니라, 나이가 많기 때문입니다. 사람이 늙으면 기운이 쇠퇴하는지라, 나도 저 분 나이가 된다면 반나절도 견디지 못할 것입니다." 하니, 혼연자(渾然子)가 듣고는 기쁜 마음으로 복종하였으며, 다시 왕옥양(王玉陽)과 이야기를 하였는데, 감히 높은 체하지도 않았고 대단한 척하지도 않고 점점 겸손해졌다.

왕옥양(王玉陽)은 요(姚)씨 댁에서 며칠을 머물면서, 그에게 몇 가지 현공(玄工)도 가르쳐 주기도 하며, 쌍방이 서로 사이좋게 지내게 되었다. 그러나 어느 날 왕옥양(王玉陽)이 우선관(遇仙觀)에 핑계하고 나간 뒤, 며칠이 지나도 돌아오지 않자 요숭고(姚崇高)가 하인을 보내서 알아보았더니, 관주(觀主)의 말이, 그날 왔다가 그날 바로 갔다는 것이다. 요(姚)씨 영감이 이말을 듣고, 넘어지면서, "나는 연분이 없구나" 하고 크게 탄식하였고, 혼연자(渾然子)도 역시 이별을 아쉬워했다.

한편, 류장생(劉長生)은 도우(道友)들과 이별한 후, 남쪽으로 한바퀴 돌아다니다가, 다시 동로(東魯)로 가서, 태산(泰山)에서 3년동안 정진(精進) 수행(修行)하였다. 마침내 정과(正果)를 성취하여, 천상으로 올라가서 요지(瑤池)의 연회(宴會)에 참석하고, 왕모(王母)님을 배알(拜謁)하게 되었는데, 왕모(王母)님 뒤에 수십

명의 선녀(仙女)들이 무리를 이루어 에워싸고 있었다. 그 선녀(仙女)들의 생김새가 더할나위 없이 아름다운 것은 인간 세상의 말로 묘사하기도 어렵고, 그림으로 그려 나타낼 수도 없으며, 사랑스럽고 흠모스러워 한 생각이 동(動)함을 면치 못하고, 여러 선녀들을 힐끗 훔쳐보았다.

왕모(王母)께서 물으시기를,

"네가 저들을 보았는데, 무슨 생각이 났는가?" 하시므로, 류장생(劉長生)은 왕모(王母)님 말씀을 듣고 자기가 실례(失禮)했음을 알고, 황공(惶恐)하여 사죄(謝罪)하는데, 부복(俯伏)하여, 아뢰기를,

"신(臣)이 우연히 바라보니 무지개 같은 치마가 하늘하늘 나부끼며 아롱거리는 색동 소매가 펄럭이며 드날리는 것을 보고, 무의식 중에 선녀(仙女)들을 힐끗 한번 보았을 뿐이었고, 실지는 아무런 별 뜻이 없었습니다. 바라옵건대 자비로우신 왕모(王母)님, 너그러이 용서해 주시옵소서." 하니, 왕모(王母)께서 꾸짖어 말씀하시기를,

"인상(人相) 아상(我相)이 아직도 남아 있어서, 색상(色相)이 텅 비어있지 못하면 아무리 금단(金丹)을 성취해도, 초범입성(超凡入聖)할 수 없느니라. 다시 범부인간계(凡夫人間界)에 내려가서, 고수고련(苦修苦煉)토록 하라." 하시고, 곧 선관(仙官)에 명하여 내려보내게 하시니. 남천(南天)의 선관(仙官)이 왕모(王母)님의 명(命)을 받들어, 류장생(劉長生)을 거느리고 남천문(南天門)까지 왔다. 류장생(劉長生)이 구름(雲氣)를 타고 곧바로 막 내려오려는데, 미리 선관(仙官)이 손바닥으로 탁 밀어버렸기 때문에, 남천문(南天門)에서 곤두박질하며 떨어지게 되었다.

홀연히 놀라 깨어보니, 그야말로 꿈이요 환각이었다. 요지(瑤池)에서의 일을 돌이켜 생각해 보니 그것은 참으로 한생각 일념(一念)의 차이였다. 중양(重陽)선생께서 일찍이

"나의 도(道)는 단(丹)에 있어서나 도(道)에 있어서나 모두 우수하지만, 다만 색상(色相)만은 비워지지 못했도다." 하신 말씀과 지금 꿈에 요지(瑤池)에 들어가서 왕모(王母)님께 꾸지람들은 말씀과 아주 똑같았던 것이다. 다만 이 단계의 공부를 어떤 법(法)으로 해야할지 몰라 산(山)에서 내려가, 도(道)가 높으신 분을 하나 찾아봐야 하겠다 생각하고 류장생(劉長生)은 산을 내려와 다니다가 며칠이 못되어, 우연히 담장진(譚長眞)을 만나게 되었다.

서로 그동안 지낸 이야기를 한바탕 하고는 류장생(劉長生)이 말하기를,

"그대는 고(顧)가네 공양(供養)을 받지 않으려고, 마음에 올바르지 못한 것을 하지 않은 바고(不爲不正), 나는 요지(瑤池)에서 선녀(仙女)를 훔쳐본 것이 어긋나지 않은 것을 하지않은 바라(不爲不差), 이제부터 색상(色相)을 비우도록 단련(煅煉)하고자 하는데, 어디서부터 시작해야 할지 모르겠소이다." 하니, 담장진(譚長眞)이 이야기하기를,

"옛날에 허정양(許旌陽)이 소년시절에 활쏘며 사냥(射獵)하기를 좋아했다 하오. 하루는 산에서 사냥하다가 작은 사슴을 활로 쏘았는데, 화살이 박힌채 도망쳤습니다. 정양(旌陽)이 집사람들을 데리고 산을 두루 뒤져 찾았는데, 움푹 패인 곳에 사슴 두 마리가, 작은 사슴은 땅에 누워 있고, 큰사슴은 작은 것의 상처를 핥아주고 있으면서 사람이 오는 것을 보고도, 큰사슴은 달아나지 않았습니다. 그래서 두 마리가 한꺼번에 잡혔는데, 그것을 묶어다가 집에 돌아와서 풀어놓고 보니 두 마리가 다 죽어 있으므로, 배를 갈랐습니다. 그랬더니, 어미사슴의 창자는 토막토막 끊어져 있었고, 새끼사슴은 상처는 입었지만 창자는 온전했더랍니다. 이를 볼 때 새끼를 향한 아픈 마음은, 화살에 맞은 아픔보다 더 통절(痛切)하다 할 수 있을 겁니다. 정양(旌陽)은 이러한 정형(情形)을 보고, 마음에 너무나도 측은하여 끝내 활과 화살촉을 꺾어 부수어

버리고, 입산수련(入山修煉)하여 정과(正果)를 이루었다 합니다. 그후, 시방(十方)의 일체 중생을 교화 제도하려고 마음먹고 연대(演臺)에 올라 설법하니, 제자가 수백여명 되었습니다.

하루는 정양(旌陽)이 모든 제자들에게,

'그대들 수백의 많은 사람들이 집을 버리고 떠나 정성을 다해 도(道)를 배우고 있지만, 다만 수행하는 사람은 색상(色相)을 공(空)으로 보아야 하는데, 그대들은 색(色)을 보아도 능히 탐(貪)내지 않을 수 있는가?' 하고 물으니, 모든 제자들이 일제히 대답하기를,

'만일 재물(財物)이나, 혈기(血氣)나, 술(酒)에 대해서는 혹시라도 아직 다 없애버리지 못했겠습니다만 색(色)자에 이르러서는 저희들이 원래부터 담담히 보아왔으므로 결코 그런 것을 탐내지 않을 것입니다.' 고 했습니다. 허정양(許旌陽)이,

'그대들이 말은 그처럼 깔끔하게 해도, 반드시 그렇지 못하리라.' 제자들이 대답하기를,

'저희들이 어찌 감히 망령된 말로 사존(師尊)을 속이겠습니까?' 하니 허정양(許旌陽)이 말하기를,

'그렇다면 좋은 방법이 하나 있으니, 그것으로 허(虛)·실(實)을 시험해 보겠노라. 그대들 개인개인이 각각 목탄(木炭)을 한 토막씩 준비하되, 길이가 두자(二尺)가 되게 하고 혹은 서너자가 되면 더욱 좋다. 그것을 침상 위(床上)에 놓고 그대들이 하룻밤을 옆에서 자기로 하는데, 내일 아침 일찍 일어나서, 나에게 가져와 보여 주도록 하라. 그리하면 자연히 확실한 공부법이 있을 것이니, 그 진법을 그대들에게 전수하겠다.' 하니 모든 제자들이 이 말을 듣고, 무슨 연고인지는 모르겠으나, 다 각각 가서, 목탄(木炭)을 준비하여, 침상 위에 놓았다가, 그날밤 모두들 한숨 자고나서 깨어 보니, 자기 곁에서 누가 함께 자고 있는 것입니다. 손으로 슬그머니 더듬어 보니, 솜처럼 따스하고 보드라우며, 옥과 같이

반들반들했습니다. 다시 몸아래를 더듬어 보니, 여자 몸이 아닌가! 욕화(慾火)가 갑자기 불처럼 일어나는데 견디고 참을 수 없이 몸과 마음이 달아올라 서로 얽혀 떨어지지 않으매 그만 진양(眞陽)이 쏟아져 버렸는데도, 오히려 아쉬운 마음이 들어 떨어지지 못하고, 서로 껴안고 잤는데, 날이 밝자, 밖에서 고함지르는 소리가 들리는 것입니다.

'어서 빨리 숱들을 가지고 오라! 사부(師傅)가 오랫동안 기다리고 계신다.' 그때에서야 모든 문인(門人)들이 꿈속에서 깨어보니, 누구나 다 목탄 한 토막씩을 품에 끌어안고 있었습니다. 정녕 이게 웬일인가 놀라며 의아해 하고 있을 때 밖에서 외치는 소리가 있어 급히 옷을 입고 앞으로 나가서 목탄(木炭)을 내어놓으니, 정양(旌陽)은 제자들에게,

'두개 반(兩班)으로 나뉘어 서서 차례로 한사람씩 그 숯을 가지고 와서 보이라.'고 분부하는 것입니다. 모든 제자들이 이 말을 듣고, 감히 명령을 거슬릴 수 없으므로 양편으로 나뉘어 늘어섰습니다.

그 중 한사람이 앞으로 나와서 숯을 내어놓으니, 허정양(許旌陽)이 묻기를,

'그대는 몇 살인가?' 하니 그 사람이,

'제자는 금년 일흔여섯살입니다.' 하고 대답하니, 허정양(許旌陽)이,

'그대는 그렇게 연세가 많으시다면서, 어찌하여 지금까지 이 색(色)자를 봄에 깨트려버리지 못했는가?'

'어찌하여 제자가 간파하지 못했다고 보십니까?'

'그대가 이미 이 색(色)자를 간파했다면, 그 숯에 붙어있는 풀(糊)은 무엇이란 말인가?' 하니, 그 사람이 언뜻 숯을 보매, 허리 중간 쯤에 묽으레한 흰응어리로 더럽혀진 흔적이 있는지라, 비로소 어젯밤에 진양(眞陽)을 쏟은 것을 알게 되어, 스스로 부끄럽

고, 면목없음을 깨닫고, 고개 숙이며 기가 죽어, 감히 아무 소리도 못했습니다. 여러 사람들은 그때서야 어젯밤에 음행한 여자가 바로 목탄(木炭)이 변신한 것으로 알고 다시 숯을 보니, 흔적이 훨씬 더 많으므로 모두 추한꼴 내놓기가 두려워 제각각 멍청히 서서, 숯을 보이러 오는 이가 없었습니다.

연이어 몇 차례 재촉해도 전연 꼼짝않고 있는데, 다만 한 사람이 웃으면서 앞으로 나가 숯을 드리는 것입니다. 거기에는 아무 흔적도 없으므로, 허정양(許旌陽)이,

'색(色)이라는 것은 사람마다 모두 좋아하는 바인데, 그대는 무슨 연유로 좋아하지 않는가?' 하고 물으니, 그 사람은,

'제자는 색(色)을 쫓아 단련하는 공부(工夫)를 했습니다.' 고 대답하는 것이었습니다. 허정양(許旌陽)이 그에게 단련(煅煉)법이 어떤 것이었느냐고 물어보니, 그는,

'대저 좋을 호(好)자가 있으면 반드시 두려울 구(懼)자가 있는 것으로, 당초에는 두려움에 손을 대지 못하다가 이미 손을 대게 되었을 때는 조석으로 환락(歡樂)에 빠져, 좀처럼 그만둘 생각을 못하게 되는 것입니다. 그리그리하다가 오래된 즉 신(神)과 기(氣)가 쇠약해지고 또한 성명(性命)을 잃을까 걱정이 돼, 두려운 것입니다. 두려움이 심해지면 틀림없이 피하게 될 것이므로 온갖 경계에 부딪쳐서도 정(情) 맺는 것을 잊게되고(忘情), 욕구를 끊어(絶慾) 몸을 보전(保身)하게 되는 것입니다.

저는 어렸을 때부터 방탕하여 계(戒)도 지키지 않고 종일토록 화류계에 빠져 놀고 자며, 때로는 일년이 지나도 집에 돌아갈 생각 없이 저 연화원(烟花院)이라는 기생집을 제집으로 삼으면서, 수많은 미모(美貌)와 교태(嬌姿)를 보아 왔고, 무수히 겪은 풍화설월(風花雪月)은 말로 이루다 할 수 없습니다. 이런 롱간(弄奸)으로 신(神)이 상할 것이 두려워서 피하고자 해도 피할 수가 없었으므로, 이곳에까지 도망쳐서 도(道)를 배워, 성명(性命)을 보

전(保全)하고자 한 것입니다. 두 번 다시 미색(美色)을 탐련(貪戀)하지 않으려면, 다른 좋은 꾀가 있는 것이 아니라, 견문(見聞)과 지식을 많이 넓히고, 경력(經歷)을 쌓는 것이 중요하다고 생각됩니다.' 라고 말했습니다.

허정양(許旌陽)이 이 말을 듣고 나서 고개를 끄덕이더니, 다른 제자들을 모두 내보내고, 그 사람 하나만 남게 하여 도묘(道妙)를 전수하였는데, 후에 그도 역시 정과(正果)를 성취했다 합니다.

이러한 이야기는 범사(凡事)에 있어 무슨 일이든지 겪어보고, 많이보고 터득해야 비로소 담담하게 보아지게 되고 그것을 벗어던져버리고 해탈할 수 있다는 말이라 하겠습니다."

담장진(譚長眞)이 이상과 같이 옛 사람이 색상(色相)을 무너트린 이야기를 하고 나니, 류장생(劉長生)이,

"나는 원래 은밀하게 이뤄지는 내사(內事)에는 뜻이 없고, 외모(外貌)만 즐길 뿐이니, 언젠가 연화원(烟花院)이라는 기생집에 가서, 유두분면(油頭粉面)을 한 기생들을 보면서, 견식을 넓히며, 눈을 광활하게 넓히고 더하여 한층 광활하게 더 넓혀야 하겠군!" 하는 것이었다.

담장진(譚長眞)은 그와 진나라땅(晉地·山西省)으로 가서 도조(道祖)이신 노자(老子)님이 강생(降生)하신 곳을 찾아보고자 약속하고, 둘이서 며칠을 가다가 노상(路上)에서 왕옥양(王玉陽)을 만나 함께 가게 되었다.

왕옥양(王玉陽)은 요(姚)씨 집에서 혼연자(渾然子)와 도리에 관한 문답을 하며 반도(盤道)한 일을, 두사람에게 한바탕 이야기하니, 류장생(劉長生)이 웃으면서

"밑진 장사를 하셨구료. 그 노인네에게 붙들려 우리들의 도묘(道妙)를 그들이 얻도록 하였으니." 하였다. 왕옥양(王玉陽)이,

"만약 내가 좌공(坐工)을 할 줄 몰라서, 함께 좌공(坐工)하지 않았더라면, 그 노인네가 더욱 수긍하지 않았을 것입니다." 하니

담장진(譚長眞)이 말하기를,

"이런 것을 보건데, 좌공(坐工)은, 우리 도(道)를 배우는 사람들에게 문(門)을 두드려 열어주는 채찍이 되는 것이라. 무릇 우리 도문(道門)에 들어있는 이는 누구나 배우지 않으면 안될 것입니다." 하였다.

세사람이 이런저런 얘기를 나누며 걸어가는데, 홀연히 뒤에서 어떤 사람이 고함쳐 부르며,

"당신들은 걸음도 참 빠르십니다!" 하는 것이었다.

嬌姿原是粉骷髏 暮樂朝歡總不休
교자원시분고루 모락조환총불휴

아릿다운 자태는 원래가 송장 머리뼈에 분칠한 것
종일 좋아하고 즐기며 그칠 줄 모르다가.

一旦無常萬事了 夜臺難逞舊風流
일단무상만사료 야대난정구풍류

일단 무상 다치면 만사가 그만인 것을
무덤에선 옛날의 풍류 뽐내지 못하리라.

제19회 : 노군(老君)의 성지를 찾아 태상(太上)의 이적을 살피며 4언시(四言詩)로 담론하는 네 진인과, 외롭게 72동을 만들며 고수고련(苦修苦煉)하는 학태고

제 19 회
학태고(郝太古)가 만든 72동(七十二洞)

론현기사언계묘도 개석동일인독근로
論玄機四言契妙道 開石洞一人獨勤勞

현기를 말씀한 네 구절 묘도에 딱 어울려
석동을 여는데 한 사람 홀로 근로하였네.

陷溺沈淪已有年 愛河滾滾浪滔天
함익침륜이유년 애하곤곤랑도천

주색에 빠져 타락 길 몇몇 해인가
애욕 물결 세찬 파도 하늘에 사무치도다.

修行自可登高岸 何用中流更覓船
수행자가등고안 하용중류갱멱선

수행하면 자연 높은 기슭 오를 수 있는데
어찌 중류를 헤매며 또 배를 찾으랴?

류장생(劉長生)과 왕옥양(王玉陽)·담장진(譚長眞) 세 사람이 곧 바로 가고 있을 때, 홀연히 뒤에서 누군가가 크게 부르는 소리를 듣고, 세 사람이 모두 고개를 돌려 바라보니, 뜻밖에도 학태고(郝太古)였다. 바로 피차간에 서로 인사하며, 각각 그 동안 서로 떨어져 있던 이야기를 나누며 네 사람이 동행하여 고현(苦縣·河

南省鹿邑顯)지방에 도착하여, 태상노군(太上老君)께서 강생(降生)하신 곳을 찾아갔다.

그곳에는 구정(九井·아홉개 우물)에 둘러싸인 팔각정이 하나 있고, 정자 곁에는 오얏나무(李樹) 한 그루가 있는데, 태상(太上)께서는 오얏나무 밑에서 탄생하셨다고 전해지고 있다. 네 사람이 정자 안으로 들어가니, 정자 중간쯤에 돌비석이 하나 있고, 거기에는 노자(老子)께서 강생하신 이야기가 적혀 있었다.

〈말씀 올림. 반경(盤庚) 제왕 때, 상(商)나라를 은(殷)이라고 고쳤는데, 은(殷)나라 5년에, 이땅에 사는 한 백성이 수리(數理)에 아주 밝아, 과거와 미래의 일을 잘 알며, 청정(淸靜)을 함양(涵養)하는 공적(功績)을 쌓으며 한평생 숨어살고, 명성이 알려져 등용되는 것을 바라지 않았다. 그 백성에게 19세인 딸이 있었으나, 아직 사위를 고르지 못했는데, 이 딸은 정숙하고 성품이 깊고 조용하며, 말하기나 웃기를 좋아하지 않았다. 하루는 우연히 오얏나무 밑에를 가게 되었는데, 그 가지 끝에 달려있는 오얏 열매 하나를 발견했다. 샛빨간 고운 열매가 귀엽게 보여 그것을 따먹었더니, 그만 몸에 아이를 배게 되었다. 처녀가 남편도 없는데 아이를 가졌기 때문에, 이러니 저러니 하는 뜬소문이 있었으나, 그 아비 되는 백성은 수리(數理)로 추찰(推察)해 보니, 장차 대성인(大聖人)이 강생(降生)하실 것을 알고, 잘 보살펴주며 근심이나 병이 없도록 하여 주었다. 성태(聖胎)가 뱃속에 들어있는지라, 년월(年月)을 가려서 태어나시게 해야겠는데, 좋은 해(好年)를 골라 놓으면 좋은달(好月)이 없고, 좋은 달(月)을 골라 놓으면 또 좋은 날(好日)이 없으며, 좋은 날(日)을 찾아놓으면 또 좋은 시(好時)가 없어서, 팔십일년간이나 태어나실 날짜를 찾다가 보니, 그때 성모(聖母)께서는 이미 백세가 차게 되었다.

성태(聖胎)를 품었을 때부터, 굶주리지도 않았고 추위에 떨지도 않았으며, 병(病)도 없었고, 재난을 당하는 일도 없이 지냈는데,

그해 이월십오일 오얏나무 밑에 가서 답답한 속을 풀고 있을 때, 태상(太上)께서는 어머니 배(腹) 왼쪽을 트고 태어나셨다.

나서부터 머리가 희며(白頭), 땅에 내리자 마자 걸으셨는데, 일곱 발자욱을 앞으로 나갔다가 세 발자욱을 뒤로 물러나며, 큰 소리로 세 번을,

"천상지하(天上地下)에 유아독존(唯我獨尊)이라"고 하시는 외침이 끝나매, 공중으로부터 신선의 풍악(風樂)이 쟁쟁하게 울려나오며, 향기로운 바람이 그윽하게 불어오는데, 옥녀(玉女)는 꽃을 흩뿌리고, 아홉 용(九龍)은 물을 품어서 몸을 씻게 하였는데, 목욕한 곳에 아홉 우물(九井)이 생겼다.

태상(太上)께서는, 신묘한 지혜가 겨룰 짝이 없었고, 거룩한 덕(德)은 하늘 같이 높고 크시었다. 오얏리(李)자로 성(姓)을 삼고 나서부터 머리가 희었기 때문에 그때 사람들이 노자(老子)라고 불렀으니, 이것이 태어나신 유래(由來)요, 그 밖의 신기한 이적(神異)은 경사(經史)에 실려 있으며, 모두 고증(考證)이 있으니, 근거 없는 이야기가 아니다.〉라 적혀 있었다.

류(劉)·학(郝)등 여러 사람이 다 읽고 나서, 잔탄하며,

"태상(太上)께서 본보기로 남기신 도풍(道風)이 천추(千秋)에 길이길이 전해지고 만고(萬古)에 걸쳐 칭양(稱揚)될 것이며, 돌이켜 생각컨데 한이 없습니다. 우리가 여러 해 동안 도(道)를 깨달아 오고 있지만, 현공(玄工)의 오묘(奧妙)함이 누가 못하고 누가 나은지 우열(優劣)을 알 수 없으니, 이곳 선경(仙境)에 대해서 현기(玄機)를 토로(吐露)해도 무방(無妨)할 것입니다."고 말하니, 학태고(郝太古)가

慧劒高懸星斗寒 群魔束手難生端
혜검고현성두한 군마속수난생단

지혜의 칼 높이 달아 놓으시니 별들도 싸늘함에 벌벌 떨고,

뭇마귀들도 꼬투리 잡아낼 길 없어 어쩔줄 몰라.

蒲團坐斷三更月 九轉還丹龍虎蟠
포단좌단삼경월 구전환단룡호반

포단 깔고 좌공으로 삼경에 달을 지키며
아홉번 굴려 금단을 되찾으니 용호가 서려 있다.

다음엔 왕옥양(王玉陽)이,

仙亭覽古敍溫寒 考證玄工最的端
선정람고서온한 고증현공최적단

선정에 참배하고 옛어른 생각하며 문안드리니,
현묘한 공부하심이 가장 높은 법임을 고증하겠구나.

捉得金烏並玉兎 自然虎踞與龍蟠
착득금오병옥토 자연호거여룡반

하늘 나라 금오도 옥토도 다 잡아 음양을 깨닫고 보니,
저절로 범도 앉아 있고 용도 서려 있구나.

또 담장진(譚長眞)은

道法無邊神鬼寒 超凡入聖豈無端
도법무변신귀한 초범입성기무단

도법이 무변하시어 신귀도 벌벌 떨고
범속을 뛰쳐나가 성역에 듬에 어찌 끝이 없으랴.

一拳打破癡迷網 偃月爐中龍虎蟠
일권타파치미망 언월로중룡호반

주먹 한번 휘둘러 치미한 그물을 타파함에
언월로 반달 자리에 용호가 서린다.

끝으로 류장생(劉長生)이,

提起令人心胆寒 霓裳飄處始生端
제기령인심담한 예상표처시생단

말만 내놓아도 사람의 마음과 담력을 서늘케 하느니,
무지개 치마 펄럭이는 곳에 비로소 단서가 나오고

聰明反做痴迷漢 說甚仙山龍虎蟠
총명반주치미한 설심선산룡호반

총명은 도리어 우미함이 되리니
꾸짖노라, 신선 계시는 산에 용호가 서리는 것을!

네 사람이 말하고 나니, 왕옥양(王玉陽)이 다시 또 묻기를,
"우리 셋이 말한 것은 모두 도묘(道妙)에 계합(契合)되도록 뛰어난 부분만을 말하고 패퇴(敗退) 부분은 말하지 않았는데 이제 류사형(劉師兄)께서는 좋은 쪽을 말씀하지 않고 좋지 못한 쪽으로만 말씀해서 남의 흥(興)을 꺾어 놓으십니까? 도묘(道妙)가 아닌 것이 걱정됩니다." 하니, 담장진(譚長眞)이
"심담(心胆)이 서늘함은 도(道)가 아니요, 우치몽미(愚癡夢迷)한 사나이도 묘(妙)가 되지 못합니다. 그러나, 담(胆)을 능히 서늘케 할 수 있으면 도(道)가 없다고 할 수는 없으며, 능히 우치(愚痴)하고 몽미(夢迷)한 줄을 능히 알면 묘(妙)가 없다고 할 수 없으니, 이는 도묘(道妙)를 말하지 않았어도 도묘(道妙)가 그 가운데 있는 것입니다. 낫고 못하고의 승패(勝敗)를 거론(擧論)하지 않으면, 흥(興)이 꺾일 것도 없습니다." 하니 학태고(郝太古)가,
"류사형(劉師兄) 말은 이에 그치지 않고, 필시 다른 연고가 있

는 것입니다." 하니, 담장진(譚長眞)이 웃으며,

"틀림없어요. 틀림없어요. 류사형(劉師兄)께서 요지(瑤池)에 가서 연회(宴會)에 참석했을 때, 선녀(仙女)를 훔쳐보다가, 왕모(王母)님의 노여움을 사가지고, 다시 인간 세상으로 내려오셨기 때문에, 우리 두사람이 도중에서 만나게 되었는데, 류사형(劉師兄)이 나에게 그 이야기를 하였고, 나는 허정양(許旌陽)이 의견을 내 목탄(木炭)으로 도(道)를 시험했다는 이야기를 류사형(劉師兄)에게 했더니, 류사형(劉師兄)이 내말을 듣고서, 일심(一心)으로 가려고만 합니다." 담장진(譚長眞)이 여기까지 이야기하고는, 말을 그쳤다.

왕옥양(王玉陽)이 묻기를,

"류사형(劉師兄)이 무엇을 하러 일심으로 그렇게 가려한다는 것입니까?" 하니, 담장진(譚長眞)이,

"연지와 분으로 아름다움을 가꾼 홍분대(紅粉隊) 기녀들 속으로 가서 도(道)를 깨닫고, 관현악이 울려퍼지는 사죽장(絲竹場)에서 참현(參玄·參禪)하면서 색상(色相)을 비우는(空) 공부(工夫)에 치중(置重) 하겠다는 것입니다." 라고 하니 왕옥양(王玉陽)이,

"보면서도 보지 않고, 듣고도 듣지 않으면, 자연히 색상(色相)이 없게 될 것입니다." 이에 학태고(郝太古)가 말하기를,

"인상(人相)과 아상(我相)을 둘다 잊고 색상(色相)을 스스로 텅비우는 것만 못할 것입니다." 라고 말하니, 류장생(劉長生)이,

"두분이 하시는 말씀은, 상사(上士) 지인(至人)이라야 능히 행할 수 있는 것이지 나같은 사람은 많이 보는 다견(多見)으로써 묘용(妙用)을 삼고, 지식을 넓히는 광식(廣識)으로써 공부(工夫)를 해야만 합니다." 왕옥양(王玉陽)과 학태고(郝太古)가 함께,

"색마(色魔)를 단련한 사람이 고금(古今)에 적지 않게 있지만, 그와 같이 단련했다는 말은 들어보지 못했습니다." 하니, 담장진(譚長眞)이,

"뜻이 있는 이는 재주를 부릴(使巧)만도 하고, 뜻이 없는 이는 세태에 융합하지 않고 우직(愚直)한 대로 만족하면 되는 것이니, 각자가 묘용(妙用)이 있는 대로 하면 되는 것으로 깊이 따질 필요가 없습니다." 하는 것이었다.

날이 벌써 어두워졌는지라, 네사람은 곧 그 정자 안에서 타좌(打坐)하며 앉아서 밤을 지새우고, 다음날에는 각각 서로 헤어져 길을 떠났다.

서로 헤어져서 혼자 길을 가던 학태고(郝太古)는, 화음(陝西省 華陰縣) 지방으로 가는 길에서 고개를 들어 높은 산 하나를 눈여겨 쳐다보니 산모양이 손바닥 처럼 펼쳐져 구름 위에 높이 솟아 있었다. 지난번에 스승의 영구(靈柩)를 모시고 서쪽으로 갈 때는 영구(靈柩)가 어깨위를 누르고 있었기 때문에 여기저기를 돌아다 볼 수 없어서 이 산을 제대로 보지 못했지만, 지금이야 한가롭게 산보하며 자유롭게 거닐며 가기 때문에, 길가면서 산(山)도 구경하고 물(水)도 구경하면서 가기 때문에 마음껏 눈여겨 바라보니, 마음 깊이 우러러 보아지고 돌이켜 생각해보건데, 스승께서 도(道)를 마칠 수 있는 지리라고 예건해주셨넌 바로 그곳이었다.

이에 정상에 올라 그 아래를 바라보니 만산(萬山)이 모두 굽어보며 쳐다보는 것이었다. 옛적 구래공(寇來公)이 시(詩)로 읊기를,

只有天在上 更無山與齊
지유천재상 갱무산여제

다만 위에 있는 것은 하늘 뿐,
이보다 높은 산 또 없겠구나.

擧頭紅日近 廻首白雲低
거두홍일근 회수백운저

머리를 쳐드니 붉은 해가 가까이 있고,
고개를 돌리니 흰 구름이 밑에 있도다.

  원래 이 산은 서악(西嶽)의 태화(太華) 선산(仙山)으로서, 산 위엔 도교(道敎)의 사원(寺院)인 궁관(宮觀)이 십여군데 있으며, 모두 도인(道人)들이 분향(焚香)하고 수도하는 곳이라 대단히 번잡했다.
  학태고(郝太古)는 후미지고 조용한 곳을 한군데 찾았다. 자기는 원래 석공(石工)일을 할 줄 알았으므로, 가서 망치와 정을 만들어다가 신공(神功)을 운용(運用)하여 석벽(石壁) 위에 넉넉히 무릎 꿇고 들어앉을만한 동굴(洞) 하나를 파놓았다. 그가 막 들어가 정양(靜養)공부를 하려는데, 별안간 도(道) 닦는 사람 하나가 부들방석을 짊어지고, 손에는 삽(便鏟)을 들고 와서는 학태고(郝太古)에게 이 동굴에서 자기가 타좌(打坐)를 하도록 내어 달라하며 학태고(郝太古)가 미처 말대꾸 할 겨를도 없이, 동굴 속으로 쏙 들어가버렸다. 그리고는 부들방석을 깔아 놓고 타좌(打坐)하는 것이었다. 허락을 하거나 말거나 상관없이 동굴을 그가 먼저 점령해 버린 것이다. 학태고(郝太古)는 마음씨가 자비롭고 어진 사람이라, 아무말도 하지 않고 곧 이 동굴을 그 사람에게 주어버렸다.
  다시 위로 올라가서 보니, 길 곁에 높이가 수십척이나 되는 커다란 바위가 있으므로, 학태고(郝太古)는 바로 이 돌에 구멍을 뚫기 시작하였다. 무척 이나 까다롭게 온 힘을 다 허비하고 동굴 하나를 완성했는데, 먼저 만든 것에 비해 좀더 크고 넉넉했다. 마음속으로 퍽 기뻐했지만, 또, 도(道) 닦는 사람 하나가 찾아올 줄을 어찌 알았으랴! 찾아온 도인은,
  "앉아서 타좌(打坐)할 곳이 없으니, 노인장께서 부디 이 동굴을 제게 자비해 주시기 바랍니다." 하고 간절히 청하였다. 학태고(郝太古)는 수행인으로서, 그 사람의 소원을 들어주느라고, 지난번

처럼 이 동굴을 또 그 사람에게 양보해 주었다. 이렇게 계속 해서 십여년이 지나는 동안, 학태고(郝太古)는 천신만고(千辛萬苦)를 다 겪으면서, 칠십이동(七十二洞)을 만들었는데 칠십이인(七十二人)이 와서 달라하는 대로 모두 주게되었으므로, 칠십이동(七十二洞)이 만들어지게 되었다.

그러나 정작 자신이 수양할 곳을 마련하지 못했던 학태고(郝太古)는 깊은 뒷산 한 곳에서 동굴을 뚫을 만한 만길(萬丈)이나 되는 석벽(石壁)을 발견했다. 그곳은 제비도 날아오지 못할 자리이며 거기에다 굴을 파면 제아무리 날아다니는 재주를 가진 도(道) 닦는 친구라도 그곳까지는 오지 못할 것처럼 여겨졌다. 그러나 그 만길 절벽에는 갈 수 있는 길이 없으므로, 만일 가려면 밧줄을 타고 내려가고, 밧줄을 잡고 올라와야만 했다. 학태고(郝太古)는 그 자리를 자세히 살펴보고 나서, 산을 내려가, 그 동안 여러 해에 걸쳐 탁발해서 모아놓은 돈으로 기다란 밧줄 하나를 사가지고 왔다. 또한, 오는 도중에 얌전하고 성실해 보이는 제자(徒弟) 하나를 얻게되어 기쁜마음으로 함께 산으로 올라왔.

제자와 함께 산으로 올라온 학태고(郝太古)는 긴 밧줄 한끝을 큰 나무에 붙들어 매어놓고, 망치와 정을 지니고, 손으로는 그 밧줄을 옮겨잡으면서, 발을 석벽에 버티어 디디며, 천천히 내려가 바로 그 자리에 다다르게 되었다. 그곳은 원래 앉고 서고 할만한 움푹한 자리가 하나 있었으므로, 그는 매일 열심히 굴을 팔 수 있었다.

또한, 그 성실한 제자는 스승께 밥을 정성스레 지어드렸는데, 학태고(郝太古)는 매일 한끼니씩만 식사를 하고, 밤중이 되어서야 돌아왔다.

그러나 이 성실했던 제자는 견디지 못하고 귀찮아져서 생각하기를,

'나는 다만 조용하고 한적하게 도(道)를 공부하겠다고 말했는

데, 나에게 밥만 짓게 할 줄 어찌 알았으랴! 이처럼 고생하면서, 도(道)를 배워서 나에게 무슨 이익이 있겠는가?' 그리고는 곧 불량한 마음을 일으켜 살짝 손도끼(紫刀)를 몸에 숨겨 지니고 있다가, 태고(太古)가 식사를 끝내고 동굴을 파러 갈때, 뒤쫓아 따라갔다. 태고(太古)가 긴 밧줄을 옮겨 잡고 밑으로 내려가자, 그 성실하고 충후(忠厚)했었던 제자는 손도끼를 꺼내 가지고, 단번에 밧줄을 끊어버리매, 줄이 앞으로 한번 당겨지더니, 만길(萬丈)이나 되는 절벽아래로 떨어져버려 학태고(郝太古)가 죽었는지 살았는지 알 길이 없었다. 요사이 좋은 일하는 어떤 사람이, 학조동(郝祖洞) 석벽(石壁)에 네구절 글을 적었는데 그 네 구절은 이러하다.

君子小心小心 下去九里三分
군자소심소심 하거구리삼푼

군자는 조심하고 조심하라.
9리3푼 떨어져 내려가느니,

人從華陰墜下 商州去把屍尋
인종화음추하 상주거파시심

화음에서 떨어진 사람
상주(陝西省商縣)에서 시체를 찾도다.

한편, 그 성실해보였던 제자는 긴 밧줄을 단 한칼에 쳐서 끊어 버려, 사부(師傅)가 만길 절벽에서 떨어져 틀림없이 바닥에 철썩 부딪혀 피와 살이 뭉크러지고 온몸이 흩어져 버렸을 것이라 여기고 곧 이부자리와 행장을 수습하여 짊어지고, 바로 산 아래로 내려갔다.

십여리를 가다가 큰 바위 있는 곳에 도착했는데 산 아래에서 사부님을 닮은 어떤 사람이 걸어오고 있는 것이 보였다. 자세히 보니, 아닌게 아니라 바로 그분인지라, 그는 깜짝 놀라 등덜미에 식은땀이 흠뻑 흘러내렸으며, 바로 정면으로 한 대 얻어맞은 기분이라, 어리둥절 무어라고 할 말이 없어서, 큰 소리를 질러 하는 말이,

"사부(師傅)님, 어디 다녀오십니까?" 라고 하였다. 학태고(郝太古)는 빙긋이 웃으며,

"이 정이 닳아 무디어져서 상주(商州) 오(吳)가네 대장장이(鐵匠)집에, 정을 치러갔다 오는데, 너는 지금 행장을 꾸려 등에 지고 어디로 가느냐?" 하고 물으니, 그 제자는,

"저는 사부(師傅)님이 오래도록 돌아오지 않으시므로, 일부러 여기까지 나와서 선생님을 맞이하는 것입니다." 라고 대답했다. 학태고(郝太古)는 가가대소(呵呵大笑) 크게 웃으며,

"참으로 효순(孝順)스러운 제자로구나. 사부(師傅)가 잠시동안 돌아오지 않는다고 네가 이렇게 마음을 써서, 행장을 등에 지고 나를 영접하러 오다니! 이 산을 올라가려면 아직도 십일리(十一里)나 이리(二里) 길이 남았고, 해는 겨우 세길 높이밖에 남지 않았으니, 어떻게 해가 지기전에 거기까지 갈 수 있을 것인가? 네가 이부자리를 짊어지고 오지 않았다면, 오늘밤은 꼼짝없이 추위에 시달릴 뻔했다."

학태고(郝太古)는 이렇게 말을 마치고는 큰 바위 밑에 앉아있는 제자 앞을 지나, 그냥 지나쳐 가버리는 것이었다. 그 제자는 이런 생각 저런 생각을 하다가,

'나의 사부(師傅)님은 도대체 어떤 분일까? 그렇게 깎아지른 듯한 높은 낭떠러지 절벽위에서 떨어졌어도 죽지 않다니, 이는 아마도, 그 고생 수가 아직도 남아 있어서, 동굴 뚫는 곳에 힘을 더 쏟기 전에는 소요(逍遙) 자재한 몸이 될 수 없기 때문일 꺼야. 그게 아니지, 그분의 이런 모든 행동을 볼 때 신선이 아닐 수 없어.

그렇지 않다면, 어떻게 그런 곳에서 죽지 않고 살아서 다시 재빨리 돌아왔으며, 더구나 나를 보시고는 빙긋이 웃기만하고, 조금도 성내거나 원망하지 않으실 수 있겠어? 분명히 도량이 대단히 크신 분이실꺼야. 내가 만일 지금 이 사부(師傅)님을 놓쳐버리면, 넓으나 넓은 이 하늘 아래를 다 뒤져도 이토록 자비로운 다른 사람을 다시는 찾아내지 못할 지도 몰라.

아! 그러고 보니, 너무나 큰 잘못을 저질렀구나! 다시 산으로 올라가서, 그분을 모시면서 그분의 말씀에 복종하도록 해야겠어. 그래야 나중에 얼굴이라도 내밀 수 있을꺼야.' 이렇게 생각하고, 뒤쫓아 따라가서, 사부(師傅)님을 뵙고서,

"긴 밧줄이 끊어져 버렸으니, 어떻게 동굴을 파러 가시겠습니까?" 하고 말씀을 올리니 학태고(郝太古)가 말하기를,

"그거 걱정할 것 없다. 기다려보라, 내가 뛰어 내려갈 것이니까!" 하고는, 몸을 솟구쳐서 만길이나 되는 낭떠러지로 허공을 밟고 뛰어 내려갔다.

身輕體快如飛雲 何懼懸岩萬丈高
신경체쾌여비운 하구현암만장고

몸이 가볍고 빠르기가 날아가는 구름 같은데
낭떠러지가 만길이나 높다 한들 무엇 그리 두려울까?

제20회 : 기생들과 어울려 색마단련하는 장생자와, 그 장생자를 만나고 있는 달마조사(達摩祖師)

제 20 회
색마단련(色魔煅煉)하는 장생자(長生子)를 만나는 달마조사(達摩祖師)

련색상연화혼적 설묘어도념순진
煉色相烟花混迹 說妙語道念純眞

색상을 단련하기 위해 연화원에다 자취를 감후고,
신묘한 말씀으로 강설하는 도념 순진하구나!

見美如無不動心 工夫到此自然深
견미여무불동심 공부도차자연심

미색을 봄에 있어서 움직이지 않는 마음마져도 없듯이 하라.
공부가 이 경지에 이르르면 자연 심오해질 것이니.

有人學得眞空法 虎嘯龍吟邁古今
유인학득진공법 호소룡음매고금

사람들이 이 진공법을 배워 얻을진대
영웅되어 나타나 고금을 벗어나리라.

학태고(郝太古)는 료도(了道)한 사람인데, 어떻게 그가 거꾸로 떨어져 박살난단 말인가? 제자가 밧줄을 끊을 때, 그는 이미 범체(凡體)를 벗어버렸고, 지금은 다만 와서 도(道)를 한번 나타내는 것에 불과한 것, 후세 사람들에게 신선이란 원래 배울 수 있다는 것을 알려준 것이다. 그 제자는, 사부(師傅)님이 석벽(石壁)을 뛰어내리는 것을 보고, 속으로 해괴하여 깜짝 놀랐으며, 며칠동안 기다려도 올라오지 않으므로, 저 갈데로 떠나고 말았다.

한편, 서로 헤어져 혼자 길을 가던 류장생(劉長生)은 일심(一心)으로 색마(色魔)를 단련(煅煉)하려고 작정했다. 사람들의 말을 들으니, 하늘에는 극락 세계가 있고 땅위에는 소주(蘇州)·항주(杭州)가 있는데, 소주(蘇州)·항주(杭州)는 강남(江南)에서 경치 좋기로 유명하며 그 소주(蘇州)와 항주(杭州)에 미녀(美女)가 많이 난다고 하므로, 곧 가기로 하고 소주(蘇州)와 항주(杭州)로 찾아왔다. 돌맹이 몇 덩어리를 주워서 건드려 황금(黃金)과 백은(白銀)이 되게 하고, 도인(道人)의 옷차림새는 벗어 치워버리고, 주단(綢緞)으로 지은 의복을 몇벌 사서 그것을 갖추어 입고는, 거드름을 피우고 뽐내면서 연화원(烟花院)이라는 기생집으로 들어갔다. 기생어미(鴇兒)가 접수할 제, 묻는대로 털어놓지 않을 수 없어서, 물음에 따라 류장생(劉長生)은,

"나의 호(號)는 장생자(長生子)라 하고, 연산(燕山·河北省大興縣) 사람이며, 진주와 보석을 구입하러 이곳까지 오게되었소. 그동안 집을 나와 오랫동안 홀아비 노릇만을 하고 지내왔으니 어서 아주 좋은 아가씨 하나 골라주시오. 내 오랜만에 기분 한번 흔쾌히 풀어보고 싶구료." 하고 설명했다. 그 기생어미는 보석을 가진 손님이라는 말을 듣고, 바로 재신보살(財神菩薩)님이 오신 줄로 알고, 얼굴에 함박 웃음을 보이며, 곱절이나 더 잘 받들어 모시려고, 그를 절색(絶色)미인이 있는 아가씨의 방으로 인도했다.

이 아가씨는 이름을 사옥(似玉)이라 하는데, 기생중에서도 이름난 기녀(妓女)로서 거문고 타기와, 노래와 춤, 어느 것이고 모두 잘하며, 글씨와 그림 솜씨도 좋고, 또 시(詩)도 몇 마디씩 읊을 줄 알고, 날씬하고 아름다워 사랑할 만한 여자였다. 이 사옥(似玉)이가 장생자를 보니, 기개와 도량이 시원스럽고 말씨도 온화하고, 또 아주 대범하며 조금도 째째하거나 인색한 것 같지 않으니,

어찌 이런 좋은 손님을 잘 모시지 않을 수 있겠는가. 그래서 사옥(似玉)은 최대한 따뜻하게 상냥을 떨며 가지가지 온갖 교태를 부리며, 얌전하게 애교를 떨어 댔다.

장생자(長生子)는 중양(重陽)선생이 가르쳐주신 저 두 구절의 말씀 대로 하였다.

〈태산이 바로 눈앞에서 무너져도 놀라지 않는다. 일부러 놀라지 않는게 아니라, 바로 눈앞에서 무너져도 아직 무너지지 않은 것과 같이 한다. 미녀(美女)가 눈앞에 있어도 동(動)하지 않는다. 일부러 동(動)하지 않는게 아니라, 바로 눈앞에 있어도 아직 눈앞에 없는 것 같이 한다.〉

장생자(長生子)는 사부(師傅)님의 이 두마디 말씀 대로 마음속을 텅텅비게하고 티끌하나도 소유(所有)가 없게하여, 마장(魔障)이 들어올 연유(緣由)를 없앴다. 그 아가씨의 온갖 정태(情態)와 갖가지 풍류(風流)로도 도무지 그의 마음을 움직일 수는 없었다. 이 마음(心)이란 결국 일신(一身)의 주인공이라, 마음(心)이 동(動)하지 않으면 몸(身)은 저절로 고요(靜)할 것이며, 그밖에 의(意·뜻)와 염(念·생각)도 모두 마음(心)이 지시하는 대로 듣는 것이므로, 마음(心)이 동(動)하지 않으면 의(意)·념(念)도 감히 동(動)하지 못하고, 단지 일거리 좋아하는 안정(眼睛·눈)과 이타(耳朶·귀) 두사람만 있을 뿐이니, 호들갑스런 색(好色)을 보거나, 간들어진 소리(好音)를 듣게되면, 마음(心)에게 와서 알려주는 것이다. 장생자(長生子)는 이 마음(心)을 치켜세워 잘 처리 함에 마음(心) 보고 결코 안정(眼睛·눈)이나 이타(耳朶·귀)가 하는 말을 믿지 말며 큰일을 저지르지 않게 하였더니, 과연 마음(心)이 그의 말 대로 되었다. 어떠한 것을 듣고 보았어도 바로 아무것도 듣고 본 바 없이 되었으며, 마치 어린아이처럼 다만 재미있게 장난치며 놀뿐이지, 정사(情事)를 따로 느끼거나 분간할 줄 몰랐다. 한 침대에서 한 베개를 베고 머리를 맞대고 자더라도, 한낱 냄새나는 가죽 주머니와 다를 것 없고, 또 한낱 분칠한 해골이 옆에 붙어 있는 것일 뿐, 그 위에 더 무슨 큰 재미도 없었다. 다만 울긋불긋한 색을 눈이 피할 수 없고, 딩동댕동하는 소리를 귀가 피하지 못하고 듣게 될 뿐이었다.

장생자(長生子)는 또 안정(眼睛·눈)과 이타(耳朶·귀)를 한번 치켜세우며 하나의 방법을 가르쳤는데, 보아도 안본 것처럼 하고, 들어도 안들은 것 같이 하라 했더니, 『눈』과 『귀』는 바로 그가 시킨 처방대로, 하나는 눈먼 체하고, 하나는 귀먹은 체했으므로, 아무리 그 아가씨와 함께 일어나고 함께 쓸어져 자도 그나 내가 어떤 모양을 하고 있는 사람인지 어떤 귀중한 것을 가지고 있는지조차 알 수 없게 된 것이다. 그리고 류장생(劉長生)이 『심주(心主)』와 『안정(眼睛·눈)』과 『이타(耳朶·귀)』이 세분 어른을 치켜세워 잘 모셨기 때문에, 이 세분 어른께서는, 그를 연화원(烟花院) 안에서 잘 보호하여, 닦아서 한동(一洞)의 진선(眞仙)을 이루도록 하게 한 것이다. 이때가 되니, 더욱 형적(形跡)에 구애되지 않아서, 항상 그 기녀(妓女)들의 방에서 희롱하고 놀며, 그 기녀(妓女)들이 그를 보고 돈(銀錢)을 쓰고 싶다 해도, 돈 주면서 어디에 쓰려는지 캐묻지도 않고, 아무도 희롱하는 일이 없었으므로, 종일 웃으며 즐겁게 지냈다.

또, 하루는 기녀들 몇명이 사옥(似玉)이에게 꽃을 가지고 와서, 장생자(長生子)더러, 사옥(似玉)이와 어깨를 나란히 앉으라 하고, 그 자리에서 그 신선한 꽃 한 송이를 장생자(長生子)의 머리에 꽂아주고, 또 남자의 옷을 벗기고 여자 옷으로 갈아 입히려고, 그의 가슴 앞단추를 끄르는데, 마침 그 때 갑자기 밖에서 어떤 사람이 "에헴" 하고 기침하는 소리가 들리더니 웬 낯선 외국 스님(胡僧) 하나가 쑥 들어왔다. 그 스님은 시꺼먼 얼굴에 짧은 수염이 나 있었고, 눈은 부리부리 튀어나온 왕방울 같고 눈썹은 굵고 억세며, 이마는 툭 불거지고 코는 높다란 괴기(怪奇)한 생김새였다.

그래서 기녀(妓女) 몇 명이 깜짝 놀라, 장생자(長生子)의 뒤로 들어가 숨고, 아무 소리도 감히 하지 못했다. 이 낯선 외국 스님(胡僧)은 원래 서역(西土)의 달마조사(達摩祖師)로서, 남해(南海)로 돌아다니다가, 방향을 돌려 항주(杭州)를 지나는 길에 자줏빛 안개(紫霧)가 연화원(烟花院)에서 공중으로 솟아오르는 것이 보여 이곳에 오게 되었다. '이것은 진선(眞仙)이 세상에 내려오신 것이 틀림없는데 왜 하필이면 기생집에서 자무(紫霧)가 유락(流落)하는가? 어서 가서 교화(敎化)하여 그를 우선 제도해야지' 하고, 연화원(烟花院)으로 막 들어오는데, 그때가 바로 기녀들과 장생자(長生子)가 어울려서 꽃을 꽂아주고 옷을 벗기며 시끌벅쩍 한바탕 법석을 떨고 있을 때였던 것이다. 연화원(烟花院) 안에서는 기생어미가 옷장하고 궤들을 정리하기에 정신이 팔려 있었으며, 나머지 기녀들은 모두 자기 방에서 졸고 있었는데, 뒤쪽에서 즐겁게 웃는 소리가 들려 곧바로 쑥 들어온 것이었다.

　장생자(長生子)는 한눈에 보통 사람이 아닌 것을 알아채고, 황급히 일어나서 예(禮)로서 앉을 것을 권하였다. 장생자(長生子)가 마침, 탁자 위에 있는 구리로 만든 물시세를 보니, 물을 넣는 단지에 물이 차서 차(茶)를 넣을 수 없고, 바로 물을 데울 수도 없고 하여, 급히 구리로 만든 물시계를 집어다 배(肚皮) 위에 올려놓고는 화공(火工)을 움직이니 순식간에 물시계 단지속의 물이 부글부글 끓는 소리가 나며, 주전자 주둥이에서 더운 김이 품어져 나와 어느 사이 물이 끓는 것이었다. 이에 찻잎을 한 움큼 찻잔에 집어넣고 끓인 물을 부어 두손으로 받쳐들고 달마조사(達摩祖師)께 공손히 올렸다. 그곳에 있던 기녀들은 이 희기(希奇)한 광경을 보고 다만 멍청하니 바라만보고 있다가, 일제히 괴기(怪奇)한 일이라고 감탄할 뿐이다.

　장생자(長生子)는 웃으며,

　"이것은 오행(五行) 중의 한점 진화(一點眞火)를 사용한 것 뿐인데 무엇이 그리 이상한가? 나는 또 배(肚皮) 위에서 빈대떡을 부쳐먹을 수도 있다네." 라고 말을 하니, 기녀(妓女)들이 이 말을 듣고 의아해 하며, 밀가루를 가져다가 물로 반죽해서 순식간에 대접 크기만하게 넓적하게 빈대떡을 만들어 주면서 장생자(長生子)에게 부쳐보라는 것이었다. 장생자(長生子)는 그것을 손에 받아 배(肚皮) 위에 올려놓고, 왼쪽으로 세 번 돌리고, 오른쪽으로 세 번 돌리니까, 빈대떡은 벌써 익는 색깔을 띄우기 시작하였다. 다시 또 뒤집어놓고 돌리고 몇 번을 돌리니까, 빈대떡이 벌써 익어 버렸으므로, 기녀(妓女)들에게 주니, 기녀(妓女)들은 너도 한 움큼 가져가고, 나도 한 조각 뜯어서 빈대떡을 먹어치웠다.

　달마조사(達摩祖師)께서는 세계를 공(空)으로 보신 분으로, 만사(萬事) 일체를 마음에 담아두지 않으셨고, 평생 사람들과 계교(計較)를 더불어 하지 않으셨으며, 넉넉하고 광대(廣大)하게 함양(涵養)하신 자비(慈悲)로 포라(包羅)하는 담담(淡淡)한 분이셨지만, 어찌 그보다 더한 도술(道術)을 한번 보여주고 싶지 않았으랴?

　그러나, 그분은 전연 미동(微動)도 하지 않으시고, 도리어 약간 어리석은 체하면서,

　"당신의 지금 그 방법은 아주 재미있는 놀이입니다. 내가 갔다 돌아와서, 당신이 배우신 것을 좀 배우고 싶습니다." 라고 말을 마치고는, 공수(拱手)의 예(禮)로 작별하며 떠날 때에, 네 구절 말씀을 남겼는데 이르되,

"既識東來路 西歸勿敎差
기식동래로 서귀물교차

이미 동토로 온 길을 알았으니,
서천 가는 길을 잘못 가르치지 말라.

休將眞性昧 久戀不歸家
휴장진성매 구연불귀가

그치라, 진성 어둡게 하는 것을
오래 탐련하면 고향집에 돌아갈 수 없노라."

하였다. 류장생(劉長生)도 그 말씀을 듣고 네구절로 대답하여 이르되,

"空空無一物 怎得念頭差
공공무일물 즘득념두차

빈 것마저 텅비어 한물건도 없는데,
어찌 뒤틀린 념두 물어나리요?

此身誰作主 何處是吾家
차신수작주 하처시오가

이 몸은 누가 주인 되시며,
어느 곳이 나의 집입니까?"

라 함에, 달마조사(達摩祖師)는 이 네구절의 말을 들으시고나서, 그가 수행하는 사람인 것을 알고 더 이상 말하지 않고, 표연히 사라졌다.

한편, 왕옥양(王玉陽)은, 남쪽으로 와 고현(苦縣)에서 장생자(長生子)와 더불어 강도(講道)할 때 장생자(長生子)가 소주(蘇州)·항주(杭州)에 가서 색마(色魔)를 단련(煅煉)하겠다는 말을 했고 그 후 작별한지 일년이 넘었으므로 장생자(長生子)가 기생집에 오래 있다가, 진성(眞性)을 잃어버릴까 걱정이 되었다. 그래서 왕옥양은 장생자(長生子)를 찾아서 그에게 빨리 산림(山林)으로 되돌아가자고 권할 생각으로 이날 항주(杭州)에 와서, 몇 군데

기생집을 돌아다녀 보았으나, 그를 찾아내지 못하고, 이곳을 지나치다가, 마침 유두분면(油頭粉面)을 한 두 여자가 문앞에 서 있는 것을 보았다. 그는 그 앞을 다가가서, 장생자(長生子)의 행방을 물어보려고 하는데, 그가 다가가는 것을 두 기녀(妓女)가 보더니, 곧 해죽해죽 웃으면서 묻기를,

"이 도장(道長)님은 혹시 배(肚皮) 위에다 빈대떡을 부치는 그 손님을 만나러 오신 것 아닙니까?" 하므로, 왕옥양(王玉陽)이 그 말을 들으니 기괴(奇怪)한지라, 아마도 장생자(長生子)가 이 안에 있는가 의심나서, 바로 입에서 나오는 대로,

"예, 바로 그분을 만나러 왔습니다." 하고 대답했다. 그랬더니, 기녀(妓女) 하나가,

"그분을 만나러 오셨으면, 나를 따라 오세요." 하고는 안으로 들어가기에 왕옥양(王玉陽)이 그 뒤를 따라 들어갔다. 그 두 기녀는 그가 여기 온 진정한 뜻은 헤아리지 못하고 어제 본 외국 스님(胡僧)도 몸에 대령(大領·도포 두루마기)을 입고 손엔 편산(便鏟·삽)을 들고 있었는데, 옥양(玉陽)도 역시 대령(大領)을 입고 편산(便鏟)을 쥐고 있었으므로, 그분이 와서 그 손님을 만나면, 반드시 또 한바탕 재미있는 일이 벌어져 볼만한 구경거리가 되리라 생각하고 안내했던 것이다. 그들이 방문 가까이 이르렀을 때 갑자기 기생어미의 고함치는 소리가 들려, 그 두 기녀(妓女)는 옥양(玉陽)을 그냥 놔두고 밖으로 나가버렸다.

왕옥양(王玉陽)이 보니, 방문이 반쯤만 닫혀있어, 손으로 밀고 열어 보니까, 과연 장생자(長生子)가 절색(絶色)의 기녀(妓女)를 옆에 데리고 침상에 앉아 졸고 있는 것이었다. 옥양(玉陽)은 한번 흘깃 보고서는 웃음을 참지 못하며 탁자 위에 있는 탄불화로를 가져다가 가볍게 콕콕 쩔어서 불이 살아나게 하여 그것을 장생자(長生子)의 얼굴을 향하여 후욱 불었다. 그랬더니 탄불꽃이 거기 같이 있던 아가씨의 얼굴로 마구 튀어가서 곱고 보드라운 살결을

데게 만들었다. 깜짝 놀라 깬 아가씨는, 옷소매로 마구 털어대며,

"불장난하는 사람이 누구야?" 하고 되는대로 큰소리로 야단치니 장생자(長生子)가 웃으면서,

"마귀 대장(魔鬼大將)이 장난을 치는군!" 하니, 왕옥양(王玉陽)도 역시 웃으면서,

"내가 마귀 대장(魔鬼大將)을 놀리는 것이지!" 하므로, 장생자(長生子)는 입에서 나오는대로,

"당신은 나더러 마귀(魔鬼)라고 하면 바로 내가 마귀(魔鬼)가 되는 것이지만, 한번 마귀가 되어봐야만 발을 헛디디어 넘어지지 않을 것이요. 당신이 불장난하여 남의 얼굴을 데어놨으니, 나와 당신을 비교해 누가 더 마귀같은가?" 하면서, 왕옥양(王玉陽)이 곧바로 서로의 이야기를 하려하는데, 류장생(劉長生)이 말하기를,

"빨리 가시오. 빨리 가시오. 누가 초(楚)나라 지방에서 당신을 도안(道岸)에 함께 오르려고 기다리고 있어요." 하는 것이었다. 왕옥양(王玉陽)이 묻기를,

"사형(師兄)께서는 언제 가시겠습니까?" 하니, 장생자(長生子)는,

"갈 때가 되면 갈것이니 따로 날짜를 정할 필요 없어요." 하였다.

왕옥양(王玉陽)은 그 말을 듣고, 까닭이 있으리라 여기고, 공수례(拱手禮)로 간단히 인사를 나누고 연화원(烟花院)을 나와 초(楚)나라 땅을 향했으며, 가다가 도중에서 우연히 담장진(譚長眞)을 만났는데, 서로 말하기를,

"아무리 바삐 돌아다녀도 이익은 없고, 정양(靜養)하면서 공부(功夫)함만 못하다." 하고, 두 사람이 함께 운몽현(雲夢縣·湖北省)에 들어가서 수련(修煉)하기 수년(數年)에 정과(正果)를 이루었으며 담장진(譚長眞)은 운수집(雲水集)을, 왕옥양(王玉陽)은 운광집(雲光集)을 지었고, 담장진(譚長眞)은 4월 초1일에 비승(飛

昇)하였으며, 왕옥양(王玉陽)은 4월 24일에 비승(飛昇)하였다. 한편, 장생자(長生子)는 연화원(烟花院)에서 색상(色相)을 공(空)으로 단련(煅煉)하기를 마치고 소주(蘇州)·항주(杭州)를 떠나 다시 동로(東魯·山東)로 가서, 입산(入山) 정양(靜養)하다가, 가태 3년(嘉泰三年) 계해(癸亥) 2월 초8일에 상승(上昇)하였으며, 〈진수집(眞修集)〉을 저술하였다. 또 학태고(郝太古)는 여러해 동안 태화산(太華山)에서 수양(修養)하다가, 을축(乙丑)년 11월 30일에 상승(上昇)하였으며, 〈태고집(太古集)〉을 저술하였다.

　연꽃, 그 인연따라 맺어져 이룬 일곱명의 칠진인(七眞人) 중에서 네분(四位)이 끝맺음(了局)을 하셨고, 구장춘(邱長春)·마단양(馬丹陽)·손불이(孫不二) 세분의 일만 남았다. 우선 손불이(孫不二)로부터 이야기하면, 낙양(洛陽)에서 12년동안의 고수(苦修)로 대도(大道)를 성취하여, 변화가 무궁하게 되었다. 문득 손불이(孫不二)가 생각하기를, 마단양(馬丹陽)이 집에 있으면서 살림만 보살피다가는 끝내는 료도(了道)할 수 없을 것을 알고, 집에 돌아가서 교화하여 주리라 마음먹었는데, 한편 생각하니, 내가 낙양(洛陽)에 여러 해 있는 동안 사람들이 모두 나를 미친년(瘋婆)이라고 불렀는데, 만약 도(道)를 나타내 보여주지 않는다면, 어떻게 삐뚤어진 인심(人心)을 바로잡아주고 제도할 수 있겠는가 생각하고는, 바로 기와 굽던 가마굴을 나와서, 나뭇가지 두 개를 뚝 꺾어 가지고, 입으로 진기(眞氣)를 두 번 불어넣고, 고함을 질러 꺾은 나뭇가지 두 개로 바로 남자와 여자 하나씩 둔갑시켜 가지고, 서로 끌고 끌려가도록 하며, 낙양성안(洛陽城內)으로 들어갔다. 백성들이 보니 미친 할머니가 이름도 모를 남자를 끌고, 길거리에서 이리뛰고 저리 뛰어다니며, 어깨를 껴안기도 하고 허리를 껴안기도 하는 것을 보고, 성안 사람들이 욕을 했지만 달아나지도 않았고 때려줘도 물러가지도 않는 것이다. 그러니 어찌 성안 사람들이 화가 치밀지 않으랴? 더구나 낙양(洛陽)은 사방으로 다 통하는 대도시에다가 옛부터 예의(禮義) 바른 고장이니, 어찌 함부로 시끄럽게 놀아나는 꼴을 용납하겠는가?

그래서, 여러 사람들이 그 두사람을 처치하기로 상의하였다.

自古街道宜靜鴉 豈容男女亂胡爲
자고가도의정아 기용남녀란호위

자고로 길거리는 조용하고 규범에 맞아야 하는데,
어찌 남녀가 아무렇게나 어울린단 말인가?

제21회 : 낙양 기와가마굴에서 장엄하게 도(道)를 이루는 손불이의 감동적인 화공(火工)장면

제 21 회

손불이(孫不二) 성도(成道)와 마단양(馬丹陽)과의 재회(再會)

손불이락양현도술 마단양관서회우인
孫不二洛陽顯道術 馬丹陽關西會友人

손불이는 낙양에서 도술을 드러냈고,
마단양은 관서에서 도우와 만나다.

休敎六賊日相攻 色色形形總是空
휴교륙적일상공 색색형형총시공

여섯 도둑을 가르쳐 날마다 공격케 말라.
형형색색 있는 것들 모두가 공이니,

悟得本來無一物 靈台只在此心中
오득본래무일물 령대지재차심중

본래 한물건도 없음을 깨닫고 보니,
영대는 이 마음 가운데 있는 것을.

손불이(孫不二)는, 나뭇가지를 가지고 자기 용모를 닮은 일남일 녀로 둔갑시켜, 매일 어깨와 목을 껴안고 길거리를 돌아다니게 하며 사람들이 아무리 두들겨줘도 물러가지 않고, 욕을 해도 도망치지 않게 하니, 이웃 사람들이 어찌할 도리가 없어, 함께 뭉쳐 낙

양현(洛陽縣)에 탄원(歎願)하기를,

〈성 전체의 점포 상인들은, 풍속을 바로잡아 이웃사람들이 정숙을 본받게 하려고 삼가 탄원합니다. 정황을 말씀드리면, 먼 곳에서 수년 전에 어떤 미친 부인이, 성밖의 무너진 기와 가마굴 속에 몸담아 살고 있기로, 저희들은 그 고통을 생각해서 차마 쫓아내지 못하고, 항상 음식을 주어, 그 목숨을 살려왔습니다. 그런데 이제는 그 미친 여자가 어떤 남자와 함께, 매일 어깨를 끼고 목을 끌어안고 낄낄거리고 웃어대며 장난치고 돌아다니고 있어, 여러 차례 쫓아내려고 하였지만 떠나질 않아 그 뜻을 이루지 못했습니다. 낙양(洛陽)이란 곳은 사방으로 다 통하는 대도시로서, 남과 북의 요충지(要衝地)인데 어찌 이런 더럽고 추한 일로 외방에까지 웃음거리가 되어서야 되겠습니까? 바라옵건데, 청렴결백하게 처리해 주셔서 요남(妖男)과 요부(妖婦)를 없애버려 주시기 바라는 바입니다.〉

낙양현(洛陽縣)의 현주(縣主)는 이 품첩(稟帖)을 보고, 한참동안이나 깊이 생각하더니, 붓을 들어 판결을 내리기를,

〈이른바 정신 이상자는 본성(本性)을 잃어버린 것이라, 인사(人事)를 잘 알지 못하는 고로 모든 일(凡事)에 허물을 용서받게 되지만, 이번의 탄원서를 보건대, 이는 본성을 잃은 것이 아니요, 일부러 미친 짓을 하는 것이다.

남녀가 함께 놀아나는 것은 원래 예법(禮法)에 저촉되는 것으로서, 어깨를 끼고 목을 끌어안고 하는 일은 풍속 교화를 크게 해치는 일로서, 대낮에도 오히려 감히 그와 같이 한다면, 밤에 하는 짓이야 말을 안해도 알리라.

이웃 사람들이 사는 곳은 행락(行樂)하는 곳이 아니며, 무너진 기와 가마굴 역시 터놓고 음행하는 곳이 아니다. 그렇게 쫓아내려 해도 가지 않으니, 반드시 형적(形跡)마져도 싹 없애 지워버려야 하리라.

그러므로 그들이 가마굴 구멍으로 돌아가는 것을 기다렸다가 그때에 한 수레의 나무도 아깝다 하지 말고 가져다가 불을 질러, 그 종자들을 없애버리도록 하라.〉라고 판결을 내리고 사령(衙役)을 시켜 이웃 사람들에게 그 판결문을 전하여 시행토록하니 바로 각자가 땔나무 한 다발씩 들고, 무너진 기와 가마굴로 향하여 가고 있는데 마침 그 실성한 남자와 지랄병 여자가 서로 손을 잡고 기와가마굴로 들어가고 있었다.

  그것을 본 여러 이웃 사람들이 "와아" 하고 함성을 지르며 땔나무를 갖다가 가마굴에 던지니, 경각간에 기와 가마굴에는 나무가 산같이 쌓였으며, 불을 지르니, 뜨거운 불길이 훨훨 타오르며 불꽃이 이리저리 마구 튀기 시작했다.

  그런데 갑자기 한 덩어리 짙은 연기가 기와 굴구멍으로부터 위로 쑤욱 올라오더니, 오색 상서로운 구름으로 변하고, 구름 속에 세분의 선인(仙人)이 단정히 앉아 계시는데, 한가운데에 앉은 그 사람은 바로 길거리에서 제멋대로 시끄럽히던 미친 할매였다. 지랄병 여자이자 미치광이인 할매가 구름 끝에서 나와서, 시내의 여러 사람들에게 말하기를,

  "나는 한 수행인(修行人)으로서, 고향은 산동(山東)이고, 성(姓)은 손(孫), 이름은 불이(不二)로서, 미치광이로 몸을 숨기고, 여기서 12년 동안 수련(修煉)했습니다. 이제 대공(大功)을 성취했으므로, 불(火)을 빌어 비승(飛昇)하고 싶었습니다.

  그래서 나무가지를 일남(一男) 일녀(一女)로 변화시켜, 여러분들을 여기까지 이끌어 오시도록 한 것입니다. 이제 여러 훌륭하신 분들의 전송을 받게 되었으니, 마땅히 이 지역이 편안하도록 이 일남(一男) 일녀(一女)를 여러분들에게 보내드려서 실지 증거가 되도록 할 것입니다." 하고는, 좌우에 있는 두사람을 구름 끝에서 밀어서 떨어뜨리니, 거꾸로 굴러 떨어졌다.

  사람들이 황급하게 손에 받아보니, 갈라진 두 개의 나뭇가지에

지나지 않으므로 모두 함께 크게 웃었다. 그후 다시 그 미치광이 여자를 보았을 때는 벌써 하늘 높이 구름속으로 들어가서, 몸은 점점 아득하게 작아지더니, 깜짝할 사이에 새매와 같이 까만 그림자만 남기다가, 곧장 위로 솟구쳐 올라갔다. 점점 작아지기를 동전크기만 하더니, 콩알만하다가, 없어져 버리는 것이었다.

모든 사람들이 공중을 바라보며 예배(禮拜)를 하였다. 그후 과연 몇해동안 계속해서 우순(雨順) 풍조(風調)하여, 산물(産物)이 많아지고 백성들이 넉넉하게 살게 되었으므로, 사람들이 그 성(盛)한 덕(德)에 감사하며, 삼선사(三仙祠)라는 사당 한 채를 지어 모셨는데, 기도하는 모든 사람들에게 감응(感應)되지 않음이 없었다.

한편, 손불이(孫不二)는 산동(山東) 영해현(寧海縣)에 돌아와서, 마가장(馬家庄)안으로 들어가니, 어느 사이 마흥(馬興)이 보았는지 급히 뛰어 나와 영접하는 것이었다. 손불이(孫不二)가 곧바로 집안으로 들어간 사이 마흥(馬興)은 곧 바로 원외(員外·馬丹陽)에게 가서 알렸다. 마단양(馬丹陽)이 곧 나와서 만나보며,

"손도우(孫道友), 고생했습니다." 라고 말하니, 손불이(孫不二)가,

"사형(師兄)님은, 어찌 고생이라고 말씀하십니까? 이 괴로울 『고(苦)』자는 우리들 수행인에게 있어서는 고증(考證)이 되는 것입니다. 이 『고(苦)』를 견디어 내지 못한다면, 어찌 능히 수행(修行)한다고 할 수 있겠습니까?" 이렇게 이야기하고 있는 사이, 여러 아이들과 노복들이 한꺼번에 와서 인사를 올리므로 불이(不二)는 좋은 말로 안위(安慰)해 주었다.

그날밤 마단양(馬丹陽)과 함께 어깨를 나란히 하고 타좌(打坐)를 했는데, 마단양(馬丹陽)은 한 밤을 지새우는 동안에 몇차례 자리에서 내려갔다가 되돌아와서 앉고 했지만, 손불이(孫不二)는 앉았던 자세 그대로 전혀 움직이는 일이 없었다.

마단양(馬丹陽)이 말하기를,

"내가 손도우(孫道友)의 좌공(坐工)을 보니, 나에 비해 훨씬 잘 하는구료." 하니, 손불이(孫不二)가 말하기를,

"좌공(坐工)만 당신보다 조금 나은 것이 아니라, 현묘(玄妙) 또한 당신보다 십분 더 뛰어납니다."

마단양(馬丹陽)이 이르되,

"당신, 나를 얕보지 마세요. 돌을 건드리면 은(銀)이 되게도 할 수 있다오."

손불이(孫不二) 이르되,

"당신이 돌을 건드려 은(銀)을 만들 수 있다면 저는 돌을 금(金)이 되게 할 수도 있어요. 그러나 금(金)이나 은(銀)으로는 생사(生死)를 마칠 수 없으며, 신선도 될 수 없으니, 원래 수도인에게는 아무 쓸데가 없는 물건입니다.

옛날에 순양려조(純陽呂祖)가 종리로조(鍾離老祖)를 따라 도(道)를 배울 때, 종리로조(鍾離老祖)께서 금백(錦帛) 비단으로 싼 물건 하나를 순양(純陽)에게 등에 짊어지고 다니게 하셨답니다. 그런데 그 무게가 수십근인지라 삼년을 짊어지고 다니니, 두 어깨가 닳아 벗겨져서 맞창이 났어도, 그는 터럭끝만큼의 원망이나 불평도 아니했다고 합니다. 하루는 로조사(老祖師)께서 순양(純陽)에게 꾸러미를 끌러 보라 하시어, 끌러보니 그것은 돌이었더랍니다. 그래도 순양(純陽)은 역시 화내거나 한탄하지 않으니 노조사(老祖師)께서 말씀하시기를,

'이게 비록 돌맹이일지라도, 건드리면 가히 금(金)이 되게 할 수 있으므로 그대가 3년동안 지고 다닌 일이 헛되지 않으리라.' 하시고, 손으로 한번 가리켜서 그 돌덩이를 황금(黃金)으로 변하게 해놓고, 순양(純陽)에게 이르기를,

'내가 그대에게 돌(石)을 건드려 금(金)으로 만드는 법을 전수해주려 하는데, 어떻겠는가?' 하시니, 순양(純陽)이 로조사(老祖

師)에게 여쭈어 묻기를,

'돌을 금으로 변화시키면, 영원히 다시 돌로 변하지는 않는 것입니까?' 하니, 종리로조사(鐘離老祖師) 말씀이,

'건드려서된 점금(點金)은 진금(眞金)과 똑같지 않아서 진금(眞金)은 시종(始終) 영원불변하나 건드려서된 점금(點金)은 500년 후에는 다시 돌(石)이 되어버린다네.' 하는 말씀을 듣고 순양려조(純陽呂祖)께서는 로조사(老祖師)에게 사양하며 말씀드리기를,

'그렇다면 제자는 배우기를 원치 않습니다. 이 술법(術法)은 500년 전에는 이득이 있을지라도 500년 후에는 손해를 끼치게 되는데, 어찌 500년 후의 사람들을 그릇칠 수 있겠습니까? 그러므로 저는 배우고 싶지 않습니다.' 라고 하니, 종리로조(鐘離老祖)께서는 감탄하시며,

'그대의 도념(道念)에는 내가 따르지 못하겠네. 과위(果位) 증득(證得)은 나보다 윗자리게 오르게 될 것이야.' 하셨답니다.

이를 추론(推論)해보건데, 이까짓 돌(石)을 건드려 금(金)이 되게 하는 묘술(妙術)쯤이야, 후세에 해로움이나 끼칠 뿐이지, 도(道)에 무슨 이익이 있겠습니까?" 라 하니, 이 이야기에 마단양(馬丹陽)이 설득되어, 잠자코 아무 말도 없었다.

또 하루는 손불이(孫不二)가 물 한솥을 뜨겁게 끓여 통에 넣어 가지고 방에 들어와 목욕 대야에 붓고 마단양(馬丹陽)에게 목욕하라 하는 것이었다. 때는 8월달이어서 기후가 아직도 더운 때였기 때문에 보기만 해도 김이 무럭무럭 올라오므로 손끝도 갖다 댈 수 없었다. 마단양(馬丹陽)이 손을 넣어 보다가 너무 뜨거워 손을 데었으므로 연성(連聲), "목욕 못해요. 목욕 못해요." 하고 말하니 손불이(孫不二)가 웃으며,

"당신은 여러 해 동안 수행하셨으면서, 이 만한 공부도 못하셨군요. 기다리세요, 제가 목욕할테니." 말을 마치고는, 옷을 벗고 목욕을 하는데, 더운물을 끼얹으며 몸을 씻으면서도, 조금도 뜨겁

다는 소리없이, 목욕을 끝낸 후, 옷을 걸치고 나서니, 마단양(馬丹陽)이,

"당신은 나와 함께 같은 한 선생님 밑에서 도(道)를 배우고, 똑같이 공부를 했는데, 어찌해서 당신의 도술(道術)이 나보다 훨씬 월등하단 말이요?" 하니, 손불이(孫不二)가,

"전해받은 것은 같지만, 수련하는 것이 같지 않았던 것입니다. 제가 낙양(洛陽)에서 고수(苦修)하기를 12년동안 하고서야 비로소 이만큼 현묘(玄妙)할 수 있게 되었습니다. 그런데 당신은 집안에서 향락과 한가함에 안주(安住)하여 집만 지키면서 한 걸음도 옮기지 않고 고수(苦修)도 하지않고 집(巢穴)에서 떠나는 것을 두려워했으니, 어찌 이런 묘용(妙用)을 얻을 수 있겠습니까?" 마단양(馬丹陽)이 이말을 듣고는,

"사부(師傅)님이 우화승선(羽化昇仙)하신 후에는, 집뜰을 지켜줄 사람이 없었기 때문에 멀리 나가지 못했지만, 이제 당신 도우(道友)가 집으로 돌아와 부탁할 수 있게되었으니, 나도 밖에 나가서 도(道)를 찾아 다녀보아야 하겠소." 하고, 그날 밤 도장(道裝)으로 바꿔입고 날이 조금 밝아지기를 기다려 사람들이 잠들어있는 틈에 슬그머니 장문(莊門)을 빠져나오니, 아무도 아는 사람이 없었다.

손불이(孫不二)는 마단양(馬丹陽)이 밖으로 나가는 것을 보고 '이번에 가면 마단양(馬丹陽)은 반드시 성도하리라. 그렇다면 이 많은 재산을 남겨 무슨 소용이 있으랴!' 라고 생각하고는, 재산으로 다리와 길을 고치며, 빈한한 사람들을 두루 구제하고, 또 마명(馬銘)의 아들을 양자로 삼아 대를 잇게 하고, 마옥(馬鈺)의 집안과 대소종가(大小宗家)를 맺어나가게 하는 등, 모든 일을 순리에 맞게 정리하고는, 태산(泰山)의 옥녀봉(玉女峰)으로 들어가 숨어서, 수년동안 수양하다가, 3월 19일에 비승(飛昇)하였다.

한편, 마단양(馬丹陽)은 영해현(寧海縣)을 막상 떠나기는 했지

만, 어디로 가야 좋을지 몰랐다. 불현 듯 떠오르기를 사부(師傅)님의 분묘(墳墓)가 섬서(陝西)에 있으니, 꼭 한번 섬서(陝西)쪽으로 가보아야 하겠다고 마음을 작정하고 서쪽으로 걸어가다가 하루는 장안(長安)지방에 도착하게 되었다.

저 멀리 앞 마을을 바라보니, 한 도우(道友)가 나오고 있는데, 모습이 구장춘(邱長春)과 닮았으므로, 마음속으로 생각하기를, 맞던 안맞던 하여간 큰소리로 한번 불러보리라 하고, 큰 소리로, "구도우(邱道友)!" 하고 불렀더니, 그 사람이 듣고 바라보더니 쏜살같이 이쪽으로 뛰어 오는 것이 과연 구장춘(邱長春)이었다. 그래서 그들은 만나 서로가 인사를 마치고, 함께 길가에 앉았다.

마단양(馬丹陽)이 묻기를,

"요즈음 몇 년동안 어느 지방을 다녔으며, 수련 공부하여 어떤 것을 얻었는가?"

구장춘(邱長春)이 대답하기를,

"사부(師傅)님의 산소가 이곳에 있으므로, 차마 멀리 떠날 수 없어 이곳에 있으면서, 연성(煉性) 공부도 소홀히 하지 않고 있습니다." 하니, 마단양(馬丹陽)이 웃으며,

"사부(師傅)님은 대도(大道)를 얻어 마치셨는데, 어찌 죽어 사라지셨겠는가? 소위 죽음을 보여주신 것은, 다만 뒤에 오는 사람들이 신선만 되겠다고 하는 망상을 끊어주게 하시려던 것에 불과하지, 어찌 죽을 『사(死)』자에 얽혀 진짜 죽으셨겠는가? 연성(煉性)은 내공(內功)이며, 덕행(德行)은 외공(外功)으로서 선생님께서 일찍이 내공(內功)과 외공(外功)을 겸수(兼修)해야만 현묘(玄妙)하다 하셨는데, 그대는 지금 스스로 공부를 소홀히 하지 않고 있다고 말하고 있으니, 어찌 틀린 일이 아니겠는가?" 하는 말을 구장춘(邱長春)이 듣고는, 황홀히 크게 깨닫고, 바삐 단양(丹陽)에게 감사해 하며,

"사형(師兄)의 말씀이 아니었다면, 죽을 때까지도 어리석음을

벗어나지 못했을 텐데, 이제 단 한마디 말씀으로 깨우쳐 주시니, 구(邱)아무개 저로서는 참으로 다행한 일입니다." 하면서, 또 왕중양(王重陽)선생의 영구(靈柩)를 모시고 오던 때, 사부(師傅)님의 얼굴을 뵈온 이야기를 마단양(馬丹陽)에게 한바탕 하고나니, 단양(丹陽)이 말하기를,

"사부(師傅)님이 항상 그대에게 말씀하시기를, '재주를 감추고 나타내지 않으며 숨어서 모습을 감춰야 하는 도광회적(韜光晦跡)을 하지 못하고 약은 체 우쭐대며 좁은 꾀나 부릴것이므로 여섯 사람이 모두 도(道)를 이룬 다음에라야 될 것이다.' 라고 하셨으니, 조심하고 경계하시게나. 만약 능히 스스로 돌이켜 생각하고, 그 지혜와 꾀를 감추고, 정성을 돈독히 하면 사부(師傅)님이 전수해주신 도(道)를 빠짐없이 그대에게 전수하리라." 하니 장춘(長春)이 이 말을 듣고, 더할나위 없이 기뻐하며 단양(丹陽)을 인도하여 대위촌(大魏村)으로 가서, 선생의 사당(廟宇)에 참배하고, 또 종남산(終南山) 아래에까지 가서, 분대(墳台)에 참배한 연후에, 도반(道伴)을 이뤄 함께 형양(荊襄·荊州·襄陽) 지방을 돌아다니기로 했다.

구장춘(邱長春)은 깊이 회개하며, 행동을 조심하고 나타내는일 없이 다시는 약은 체 우쭐대며 좁은 꾀나 부리는 일이 없었다. 마단양(馬丹陽)이 도묘 현기(道妙玄機)를 그에게 가르쳐줌에 구장춘(邱長春)은 묘체(妙諦)를 부지런히 참오(參悟)하며, 조금도 게으름 피는 일이 없었다.

마단양(馬丹陽)은, 초(楚)나라땅의 경치가 번화하여, 섬서(陝西)의 소박한 것만 못하므로, 결국 장춘(長春)과 함께 양하(襄河)에서 사곡(斜谷)으로 갔다.

하루는 눈이 크게 내리므로, 두 사람은 차고 썰렁한 절집에 들어가서 부들방석 하나를 둘이 깔고 앉아 타좌(打坐)하면서 고생하게 되었다. 두 사람이 어찌하여 부들방석 하나를 함께 쓰게 되

있는가?

  그것은 구장춘(邱長春)이 마가장(馬家莊)에 도착하여 도(道)를 배울 때 도가(道家)의 기구를 아무 것도 가지고 있지 않았기 때문에. 그전에 중양(重陽)선생을 모시고 강남(江南)에 가게 되었을 때, 마단양(馬丹陽)이 손수 마련한 납의(衲衣)와, 부들방석(蒲團)과 삽(便鏟)을, 모두 갖추어 구장춘에게 모두 챙겨 주었고, 또 선생의 영구(靈柩)를 모시고 갈 때, 이 부들방석을 납의(衲衣)로 싸서 관(棺)위에 놓아가지고, 구장춘(邱長春)이 섬서(陜西)로 갔는데, 이 몇 해 동안 납의(衲衣)는 늘 입어서 떨어지면 깁고 또 깁고 다닥다닥 기워서 누더기가 되었지만, 부들방석은 아직도 헤어지지 않아, 성한대로 있었다.

  마단양(馬丹陽)은 집에 있을 때야 타좌(打坐)하는데 모전(毛氈)과 요가 있었으므로 구태여 따로 부들방석(蒲團)을 만들 일이 없었는데, 집을 떠나면서 허둥대며 급히 떠나오는 바람에 부들방석도 마련하지 못하고 다만 세탁할 때 갈아입을 옷 몇가지와, 잔돈 은자(銀子) 몇량만 가지고 나오게 되었고, 구장춘(邱長春)을 만나서는 가지고온 돈마저 모두 써버렸기 때문에 그후로는 줄곧 장춘(長春)이 탁발해 오는 것에 전부 의지해 그날그날을 지내며 한 사람이 탁발해온 것으로 두 사람이 노자돈을 했다.

  그러니 어디에 남는 돈이 있어 부들방석을 장만하겠는가? 그리하여 두 사람이 부들방석 하나를 가지고 서로 등줄기를 맞대고 타좌(打坐)하게 된 것이다.

  수행(修行)하는 사람은 원래 안일(安逸)을 구하지 않고, 다만 그대로 견디어 밀고 나가기만하면 틀림없이 매듭을 질 수 있는 것이다. 이것은 그전에 한 이야기를 두어마디 요약한 것뿐이다.

  그런데 마단양(馬丹陽)과 구장춘(邱長春)은 사곡(斜谷)의 차가운 절 집안에서 타좌(打坐)하고 있었는데, 그날 밤 큰 눈이 온통 내려서, 평지에서도 눈 깊이가 석자가 되었다. 이 사곡(斜谷)은 첩첩 산중으로 인가에서도 꽤나 멀리 떨어져 있고, 먹을 것도 찾을 데가 없으므로, 두 사람은 사흘낮 사흘밤을 꼬박 굶게 되었다.

飢寒逼迫難言苦 怎不敎人妄念生
기한핍박난언고 즘불교인망념생

굶주림과 추위가 핍박하니 괴로움 말로 다 할 수 없다.
어찌하여 사람에게 망념을 일으키지 말라고 했단 말인가?

제22회 : 마의상법(麻衣相法)으로 유명한 관상쟁이가 탁발하러온 구장춘에게
신선되기는커녕 굶어죽을 관상이라고 단언하다

제 22 회

마단양(馬丹陽)과 만난 구장춘(邱長春), 구장춘(邱長春)의 굶어죽을 관상

분포단대도불연정 문상법당면파인량
分蒲團大道不戀情 問相法當面把人量

포단을 나눠 가짐은 대도가 정에 끌리지 않음이요,
상보는 법을 물으니 얼굴을 보고 그 자리에서 사람의 운명을 알리다.

作善如登百尺竿 下時容易上時難
작선여등백척간 하시용이상시난

착한 일 하는 것은 백자 되는 장대에 오르는 것 같아
내려가는 것은 쉬워도 오르기는 어려우리!

只須勤力行功果 莫使身中膽氣寒
지수근력행공과 막사신중담기한

다만 힘껏 노력해서 공과를 행할지언정,
몸 가운데 담력이 서늘케 하지 말라.

마단양(馬丹陽)과 구장춘(邱長春)이 사곡(斜谷) 차가운 절집에서 타좌(打坐)하고 있을 때, 눈에 막혀서 밖에 나가 탁발도 할 수 없게 되었다. 구장춘(邱長春)은 마단양(馬丹陽)이 도(道)를 마친(了) 사람인 줄을 알지 못하고, 다만 '그가 부잣집 출신으로서 어떻게 이런 냉동(冷凍) 추위를 견딜 수 있을 것이며, 이와 같은 굶주림과 추위를 어찌 견딜 것인가? 어떻게 해서라도 죽이나 국 한 그릇이라도 얻어다 드려서 기갈(飢渴)이 풀어지도록 해드려야지.' 라고 생각하며 절을 나와 둘러보니, 진령(秦嶺)에는 구름이 가로 걸쳐져 있고, 천산(千山)에는 눈이 가득 쌓여, 아무리 살펴보아도 인가(人家)라곤 하나도 눈에 뜨이지 않고, 길자취도 모두 눈으로 덮혀버려 어디에다 발을 디뎌야할지도 전혀 알 수가 없었다. 만약 억지로 걸어 나섰다가는 눈구덩이에 빠져 꼼짝 못할 것이니, 먹을 것을 얻기는커녕, 목숨도 보장할 수 없으리라. 그래서 구장춘(邱長春)은 이리저리 바라만 보다가 결국 도로 절 집안으로 들어와서 앉아버렸다.

그러나 마단양(馬丹陽)이 기아(飢餓)에 떨고 있는 것이 하도 딱해서, 죽이나 국을 먹게 해야할텐데 하는 생각으로 구장춘(邱長春)은 마음이 요동쳐서 신기(神氣)가 요란하고 심사가 편치 않았기 때문에 앉았어도 안온(安穩)할 수가 없었다. 하룻밤을 지새도록 이 생각 때문에 속이 뒤집혀 시끄러운 것이 그치지 않고 있는 것이 어느 사이에 이 지방을 맡고 있는 토지신(土地神)을 놀라게 하였으니, 그 토지신이 황망히 움퍽 패인 산골짜기에 있는 장(張)씨 노인 집으로 가서 꿈을 꾸게 한 것이다.

장(張)씨 노인은 마침 그때 깊은 잠이 들어 신혼(神魂)이 뒤바뀌어 있는 때였는데, 홀연히 어떤 백발 할아버지가 집안에 썩 들어와서,

"나의 절집 안에 수행인(修行人) 두 분이 오셨는데, 눈으로 길이 막혀, 지금 3일낮 3일밤을 꼬박 굶고 계시니, 그대는 빨리 일어나, 식사를 조금 마련해서 가지고가 그분들의 기갈(飢渴)을 풀어드리도록 하라." 말을 마치고는 보이지 않는 것이었다. 장(張)씨 노인이 번쩍 놀라 깨어나, 곧 마누라를 큰소리로 불러 깨워 꿈 이야기를 해주었다. 이 마나님은 평생 신명을 아주 잘 신앙해온

터라. 이 말을 듣고는, 바삐 일어나, 불을 피우고 아들과 며느리를 불러 일어나도록 해서 모두 함께 음식을 장만하도록 했다. 그리고 그들에게 꿈에 백발 할아버지가 나타나셔서 알려주신 이야기를 들려주니 아들과 며느리도 너무나 기뻐하며, 얼마 걸리지 않아서 밥을 다 지어 놓았다. 날이 밝자 노인 영감도 일어나서, 아들에게 밥상을 가지고 가라하여 차디찬 절집으로 가서 그 두분이 잡수시도록 하였다.

마단양(馬丹陽)이 생각하기를,

'이 사람은 이 근처에 사는 사람으로서, 우리들이 굶주림을 당함을 보고, 측은한 생각이 나서, 이렇게 밥을 해가지고 와서 기갈(飢渴)을 풀어주는 구나.' 하고, 그것도 역시 있을 수 있는 일이라고 생각하며, 장춘(長春)과 함께 밥을 먹고 나서, 고맙다고 한마디 사례하고는, 여전히 타좌(打坐)를 하는 것이었다. 장(張)씨 노인의 아들은 두 사람의 식사가 끝나기를 기다려, 그릇과 수저를 챙겨가지고 돌아갔다.

그런데, 마단양(馬丹陽)이 오후까지 좌공(坐功)하고 앉았다가, 일어나 밖으로 나가서, 날씨가 어떠할지 보고있는데, 저쪽에서 누구가 한사람이 오고 있는지라. 그의 눈에 띄어 만나게 되면 귀찮게 될까 걱정되어, 급히 절집으로 들어와서, 자리에 막 앉으려는데, 구장춘(邱長春)이 일어나서 하는 말이,

"보건데, 수행하는 사람에게는 감응이 있습니다. 제가 어제 저녁에, 사형(師兄)께서 기아(飢餓)를 견디지 못하실까봐, 우연히 한념(一念)을 일으켰습니다. 어찌해서라도 죽이나 국을 마련해서 사형(師兄)님의 기갈(飢渴)을 풀어드렸으면 하구요. 염두(念頭)를 한번 일으켰더니, 오늘 아침에 밥을 가져오는 이가 있었습니다. 이것이 감응이 아니고 무엇이겠습니까?" 하니 마단양(馬丹陽)이 벌컥 안색을 변하면서 노하여,

"군자(君子)는 도(道)를 모색할 뿐 먹을 것을 모색하지 않는다

고 했거늘, 그대는 도(道)에로 나아가는 공(功)은 생각지 않고, 한가지로 음식만 탐내고 있으니, 과거심을 두어서는 안되고, 현재심을 가져도 안되며, 미래심도 일으키면 안된다는 말씀을, 어찌 듣지 못했단 말인가? 그대가 지금까지도 이 3심(三心)을 다 없애지 못하고, 일념(一念)마져 순수하지 못하니, 어찌 도(道)를 깨칠 수 있겠는가? 나는 이제부터 그대와 동행(同行)하지 않을 것이니 여기에서 분파(分罷)해야 하겠노라."

장춘(長春)이 이 말을 듣고, 잘못 염두(念頭)를 일으켰음을 후회하였고, 좋은 말로 만류하면서, 두 사람이 한창 이야기를 나누고 있었다. 그때 어떤 사람이 집에 땔 나무가 떨어져 절 앞에서 나뭇가지를 한짐 베어가려고 왔다. 마단양(馬丹陽)은 그가 손에 낫을 들고 있는 것을 보고, 잠깐 쓸데가 있으니 좀 빌려달라고 하자 그 사람은 낫을 어디에 쓰려는 것인지 모르고 바로 낫을 내주었다. 마단양(馬丹陽)은 낫을 받아 쥐고 부들방석(蒲團)을 두쪽으로 쳐 자르고는, 낫을 그사람에게 도로 건네주었다. 그리고는 장춘(長春)에게,

"포단(蒲團)을 두쪽으로 나누었으니, 그대가 한쪽 가지고 나 한쪽 가지고 각각 따로 공부에 힘쓰도록 하세. 처음 시작은 부지런히 하다가 나중엔 태만하여, 자기 전정(前程)을 망치지 말도록 하세." 말이 끝나자 마단양(馬丹陽)은 밖으로 나가버렸다.

이에 구장춘(邱長春)이 어찌 그대로 있으랴? 그는 마단양(馬丹陽)의 뒤를 쫓아 따라 나섰다가, 그 나뭇꾼 눈에 띄어 나뭇꾼이 그에게 묻기를,

"이런때 사부(師傅)님은 어디로 가십니까?" 구장춘(邱長春)이 다급하게 대답하기를,

"내 사형(師兄)을 뒤쫓아 가려합니다." 하니, 그 사람이 사방을 두루 훑어봐도 사람의 그림자 형적(形迹)조차도 없는지라,

"당신의 사형(師兄)은 어디로 가신다 하셨습니까? 살펴보아도

통 보이질 않습니다." 구장춘(邱長春)은 중간(中間)을 가리키며,

"그 어른은 이 길로 가셨을 겁니다." 말을 하니,

"이 길은 몇 십리를 가도 인가가 없을 뿐만 아니라, 날도 벌써 저물었는데, 또 어디에서 유숙하신단 말입니까? 그러니까 잠깐 하룻밤을 지내신 뒤에, 내일 그분을 찾으러 떠나셔도 늦지 않을 것이니 제가 권하는 대로 하세요." 하는 나무꾼의 말에 다시 구장춘(邱長春)이,

"이왕에 나를 도와주시려거든, 큰 소리로 몇 번만 불러주세요. 혹시 들으시고, 되돌아오실지 모르니까." 그 사람은 알 수 없는 노릇이었으나 곧 나무에 올라가서 큰 소리로 불렀다.

"도장(道長)님! 빨리 돌아오세요. 가지마세요. 가지마세요……" 하고 연거퍼 십여차례를 소리질러 불러보았지만, 아무런 반응이 없으므로 나무에서 내려와, 뗄 나무가지를 끌어모아 묶어가지고 나뭇꾼은 집으로 돌아가버렸다.

이때 마단양(馬丹陽)은 이미 도과(道果)가 성취되어져 있었다. 그래서 그는 구장춘(邱長春) 혼자 스스로 수련(修煉) 하도록 하여 공부(工夫)가 잘 되도록 해야지, 그렇게 하지 않고 만약 한실목에 함께 있다가는, 도리어 구장춘(邱長春)의 앞길을 그르치게 될 것이라 생각하고 헤어지기로 결심했던 것이다. 이날로 마단양(馬丹陽)은 절집에서 나와버려 곧 바로 토둔법(土遁法)으로 곧장 하남성(河南省) 숭산(嵩山)으로 가서 정양(靜養)하다가 가태(嘉泰) 갑자년(甲子年) 2월 27일에 비승(飛昇)하셨고, 저서로는 〈수진어록(修眞語錄)〉이 세상에 전해지며 일곱분의 진인(眞人) 중에 여섯 번째로 국(局)을 맺으셨다.

다만 구장춘(邱長春)이 아직 도(道)를 이루지 못하고 있었는데, 마단양(馬丹陽)과 분단(分單)되어 홀로된 후, 더욱 깊이 힘써 정진할 몇가지 서원(誓願)을 세우고 제망시(除妄詩) 한수를 지었는데 시(詩)에 이르되,

"妄念萌時不可當 飢思飯食渴思湯
망념맹시불가당 기사반식갈사탕

망념이 싹틀 때를 어찌당하랴.
배고프면 밥생각 목마르면 물생각.

今將妄念一齊了 改換曩時舊肚腸
금장망념일제료 개환낭시구두장

이제 망념 모조리 없애버리고,
옛날 못된 버릇 묵은 창자 바꾸어야지.

妄得人財筋骨斷 妄貪人食口生瘡
망득인재근골단 망탐인식구생창

재물 함부로 취하면 근육과 뼈 끊어질 것이요.
음식 함부로 탐하면 입에 종기날 것이라.

般般妄想總消盡 身內空空無所藏
반반망상총소진 신내공공무소장

이러저러한 망상 모두 쓸어버리니,
몸안은 텅비어 감춰진 것 아무것도 없다."

시(詩)가 다 되니 한없이 기뻤다.

한달 남짓 돌아다녔는데, 자칫 잊어버릴까 걱정되어, 목공소에서 판자 한조각을 얻어가지고, 그것으로 아주 조그마한 패를 만들었다. 필묵을 빌려다가 그 패에 여덟 구절 말을 써서, 눈에 띄면 마음이 놀라 깨도록 했는데, 그 팔구화(八句話)는,

"妄念欲除除不淸 今於牌上寫分明
망념욕제제불청 금어패상사분명

망념을 없애려 해도 깨끗이 다 맑혀지지 않아,
지금 이 패위에 분명히 써 놓는다.

妄言妄語齊除盡 妄想妄貪俱掃平
망언망어제제진 망상망탐구소평

망언과 망어를 한꺼번에 싹 없애버릴 것이며,
망상과 망탐도 소탕하여 모두 평정하리라.

妄接銀錢手爪斷 妄貪飯食口生疔
망접은전수조단 망탐반식구생정

망령되이 은전을 받으면 손톱이 짤릴 것이요,
망령되이 음식을 탐내면 입에 부스럼이 날 것이라.

時時檢點身邊事 莫敎七情六慾生
시시검점신변사 막교칠정륙욕생

때때로 신변에서 일어나는 일 점검하며,
칠정 육욕이 생기지 못하도록 할 것이다."

구장춘(邱長春)은 패를 다 쓰자, 그것을 옆구리에 차고, 매일 한두번씩 쳐다보기로 하였는데, 이 망(妄)이 조금 그치면, 그만큼 공부가 한 걸음 깊어져서, 이『망(妄)』떼어내는 공부는 점점 단련되어 순숙(純熟)해졌다.

여기저기를 하염없이 돌아다니다가, 하루는 하동(河東)지방에 와서, 길옆에 큰 저택 한채가 있어 바라보니, 꽤 정제(整齊)하게 꾸며졌으며, 저택문(莊門)도 활짝 열려있었다. 마침 점심때가 되었으므로, 탁발하려고 다가가니, 안에서 심부름하는 사환 하나가 나오기에, 구장춘(邱長春)이,

"나는 멀리서 왔는데 좋으신 저택에서 특별히 한 끼니 시주를

부탁합니다." 하니, 사환이 이 말을 듣고 곧 안으로 들어갔는데 얼마 되지 않아, 식사를 담은 쟁반을 받쳐들고 와서, 저택 앞에 있는 받침돌 위에 놓으며 구장춘(邱長春)에게 잡수시라고 하여 구장춘(邱長春)이 그것을 곧 바로 먹으려 하는데, 갑자기 머리나 수염이 반백(半白)이 된 50여세 되어보이는 노인이 안에서 나왔다. 그는 장춘(長春)을 옆눈으로 힐끗 쳐다보더니, 쟁반속의 찐만두 두 개를 손으로 집어서 장춘(長春)에게 주고는, 나머지는 사환을 불러 도로 가지고 안으로 들어가라고 하는 것이었다. 구장춘(邱長春)이 보고 마음 속으로 못마땅해서 노인에게 말하기를,

"이 사환은 음식을 받쳐들고 와서 빈도(貧道)에게 주며 연분이 닿도록 하였는데, 어찌하여 또 그 사람에게 도로 뺏어 들어가게 하십니까? 이것은 노선생께서 아까워서 그러시는 것입니까? 혹은 빈도(貧道)가 받을 복이 없어서 입니까? 노선생께서 거리낌없이 그 까닭을 밝게 가르쳐 주시기 바랍니다." 하니, 그 노인이 웃으며,

"한끼 식사를 드리는 인연쯤이야, 저같은 사람이라도 어찌 맺지 못하겠습니까? 도장(道長)께서 단지 그것을 받을 만한 복이 없기 때문입니다." 구장춘(邱長春)이 깜짝 놀라며,

"내가 밥한끼 마저도 전연 얻어먹을 수 없다면 필연코 무슨 연고가 있을 것이니, 노선생께서는 저에게 확실히 가르쳐 주시기 바랍니다."

노인이 말하기를, "저는 어릴 때부터 마의상법(麻衣相法)에 정통(精通)하여, 여러해 동안 세상 각지를 떠돌아다니면서, 사람들의 궁통수요(窮通壽夭)와 영고득실(榮枯得失)을 판단해 줌에 있어서 조금도 착오가 없었으므로, 사방 각지에서는 내게 새마의(賽麻衣)라는 별명을 지어 주었습니다. 마침 내가 도장(道長)의 상을 보니, 배부르게 밥을 먹어서는 안될 인상인 듯 합니다. 만약 한 끼니를 배부르게 먹게 되면, 그것으로 인하여 그후에는 몇 끼니를

못먹고 굶주리게 되므로, 아주 조금만 드셔서, 당신이 끼니마다 굶지 않도록 하는 것만 못하겠기에 이 노인네가 호의를 베푼것이지 아까워서 그런 것이 아니었습니다."

장춘(長春)이 이 말을 듣고 고개를 끄덕이며 말하기를,

"노선생께서 저도 수행(修行)을 하면 성도(成道)하겠는지 못하겠는지 저의 상(相)을 한번 자세히 살펴봐 주셔서 저에게 살운(煞運)이 있다면 터럭끝만큼도 틀림없이 바로 말씀해 주십시오."

새마의(賽麻衣)가 또한번 그 상(相)을 보고서,

"성도(成道) 못합니다. 못합니다. 제가 곧이곧대로 말한다고 언짢게 생각하지 마시오. 당신의 상(相)을 보건데, 코끝에서 두줄기 주름이 양쪽으로 갈라져 내려와 입(口)으로 들어갔는데, 이것을 상법(相法)에서는 등사쇄구(螣蛇鎖口)라 하여 굶어죽기 마련이라 하였고, 그외에 다른 부위가 아무리 잘 생겼다하더라도, 끝내는 굶어죽는 액운(厄)을 면치 못한다 하였습니다. 그렇다면 이 액운을 이미 면할 수 없으니, 어떻게 성도(成道)할 수 있단 말입니까?"

구장춘(邱長春)이 나급해서 묻기를, "이것을 고치는 방법은 있습니까?"

새마의(賽麻衣)가 다음과 같이 대답했다. "상(相)이란 종신(終身)의 운명을 결정짓는 것인데, 어찌 고칠 방법이 있겠습니까? 일단 죽는 방법외에는 없는데 한번 죽어버리면 부귀 빈천도 끝나는 것입니다. 속가에 있든지 출가를 했든지 막론하고, 굶어 죽어야 한다면 끝내는 굶어죽어야 하는것이지, 피하여 벗어날 수도 없고, 해결할 방법도 없어요.
두가지 옛사람 이야기를 할테니 들어보세요.

열국(列國)시대에 조(趙)나라에 무령왕(武寧王)이 있었는데 그 임금이 굶어죽을 상(相)을 가지고 있었어요. 한 나라의 군왕자리에 있는 사람이, 어찌 굶어죽는단 말입니까? 그런데 두 아들 형제

가 왕위를 빼앗으려고, 전쟁을 일으켰습니다. 그래도 부모가 변을 당할까 걱정하여 먼저 궁문을 닫아 봉쇄(封鎖)하여 병사로 하여금 지키게 하고는, 쌍방이 칼을 들고 서로 쳐죽이기 시작했는데, 몇 달을 싸워도 끝장나지 않았어요. 그러는 사이 궁중에서는 식량이 떨어져, 궁인(宮人)들은 모조리 굶어 죽었고 조(趙)나라 무령왕(武寧王)도 찻물 한 잔도 얻어먹지 못해 입을 축이지도 못하고 일주일 동안을 굶주리고 있었답니다. 그때 마침 궁전 앞에 있는 나무 위에 새 집이 있는 것을 보고, 새 새끼라도 잡아먹으려고, 곁에 있는 긴 사다리를 나무 사이에 옮겨 기대어 놓고, 조심스레 나무 위로 올라가 보았지만, 새 새끼는 놀래 벌써 둥지를 나가버렸고, 새알 하나가 있기에, 그것을 손에 들고 막 먹으려하는데, 느닷없이 어미새가 날아와서, 한쪽 날개로 확 치는 바람에, 조(趙) 무령왕(武寧王)이 손에 잡고 있던 새알을 놓쳐 새알이 땅에 떨어져서 박살이 났습니다. 다만 상(相)이 굶어죽어야 할 상(相)이였기 때문에, 새알 한 개마저 먹어보지 못하고 필경에 굶어죽게 된 것입니다.

또 한(漢)나라 성제(成帝) 때에, 등통(鄧通)이라하는 관장(官長)이 있었는데, 관상쟁이 가 등통(鄧通)을 보고, 굶어죽을 상(相)이라고 하였습니다. 그가 어느 날 한(漢)나라 성제(成帝)에게 아뢰기를,

'신(臣) 등통(鄧通)은 벼슬살이하면서 청렴(淸廉)하게 지내며, 집에 쌓아놓은 재산도 없는 터에, 관상쟁이가 저에게 굶어죽게 될 상(相)이라고 하는데, 신(臣)이 저희집을 생각하옵건대, 마음이 담담하고 욕심이 없으므로 하여 진짜 굶어죽는 것이 아닌가 걱정됩니다.' 고 하니, 한(漢) 성제(成帝)가 말하기를,

'짐(朕)이 부귀한 사람이라, 능히 사람을 살게도 할 수 있고 죽게도 할 수 있노라. 관상쟁이의 말이 어찌 곧이 곧대로 믿을 수 있으랴? 짐(朕)이 그대에게 운남성(雲南省)에 있는 동산(銅山)을

주겠노라. 그곳에서 돈을 만들어내면, 일년을 쓰고도 십여만의 동전(銅錢)을 얻을 수 있고, 십년동안이면 재산은 백만이 될 터인즉, 어찌 굶어죽는단 말인가?' 하므로, 등통(鄧通)이 이제는 굶어 죽지는 않겠구나 하였습니다.

그런데 성제(成帝)가 얼마 안가서 돌아가실 줄을 누가 알았겠습니까. 태자(太子)가 제위(帝位)에 오르니, 여러 문무(文武) 관원들이, 등통(鄧通)은 노왕(老王)을 여우처럼 홀려서 사욕을 채우려고 국가의 동산(銅山)을 사유로 하여, 돈을 만들어 제가 썼으니, 그 죄(罪)가 막대하다고 신랄하게 상소문(上疏文)을 올렸습니다. 나이어린 황제(皇帝)는, 이 상소문(上疏文)을 보고, 마음속에 화가 나서, 형부(刑部)의 관원에 명하여 그 재산을 몰수시켰습니다.

그러나 그가 선제(先帝)의 구신(舊臣)인 점을 고려하여 차마 죽이지는 못하고, 천노(天牢)옥에 가두어 버렸는데 또 다시 여러 관원들이 상소문(上疏文)을 올려 주청하므로, 물(水)과 불(火)을 모두 끊어버렸더니, 칠팔일을 굶다가 죽게 되었을 즈음에, 물 한 모금만 달라고 하니까, 옥졸이 마침 측은한 생각이 들어, 물을 떠 가지고 오다가, 옥관(獄官)에게 그만 들켜 호령치는 소리에 옥졸이 놀래 발을 헛디뎌 몸이 비틀거리는 바람에 물그릇이 기울어 땅에 엎질러져 물 한모금도 못마시고 참혹하게 굶어 죽었습니다.

이 두 옛사람은 지극히 부귀한 몸인데도 끝내는 굶어죽고 말았으니, 상법(相法)에 어찌 표준이 없다고 하겠습니까? 그래서 백이(伯夷)·숙제(叔齊) 두 사람은 자신들의 운명을 알았으므로, 수양산(首陽山) 기슭에서 죽기를 소원했으며, 양(梁)나라 무황제(武皇帝)와 후진왕(後秦王) 부견(符堅)은 명(命)을 알지 못하고 하나는 대성(臺城)에서 굶어 죽었고, 하나는 오장산(五將山)에서 굶어 죽었으니, 명(命)을 알든지 명(命)을 모르든지, 굶어죽을 사람은 끝내 굶어죽어야 하는데 이를 어떻게 도피할 수 있겠습니까?" 새마의(賽麻衣)의 옛적 몇 사람의 이야기를 듣고, 구장춘(邱長春)은 놀라서 혼(魂)이 달아난 듯하여, 도(道)를 깨쳐보려 열렬하게 피어오르던 한덩어리 마음은 싸늘하게 식어버린 재가 되고, 느닷없이 와르르 무너져버려 얼음 녹듯 사라져버렸다.

곧 바로 새마의(賽麻衣)의 집을 떠났으나, 앞으로 나갈 생각도 없으므로, 도로 서진(西秦) 땅으로 돌아가서, 백이(伯夷)·숙제(叔齊) 두 현인(賢人)이 명(命)을 알아 천리(天理)에 순종했던 공부를 일심(一心)으로 배우고자 하여 어느날 진(秦)의 땅에 도착하였다.

그곳엔 한 줄기 계곡(溪谷)이 있었는데, 양편 모두 높은 산으로 되어 있고, 중간으로 한가닥 깊은 시냇물이 흐르며 사람도 별로 없었다. 그는 큰 돌 하나를 골라서 그 위에 벌떡 드러누워 칠일낮과 칠일밤을 꼬박 굶고, 물도 한모금 먹지 않고 편안한 마음으로 굶어 죽기로 하였다. 만약 보통 사람이었다면, 벌써 죽어버렸을 테지만, 그는 수행인(修行人)이었기 때문에, 신기(神氣)가 몸에 가득 차 있어, 굶어도 그리 쉽게 죽어지지 않았다. 굶고 지낸지 아흐레째 되던날, 어느 곳에서 소낙비가 내렸는지 모르지만, 까닭도 없이 물이 크게 불어 큰 강이 되어, 곧 몸이 물에 젖을 것처럼 물이 찰랑찰랑 밀려들었다.

이러한 상황 속에서도 그는 천명에 정해진 대로 죽기를 작정한 사람이라서, 상법(相法)을 시험하려 따로이 죽을 길을 찾을 것도 없이 그렇게 뭉기적거리고 있었다. 만약 구장춘 자신이 굶어죽을 상(相)의 팔자를 지켜보려는 마음이 아니었다면, 따로이 한 생각을 일으켜서, 물속으로 뛰어들어 익사했으면 했지, 어찌 그 많은 고통을 받으려 했겠는가!

이처럼 옛사람들은 한결같은 그 〈마음〉 하나에 매달려 생사(生死)를 걸고도 그 심념(心念)을 바꾸지 않은 것을 볼 때 양순(良淳)했다 칭할만하다.

그런데, 물이 불어난 상류(上流)에서 선도(仙桃) 봉숭아 한개가 떠내려오는데, 크기가 주먹만 한 것이 물결에 밀려 장춘(長春)의 눈앞을 왔다갔다하면서, 한 줄기 향기가 코를 찌르는 것이었다. 장춘(長春)은 애초부터 그것을 먹을 생각이 없었는데, 문득 마음 속에 '무령(武靈) 조(趙)나라 임금도 죽게 되었을 때에 새알 한 개도 먹을 수 없었으며, 등통(鄧通)은 죽음이 닥쳤을 때 냉수 한 그릇도 먹지 못했다 하는데, 나 지금 이렇게 죽음이 닥침에 이 선도(仙桃)를 먹을 수 있을지 없을지 궁금하구나.' 하는 생각이 떠올라 마음이 뒤숭숭하였다.

命不該死終有救 天賜鮮桃口邊來
명불해사종유구 천사선도구변래

죽을 운명이 아니라 끝내 구원을 받게 되었으니,
하늘에서 선도를 주시어 입 근처로 오게 하시더라.

제23회 : 굶어죽을 작정을 하고 굶어서 죽게된 구장춘을 억지로 음식을 먹여
살려내는 산적들과, 그리고 태백성군

제 23 회
구장춘(邱長春)과 태백성군(太白星君)

화강량개사귀정 담지리인사득생
化强梁改邪歸正 談至理因死得生

강도들을 교화하니 사악한 일 고쳐서 올바른 길로 돌아갔고,
지극한 이치를 이야기하니 죽을 자리에서 살아나다.

富貴由來水上漚 何須騎鶴上揚州
부귀유래수상구 하수기학상양주

부귀란 원래부터 물위에 뜬 거품인데,
어찌 꼭 학을 타고 양주에 올라가야 하는가?

蓮池有個收心法 靜裏暗吟七筆勾
련지유개수심법 정리암음칠필구

연지에 마음 거두는 법 있으니,
고요한 속에서 몰래 칠필구를 읊으라.

 구장춘(邱長春)은 물에 떠밀려온 선도(鮮桃) 복숭아를 보고,
'운명이 굶어죽는 것으로 되었으니, 이 선도(鮮桃) 복숭아도 먹을 수 없으리라. 그렇다면 이제 어떻게 되는지 시험삼아 보리라.' 생각하고는 손을 뻗어 선도(鮮桃)를 집어다가 입에 넣으니 향기와 맛이 비상하기 그지 없었으며, 정신이 활짝 나고, 배고픔도 목

마름도 순식간에 풀렸으며, 시냇물도 줄어들었다. 또한 붉은 햇볕이 높이 비추어 온몸을 쬐니 땀이 흘러 온몸을 적시어 편안히 잠을 잘 수 없자 구장춘(邱長春)은 벌떡 일어나서 물가에서 죽을 운명이 아니고, 높은 산에서 굶어 죽게 되어있는가보다라고 혼자 생각하게 되었다.

　이것이 바로, 〈일념착마(一念着魔)·종신집미(終身執迷)라 하여, 일념(一念)이 마(魔)에 붙들리면, 종신토록 잡혀 헤매게 된다.〉라는 것이다. 그러므로 수도하는 사람들은 어쨌든 『생사(生死)』두 글자를 공(호)으로 보고 살기를 탐내도 안되며, 억지로 죽겠다고 해서도 안되는 것이다. 태어나는 것도 명(命)에 매인 것이고 죽는 것도 명(命)에 매였으니 『유(有)』에 매달리지 말며 『무(無)』에 빠지지도 말라. 그와 같이 되면 마(魔)가 몸에 들어오지 못하므로 마음은 저절로 안녕하고 고요(寧靜)해지리라.

　그리하여 구장춘(邱長春)은 높은 산에 가서 굶어 죽어보려고 진령(秦嶺)에까지 와서 보니, 산마루터기 조그마한 빈 절이 하나 있었다. 이곳은 삭막하고 인적도 드문 곳이라, 굶어죽기에 마땅하다는 생각이 들어 그는 곧, 절 안으로 들어갔다. 부들방석을 깔고 그 위에 벌떡 드러누워 8~9일을 굶으며 물도 전혀 마시지 않았다.

　어느 날, 목숨이 금방이라도 넘어가게 되었는데, 갑자기 밖에서 사람들이 이야기하는 소리가 들리는 것이었다. 장춘(長春)이 힘없이 눈을 조금 떠서 보니, 십여명정도 되는 사람들이 절집 앞에 앉아 있었는데 그중 한 사람은 절집 안으로 들어오고 있었다. 절안으로 들어온 사람은 장춘(長春)을 한번 쳐다보더니, 대뜸 어디서 왔느냐고 물었다. 장춘(長春)은 귀찮기도 하고, 일부러 대답해 줄 것도 없으므로 눈짓으로 한쪽을 가리켰다. 그 사람은 그의 이런 행동을 보고 살 사람이 아니라 죽을 사람이라 여기고 다시 묻지 않고 밖으로 나갔다. 그리고 그는 다른 사람들과 여기저기 돌아다니면서 나무를 해다가 커다란 돌 셋을 주어다가 솥단지를 걸쳐놓고 짊어지고 온 채롱에서 커다란 고기 덩어리 하나를 꺼내어, 솥에 집어넣어 삶아 신명(神明)께 헌공(獻供)하는 것이었다. 헌공(獻供)이 끝나자 고기를 잘게 썰어서 양념을 넣어 지지고 볶아서 질버치에 기우려 담고, 또 솥에다가 물을 붓고 국수를 넣어서 끓이고, 지고 온 채롱에서 술을 한 병 꺼내 사발에 따라놓고, 형님 먼저 아우 먼저 서로 권하면서 한바탕 먹고 마셔대는 것이었다.

그런데, 이 한패거리는 어떤 사람들일까? 이들은 진령산(秦嶺山) 위에서 길가는 사람을 가로막고 강탈해 먹고사는 강도들이였다. 그 중에는 조벽(趙壁), 이웅(李雄), 장건(張建), 왕능(王能), 주구(朱九)라 하는 아주 잘생긴 남자들도 있었는데 이들은 집안 살림을 맡아 하며 장사도 잘하고, 한편으로는 신명(神明)께 헌공(獻供)도 하고, 또 한편으로는 도둑질한 장물을 나누기도 하고, 술이나 음식 같은 것도 분배 처리하였다. 오늘도 다른날처럼 여기에 모여 빙둘러 앉아 목을 축이고 먹고 마시고 하다가, 모두 술이 거나하게 되어 한숨 쉬고 있는 때, 왕능(王能)이 조벽(趙壁)에게,

"조 형님! 우리 형제들은 지금까지 평생동안 나쁜 짓만 해왔는데, 이제 우리도 한번 좋은 일 좀 해보는 것이 어떻겠습니까?"

조벽(趙壁)은, "할만한 어떤 좋은 일이라도 있는가? 이 형님에게 이야기하면 무엇이고 다 들어주겠다." 라고 대답했다.

"이 절 속에 지금 꽉 퍼져있는 저 도사(道士), 병(病)든 사람이 아닙니다. 제가 그 몰골을 보니, 굶어서 그런거예요. 우리들이 탕면을 좀 끓여다가 먹게 해서, 그의 한 목숨을 살려주도록 합시다."

조벽(趙壁), "좋아! 그것 참 좋은 일이야! 형제들, 어서 가서 만들어오라." 하니, 몇 사람이 조(趙)씨 큰형님의 분부를 듣자, 우르르 몰려들어 법석을 떨더니, 얼마 안가서, 탕면을 기가막히게 잘 만들어가지고, 다같이 절 안으로 들어가서, 장춘(長春)에게 먹

으라고 한다. 장춘(長春)은 먹지 않으려 했지만, 그 사람들이 부축해 일으켜 놓고, 머리통을 부둥켜 안고서, 연거푸 두 대접을 퍼먹였다.

삽시간에 배부르고 뜨뜻해지며, 기운을 되찾게 되었지만, 입속에서 원망하는 소리로 중얼거리기를,

"조금만 있었으면 대사(大事)가 잘 이루어지게 되었었는데, 또 당신들 몇 사람을 만나서, 명분없는 음식을 공연히 내게 먹여주어 또다시 한번 마난(磨難)을 겪어야 하게 되었구려. 참으로, 살려고 해도 음식물을 뺏겨 못먹게 되고, 이제는 죽으려고 해도 그것마저 이렇게 힘이 들도록 하다니!"

장춘(長春)의 이런 말은 곧 바로 주구(朱九)의 성질을 건드려 화를 나게 했다. 화가난 주구(朱九)는 허리춤에서 칼을 뽑아 들더니, 노기가 등등하여, 칼끝을 장춘(長春)에게 드리대며, 꾸짖기를,

"네이놈 떠돌이 도사야! 너 진짜 일머리도 모르는구나! 우리 형제분들이 너를 살려놓았는데, 도리어 우리들에게 명분없는 음식을 먹게 했다고 잔소리하는구나. 네가 지금 죽기를 바라니 이제 내가 네 기분 한번 좋게 죽여주마."

말을 마치고 칼을 들어 내려치려 한다. 이때 구장춘(邱長春)은 전혀 두려워하지 않고, 배를 탁탁 두들기며,

"당신이 죽이려거든, 다른 곳을 쳐서 죽이지 말고, 내 배를 갈라 주시오. 그리하면 내가 창자를 차례로 꺼내가지고, 당신들이 명분없이 먹여준 음식을 돌려드리리다. 죽여도 좋습니다."

말을 마치니, 주구(朱九)가 끝내 참지 못하고 웃음을 터뜨리며,

"이 도사 선생은 참 돌대가리로군! 한번 먹어버린 것이 어떻게 먼저 대로 돌아간단 말이냐? 그런데 왜 죽기를 바라고 있는지 우리가 모두 듣도록 말해주면 당신을 죽이지 않겠소."

구장춘(邱長春)은 이에 마의(麻衣) 관상장이가 자기에게 굶어 죽을 상(相)인데, 이는 영영 다시는 고칠 수 없다고 했다는 이야

기를 그들에게 하면서,

"이런 이유로 나는 풀만 뜯어 먹었던 백이(伯夷)·숙제(叔齊) 두 대현(大賢)을 본받아, 명(命)을 알고 천리(天理)에 순종하고자 했던 것입니다." 장춘(長春)이 말을 마치니, 조벽(趙壁)이 웃으면서,

"노선생(老先生)은 이러실 것 없습니다. 기왕에 굶어죽는 것이 두려워졌으니, 우리 형제들이 한 앞에 한량씩 모아 십여냥을 도와드릴터이니 당신께서는 그것을 가지고 가서 절집 한 채를 찾기바랍니다. 그곳에 머물며 제자 하나 데리고 부지런히 조금 고생하시면, 양식도 상당히 많이 쌓일 것인데, 어찌 굶을 일이 있겠습니까?"

조벽(趙壁)의 말이 채 끝나기도 전에, 장건(張建)·이웅(李雄)이 각각 몸에 지니고 있던 잔돈을 꺼내어 놓는데 서너냥이나 되었고, 그 나머지 사람들도 모두 돈을 꺼내려고 하니, 구장춘이 고개를 흔들고 손을 내저으면서

"아무 것도 필요 없어요. 나는 평생 망령되이 남의 재물을 탐하지 않기로 했습니다. 여러분들께서 믿지 못하시겠거든, 나에게 패쪽이 하나 있는데 증거로 보여드리지요." 하고, 곧 몸에 지니고 있던 패쪽을 꺼내어잡고 여러 사람들에게 보여주었다. 그것을 보니, 윗면에

〈망령되이 남의 재물을 취하면 근육과 뼈가 절단될 것이요. 망령되이 남의 음식을 먹으면, 입에 부스럼이 날 것이다.〉 글귀가 쓰여 있었다. 왕능(王能)이 곁에 있다가 이것을 보고 웃으며, "우리 형제들은 기꺼이 마음을 내어 잔돈을 몇 량 모아 당신을 도와주려는 것이요, 또 당신이 우리와 함께 강탈한 것도 아닌데, 어찌하여 망령되다 생각합니까?"

이말을 듣고 구장춘(邱長春)은, "아무 공력도 없이 남의 재물을 얻는 것은, 『인(因)』이 없다하는 것이고 인(因)이 없다하는 것은

『연(緣)』이 없는 것입니다. 이 『연고(緣故)』없이 남의 재물을 취하며, 남의 음식을 먹으면, 어찌 망령되다고 아니하겠습니까?"

그러자 주구(朱九)는 "나라 법으로도 맞아 죽을 사람들, 불법(佛法)으로도 살릴 수 없는 우리들이 몇 량 돈으로 당신을 도우려는데, 당신은 그것마저도 아무 필요 없다고 하는 것은, 허물이 되고 그릇될까봐 걱정이 되기 때문이겠지요. 우리들처럼 오로지 강탈만 해서 막간 인생을 살아가는 것들이야, 죄악(罪惡)이 얼마나 큰지 조차도 모르고 있습니다."

"여러분은 나와는 다릅니다. 나는 전생에 터럭만큼도 사람들을 구제하여준 일이 없기 때문에 이생에서 사람들의 공봉(供奉)을 받지 못하고 있지만, 여러분들께서는 전생에, 사람들에게 받을 빚이 있었는데 그 사람들이 여러분의 재물을 떼어먹었기 때문에, 이생에서 서로 만나게 되어, 길을 가로막히고 겁탈당할 때, 떼먹힌 돈의 갑절을 되돌려 내놓게 되는 것이지요. 만일 조금도 여러분의 것을 추호도 축낸 일이 없다면, 우연히든 아니든 서로가 만날 일이 없을뿐더러 혹시 만났다 해도, 대수롭지 않게 놓아보낼 것입니다." 구장춘(邱長春)이 말을 마치자 열세사람은 머리가 곤두서고 소름이 쫙 끼치는 것이었다.

이웅(李雄)이 말을 듣고는, "이거 정말 큰일났군! 정말 낭패로세! 이 도사님의 말씀 대로라면, 사람들마다 모두 우리들 것을 떼먹었다고 할 수도 없고, 우리들이 반드시 남의 것을 떼먹지 않았다고 할 수도 없는데, 만약 사람들에게 오히려 손해를 끼쳤다면, 다음 세상에는 그 사람들이 다시 우리가 가는 길을 가로막고 강탈할 것이니, 우리들이 도리어 깨끗하지 못한 것이 두렵습니다." 라 말하자

조벽(趙壁)이 "우리들이 모두 돈량씩이나 몸에 지니고 있으니, 그것으로 조그마한 장사라도 해서 생활을 꾸려나가도록 하고 이번 기회에 아주 잘못을 뜯어 고쳐 새사람이 되도록 하면 좋겠는

데, 자네들 뜻은 어떠한가?"

이말에 주구(朱九)는 "형님 말씀이 이치(理致)에 맞습니다. 우리들 모두 이 차제에 정신 차립시다." 하고 말을 마치고 나서 칼을 수풀 속에 던져버렸다. 조벽(趙壁)이 또 구장춘(邱長春)에게 말하기를,

"사부(師傅)님, 부디 잘 수행하십시오. 저희 형제들이 반드시 후에 모두 사부님을 찾아 뵙고 스승으로 모시고 묘도(妙道)를 배워 익히겠습니다." 말을 마치고는 모두 일제히 어디론가 떠나갔다.

구장춘(邱長春)은 굶어죽기만 하려는 한덩어리 마음 마(魔)에 매달려 있었기 때문에 비록 조벽(趙壁) 등이 그를 살려주었지만 마(魔)의 뿌리는 그대로 남아있어 기어이 죽으려는 생각만 들었다. 그래서 그는 그길로 산에서 내려가, 한달 남짓 탁발을 하여 돈 이삼백푼을 모아 쇠사슬 한 가닥과 자물통 한 개를 사서 몸에 지니고 죽을 만한 장소를 찾아다녔다. 그러다 마침 절간도 없고, 오솔길도 막혀 주위가 온통 깊은 수풀뿐인 곳에 이르렀다.

깊은 산 속에 있는 이 나무숲은 사람의 발자취도 닿지 않는 곳으로, 고목(古木)은 하늘을 찌를 듯 울창하고, 바닥은 온통 가시덤불로 뒤덮여 있었다. 그는 쇠사슬을 큰 나무에 매어 놓고, 한쪽 끝을 당겨서 목을 감아 자물통을 채우고는, 열쇠를 공중에다 던져 버리니 그것이 어디에 떨어졌는지 찾을 길이 없게 되었다. 구장춘은 그 나무 밑에 쓰러져 누워서, 혼자말로, "이제야말로 다시 살아날 길이 없으리라. 그 누가 구장춘(邱長春)이 한일을 알 수 있겠는가?" 그러나 벌써 상천의 태백성군(太白星君)께서 이를 아시고 놀라 약초 캐는 사람의 모습으로 변하여 옆에 다가왔다. 그리고는 장춘에게

"사부(師傅)님은 무슨 죄(罪)를 저질렀기에, 누가 당신을 나무에 쇠사슬로 잡아 놓고 자물통을 채워 놓은 것입니까?" 라고 몇

번이고 자꾸 물어대니, 구장춘(邱長春)이 그때서야 마지못해 입을 열어,

"당신 갈 길이나 가고 당신 할 일이나 하시오. 남의 일에 참견하지말고." 약초 캐는 이가,

"하늘 밑에서 일어나는 일은 하늘 밑에 있는 사람이 처리해야 하는 것인데 어찌하여 당신은 내게 상관하지 말라고 하시오? 나도 도리에 밝은 사람이니, 당신의 속마음을 얘기해 주면, 내가 시원스럽게 풀어줄 수도 있을 것이고, 혹시 걱정거리를 나누다 보면 근심이 풀려 아주 해결될 수도 있을 것입니다."

장춘(長春)은 그의 말이 이치(理致)에 맞다고 생각되어, 그에게 새마의(賽麻衣)가 자기의 상(相)을 보고는 굶어 죽을 것이라고 했다는 이야기 등 처음에 일어났던 일들과 여러차례 굶어 죽으려고 했지만, 그때마다 번번히 구원을 받게 된 일들을 한바탕 하소연하고 나서,

"그래서 이번에는 여기까지 와서, 제 스스로 나무에 쇠줄로 걸어 동여매 놓았으니, 이제는 영영 살아날 길도 없으며, 사람에게 구원받을 수도 없고, 아무런 걱정근심도 없게 되었으니, 무슨 걱정을 나누고 풀고 할 필요가 있겠습니까?" 하니, 약초 캐는 사람이 "하하"하고 크게 웃으며,

"당신은 너무나 어리석어서 미혹에 붙들려 헤어나오지 못하고 있어요. 내가 염려되는 것은 당신이 무슨 하늘을 근심하고 땅을 걱정할 일이 있겠느냐 하는 것이오. 이렇게 하다가는 애초에 일념(一念)이 요동치는 바람에 마(魔)가 침입하여 한 평생을 스스로 망쳐버리게 될 수도 있습니다.

내가 지금 당신에게 이야기해 주고 싶은 것은, 당신은 당신 자신에게 있는 마(魔)를 없애버리라는 것이오. 얼굴 생긴 모양인 상(相)을 가지고 일생을 결정 짖는 다는 것은 보통 사람들에게 맞는 말이지 대선(大善)을 쌓은 사람이나 대악(大惡)을 저지르는

사람의 상(相)은 짐작할 수 없는 것이라오. 상(相)은 내외(內外)가 두가지로 나뉘어, 심상(心相)이 있고, 면상(面相)이 있는데, 외상(外相)인 면상(面相)은 내상(內相)인 심상(心相)에 미치지 못하며, 아무리 운명(運命)을 잘 타고났어도 마음씨가 좋은 것만 못합니다. 대선인(大善人)은 상(相)도 마음에 따라서 변하고 바뀌니, 마음이 곱고 좋으면 상(相)도 좋아져서, 죽어야할 사람이 도리어 오래 살며, 나쁜 일을 만나도 좋은 일로 바뀌며, 어려운 일이 닥쳐도 상서롭게 되지만 나쁜 일만 하는 사람은 상(相)도 역시 마음이 달라짐에 따라서 변해, 마음이 나빠지면 상(相)도 좋지 않게 되어, 명(命)대로 편히 잘 살 수 있는 것도 거꾸로 오사(惡死)케 되니, 복(福)된 일이 도리어 화(禍)가 되고, 기쁜 일이 걱정거리로 변하게 되는 것입니다. 그러므로 상(相)의 비결(秘訣)에 있는 말에 의하면, 충직하고 온후함을 집안에 전하면 복(福)과 수(壽)가 끊어지지 않고 이어질 것이며, 경박(輕薄)한 사람은 세명(歲命)이 짧아 일찍 죽게 되는 것은 틀림없을 진데, 빈천(貧賤)해야 하는데 부귀하게 된 사람은, 세상을 구제(濟世)하려는 마음이 있었기 때문이고, 부귀해야 하는데 반대로 빈천하게 사는 사람은 자기 자신만 이롭게 하려는 데에 뜻을 두었기 때문입니다. 또한, 굶어 죽어야 할(餓死) 사람이 반대로 먹고 또 써도 남는 것은, 그가 곡식을 아꼈기 때문이요, 먹고 쓰고 남아야 할 사람이 도리어 굶주림에 허덕이는 것은 오곡을 함부로 버리거나 흩쳐버렸기 때문이며, 그 사람에게 자손이 끊어지지 않고 경사로운 일이 흘러넘치는 것은 필시 호생지덕(好生之德)이 있음이요, 뒤를 이을 자손이 없는 것은, 마음을 씀에 인자(仁慈)한 기풍(氣風)이 전혀 없었기 때문입니다. 이것은 대략 심상(心相)을 거론한 것인데 면상(面相)이 무엇을 어떻게 할 수 있다는 말입니까?

하물며 당신은 수도하는 사람이니, 조화를 능히 돌릴 수도 있고, 천하의 대세도 반전시킬 수 있으며, 한낱 범체(凡體)로서 수도하여 신선도 될 수 있습니다. 신선이 되는 것이 꼭 상(相)에 결정되어 박혀있는 것은 아니지 않습니까? 그저 마음속으로부터 공부의 중심을 잡아 깨달음을 얻는 다면 다만 당신은 수도하여 신선 지위에 오를 수 있을 것입니다. 어떤 신선이 굶어 죽은 일이 있습니까? 만약에 당신이 이러한 짓만 한다면, 살아서도 굶어죽기를 면치 못할 것이요, 죽어서는 굶어죽은 귀신인 아귀(餓鬼)를 면치 못할 것이라. 살아 있을 때 이미 아무짝에도 쓸 수 없었던 무용지물(無用之物)이 였으니, 죽어서인들 또 무슨 보탬이 있으리요?"

이 일장 연설은 구장춘을 꿈에서 비로소 깨어난 듯이 하였고, 흡사 어둠이 활짝 밝아진 듯하게 하였다. 그래서 돌이켜 생각하니 자신이 굶어 죽으려고만 하던 소견머리가 아녀자와 같고, 대장부가 할 바가 아니며, 이는 족히 남의 웃음거리가 될만하다 여겨졌다. 그후 구장춘(邱長春)은 곧 바로 쇠사슬을 풀려 했으나, 열쇠가 없으니 걱정이었다.

千般通理千般妙 一處不到一處迷
천반통리천반묘 일처불도일처미

온갖 이치를 통하면 온갖 묘가 있으나,
한 곳도 이르지 못하면 그 한 곳에서 헤맨다.

제24회 : 한순간 시비심을 잘못 일으켜 온갖 마장에 휩쓸리고 있는 구장춘

제 24 회
구장춘(邱長春)이 만난 삼관대제(三官大帝)

고근진상수심변 음마기환유인생
苦根盡相隨心變 陰魔起幻由人生

괴로움의 근원 다하면 관상은 마음 쓰는 대로 변하고,
음마가 일어나면 헛것이 인생을 사로잡는다.

元宵燈後更無燈 萬古常明只此心
원소등후갱무등 만고상명지차심

정월 대보름날 밤 등불 켠 그후 다시 등불 켜는 일 없어도,
만고에 항상 밝은 것은 오직 이 마음 뿐.

朗照終天終不滅 光明皓皓到於今
랑조종천종불멸 광명호호도어금

종일토록 환하게 비치고도 끝내 꺼지지 않는,
광명은 지금에 이르도록 호호하게 비치고 있도다.

구장춘(邱長春)이 약초 캐는 사람의 말을 듣고나니, 잠자다가 꿈속에서 몽둥이로 한 대 얻어맞고 깨어난 기분이 들었고 지금까지 그가 했던 행동은 어린 아이가 소견머리 없이 한 짓이며 대장부가 할 일이 아니었다라는 것을 비로소 알게 되었다. 그래서 급히 쇠줄을 풀고 싶었지만 열쇠가 없어 마음이 너무 조급해졌다.

이를 보고 있던 약초 캐는 사람이,

"열쇠는 내가 주웠어요." 하면서, 곧바로 소매 속에서 열쇠를 꺼내 자물통을 열어 주는 것이었다. 구장춘(邱長春)이,

"저는 이미 죽었어야 할 사람인데, 귀하께서 몇 마디 말씀으로 일깨워 주심을 받고 끊어진 길에서 살길을 만난 것처럼 죽었다가 다시 살아났으니, 그 은혜가 막대하나이다." 하니, 약초 캐는 사람이,

"내가 당신에게 돈을 준 일도 없고, 음식을 준 일도 없으며, 다만 말 한 마디로 당신의 막힌 마음을 풀게 한 것뿐이니, 믿는 것도 당신에게 달렸고, 안믿는 것도 당신에게 달렸습니다. 당신이 만약 능히 믿는다면 죽지 않을 것이지만, 만약 당신이 불신(不信)한다면 끝내 살지 못할 것입니다. 생(生)과 사(死) 두글자는 당신 스스로 만드는 것이지, 내가 어찌 간섭하리요! 더구나 은혜라는 말은 가당치도 않습니다." 하고 말이 끝나자, 표연히 떠나 순식간에 보이지 않았다.

구장춘(邱長春)은 이 일이 있은 후부터, 죽음의 욕구에 잡혀있던 생각이, 하늘 가득 찼던 구름과 안개가 흩어져 말끔해지듯, 의연(依然)한 청천백일(靑天白日)이 맑게 개인 만리 하늘에 끝없이 뻗히듯, 터럭 끝만큼의 장애도 걸림도 없이 되었다.

만약에 태백성군(太白星君)께서 한편(一篇)의 올바른 도리로 그의 마근(魔根)을 뽑아 주지 않았다면, 아무리 백만(百萬)이나 되는 천병(天兵)이 가로지른다 해도, 일천(一千)이나 되는 위타(韋馱) 천신이 항마(降魔) 공이를 휘둘러 끊으려 해도, 그의 마장(魔障)을 때려쳐 물러가게 할 수 없었을 것이고, 마근(魔根)도 뽑히지 않았을 것이다.

그러므로, 대저 수행인(修行人)은 마장(魔障)이 한번 오거든, 바로 그 근본 바탕(根脚)을 찾아서, 어디에서 일어난 것인지 알아 보고 곧 그 시작된 자리에서 가볍게 꼭 집어 떼어 던져 버리면,

터럭 끝만큼도 힘들지 않는다. 만약 마(魔)가 이쪽에서 뿌리 박고 있는데, 저쪽에 가서 싹이 돋아난 그 묘(苗)를 찾는다면, 한 평생 찾아도 끝내 찾아낼 수 없으리라. 가령 천하의 아무리 좋은 이야기를 그 사람에게 모두 다 해준다고 해도 그 사람의 마음병(心病)을 꼭 집어서 이야기 해 주지 못하면, 그 사람도 당신 말을 따르지 않을 것이다.

그리하여 구장춘(邱長春)은 약초 캐는 사람으로부터 그릇된 길을 잘못가고 있음을 지적받아 깨어난 후, 거듭 현공(玄功)을 세우며 고행(苦行)을 계속해 나가던 중, 하루는 어느 지방에 와서 보니, 산천(山川)이 매우 수려함을 발견하였다. 계곡 물이 한줄기로 길을 끼고 옆으로 흐르는데, 때는 여름철로 냇물은 불어나 있었다. 그 하천(河川)은 평탄하였으며, 다리가 놓여있지 않았고 배(船)를 띄울 정도로 물이 깊지도 않았기 때문에 그냥 물길을 잘 걸어서 건너면 되었는데 근처에 사는 동네 사람들은 하천 바닥 물의 형편을 잘 알고 있으므로, 건너 왔다 건너갔다 하는 데에 원래 신경을 쓰지 않아도 되었지만, 먼 지방에서 오는 나그네들은 이 냇가에 당도하면 감히 힘부로 냇물을 건너지 못하고 탄식하지 않는 사람이 없었다.

그때, 구장춘(邱長春)에게 문득 한 생각이 떠올랐는데, 그것은 다름 아니라 물을 건너지 못하는 사람들에게 물길을 건네주면서 고공(苦功)을 짖자는 것이었다. 그리하여 그는 냇물을 못 건너는 사람이 있으면, 바로 업어서 건네주곤 했다. 그러면 대개 사람들이 몇 푼씩 돈을 주곤 했는데 그는 그 돈으로 음식을 사먹으면서, 대강 세월을 보냈다. 또 어떤 사람들은 한푼도 받지 않고 업어 건네주기도 했다. 물이 빠지는 계절에는 동네에 가서 아침에는 일곱 집, 저녁에는 여덟집을 돌며 탁발하면서 간혹 굶주림과 추위에 떨고 있는 사람을 만나면, 그 사람들에게 주어 먹게 하였으며, 자기는 끼니를 굶고 그냥 넘겼다. 만약 눈이나 비가 나려 돌아다닐 수 없을 때는 종일토록 먹지 않고 굶고 지냈으며, 앞 뒤 전부 합해서 몇 년 동안 일백여회를 굶주렸던 고로, 〈대아칠십이회(大餓七十二回)라, 크게 굶기는 칠십이회요, 소아무수(小餓無數)라, 작은 굶주림은 수도 없다.〉라는 말이 있게 된 것이다.

　구장춘(邱長春)은 이곳에서 고공(苦功)을 지으면서, 밤에는 차갑고 추운 절집에서 지냈는데, 거기 현판에 〈반계중성제자경헌(磻溪衆姓弟子敬獻) 반계(磻溪)의 여러 성(姓)을 지닌 제자들이 정성을 다해 바침〉이라는 글귀가 적힌 편액(匾額)을 보고, 비로소 이 하천(河川)이 바로 섬서성(陝西省) 보계현(寶鷄縣)에 있는 반계(磻溪)라는 것을 알게 되었다. 그는 홀연히 왕중양(王重陽)선생이 말씀하신「석번계변(石番溪邊)」을 생각하며 〈고생의 뿌리는 여기서 모두 뽑힐것〉을 깨달았다. 이에 변함없는 항심(恒心)을 크게 폭발시켜 도묘(道妙)를 깨닫고, 한가하여 여유로울 때에는 타좌용공(打坐用工)에 힘썼다.

　이와 같이 6년을 지나는 동안 구장춘이 겪은 고통을 어찌 이루 다 말할 수 있으랴? 막다른 골목에 몰려 있을 때 홀연히 너무나 좋은 사람이 나타나 그와 좋은 인연을 맺게 되었는데, 그가 그럭저럭 기한(飢寒)을 면하게 해주어 감동(感動)을 주었다.

蒼天不負修行人　只恐修行心不眞
창천불부수행인　지공수행심불진

하늘은 수행하는 사람을 저버리는 일 없건마는,
다만 수행하는 마음이 진실치 못할까 걱정이도다.

若是眞心苦悟道　何愁衣食不終身
약시진심고오도　하수의식불종신

만약 진심이면 고생될지나 도를 깨칠 진대,
어찌하여 의식 종신토록 근심하는가?

구장춘(邱長春)이 6년의 고공(苦功)을 행(行)하여, 공과(功果)가 원만(圓滿)하게 될 즈음, 갑자기 물이 크게 불어나서 냇물이 가득 흐르는데, 군인 복장을 한 세 사람이, 각각 허리에 칼을 차고, 손에는 사람 머리통을 하나씩 베어 들고 말하기를,

　"큰 도둑을 잡아 머리를 베어 가지고, 성(省)에 보고하고 문서를 지우려 하는데 냇물의 형편을 잘 모르겠습니다." 하며 업어서 물을 건네주기를 바라는 것이었다. 구장춘(邱長春)은 본시 고공(苦功)하는 사람인데 어찌 업어 건네주지 않을 이유가 있겠는가.

　그리하여 한 사람 두 사람 차례로 업어다 물을 건네주었는데, 세 번째 군인 그 사람은 담(膽)이 너무 지나치게 작아 두려워서 벌벌 떨며 말하는 것이었다.

　"나는 평생 물만 보면 겁이나. 자네 조심하게나." 구장춘(邱長春)이,

　"염려마세요. 두려워하실 것 없습니다." 하고는 곧바로 그를 업고서 냇물 중간 물살이 센 곳까지 왔는데, 갑자기 한 덩어리 물결이 밀쳐와 때려 구장춘(邱長春)의 발뿌리가 삐끗하면서, 물결에 떠밀려 몸이 비틀거렸다. 그 군인이 등 뒤에서,

　"이거 큰일났군!" 하며, 급히 손으로 옷을 움켜잡으려고, 손을 순간적으로 휘젓는 바람에, 들고 있던 사람의 머리통을 물속에 빠뜨리고 말았다. 그래서 그 군인은 그저

　"이 일을 어쩌지! 어쩌지!" 하고 소리치며 어찌할 바를 몰랐다. 장춘(長春)이 바라보니, 그 사람 머리는 물결 따라 떠밀려가고 있었다. 구장춘(邱長春)도 서둘러 뛰어 몇 걸음만에 그 사람을 언덕에 내려놓고 목이 짤린 그 사람 머리를 건지러 가려고, 머리를 돌려 그 쪽을 쳐다보니 파도가 세차게 일렁거리고, 홍수가 가득 넘쳐흐르고 있어, 어느 곳에서 그 짤린 머리통을 찾아야 할지, 어디에서 그 머리통을 건져내야 할지 알 수가 없다. 다시 그 군인을 돌아보니, 가슴을 치고 발을 동동구르며 하늘을 보고 땅을 치며

아우성을 치면서 어찌할 바를 모르는 것이었다. 당황한 구장춘(邱長春)은 마음은 바쁘고 의지는 혼란스러워 얼마 동안 좋은 생각이 떠오르지 않았는데, 곧이어 군인에게,

"당신이 차고 계신 칼로 저의 목을 베어, 그 사람머리 대신 쓰시는 것이 어떻겠습니까?" 하니,

군인은, "베어온 사람머리는 나의 실수로 떨어뜨린 것이지, 자네와는 아무 상관이 없네." 라 대답하였다.

장춘(長春)이 다시, "저는 홀홀단신 외토리로서 죽는다해도 다행이라 하겠으나, 당신 집에는 여러 식구가 당신을 의지하여 살아가고 있는 처지이니, 나 한사람 죽여서 당신의 전 가족이 살 수 있다면 안될 일이 없습니다." 라고 말했다.

군인은, "자네가 죽어주겠다는 것은 너무 좋은 마음이지만, 그렇다고 내 어찌 차마 자네를 죽일 수야 있겠나. 속담에 이르기를, 칼날이 제 아무리 날카롭다 해도, 죄 없는 사람을 베지 못한다고 하였네. 자네가 만일 나에게 닥친 대사(大事)를 위하여 두루 잘되도록 해 주려하거든, 스스로 목숨을 끊어주는 것이 좋겠네."

군인은 이렇게 말을 마치고 칼을 장춘(長春)에게 넘겨주었다. 그러자 구장춘(邱長春)은 칼을 손에 받아 들고, 곧 바로 목을 내려치려 하는데, 홀연히 누군가가 공중에 걸쳐서서 외치는 소리가 들렸다.

"구장춘(邱長春)은 나의 홀(笏)을 가지고와서 돌려달라."

장춘(長春)이 윗쪽을 바라보니, 세분 군인이 상서(祥瑞)로운 오색 구름을 밟고 서있었는데, 말하기를,

"우리들 세사람은, 바로 천(天)·지(地)·수(水) 삼관대제(三官大帝)시다. 그대의 도심(道心)이 견고하고, 고행(苦行)이 원만한 것을 보고서, 특별히 그대를 도화(度化)하러 왔도다. 그대는 과연 다른 사람을 위하여 자기 스스로를 희생하면서 공(功)과 행(行)을 쌓아왔으므로, 이제 그대의 범신(凡身)을 화(化)케하여 도신

(道身)이 되게 하고, 환체(幻體)를 선체(仙體)로 바꿔줄 것이라. 6년에 이미 도(道)를 깨달아 성취하였으니, 7년에 진(眞)을 이루어 흥(興)하게 될 것이니, 그대는 정진(精進)하여 그르치지 말라."

장춘(長春)은 홀연히 마음속까지 시원히 깨침이 열리며 환히 깨달았고, 영기(靈機)가 뚜렷하게 드러나는 것이었다. 그리고 보니 자기 손에 한조각의 조홀(朝笏)이 쥐어져 있었는데, 그것은 조금전에 죽으려고 손에 움켜쥐었었던 강철로 된 칼이 아니었다. 또 삼관대제(三官大帝) 가운데 한분이 아무것도 갖고 있지 않은 것을 보니, 지금 자기 손에 들고 있는 것이 그분의 조홀(朝笏)임이 분명함을 알았으나, 구름 위로 올라가지 않으면 홀(笏)을 돌려드릴 수가 없었으므로 장춘은 몸을 훌쩍 위로 날려 구름 끝을 가볍게 밟아 홀(笏)을 돌려 드리니 삼관대제(三官大帝)께서 채운(彩雲)을 높이 타고 천천히 움직여 떠나가는 것이었다.

구장춘(邱長春)은 구름끝에서 곧바로 아래로 내려가려다가, 홀연히 마의상사(麻衣相士)라는 관상쟁이가 자기에게 굶어 죽을 것이라고 한마디로 단언한 일이 떠올랐다. 그래서 그는 '내 이미 도과(道果)가 성취되었으므로, 헤아리건데 다시는 굶주리는 일은 없을 것이다. 이 구름을 타고 하동(河東)에 한번 가서, 그의 안력(眼力)이 어떠한지 다시 한번 시험해 보리라.' 라고 마음을 먹고 곧 바로 구름을 휙 돌려 경각간에 천리 거리에 있는 새마의(賽麻衣)의 저택에 도착했다. 구름 끝을 밟고 뛰어내려, 저택으로 걸어들어가니, 20여세 되어 보이는 사람이 나왔다. 자세히 보니 옛날에 식사를 가지고 나왔던 사환이었다. 곧 그에게 말하기를,

"내, 주인 어른을 만나러 왔노라." 하니, 그 사환이,

"주인 어른께서는 밖에 나오시지 않은지 오래되었습니다. 만나시려거든 저를 따라 오세요. 안으로 안내하겠습니다." 하여 장춘(長春)이 안으로 따라 들어가니, 새마의(賽麻衣)는 마침 대청에

앉아있다가, 장춘(長春)이 들어오는 것을 보자, 잽싸게 몸을 일으키어 빈객(賓客)의 예(禮)로써 맞아들이는 것이었다. 자리에 앉아 차를 들면서 장춘이 새마의(賽麻衣)를 보니, 머리와 수염은 모두 하얗게 세었고, 늙어 꼬부라져 있었다.

장춘이, "몇 년 동안 뵙지 못했습니다. 선생께서는 어느 덧 빈발(鬢髮)이 하얗게 되셨군요." 하니,

새마의(賽麻衣)가, "이 늙은이가 도장(道長)님을 어디에서 만났었는지 모르겠군요. 한순간 일시적으로 잊어버리기 때문에……."

이에 구장춘이, "선생께서 등사쇄구(螣蛇鎖口)의 관상이라 하시며, 굶어 죽어야 할 사람이라고 했던, 그 사람을 기억못하시겠습니까?" 새마의(賽麻衣)가 이 말을 듣고, 곧 장춘(長春)의 상(相)을 한번보고 또 보더니 손뼉을 치면서 크게 웃고는 말하기를,

"묘하고 신기한 노릇이로다! 도장(道長)님은 어느 곳에 〈대공덕사(大功德事)〉를 지으셨는지 모르겠으나, 옛날의 관상이 아주 바뀌어 버렸습니다."

장춘(長春)이 묻되, "선생께서 그전에 말씀하시기를 상(相)은 평생을 결정짓는 것이라, 죽을 때까지 다시 바뀌어 고쳐지는 이치(理致)가 없다고 하셨는데, 그렇다면 오늘은 왜 관상이 변했다고 말씀하십니까?"

마의상사(麻衣相士)가 대답하기를, "이 늙은이가 다만 얼굴 관상만 볼 줄 알고, 마음 관상보는 것을 몰랐습니다. 지금 도장(道長)님의 상(相)이 마음 따라 변하시는데, 이는 이 늙은이가 알 수 없는 바입니다. 옛부터 양쪽 광대뼈와 코 사이를 지나 입으로 주름이 들어간 것을 등사쇄구(螣蛇鎖口), 즉 등뱀이 입을 봉한다고 하여, 당연히 굶어 죽을 것으로 판단했습니다. 지금 볼 때는 두줄기 주름이 양쪽에서 입속으로 들어 가다가 다시 되돌아나와 승장(承漿) 부위에서 한바퀴 돌아 휘감겼는데 그 승장(承漿) 위에 또 하나의 조그만 빨간 반점이 생겼습니다. 이렇게 짜여져 짝을 이루

고 있는 것을 관상에서 이룡희주(二龍戲珠), 즉 두 용이 여의주를 희롱한다 하여, 말할 수 없이 귀한 상(相)으로, 응당히 제왕(帝王)의 공양을 받게 되고, 복덕이 한량없다 하였는데 어찌 저같은 늙은이가 알 수 있겠습니까?" 장춘(長春)이 이 말을 듣고, 마의(麻衣)의 상(相)을 보는 법(法)도 신(神)에 통했다고 탄복하며 곧 몸을 일으켜 하직 인사를 하고 반계(磻溪)에 다시 돌아가 절 안에서 곧 바로 타좌(打坐)하고 있었다.

 그러나, 조금 전 새마의(賽麻衣) 관상쟁이와 따져보려는 시비심(是非心)이 움직여 새마의(賽麻衣)를 찾아가서 웃음을 산일로 하여 장춘(長春)에게 마장(魔障)이 한바탕 닥치게 되었다. 반계(磻溪)로 돌아와 곧 바로 타좌(打坐)에 들자, 정신이 황홀(恍惚)해지며 자기 자신이 있는 듯, 없는 듯 마치 몸이 첩첩 산중에 들어가 있는 것 같았다. 또한 홀연히 한바탕 광풍이 일어나며, 한 쌍의 노란 점박이 맹호(猛虎)가 나타나, 이를 드러내고 발톱을 치켜세우며 장춘(長春)을 향하여 달려드는 것이었다. 그러나 그는 이 죽을 사(死)자를 담담하게 보고 있느지라, 전연히 마음에 두지 않았다. 또 디힐나위 없이 까마득해지고 더할 나위 없이 어두컴컴해지더니 도동(道童) 하나가 뛰어 들어오며, "마단양(馬丹陽) 우리 사부(師傅)께서 오셨는데, 사숙(師叔)은 일어나 나가서 맞이하지 않습니까?" 하기에 밖을 보니, 과연 단양(丹陽)이 걸어 올라오고 있었다. 그러나 장춘(長春)은 '사무치는 연정(戀情)은 안되는 것이며, 오는 것도 그 사람이 마음이 내켜 오는 것이요, 가는 것도 그 사람이 가고 싶어 가는 것이지 나하고 무슨 상관 있으랴!' 하고 생각했다. 또 느닷없이 많은 사람들이 몰려 와서 말하기를,

 "당신이 우리들을 등에 업어 냇물을 건네주시느라 고생이 많으셨습니다. 마침 수확할 때가 되어 보리 한섬을 가져왔습니다. 일년 양식은 넉넉히 될 것입니다. 그 외에 또 두 꾸러미 돈을 보태 드릴 테니, 옷도 한벌 지어 입으세요." 하면서 보리를 짊어다 그

의 바로 앞에 수북히 쌓아 놓고, 또 두 꾸러미 동전도 옆에 갖다 놓으면서 손수 받으라 하는 것이었다. 그러나 그는 전혀 마음에 두지 않았다.

정신이 혼미한 사이 또 예쁜 얼굴에 열일곱·여덟 가량의 아릿따운 여자 하나가 나타나더니,

"저는 계모에게 심하게 두들겨맞고 몰래 도망쳐 나왔습니다. 외삼촌집에 가고 싶은데, 저 혼자 가기 힘듭니다. 선생님께서 저를 데려다 주시면, 그 고마운 은혜 잊지 않겠습니다." 하고는, 여리고 귀여운 모양으로 우는 듯이 호소하는 듯이 교태를 부리는 것이다. 그러나 장춘(長春)은 너도 없고, 나도 없고 아는 것도 아니고 알 바도 아니라 여기고 전혀 상대하지도 않았다.

또, 눈 한번 깜박 하는 사이에, 둘째 형수가 어린 아이 몇을 데리고 와서 하소연하기를,

"당신의 둘째 형님은 이미 돌아가셨는데, 큰 형님이 집안 토지나 재산을 둘둘 말아먹어 당신의 조카 자식들을 먹이고 입힐 계책이 없습니다. 여자의 몸으로 제가 그것들을 어떻게 부양하겠습니까? 둘째 형님 체면과 골육의 정을 생각해서라도, 저희 모자(母子)들이 안정할 수 있도록 하여 주시는 것이 어떻겠습니까?" 하고 말을 마치자 그 어린것들이 밀치며 당기고 하면서, 하염없이 훌쩍거리며,

"세째아버님! 작은 삼촌!" 하고, 먹을 것을 달라 마실 것을 달라하며 함부로 굴며 아우성치는 것이었다. 그러나 장춘(長春)은 정(靜)이 극(極)을 이룬 가운데 어느 사이엔가 지혜가 생하여 아무 것도 없는 듯한 상태를 이루었다.

그때 느닷없이 공중에서,

"남천문(南天門)을 활짝 열어라!" 하는 쩌렁쩌렁한 소리가 들려 바라보니, 동자(童子) 둘이 백학(白鶴)을 끌고 앞에 나타나,

"옥황(玉皇)의 칙령(勅令)을 받들고 왔습니다. 진인(眞人)께서

는 학(鶴)을 타시고 비승(飛昇)하십시오." 라고 말하는 것이었다.

莫敎三凡生幻境 須防六賊亂心田
막교삼범생환경 수방륙적란심전

재(財)·색(色)·기(氣) 세가지 꿈세계 일으켜 매달리지 말고
마음자리 어지럽히는 눈·귀·코·입·몸·뜻 여섯 도적 막으라!

제25회 : 탁발하는 구장춘의 표주박에 말똥을 퍼붓고 있는 왕부자

제 25 회
악행(惡行)이 가득 차 호수로 변하는 왕부자 집

진양족군음퇴산 악관영합가침륜
眞陽足群陰退散 惡貫盈合家沈淪

진양 충족하면 모든 음기 물러가고 흩어지나
악업이 엉키고 꽉 차면 전 가족이 지옥에 떨어진다.

北邙山下列墳塋 荒草迷離怪鳥鳴
북망산하렬분영 황초미리괴조명

북망산 아래에 널려 있는 저 무덤들
잡초 우거져 산소 분간할 수 없고 괴상한 새 우는 소리
구슬프구나!

長臥泉台人不醒 桃殘李謝過淸明
장와천대인불성 도잔리사과청명

구천 땅속 깊이 누워 잠든 사람 깨어날 줄 모르는데
오얏꽃 지고 복숭아 남는 청명도 지났도다.

구장춘(邱長春)이 더할나위 없는 허적(虛寂)에 잠겼있는데 홀연히 동자(童子) 둘이 백학을 끌고 그 앞에 와서,
"상제(上帝)님의 칙령(勅令)을 받들어 진인(眞人)께서는 학

(鶴)을 타고 올라가십시오." 라 하기에,

그 말을 듣고, 구장춘(邱長春)이 삼관대제(三官大帝)께서 하신 말씀을 가만히 생각해보니, 7년 있어야 진(眞)을 이루고 흥(興)하리라 하셨는데, 어찌 오늘 비승(飛昇)할 이치(理致)가 있겠는가? 이것은 내 마음 가운데 음마(陰魔)가 공격하는 것이리라. 이런 가지가지 허황된 환각이 생기면 나의 진도(眞道)는 부서져 못쓰게 되리라. 이쯤 그쳐야지 하고 깨닫고 보니, 두 동자(童子)도 보이지 않고, 백학인가 뭐라는 것도 없고, 다만 자기 홀로 반쪽짜리 부들방석 위에 여전히 앉아 있을 뿐이며, 창밖에는 별과 달이 휘황하게 어울려 떠 있고, 온천지가 고요히 잠들어 아무소리도 없는지라. 비로소 까닭없는 허다한 기기괴괴한 일들이 일어났었다는 것을 알게 되었다.

'만약에 생각이 일어나는 근원인 염두(念頭)를 꼼짝 못하게 하지 않으면, 털끝만한 차이로 천리밖을 헤메는 실수를 범하리라. 후회하건데, 일시적인 흥으로 새마의(賽麻衣)를 찾아가 시험하지 말았어야 하는 것을, 한생각 잘못 시비심(是非心)을 일으켜 허다한 음마(陰魔)가 일어났구나.
만약 음기(陰氣)를 단련하여 떼버리지 못하면, 어떻게 순양(純陽)될 것인가?' 또 생각하기를,

'마귀를 정신차리지 못하게 하는 혼마법(混魔法)을 꼭 써야만, 모든 음기(陰氣)가 모조리 제거되어 버리고 그것들이 달려들 틈이 없으리라. 그렇게 하는 것이 상책이다.'

그리하여 그는 반계(磻溪)를 떠나, 어느 한 토산(土山)에 이르러, 언덕 아래에 백근정도 되어 보이는 둥그런 돌을 하나 발견했다. 이곳은 조용하고 외진 곳이었기 때문에 그는 풀을 엮어 암자를 만들어 놓고 그 안에서 타좌(打坐)하였다. 그리고 만약 음마(陰魔)가 나타나게 되는 그『때』에 훌쩍 뛰어나와 그 둥그런 돌을 들고 산위로 중간쯤 올라가서 언덕 밑으로 떨어뜨리고 다시

돌아와 정좌(靜坐)를 하였다. 그러다 중간에 음마(陰魔)의 현상이 또 생기면, 곧바로 돌을 운반하는 일로 음마(陰魔)를 혼란시켰는데, 이러한 수행을 3년정도 하고나니, 음마(陰魔)는 맥이 빠져 물러가고 온몸은 순양(純陽)되고, 여러 가지 현상이 눈에 들어와도 모두 다 공(空)으로 보여졌으며, 천기(天機)가 영명(靈明)하게 해(日)처럼 환히 드러나면서 한 장원(莊院)에 이야기 거리가 앞으로 전개될 것을 알게 되었다. 다만 천기(天機)를 누설해서는 안되지만, 모름지기 그곳에 한번 가서 그를 교화(敎化)해보리라. 만약 그가 깨닫기만 한다면, 지옥을 가히 면(免)케 되고, 위로는 상천(上天)의 호생지덕(好生之德)을 터득하고, 아래로는 구제문(救濟門)을 열게 될 것이 틀림없으리라 생각하고, 그 시(時)에 곧바로 토산(土山)을 떠나, 장원(莊院)으로 향했다.

한편, 간롱(刊隴) 땅에 한 부자가 살고 있었는데, 성(姓)은 왕(王), 이름은 운(雲)이라. 집이 큰 부호(富豪)라서, 사람들이 모두 왕부자(王富者)라고 불렀으며 대지주로 대접받고 있었다. 그의 집은 산수(山水)를 살펴 집터를 잡았기 때문에 산이 겹겹이 병풍처럼 둘려 쳐져 있고 수맥이 포옹하고 있는 산횐수포(山環水抱)의 명당자리였다. 또한 문 밖으로는 한줄기 계곡물이 흐르고 있었다. 이 왕운(王雲)이라는 왕부자는 대단한 재산을 소유하고 있지만, 도리어 마음씨는 너무나 각박해서, 큰 저울과 작은 말을 사용해서 내어줄 때는 가볍게 받을 때는 무겁게 달아서 주고받으며, 약한 사람을 능멸하며 전답을 빼앗고 차지하는 것을 언제나 일삼고 있었다. 또 그 집에 있는 머슴들도 여우가 호랑이의 위력을 빌린 듯, 개가 사람의 세력을 의지한 듯이, 동네의 어리석은 사람들을 속여 재물을 빼앗으며, 남의 부인을 간음하는 등, 하지 못할 짓이 없이 다 하며, 주인의 세력을 믿고 하늘에 가득찰 죄과(罪過)를 저지르는 데도, 주인은 오히려 모르는 체 했다.

그 집의 문 밖에는 커다란 바위돌 하나가 있었는데, 길이는 3미터가 넘었고 높이는 1미터 정도되는 커다란 바위돌로서, 머리가 크고 꼬리는 작은 것이, 사자를 너무 닮았으므로, 사람들은 이를 〈돌사자〉라고 불렀다.

   이곳에선 밖에 나가 일하는 사람들이 아주 많았으므로, 언제나 식사 때가 되면, 장원(莊院)을 지키는 사람들이 돌사자 등에 올라가, 딱다기를 한번 치면, 그 소리가 사방에 울려 일하던 사람들이 보고, 곧바로 돌아와서 식사를 했다.

   멀지 않은 곳에, 나지막한 산이 있고, 그 산 언덕위에 관음사(觀音寺)가 세워져 있었는데, 이것은 왕운(王雲)의 선조(先祖)가 지은 것으로서, 토지도 시주한 것이고, 초빙하여 주지(住持)스님도 있었는데, 왕운(王雲)이 집안일을 맡으면서, 주지(住持)스님을 쫓아내고, 토지도 회수해버렸지만 관음사(觀音寺) 절만은 아직 헐어내지 않고 신상(神像)도 때려부수지 않고 그냥 놔두었으니, 이것은 그래도 그에게 선심(善心)이 조금 남아있는 것이리라. 절은 남아있다고 하지만, 그러나 절간은 쓸쓸하기만 하였다.

   구장춘(邱長春)은 섬서성(陝西省) 보계(寶溪)지방을 떠나 이곳에 도착하여 관음사(觀音寺)에서 살게 되었는데, 날마다 딱다기 치는 소리를 듣고는 곧장 탁발하러 10여일이나 그곳에 갔으나 아무도 자기를 눈여겨 거들떠보는 사람도 없으며, 식사는 고사하고, 물 한 모금 마저도 얻어 마시지 못했다. 그런데 다만 춘화(春花)라는 여자종 만은, 장춘(長春)이 몇 번이고 되풀이하여 빈손으로 왔다가 빈손으로 돌아가는 것을 차마 보지못하고, 아무도 모르게 만두를 몇 개 감춰 가지고 나와 장춘(長春)의 옷소매 속에 집어 넣어 주면서,

   "사부(師傅)님 빨리 가세요. 이곳은 좋은 곳이 못됩니다." 고 말했다.

   이틀이 지난 후, 구장춘(邱長春)이 탁발을 하러 갔더니, 마침 문앞에 나와 서있는 왕운(王雲)과 마주쳤다. 구장춘(邱長春)은 원

래 그 사람 왕운(王雲)을 교화(敎化)하려고 여기에 온 것이기에, 지금 문전에 서있는 그를 보자, 바로 네 구절의 말씀으로 그의 성질을 건드렸는데,

貪名爲利不回頭 一旦無常萬事休
탐명위리불회두 일단무상만사휴

명리만 탐하고 살면서 머리를 돌리지 못하다가,
일단 죽을 때 닥치면 온갖 만사 그만이라.

縱有金銀帶不去 空遺兩眼淚長流
종유금은대불거 공유양안루장류

아무리 금과 은 많이 있어도 가지고 갈 수는 없고,
공연히 남는 것은 두눈의 하염없는 눈물 뿐이로다.

장춘(長春)이 말을 마치자, 왕운(王雲)이 발끈 격노하며,
"당신, 이 떠돌이 가짜야! 여기서 허튼 소리로 지껄이지 마라. 나는 평생에 불법(佛法)이라곤 믿지 않는 사람이다. 네발로 빨리 사라지면 능욕(凌辱)을 면하리라."

장춘(長春)이 이르되, "빈도(貧道)는 특별히 귀댁에 탁발하러 온 것입니다. 무엇이든지 주시고 싶은 것을 시주해 주십시오."

왕운(王雲)이 문밖을 보니 말똥이 담겨져 있는 삼태기가 있으므로, 옆에 놓여 있는 말똥 퍼올리는 삽으로, 말똥을 한삽 퍼가지고, 장춘(長春)의 면전에 들이대며,

"그대가 나더러 시주해 달라고 하여 지금 이 물건을 그대에게 시주하려고 하는데 어떻게 생각하는가?"

장춘(長春)은 그 사람의 마음을 시험해 보려했던 참이라, 그가 이런 짓을 하는 것을 보고, 장난이라 생각하고 탁발하는 그릇을 앞으로 내밀었다. 그런데 그는 진짜로 말똥 한삽을 탁발그릇에 기

우려 쏟아 붓는 것이었다.

　장춘(長春)이 이르기를, "이 말똥을 어느 곳에 쓰라고 내게 주십니까?"

　왕운(王雲)이 대답하기를, "이 똥은 모두 내가 부리고 있는 하인들이 주워 모은 것인데, 지금 뻔하게 알면서 그대에게 주는 것이니, 나로서는 시주한 셈이지." 장춘(長春)은 이 말을 듣고,

　"좋습니다. 아주 좋습니다." 하고, 건성으로 말했다.

　이런 장면을 보고 있던 왕운(王雲)과 여러 하인들은 모두가 크게 웃었고, 온 집안 식구들도 그 이야기를 듣고는, 어른 아이할 것 없이 모두다 웃음을 터뜨렸다.

　그러나 춘화(春花)만은 심중에 그렇지 않았다.

　어느 날, 노복(奴僕)들이 산언덕으로 일하러 올라간 틈을 타, 춘화(春花)가 몰래 옷소매속에 찐만두 몇 개를 감추어가지고, 밖으로 나오는데, 마침 장춘(長春)이 문밖에 와 서있었다. 그래서 만두를 장춘(長春)에게 주니까, 장춘(長春)이 말하기를,

　"나는 만두를 탁발하러 온게 아니예요. 한마디 긴요한 말을 그대에게 말해주러 왔으니 단단히 꼭 외워 잊어버리면 안돼요. 만약 문전에 있는 돌사자의 눈이 빨갛게 되는 때에는 곧 바로 산위 관음사(觀音寺)에 올라가서, 잠깐동안 피하고 있으면, 아무런 걱정없이 될 것이요."

　말을 마치고는 표연히 떠났는데, 순식간에 보이지 않았다.

　춘화(春花)는 이 말을 마음속에 꼭 기억해두고, 날마다 하루 두번씩 나와서 돌사자 살펴보기를 몇 달 동안 하는 것을 그만 소치는 목동아이에게, 들키고 말았다. 그 아이가,

　"춘화누나! 누나는 매일마다 나와서 이 돌사자를 쳐다보고 하는데, 왜 그래요?" 하고 물었다. 춘화(春花)가 그 아이에게 말하기를,

　"어느 날 탁발하러 오신 사부(師傅)님이 말씀하시기를, '이 돌

사자의 눈이 빨갛게 되는 때 급히 관음사(觀音寺)로 가서 잠깐 피해 있으면, 대난(大難)을 면하리라.' 하셨단다."

소치는 아이는 이 말을 듣고, 매우 이상하게 생각하였으며, 장난 좀 쳐서 춘화(春花)를 놀려주어야겠다고 마음먹고, 몰래 빨간 흙 한 덩어리를 찾아가지고, 오후에 소를 끌고 돌아와 돌사자 위로 기어올라가서, 빨간 흙을 돌사자 얼굴에다 빨간 동그라미 두 개를 흙으로 문질러 놓았더니, 마치 두 개의 눈알처럼 생겼다. 빨간 흙으로 문지르고는 내려와, 살짝 한편에 숨어서 춘화(春花)가 어떻게 할 것인가 보고있었다.

이 때는 저녁으로 어둑어둑 해지는데, 웬일인지 춘화(春花)는 집안에 있으면서 마음이 깜짝깜짝 놀래지며 눈꺼풀이 푸르르 떨리고 앉아있으나 서있으나 불안하여 견딜 수가 없었다. 마음속에 생각되기를, '돌사자의 눈이 빨게진 것이 틀림없겠다. 빨리가서 살펴봐야지.' 하고는 주인이 소리질러 욕하는 것도 돌아볼 필요없이, 밖으로 뛰어 나와 돌사자를 보았더니, 과연 두 눈이 빨갛게 되어 있는지라, 대경실색(大驚失色)을 하고, 관음사(觀音寺)로 쏜살같이 달렸다. 소치는 아이가 보니, 춘화(春花)가 절쪽으로 뛰어가고 있으므로, 자기도 뒤를 쫓아 뛰어 절안으로 들어가면서, 춘화(春花)에게 물어보려는데, 느닷없이 뇌성벽력치는 소리가 나며, 산이 흔들거리고 땅이 꿈틀거리며 난데없이 광풍이 사방에서 일어나고, 검은 구름이 하늘을 뒤덮더니, 순식간에 큰비가 물동이로 물을 퍼붓듯, 쏟아지기를 쉬지 않고 계속 밤중까지 쏟아졌다.

비가 조금 멈추자 춘화(春花)와 소치는 아이는, 관세음보살(觀世音菩薩)을 모신 신단(神壇) 밑에 엎드려 있었는데, "쏴쏴" 소리가 들리는 것이 마치 천사람이 북을 치는 소리 같기도하고, 만마리 말들이 다투어 뛰는 말발굽 소리와도 같았다.

날이 밝자, 바로 나와서 바라보니, 보지 않았을 때는 그래도 괜찮았는데, 내다보니 깜짝 놀라 혼(魂)이 빠져나갈 지경이었다. 왕운(王雲)의 커다란 저택은 어젯밤 어느 사이에 그랬는지 모르지만, 교룡(蛟龍)이 이곳을 지나는 길에, 집 건물이 그럴듯하게 지어진 것을 보고는, 수정궁(水晶宮)으로 옮겨갔는지 없어져 버렸고, 돌사자는 안가겠다고 하여 그랬는지 물 가운데에 그대로 자빠져 있었다.

춘화(春花)는 왕운(王雲)의 온 집이 모두 물에 휩쓸려 가버린 것을 보고, 마음에 초산을 뿌린 듯 하염없이 눈물을 흘리며 울고 있었다. 잠시 후에 놀랜 원근(遠近)에 사는 사람들이 남녀노소 할 것 없이 몰려와서 구경하면서, 제각각 다 한마디씩,

"하늘에도 눈이 있으시군! 인과응보가 틀림없구나!" 하면서 또 춘화가 울고 있는 것을 보고는, "그대의 주인과 가솔들이 모두 빠져 죽었는데 그대는 어떻게 피했기에 살아났는가?" 하고 물었다. 그래서 춘화(春花)는 드디어 도장(道長)께서 지시해주셨던 말씀을, 그들에게 한바탕 털어놓았다. 동네 사람들이 의논이 분분하더니, 모두다 말하기를,

"왕운(王雲)의 악행이 가득 흘러넘쳐 하늘에서 수재(水災)를 내리신 것이다. 그 도장(道長)은 필시 신선이셨으리라 생각된다. 그래서 미리 와서 왕운(王雲)을 가르쳐 주려하였지만, 그가 마음을 고치려 하지 않았기 때문에 물로 쓸어버린 것이다. 그대는 비록 한낱 보잘 것 없는 여종이지만 만두 몇 개를 베풀고 또한 착한 근기가 좀 있어서 살아났는데, 거기다가 소치는 아이까지 죽음을 면하게 해주었군. 이런 것을 보건데, 사람이 천지간에 살면서, 조금이라도 좋은 일은 하면 구원을 받는 구나." 하면서 춘화(春花)에게 묻기를,

"춘화(春花)는 이제 어찌할 것인가?"

춘화(春花)가 말하기를, "이 관음사(觀音寺)는 주인의 선조께서 지으셨고, 주위 얼마간의 토지도 이미 절에다 희사한 것이니, 지금부터 저는 이 절에서 머리를 깎지 않은 유발(有髮)로 수행하며,

향락세계 홍진(紅塵)의 아름다운 경계는 생각지도 않을 것입니다." 하니, 모두가, "그렇게 하는 것이 참 좋겠군. 우리들이 쓸 돈을 약간 모아 줄테니, 얼마동안 지내고 있게나. 그러면 우리가 추수 후에 먹고 쓰는 데 모자라지 않도록 해주지." 사람들이 이렇게 말하고 각자 가서 돈과 식량을 조금씩 모아다가 춘화(春花)를 주었다. 그리고 노파를 하나 찾아서 춘화와 함께 지내도록 하니, 춘화(春花)는 모든 사람들에게 감사를 표하고 이로부터 한마음 한뜻으로 고행(苦行)하면서 몇 해를 지냈다.

구진인(邱眞人)은 용문동(龍門洞)에서 정양(靜養)하고 있었는데, 춘화(春花)가 진심으로 도(道)에 뜻을 두고 있는 것을 알고, 곧 돌아와 제도하니 춘화(春花)는 즉시 진인(眞人)을 스승으로 모셨으며, 후에는 정과(正果)를 이루었다.

구장춘(邱長春)은 춘화(春花)를 교화한 후, 롱주(隴州) 산중으로 들어가, 석벽(石壁) 하나를 보니, 벼랑 위쪽에 동굴이 있는데, 그것은 진(秦)나라 말, 한(漢)나라 초사이에 루경(婁景)선생이 건곤(乾坤) 자리라 했던 곳으로서, 그 아래에는 계곡물이 흐르고 있었다. 이 쭈아지른 듯한 석벽(石壁)을 끼고 계곡물이 구비구비 돌아 흐르고 있으며, 먼곳에서 바라다보면, 이 석벽이 계곡위에 두 다리를 벌리고 앉아 있는 것 같고, 그 동굴은 문(門)과 같이 보였다. 그 당시 사람들은 과거에 급제하는 것을 중히 여겼는데, 이 산(山) 동굴을 보니 마치 문(門)처럼 생겼으므로, 용문(龍門)이라는 이름을 붙였는데, 이것은 잉어가 용문(龍門)으로 뛰어오른다는 뜻이었다. 장춘(長春)은 이곳에 도착하여 보고 비로소 문 위로 용이 나른다한 『문상룡비(門上龍飛)』라는 말의 뜻을 깨닫게 되었다.

이에 동문(洞門)에서 양성수진(養性修眞)하고 있는데, 2년이 채 못되어 롱주(隴州) 지방에 가뭄이 들었다. 롱주(隴州) 태수(太守)는 고을 백성을 거느리고 기우제를 지내봤지만 비는 내리지 않고, 심어놓은 모종들은 말라 타들어가므로, 모든 사람들이 걱정하고 괴로워했다. 그럴즈음 구장춘(邱長春)이 롱주 관청에 찾아가서, 쟈기가 삼일 동안만 기도하면 단비를 내릴 수 있게하여 만민을 널리 구할 수 있다 하니, 태수(太守)가 크게 기뻐하면서, 제단에 오르기를 삼가 청하였다. 구장춘(邱長春)은 의관을 정제하고 제단 앞에 부복하여, 일념(一念)으로 정성을 쏟았는데 그 정성이 상제께 통하여 과연 큰비가 삼일 낮 삼일 밤을 계속해서 내려 논밭에는 곡식이 풍족하게 익어가니, 만백성의 마음이 편해졌다.

 그 다음해에는 하북성 북부 일대에 큰 가뭄이 들어 오래도록 비가 내리지않으므로, 원(元)나라 순제(順帝)인 천자(天子)가 문무백관들을 거느리고, 직접 기우제를 지내도 비는 전혀 내릴 생각을 안하니 직접 교지를 내려 방문(榜文)을 걸게하고, 도력이 있는 인사를 구해 기우제를 지내 비가오게 하려는 것이었는데, 능히 기도하여 비가 내리게 하는 이에게는, 높은 벼슬로 작위를 내려 그 노고에 보답하겠다는 내용이었다. 황제의 방문(榜文)이 걸리자, 각 성(省)에 소문이 퍼져 알게 되어, 롱주 태수(隴州太守)가 능히 비를 오게할 수 있는 한 사람을 추천하였으니, 그 사람이 누구였겠는가?

昔年困饑饉 如今動帝王
석년곤기근 여금동제왕

예전에는 굶주리며 고생하더니,
 지금은 제왕을 움직이도다.

제26회 : 신통력으로 비를 내려 백성을 이롭게 하고, 봉(鳳)을 용(龍)으로 바꾸는 구장춘

제 26 회
구장춘(邱長春)이 변화무쌍한 신통력

기우택회천전일 시묘술환봉투룡
祈雨澤回天轉日 施妙術換鳳偸龍

기도로 비의 혜택 받게 하고 해를 돌리는 대단한 힘,
묘술을 써서 봉을 용으로 바꿔 놓는다.

一片至誠可格天 却將凶歲轉豊年
일편지성가격천 각장흉세전풍년

한결같은 지성은 하늘도 감격하여,
흉년도 물러가게하고, 풍년 되게 할 수 있네,

休言元主愛民切 還是眞人道妙玄
휴언원주애민절 환시진인도묘현

원나라 주상이 백성을 간절히 사랑하기 때문이라 말라.
이는 진인의 도가 현묘하기 때문이 로다.

원순제(元順帝)가 방을 붙인 것은, 도행(道行)이 맑고 높은 사람을 구해서, 기도로써 비의 혜택을 입고자 한 것이였는데, 롱주(隴州) 태수가 중앙에 상주(上奏)한 글에,
"롱주(隴州) 용문(龍門)에 있는 구장춘(邱長春)이라는 고명한 도사는 도덕이 맑고 높은 사람인데, 작년에 롱주(隴州) 지방에 가

묾이 들었을 때, 이 사람의 기도 힘을 입어, 단비를 흡족히 얻어서, 만민을 널리 구하게 되었습니다. 이제 황상(皇上)께서 백성을 곤고(困苦)에서 구해주시려 비의 혜택을 바라시는데 이 사람이 아니면 안될 것입니다. 신(臣)은 백성을 구하려는 마음이 간절한 고로 아실 수 있도록 이 말씀을 올리는 바입니다." 고 했다.

원순제(元順帝)가 상주문(上奏文)을 보고 나서 대단히 기뻐하며, 곧 하리톼톼대부(哈哩脫脫大夫)에게 명하여 장춘(長春)을 초빙하게 하고, 일사천리로 용문에 도착하여 옥백(玉帛)의 예물(禮物)을 올리니, 이는 바로 황제(皇帝)의 뜻을 전한 것이라, 장춘(長春)은 흔쾌히 부르심에 응하여 곧 대부(大夫)와 함께 북경(北京)으로 가서, 다음날 황제(皇帝)를 알현하게 되었다.

원순제(元順帝)는 장춘(長春)을 스승을 모시는 예(禮)로써 받들어 자리도 구경(九卿)의 윗자리에 정하고, 기우(祈雨)제 법사(法事)를 위임하였다. 장춘(長春)이 아뢰기를,

"황상(皇上)께서 백성을 걱정하시는 간절하신 마음을 신(臣)의 미력(微力)한 힘으로는 도저히 흉내도 못내겠습니다. 다만 기우제 지낼 제단을 높이 세우고, 황상(皇上)께서 친히 향(香)을 올리고 예배(禮拜)하시기만 하면 됩니다. 신(臣)은 상제(上帝)께 기도드려서 삼일이되면 비가 내리도록 하겠습니다." 하니, 황제(皇帝)는 크게 기뻐하며, 곧 관리에게 명하여 기우제 제단 만드는 일 등을 감독하도록 하고, 또 태감(太監)을 장춘(長春)에게 보내어, 집현관(集賢舘)으로 인도하여 편히 쉬도록 하였다.

다음날 아침 일찍 관리가 기우제 제단이 다 되었다고 아뢰고, 단정히 법사(法師)가 단에 오르기를 기다렸다. 황제(皇帝)가 장춘(長春)과 함께 제단에 도착한 바, 황제(皇帝)는 단에 올라 공손히 향을 올려 예배하고는, 어가(御駕)는 궁(宮)으로 돌아갔다.

장춘(長春)은 기우제단에 부복(俯伏)하여 간절히 아뢰어 기도하였다. 삼일째 되는 날 한낮 무렵이 되니, 해는 빨갛게 불수레

바퀴처럼 공중에 떠서 쨍쨍 내리쬐니 온 땅바닥에 먼지가 일어나고, 사람들은 모두 땀이 비오는 듯 했다. 장춘(長春)이 버드나무 가지에 정수(淨水)를 찍어 붉은 해를 향해 뿌리니, 잠시동안 해의 변두리에 한무리의 검은 기운이 생기더니, 갑자기 변하여 구름이 되면서, 붉은 해를 가려 순식간에 천지가 캄캄해지고, 물을 댄 듯이 큰비가 마구 쏟아져, 며칠동안 장대같이 비가 내리니, 말라빠진 초목에 생기가 돌아, 비틀어진 것들도 새봄을 맞은 듯 되살아났다. 백성들은 기뻐서 날뛰며, 뭇 생물들이 다함께 덕을 입었다. 원순제(元順帝)는 너무도 기뻐하며, 장춘(長春)을 굉도진인(宏道眞人)에 봉(封)하고 수도(首都)에 머물러 있으라하며, 상빈(上賓)의 예(禮)로써 접대하는 것이었다.

하루는 황제(皇帝)가 구진인(邱眞人)을 입궐하라 하여, 황궁(皇宮) 안의 어원(御苑)을 산책하며 거닐게 되었다. 이 어원(御苑)안에는 도저히 형용할 수 없는 사철 푸르른 풀과, 시들지 않는 꽃과, 기묘한 돌과 괴이한 나무들이 많이 있었다. 황제(皇帝)는 구진인(邱眞人)과 더불어 돌 위에 앉아서, 도(道)를 이야기하고 현(玄)을 논(論)히시니, 오색 영롱한 상서로운 구름이 공중에 떠 덮고 있는 것이 마치 임금이 쓰는 양산인 화개(華蓋)와 같았으며, 이야기가 정미(精微)한 곳에 이르니, 황제(皇帝)가 탄식하며 말하기를,

"짐(朕)이 만약 대통(大統)을 이어 받지 않았다면 적송자(赤松子)를 따라 다녔을 것이요. 짐(朕)에게 후사(後嗣)가 있게되면, 진인(眞人)을 스승으로 모시고 입산(入山)수도 하겠소이다." 하니 구진인(邱眞人)이 말하기를, "주상(主上)께서는 걱정하실 것 없습니다. 황후(皇后)께서 벌써 용태(龍胎・왕자)를 회임하고 계시오니, 오래지 않아 황태자(皇太子)가 탄생하실 것입니다."

황제(皇帝)가 속으로 생각하기를,

"이 진인(眞人)은 과연 신선이로구나. 곧 바로 후궁(后宮)이 잉

태한 것을 알아보다니!" 신묘하게 생각하면서, 입에서 나오는 대로,

"황후(皇后)가 과연 몸에 회임(懷妊)을 했는데, 남아인지 여아인지 알지 못하겠소이다."

구진인(邱眞人)이 말하기를, "신(臣)이 계산해 보니 남아로 이미 결정되었습니다. 만에 하나라도 틀림이 없습니다."

황제(皇帝) 이르되, "과연 스승님의 말씀과 같이 된다면, 그것은 짐(朕)에게는 더할나위 없는 행복일 것입니다."
구진인(邱眞人)은 물러 나가고, 황제(皇帝)도 궁(宮)으로 돌아갔다.

황제(皇帝)는 궁(宮)으로 돌아와 황후(皇后)에게, "구진인(邱眞人)이 계산해 보더니 중전의 몸에 용태(龍胎·남아)를 회임하고 있다고 알아보았는데, 그러한지 아닌지 모르겠구료." 하니, 황후(皇后)는,

"그가 어찌 그와 같이 정확히 계산할 수 있겠습니까? 국사(國師)를 입궐하도록 해서 알아보는 것이 어떻겠습니까? 양쪽의 말이 서로 맞는다면 그것이 정확할 것입니다." 고 아뢰니, 황제(皇帝)가 크게 기뻐하며, 다음날 백운사(白雲寺)의 백운선사(白雲禪師)를 입궐케 하여, 구진인(邱眞人)과 함께 황후(皇后)가 과연 남아를 회임하고 있는지, 여아를 회임하고 있는지 계산해 보라고 했다.

백운선사(白雲禪師)는 손을 꼽아가며 계산해보더니,

"신(臣)이 계산해본 바 중전마마께서는 몸에 봉태(鳳胎·여아)를 회임하고 계시며, 틀림없이 공주(公主)님이 태어나실 것입니다." 고 아뢰는 것이었다.

황제(皇帝)가 다시 구진인(邱眞人)에게 물으니, 진인(眞人)이 아뢰기를,

"신(臣)이 어제 주상(主上)전하께 확실하게 말씀드렸듯이 황후

마마께서는 용태(龍胎)를 회임하신 것이므로, 꼭 태자(太子)를 낳으실 텐데, 수고로이 다시 물으실 필요가 있겠습니까?" 하였다.

백운선사(白雲禪師)가 웃으며, "당신은 이미 현묘한 이치(理致)를 깨쳐서 반드시 수리(數理)도 아실 것이니 다시 한번 계산해 보시지요."

하므로 구진인(邱眞人)은, "계산해보든지 안해보든지, 좌우간 용태(龍胎)시므로, 꼭 남아를 낳으실 것입니다." 하니,

백운선사(白雲禪師)가 화가 나서, "나의 수리 계산은 빠짐이 없는데, 당신은 어찌 망언을 하여 성청(聖聽)을 어지럽히시오?"

구진인(邱眞人)이 이르되, "수리는 천리(天理)만 못하며, 음덕(陰德)은 회천(回天)하는 힘이 있고, 선행(善行)은 수(數)가 세우는 공(功)에 굽히지 않는 법입니다. 지금 성상(聖上)께서는 몸소 기우(祈雨)하시어, 만백성을 널리 구하셔서 곤충 초목들까지도 고루 그 혜택을 입었으니, 얼마나 음덕(陰德)이 크겠습니까? 이에 상천이 감동하여, 여자를 남자가 되게도, 혹은 봉을 변화시켜 용으로 바꾸게도 할 수 있을지는 알 수 없는 일입니다."

백운선사(白雲禪師)가 이르되, "나는 그대를, 도(道)가 높은 사람으로 생각했는데, 이제보니 보통 인물에 지나지 않는군! 회태(懷胎)는 먼저 하였고, 기우(祈雨)는 후의 일인데, 이미 회임하여 태가 만들어진 것이 어찌 다시 고쳐진단 말인가?"

구진인(邱眞人), "내가 벌써 단정했는데 구태어 논쟁할 필요가 있겠소?"

백운선사(白雲禪師), "그대가 감히 나와 내기를 할 것인가?"

구진인(邱眞人), "내기를 하기로 하면 내기를 해도 좋습니다. 못할 것 없습니다."

백운선사(白雲禪師), "만약에 용태(龍胎)라면, 나 백운사를 그대에게 바치겠소."

구진인(邱眞人), "만약에 봉태(鳳胎)라면 내 목을 당신에게 바

치리다."

　백운선사(白雲禪師), "후회하지 마시오."

　구진인(邱眞人), "한번 말했으면 하는 것이지 어찌 후회가 있겠습니까?"

　백운선사(白雲禪師), "말로만 해서는 증거가 없으니, 글자를 써서 증거로 합시다."

　구진인(邱眞人)은 곧 황제(皇帝) 어전에서 지필(紙筆)을 구해서 천자가 쓰는 용지에 다음과 같이 썼다.

　〈수급(首級)을 걸고 내기하는 사람 구장춘(邱長春)은 지금 백운선사(白雲禪師)와 승부를 겨룸에 있어, 만약 후궁(后宮) 주모(主母)님께서 생산하시는 것이 봉(鳳·공주)이면, 구장춘(邱長春)이 목을 베어 수급(首級)을 바칠 것을 원하며, 이에 대하여 다시 번복함이 없을 것이다.〉라고 썼다.

　백운선사(白雲禪師)가 어전(御前)에서 필(筆)을 들어 쓰기를,

　〈내기 걸기를 하는 백운사인(白雲寺人) 백운승(白雲僧)은, 지금 구장춘(邱長春)과 승부를 겨룸에 있어, 만약 후궁(后宮) 주모(主母)님의 소생이 용(龍·황태자)이면, 백운승(白雲僧)이 백운사(白雲寺)를 구장춘(邱長春)에게 바칠 것을 원하며, 이에 대하여 다시 번복함이 없을 것이다.〉 쓰기를 마치고 서로 피차간 서명한 뒤, 서로 바꾸어 한번씩 읽어본 연후에 천자의 어안(御案)에 올렸다. 원순제(元順帝)는 용목(龍目)으로 죽 훑어보고 몸소 친히 거두어 보존하니, 황후(皇后)께서 분만하시는 때가 되면, 바로 확실히 판가름 날것이라 여기며, 이날은 그만 산회(散會)하고 각각 자기 처소로 돌아갔다.

　한편, 백운선사(白雲禪師)가 백운사(白雲寺)에 돌아와서 생각해 보니, '구장춘(邱長春)이 이와 같이 과감히 결단을 내리는 것을 보면, 아무래도 황후(皇后)께서 용태(龍胎)인 듯 싶은데 내가 계산이 틀린 것이 아닌가? 마음을 놓을 수가 없구나.' 하고, 다시 수

리(數理)를 짚어 보니, 조금도 틀리거나 잘못되지 않았는지라, 마음 속으로 은근히 기뻐하며,

"이것은 구장춘(邱長春) 그대 스스로 기괴(奇怪)를 일으킨 것이지 내가 한 일이 아니며 그대가 생명을 잃으려 스스로 재앙을 불러 일으킨 헛수고에 불과할 뿐이야." 하고 혼자 말로 되뇌었다.

한편, 구진인(邱眞人)은 집현관(集賢舘)으로 돌아와서, 황후(皇后)의 분만(分娩)할 날을 계산 해보고는, 신부(神符)를 날려, 구천 현녀궁(九天玄女宮) 안에 있는 신녀(神女) 한분의 힘을 빌리기로 하였다. 그 이름은 옥정선녀(玉貞仙女)라 하는데, 이 신녀(神女)는 변화가 무궁하고, 신통력이 광대(廣大)한 분으로서, 구천성모(九天聖母)의 명령을 받들고 구진인(邱眞人)이 시키는 대로 하라고 파견되었다.

구진인(邱眞人)이 신녀(神女)를 공손히 대하여 말하기를,

"오늘밤 축(丑)시에 영왕부(寧王府)에서 왕비가 아기를 낳을 터인데, 그대는 조롱박을 여자아기로 변화시켜, 그를 남자아이로 바꿔서, 금란전(金鑾殿)에서 안고 있다가, 내가 봉(鳳·아기공주)과 바꿀때를 기다린후 그 봉(鳳)을 가지고 가시, 조롱박과 도로 바꿔가지고 오면 될 것이요." 하니, 신녀(神女)가 분부를 듣고 가서 그대로 하게 되었다.

한편, 이날 밤 자(子)시에 황후(皇后)께서 분만을 하셨는데 여자 아기였다. 과연 백운선사(白雲禪師)가 봉태(鳳胎)라고 한 말이 맞은 것이다. 궁인(宮人)이 원순제(元順帝)에게 그대로 보고하니, 원순제(元順帝)는 백운선사(白雲禪師)의 계산법이 맞다고 탄복하면서 또 진인(眞人)이 생명을 지킬 수 없게 된 것을 걱정하며, 반드시 방법을 마련해서 구해주어야 바야흐로 군왕된 도리를 다하는 것이라고 생각했다.

원순제(元順帝)가 아침 조회(朝會)를 베풀러 나가니, 모든 관리들이 이미 황후(皇后)께서 공주를 낳은 것을 알고 있었기 때문에,

일제히 와서 하례를 드렸다. 백운선사(白雲禪師)도 와서 하례를 드리며 아뢰기를,

"신(臣)이 듣자오니, 황후께서는 황태자(皇太子)를 생산하셨다 하오니, 성조(聖朝)의 일맥(一脈)이 이어졌으므로, 신(臣)은 기쁨을 이기지 못하겠습니다. 다만 원하옵건대, 우리 황제님의 만세와, 태자님의 천추(千秋)를 바랄 따름입니다." 하였다. 이에, 원순황제는 탄식하며,

"짐(朕)은 타고난 운명에 후사(命應之嗣)가 부족한 것이 한스럽구나. 그런데 구진인(邱眞人)이 음양 산법(算法)에 착오를 일으켜 내기에 진 것은 사실이나, 짐(朕)은 구진인(邱眞人) 그가 기우(祈雨)해 준 공(功)을 생각해서, 그가 죽음만은 면할 수 있도록 해주고 싶기에 조정에서 10만량을 기부하여 백운사(白雲寺)를 도울테니 구진인(邱眞人)의 목숨 값으로 대신해 주시오."

원순제(元順帝)의 말씀이 끝났는데도, 백운선사(白雲禪師)는 오히려 망설이고 있었다. 그때 황문관(黃門官)이 와서,

"구진인(邱眞人)이 왔습니다." 하고 아뢰며 보고하니, 원순제(元順帝)가 바로 들라 이르라고 하였다.

구진인(邱眞人)이 조배(朝拜)를 마치고 나서, 원순제(元順帝)에게 하례를 올리기를,

"황후(皇后)께서 황태자(皇太子)를 생산하셨으므로, 신(臣) 주상(主上)님께 하례 올립니다." 하고 아뢰니, 원순제(元順帝)가,

"진인(眞人)이 틀렸어요. 황후(皇后)가 낳은 것은 여자아이요."

구진인(邱眞人)이 이르되, "신(臣)의 계산은 만에 하나도 틀림없습니다. 만약 공주 아기라면, 안고 나와서 신(臣)에게 한번 보여주시면, 신(臣)은 죽음도 달게 받겠습니다."

원순제(元順帝)는 원래 그를 구해주려 했는데, 그가 이렇게 강직하게 나오는 것을 보니, 괘씸한 마음이 생겨 궁녀를 불러 그 여자 아기를 안고 나오게 했다. 이때는 이미 인(寅)시에서 묘(卯)시

로 나누일 무렵이었는데, 신녀(神女)는 조롱박을 여자아기로 둔갑 시켜, 남자아기로 바꿔서, 신광(神光)으로 가리워 금란전(金鑾殿) 에서 한참을 기다리고 있으니까, 궁녀가 여자 아기를 안고 나와 황제에게 보고하니, 원순황제(元順皇帝)는 궁녀에게, 그 아기를 진인(眞人)에게 넘겨주어 진인(眞人) 스스로 확인하게 하였다.

구진인(邱眞人)이 두손을 받아, 도포 소매자락으로 슬쩍 덮어 가리우니, 어느 사이 벌써 신녀(神女)는 용(龍)과 봉(鳳)을 바꾸면서 한 남자 아기와 여자 아기를 교환하여 바꾸어주고 왕부(王府)에 도착하여 기다리고 있었다. 그러나 거기에 있는 모든 관리들의 육안범태(肉眼凡胎)로 어찌 능히 볼 수 있으랴! 백운선사(白雲禪師)도 지혜는 조금 있었으나 신통력은 없었으므로, 이와 같이 순식간에 일어나는 일련의 과정을 어찌 알아차릴 수 있었겠는가!

바로 그 자리에서 구진인(邱眞人)은 용(龍)과 봉(鳳)을 슬그머니 바꿔놓는 수단을 써서 두 손으로 남자 아기를 받쳐들고 만조백관들에게 도대체 이것이 남아인지 여아인지 살펴 보시라 하니 백관들이 보고나서, 일제히 "태자 천추(太子千秋)"를 연호했다. 백운선사(白雲禪師)는 얼굴이 새파랗게 질려 걸어와서 어린아기를 손으로 받아 들고 보니, 너무나 확실히 남아요, 여아의 모습이 아니었으므로, 그 자리에서 얼굴이 새빨갛게 변하며, 이제는 원순제(元順帝)에게 하례를 드릴 수밖에 없었다.

"과연 다음 대를 이으실 태자십니다." 말을 마치고는 남자아기를 황제께 올려드리니, 원순제(元順帝)는 한번 보니, 대단히 기이한 일이라, 바로 고쳐서 말하기를,

"짐(朕)은 궁인이 전하는 말만 듣고, 친히 아기는 보지 못하였기 때문에 여아로 알고 있었는데, 이는 궁내사람의 착오였도다." 하며 곧 광록사(光祿寺)에 명하여, 삼일간 축하연회를 베풀게 하고, 천하에 대사면령(大赦免令)을 내렸다.

원순제(元順帝)가 전(殿)에서 물러가고, 문무백관들도 해산하여 가니, 구진인(邱眞人)이 백운선사(白雲禪師)에게, "스님께서는 어떻게 분부하실 겁니까?"

백운선사(白雲禪師)가 말하기를, "사마(駟馬)로도 따라잡을 수 없는 일입니다. 내가 내일 절을 그대에게 넘겨 줄 테니, 그대는 들어오고 나는 나가면 모든 일이 다 끝나는 것인데 어찌 다른 분부가 있겠소?" 말을 마친 백운선사(白雲禪師)는 절로 돌아갔다. 구진인(邱眞人)도 집현관(集賢舘)에 돌아왔는데 도착하자마자 곧 신녀(神女)가 와서, 조롱박을 그에게 돌려주고 구천(九天)으로 올라갔다.

　　한편, 백운선사(白雲禪師)는 백운사(白雲寺)로 돌아와 아무리 생각해봐도 납득할 수가 없어서 다시 수리(數理)를 계산해 보았으나, 남자 아기는 전혀 나오지 않았다. 참으로 이는 바둑이 한 수만 높아도 이길 수 없으며, 재주가 세푼만 모자라도 패하는 것으로, 눈을 부릅뜨고 펄쩍 뛰어 오르려하는 것일 뿐 한탄을 면할 수 없는 노릇이었다.

시자(侍者)가 백운선사(白雲禪師)에게,

　　"구장춘(邱長春)은 단 혼자 뿐인데, 어떻게 이렇게 큰 사원(寺院)을 차지하고 살 수 있겠습니까? 그러지 말고 한번 더 내기를 하여 우리가 이쪽에서 한 사람 저쪽에서 한 사람씩 제해나가다가 구장춘(邱長春)쪽에서 사람이 부족하여 사람을 다 대지못하면, 내기가 끝나지 않은 것으로 하여, 우리가 다시 여기에 그대로 눌러 살면서 천천히 다른 방법을 꾸미면 어떻겠습니까?" 백운선사(白雲禪師)가 이 말을 듣고 크게 기뻐하였다.

　　이튿날 구진인(邱眞人)이 오니, 백운선사(白雲禪師)가 말하기를,

　　"스님들은 많고 절집도 너무나 넓은데, 절이 넓으면 사람도 가득 살아야 할 것입니다. 그쪽에서 도사가 한분 오면 이쪽에서도

스님이 하나 나가는 것으로 하여, 한 사람씩 제해나가다가 만약 그쪽에서 사람이 부족하여 다 대지 못하면 내기가 끝나지 않은 것으로하여 스님도 여기서 살고, 도사도 여기에 살면 어떨까요?"

구진인(邱眞人)이 말하기를, "그것 참 기발한 생각이요. 그와 같이하면 참 좋겠습니다. 내가 산문(山門)앞에 가서, 그들을 불러, 들어오게 하겠습니다." 말을 마치고는 산문(山門) 밖으로 걸어나가는 것이었다.

莫說我今人力小 須知身邊玄妙多
막설아금인력소 수지신변현묘다

**내가 지금 사람의 힘이 모자란다고 말하지 말라.
알라, 신변에 현묘한 일 얼마든지 많다는 것을.**

제27회 : 출가(出家)사신(捨身)의 참뜻과 근기에 따른 수행방법을 강설하고 있는 백운사(白雲寺)의 구장춘

제 27 회
구장춘(邱長春)의 수행강론(修行講論)

유도중순순고계 론수행층층설래
論道衆諄諄告誡 論修行層層說來

도사들은 훈유할 때 순순히 타일러 주며,
수행법 강론엔 층층으로 강설하도다.

花落花開又一年 人生幾見月常圓
화락화개우일년 인생기견월상원

꽃 지고 꽃 피고 또 한해가 지나는데,
인생들은 달이 항상 둥근 것을 몇이나 보았는가?

打開名利無拴鎖 烈火騰騰好種蓮
타개명리무전쇄 렬화등등호종련

명리에 얽힌 마음 타개하니 구속됨이 없어져,
등등히 타오르는 열화로 연꽃을 잘 가꾸도다.

구진인(邱眞人)은 산문 밖으로 나와서, 도포 소매 속에서 총채를 꺼내서 실가닥 몇 개를 살짝 뽑아, 입으로 진기(眞氣)를 불어넣어 공중을 향해 휙 던졌더니, 바람을 타고 흩어졌다. 그것이 어디로 떨어졌는지 알 수는 없었지만 순식간에 수를 헤아릴 수 없이 많은 도인들이 구진인(邱眞人)의 뒤를 따라 들어와 절에 있는 스님과 한 사람씩 제해나갔는데 백운선사쪽에서 사람이 부족하여 다 대지 못하였으므로 백운선사(白雲禪師)는 결국 하는 수 없이 구진인(邱眞人)이 살고 있던 집현관(集賢舘)으로 돌아가고, 승려들은 뿔뿔이 흩어져 몸담고 살아야할 절을 찾아 각각 떠나갔다.

구진인(邱眞人)은 무엇 때문에 꼭 백운사(白雲寺)가 필요했을까? 그 이유는 북경(北京) 지방이 왕기(王氣)가 마침 왕성하여서 오래 오래 도읍이 될 곳임을 알았기 때문에 구진인(邱眞人)은 왕성한 이 땅의 지기(地氣)를 빌려서 개단(開壇)하여 가르침을 베풀려 하였던 것이다. 또한 구진인(邱眞人)은 백운선사(白雲禪師)가 남쪽에 운(運)이 있어, 삼강(三江·江蘇·江西·安徽) 일대지방에 가서 법을 열어 천양(闡揚)하면 그 자취가 훌륭하게 나타날 것이나, 만약 경도(京都·北京)에 오래 머물면서 이 백운사(白雲寺)만 지키고 있으면, 끝내는 불교 천양도 하지 못하고 결국은 사원만 차지하고 있는 사원지기가 될 것을 우려하였던 것이다. 즉, 구진인(邱眞人)은 백운선사(白雲禪師)가 남쪽으로 가서 중생을 널리 제도하도록 하게 하기 위하여 그렇게 일을 만든 것이었다.

그러니까, 천지(天地)에 있어서 진인(眞人)에게는 그 머물 장소가 따로 있는 것으로, 혹 이곳이 이(利)로우면 저곳이 이(利)롭지 못하며, 혹은 저곳이 이(利)로우면 이곳이 이(利)롭지 못하므로 상사(上士)는 진(眞)을 닦음에 반드시 그 상생(相生)하고 상응(相應)하는 것을 취해서 살며, 그 상극(相剋)과 상방(相妨)되는 것은 피하는 법인데, 이는 그때 그때의 운(運)을 살펴 이(利)로움을 얻는다는 말이다.

한편, 구진인(邱眞人)은 백운사(白雲寺)에서 도인들을 불러모으니, 한달도 안되어 수십명 도우(道友)가 찾아와서, 각각 일에 따라 직무를 나누어 사무를 맡아 처리하며 얼마동안 왁자지껄 시끄럽게 되었다. 구진인(邱眞人)은 도우(道友)들이 어짐(賢)과 어리석음(愚)이 똑같지 않는 것을 보고, 일련의 가르침을 보여주지 않

을 수 없었다. 구진인(邱眞人)이 여러 도우(道友)들에게,

"소위(所謂) 출가(出家)라는 것은 티끌세상 속세를 떠난 것이니 반드시 제일 먼저 『진속(塵俗)』이라는 뜻을 확실히 간파(看破)해서 은거(隱居)하는 마음으로 구도(求道)해야 진심으로 출가한 사람이라고 할 수 있습니다. 만약에 일시적으로 망령되이 신선을 바라거나, 혹은 홧김에 나왔거나, 또는 편안하고 한가로움을 탐내어 출가했다면, 이는 도(道) 닦는다는 이유를 빌미로 실지로는 그 몸을 편안케만 하려는 것이므로, 맹용심(猛勇心)은 쉽게 일어나지만, 장원심(長遠心)을 갖기는 어려워, 도(道)가 있어야 한다고 생각했다가, 없어야 한다고 생각하기도 하기 때문에, 끝내는 현묘(玄妙)를 잃게 되는 것입니다.

또는 어려서 부모를 여의고 의지할 곳이 없거나, 늙어 혼자되어 돌보아 줄 사람이 없어 집을 나온 이도 있는데, 이들은 다만 우리 도문(道門)을 빌어 몸을 기대고 있는 것에 불과하니 무엇을 어떻게 간파하여 꿰뚫어 보겠습니까? 아무튼 이미 이곳에 온 사람은 편안하게 마음을 가지시오. 간파(看破)하였거나 못했거나 간에, 삼보(三寶)의 땅에 왔으니, 모두 연분이 있는 사람들일 것입니다.

나의 도문(道門)에 들어온 이는 궁핍할 일이 없을 것이고, 이곳에서 나가는 이는 부유하지 못할 것이라, 기왕에 나의 도문(道門)에 들어온 이상, 나의 이러한 마음을 터득하여, 상등자(上等者)는 참현타좌(參玄打坐)하고, 중등자(中等者)는 송경(誦經)과 예고(禮誥)를, 하등자(下等者)는 인력시(人力施)로서 공부를 삼아야할진대, 이 또한 출가자의 일을 마치는 것입니다. 다른 사람이 하지 못하는 것을 내가 힘써서 능히 할 것이요, 다른 사람이 참지 못하는 것을 내가 능히 참고 견디므로서, 능자(能者)는 능히 정욕(情慾)을 끊을 수 있고, 인자(忍者)는 능히 기한(饑寒)을 견디어 낼 수 있으니, 이와 같이 하면, 다른 사람들보다 앞서게 되는 것입니다. 마음을 텅텅비게 하여 한 터럭만큼도 장애(障礙)를 담지 말며

조그만 한 점(點)이라도 사적인 정에 치우치는 마음을 일으키지 않으면, 인상(人相)이 없어질 뿐만 아니라, 더욱 『나(我)』라는 아상(我相) 마저도 없어져버리는 것입니다. 『나(我)』라는 것이 없는 자리에 마(魔)가 어디에 있을 곳이 있겠습니까? 이런 허무한 가운데 있으면서 구도(求道)하고 공부하면 저절로 터득될 것이나, 만약 만들어 보려고 앉아서 좌공(坐工)하면, 도리어 진도(眞道)를 잃게 되므로, 범사(凡事)에 힘을 헤아려서 행함에, 지나치지도 않고 모자라지도 않게 하면, 대자(大者)는 그 큰 것을 이루고, 소자(小者)는 그 작은 것을 이룰 것입니다. 다가갈때는 먹줄 친데를 따라서 가고, 쫓을 때는 규구(規矩·사물의 준칙) 대로 따라하면, 비록 선불(仙佛)은 못된다 해도, 호인(好人)됨을 놓치지는 않으리니, 그렇다면 한바탕 출가했던 것이 헛된 일이 아닌 것입니다. 만약에, 상투를 틀어 올리는 것만을 도(道)인줄 알며, 머리깎는 것만을 스님인 것에 그친다면, 오온(五蘊)을 비우지 못하며, 사상(四相)도 날려서 잊혀버리지 못했기 때문에, 겉으로 보기에는 의관(衣冠)이 엄연(儼然)하나, 속은 금수(禽獸)와 같은 것입니다. 명리(名利)의 마음을 담담히 가지지 못하고, 시비하는 마음(是非)을 항상 지니고 있으며, 사치스럽고 화려한 념(念)을 지니고, 다만 의복이나 음식이 다른 사람만 못할까 걱정하며, 요행(僥倖)을 바라는 마음을 가지고, 항상 하는 일마다 소원대로 이루어지기만을 바라고 있으니, 이와 같은 사람은 비록 출가(出家)했다고 해도, 필경은 출가 아니한 것이라, 이름을 부르기를 도(道)라고 할 뿐, 전혀 도(道)에 있지 않다 할 것입니다.

그러므로 그처럼 수도하는 것은, 속세로 돌아가 고해(苦海)에 물드는 것을 즐거워하면서 살아가는 것만 못할 것인데, 하필이면 현문(玄門)을 못잊어하며 생계를 유지하는 결점을 들추어내면서까지 가이없는 죄과(罪過)를 지으며 왜 도장(道場)에 머물고 있는지 도저히 이해할 수 없습니다.

또한, 금생(今生)에 이미 벗어나지 못하면 내세에 오히려 고해(苦海)에 떨어질 것입니다. 이는 금생(今生)에 복과(福果)를 얻지 못하고 내세(來世)의 죄얼(罪孽) 씨를 일찍 뿌려 일어나는 일이니, 스스로 잘 생각하고 살펴야 할 것입니다."

구진인(邱眞人)이 이렇게 한창 얘기하고 있을 때, 산문(山門) 밖에 꼬장꼬장한 체격이 큰 남자들 십여명이 찾아 왔다. 그들은 바로 진령산(秦嶺山) 위에서 구진인(邱眞人)이 굶어 죽기를 작정하고 탈진되어 있을 때 구진인(邱眞人)을 구해준 조벽(趙壁)·왕능(王能)·주구(朱九)의 호한(好漢)들 이었다.

그들은 지난날 진령산(秦嶺山)에서 구진인(邱眞人)을 구해드린 후 진인(眞人)에게서, 죄받고 복받는 인과에 대한 몇 마디 이야기로 깨침을 얻어, 각자가 그릇된 것을 고쳐 올바른 일을 하기로 결심하고 잡화상을 하면서 분주히 연(燕·河北省)나라 땅 깊숙히까지 들어가 생활하며 그럭저럭 지내왔는데, 어느덧 십여년이 흘러 조벽(趙壁)·이웅(李雄)·장건(張建)은 모두 벌써 늙었고, 다만 왕능(王能)과 주구(朱九)는 아직 턱수염을 기르지 않고 있었다. 그들은 백운사(白雲寺)에 도(道)가 높은 구대진인(邱大眞人)이란 분이 계신데, 지난 해에는 기도 드려서 단비를 내리게 하여 널리 만백성을 구했으며, 그후에는 황후께서 태자를 생산하실 것이라고 백운선사(白雲禪師)와 내기를 걸어이겨서, 백운사(白雲寺)를 손에 넣은 뒤, 도(道)를 배우고 수행(修行)할 사람들을 지금 널리 불러 모아서, 강경(講經) 설법(說法)을 하고 있다는 소문을 듣고 모두들 기뻐하고 반가워했다. 조벽(趙壁)이 말하기를,

"그 당시 우리들이 진령산(秦嶺山)에서 그 사부(師傅)를 살리려했을 때, 그가 차고 있던 패에 「구(邱) 아무개는 봉행(奉行)할 것이다.」라는 구절이 있었는데, 그분이 진짜로 지금 도(道)를 료(了)하여 마쳤는지 아닌지, 우리들이 함께 백운사(白雲寺)로 가서 한번 훑어보도록 합시다." 라하니, 장건(張建)이,

"우리들은 항상 도(道)가 높은 사람을 찾아다녔는데, 이제야 혹 소원을 이루게 될지도 모를 일이지." 라 대답했다.

뒤이어 주구(朱九)는 "그분이 도(道)가 높으시고 덕(德)이 높으시다 하면 곧 바로 가서 그분을 스승으로 모시고 출가하도록 합시다." 라고 했다.

이에 조벽(趙壁)은, "주(朱) 형제의 말을 들으니, 너무나 기분이 좋습니다." 라 말했다.

이에 모두 다 함께 백운사(白雲寺)에 도착하니, 마침 구진인(邱眞人)과 여러 도우들이 큰 강당에 모여 앉아 출가인이 배워야 할 좋은 말씀을 강설하고 있는 자리를 만나게 된 것이다. 그 사람들이 들어오는 것을 보고, 구진인(邱眞人)이 곧 몸을 일으켜 말하기를,

"여러 호걸들이시여, 별고없이 평안들 하시오?" 하니, 조벽(趙壁) 등은 모두 구진인(邱眞人)을 알아보지 못했는데, 대뜸 문안 말씀을 듣고 당황해서,

"천신(天神)께서 호비(護庇)해주시는 덕택으로 편안합니다만, 사부(師傅)님을 어디에선가 뵈온 듯 한데, 깜빡 잊어버렸습니다. 죄송합니다만 말씀해주십시오." 고 대답하니, 구진인(邱眞人)이 이르되, "진령산(秦嶺山)에서 굶주리고 있던 도인(道人)을 기억 못하십니까?"

조벽(趙壁)이 놀라서, "도장(道長)께서 바로 그때 저희들을 교화하여 주신 그 사부(師傅)님이십니까?" 하니

구진인(邱眞人)은 대뜸 "나 아니면 그게 누구였겠소?" 라 말하며 웃었다.

조벽(趙壁) 등이 이 말씀을 듣고 일제히 배례(拜禮)하고 말하기를,

"별리(別離)한 후 어느새 십여년이 지나는 동안 문득 저희들은 벌써 쇠약해져 버렸는데, 사부(師傅)님께서는 모습이 도로 젊어지

셨습니다. 참으로 도(道)가 높으신 어른이시군요. 지난 옛날 사부(師傅)님이 득도(得道)하신 후에는 저희들이 곧 바로 뛰어들어 제자가 되겠다고 말씀 드린 일이 있사온데, 사부(師傅)님께서 부디 저희들을 받아주십시오. 배례(拜禮)하며 원하옵건데, 문하(門下)에서 도제(徒弟)가 되기를 원합니다. 사부(師傅)님의 의향을 모르겠사오니 어찌하면 좋겠습니까?"

구진인(邱眞人)이 이르되, "그 옛날 목숨을 구해준 은혜를 지금까지 잊지 않고 있습니다. 만약 내가 득도(得道)했다고 말하면, 나는 아무 것도 실지로 얻은 바가 없습니다. 다만 도(道)에 의지해서 세상 사람들을 개화(開化)하고 있을 뿐입니다.『아! 고해(苦海)는 가이없다 하나, 머리만 돌리면 그곳이 바로 극락이도다!』라고 내가 옛날 진령산(秦嶺山)에서 말한 것은, 다만 내 스스로의 뜻을 경계하기 위한 것뿐이었는데, 여러분들이 그 말을 한번 듣고, 개과천선하여 용감하게 과오를 고치고 호인(好人)이 되기 위하여 놓치지 않고 10여년동안 굳은 뜻을 착실히 지키다가, 이제는 홍진(紅塵)을 간파(看破)하고, 출가(出家)하러 왔으니, 이도 역시 한바탕(一莊) 통쾌한 일입니다.

이처럼 출가하러 오신것은 모두 전생에 쌓아놓은 선행(善行)이 있어서이고, 그렇기에 비로소 이런 생각이 일어날 수 있었던 것입니다. 그러나 아무리 발심(發心)하여 스님이 되고 도인이 되었다 하더라도 반드시 삼가 법언(法言)과 법훈(法訓)을 지켜야 하는 것이며, 자비로운 마음으로 기(氣)를 낮추고, 일체를 공경해야하며, 자기의 본성이 정(情)에 따라 풀어지게 해서도 안되고, 천만가지로 망념을 일으켜도 안되는 것입니다. 더욱이 자기의 의견을 버리고 남의 의견을 따르는 것이 좋으며 생명을 상해(傷害)하는 일은 절대 해서는 않됩니다.

내가 다른 사람만 못하다 하여, 질투하는 마음을 일으키면 안되며, 또 그 사람이 나에게 미치지 못한다 하여 업신여기는 뜻이 생겨도 안되고, 이기는 것을 즐기는 마음으로 남을 능욕하지 말것이며, 잘난 체 뻐기고, 교만하고 오만해도 안되는 것입니다.

내가 그 사람만 못한 것은, 내가 닦아서 쌓아 놓은 것이 없음이고, 그 사람이 나만 못함은 그 사람에게 시운(時運)이 아직 오지 않은 것입니다.

도(道)에는 큼과 작음도 없으며, 존귀함도 비천함도 없습니다. 부귀 빈천을 막론하고, 어찌 존귀한이, 비천한이, 늙은이, 어린이에 분별(分別)이 있으리요? 도(道)가 높은 자가 크고, 덕(德)이 높은 자가 존귀하며, 배우기를 좋아하는 자는 금이나 옥과 같고, 배우기를 좋아하지 않는 자는 잡초와 같아서 아무나 짓밟게 되고, 금은(金銀)이나 재보(財寶)가 귀한 것이 아니라, 다만 인의(仁義)와 도덕(道德)이 중(重)한 것입니다. 천자(天子)가 출가했어도 귀할 것 없고, 걸인이 출가했어도 천한 것이 아닙니다.

나는 어려서 부모를 여의고, 형님이 거두어 길러주신 은덕으로 장성하게 되었으나, 홍진(紅塵) 세속에는 연분이 없음을 알아차리고 일심(一心)으로 도(道)를 찾아 진(眞)을 닦았습니다. 그러다가 후에 나의 스승이신 중양(重陽) 진인(眞人)을 만나, 지극(至極)한 도(道)를 전수 받았으며, 또 마단양(馬丹陽) 사형(師兄)의 깊은 가르침을 받고 있다가, 사곡(斜谷)에서 마단양(馬丹陽) 사형(師兄)과 분단(分單)하여 헤어진 후로는, 혼자 열심히 용맹정진할 때, 칠십이회에 걸쳐 큰 굶주림을 겪어 거의 목숨이 끊어질 지경에 이르기도 했고, 작은 굶주림이야 그 수를 헤아릴 수 없고, 고난을 겪은 일은 어찌 말로 다 할 수 있겠습니까. 그러나 내 마음은 철석과 같아, 죽는다 하더라도 초발심(初發心)은 물러가지 않도록 하였으며, 마난(磨難)을 받을수록 뜻은 더욱 굳어졌는데, 후에 반계(磻溪)에서 6년 동안 고공(苦工)을 행(行)할 때의 곤고(困苦)함이야 이루다 말로 나타낼 수 없습니다.

속담의 고진감래(苦盡甘來)를 어느 날 아침 갑자기 활짝 깨닫게 되었는데, 하늘에서 돌보아주신 덕택으로, 누차 기도해서 매번 단비가 내리니, 일시에 황제(皇帝)가 계신 서울 지방에까지 이름이 퍼져, 황제(皇帝)의 부르심을 받는 몸이 된 것입니다. 비록 도과(道果)는 아직 이루지 못했다 하더라도, 이곳에까지 도착하기도 그리 쉬운 일이 아니었습니다.

여러분들은 이왕에 출가하기로 했으니, 이러한 염(念)을 작정하여 부귀에도 그 마음을 움직여서는 안되고, 빈천하다 하여 그 지향을 고쳐서도 안되며, 내 몸을 보기를 이미 죽은 사람으로 생각하여, 지금 죽은 중에서 삶을 다시 얻은 것으로 계산하고, 큰 생각하나 념두(念頭)를 일으켜 죽지 않는 법을 찾아야, 바야흐로 지극(至極)한 사람이라고 말할 수 있을 것입니다."

구진인(邱眞人)이 말을 마치니, 조벽(趙壁) 등은 모두 진인(眞人)이 그때 얼마나 수도하면서 고통을 받았는지를 생각하며 흐느껴 눈물을 흘렸다.

구진인(邱眞人)이 다시 말하기를, "고통의 극처에까지 도착해 보지 않고는, 고통 뿌리가 모조로 뽑히지 않아서 지혜가 열리기 어렵습니다. 지금 당신들은 원하기를 고통받을 곳을 구(求)하는데, 한바탕 고통을 받으면, 곧 한바탕의 마장(魔障)이 물러가게 되고 충분히 고통을 받으면 마기(魔氣)는 전부다 없어지는 것입니다."

구진인(邱眞人)은 말을 마친 후 날짜를 택일하여 그들에게 상투를 틀고 두건(頭巾)을 쓰게하는 예식을 치르고, 그들 모두에게 도호(道號)를 내렸다.

한편, 황후(皇后)는 '내가 낳아 놓은 것은 너무나 분명하게 여자아이였는데, 전(殿)으로 안고 나가 이리저리하다가 어느 사이 남아로 변해서, 백운선사(白雲禪師)의 커다란 사원(寺院) 한채를 구장춘(邱長春)에게 넘겨주게 한 것이 되었으니, 이는 도시(都是) 나 한 사람이 그런 앙화(殃禍)를 만들어낸 것이라.' 라는 생각이 들어 백운선사(白雲禪師)가 마음 속으로 번민하고 있을 것이 걱정되었다. 그래서 내시(內侍)에게 명하여 백운선사(白雲禪師)를 입궁하게 하여 다음과 같이 위안의 말을 전했다.

"이 어린아이 때문에, 스님에게 걱정을 끼쳐드렸습니다."

백운선사(白雲禪師)는 "수리로 산정(算定)해보니 틀림없이 봉(鳳·공주)이었는데, 구장춘(邱長春)이 어떤 사술(邪術)을 썼는지는 모르겠으나 남자아기로 바꾸어 놓았으니, 신(臣)은 이 일이 나라 사직의 복이 아닌 것이 걱정됩니다."

이말을 듣고 황후(皇后)가 말하기를 "지금 뒤를 이을 후사(後嗣)가 없다는 생각으로, 황후(皇后)로서 나도 심각하게 말하지 않았고, 성상(聖上)께서는 이 아이를 얻으시고는 구장춘(邱長春)을 신선과 같이 공경하며, 매일 어원(御苑)에서, 도(道)를 강론하시고, 현(玄)을 이야기하시느라 궁(宮)으로 돌아오시는 일이 적습니다."

이에 백운선사(白雲禪師)는, "옛날 당(唐) 명황(明皇)이 황제 자리에 있을 적에, 만조(滿朝) 문무 백관들이 모두 장과로(張果老)를 신선이라고 칭찬하는 지라, 당명황(唐明皇)이 독약을 술에 타서 장과(張果)에게 마시라고 했답니다. 장과(張果)는 연거푸 세 잔을 마시고는 말하기를, '술이 술맛이 없고, 안주가 안주맛이 아니군!' 하고는, 반시각 동안 혼미해져서 정신을 못차리더니, 입속의 치아가 전부 새까맣게 되었습니다. 깨어난 장과(張果)는 황급히 어전(御前)에 있는 철여의(鐵如意)를 찾아 검은 치아를 때려 쳐서 모두 떨어버리고, 잠깐 입을 다물었다가 입을 벌리니, 하얀 치아가 다시 생겨나 있는 것이었습니다. 당명황(唐明皇)은 그때서야 비로소 장과(張果)를 진짜 신선이 하강하신 것이라고 믿었다 합니다. 이제 마마께서도 당명황(唐明皇)의 고사를 그대로 본따 짐주(鴆酒·독주)를 탁자 위에 올려놓았다가, 장춘(長春)에게 마시라고 하는 것이 어떻겠습니까? 그가 마셔도 죽지 않으면, 바로 진짜 신선인 것이지요."

황후(皇后)는 이 말을 듣고, 매우 좋은 생각이라 여기고, 내시(內侍)에게 명하여, 장춘(長春)을 불러오게 하였다.

畧施些少計 神仙也難逃
략시사소계 신선야난도

대략 조그마한 계략을 쓰면
신선도 도피하기 어렵도다.

제28회 : 황후에게 독주(毒酒)와 황금덩어리 관으로 도(道)를 시험받는 구장춘

제 28 회
도(道)를 시험받는 구장춘(邱長春)

사짐주황후시도   대금관진인음시
賜鴆酒皇后試道 戴金冠眞人吟詩

짐주를 내리어 황후는 도를 시험하고,
금관을 쓰고 진인은 시를 읊도다.

丹成九轉盡純陽 入聖超凡壽命長
단성구전진순양 입성초범수명장

구전련단(九轉煉丹) 이루어 순양이 극치에 이르고,
성역에 들고 범속을 벗어나니 수명은 장구하도다.

不有一番曲折事 焉能萬古把名揚
불유일번곡절사 언능만고파명양

한바탕 곡절을 넘기지 않고서야,
어찌 만고에 이름을 날릴 수 있으랴?

황후는 백운선사(白雲禪師)의 말을 듣고, 내시(內侍)에게 백운사(白雲寺)에 가서 구진인(邱眞人)을 모셔오라 명하고, 황후는 미리 독주(毒酒)를 마련해 놓고 기다렸다.
한편, 내관(內官)이 황후마마의 명을 받들고 와서 진인(眞人)에게 입궁(入宮)하라는 말씀을 전했다. 진인(眞人)은 이미 그 뜻을 알아차리고 있었으므로, 백운사(白雲寺)를 출발할 즈음에 조벽(趙壁)과 이웅(李雄) 등 여러 사람에게 속히 항아리 스물네개에 차갑고 맑은 물을 가득 채워서 일자(一字)로 주욱 늘어놓고 내가 돌아오기를 기다리면, 아주 긴요하게 쓸 것이니, 잘못 실수하여 일을 망가뜨리지 않도록 분부했다.

그리고는 구진인(邱眞人)은 내시(內侍)와 함께 입궁(入宮)하여 황후를 알현했다.

황후(皇后)가 말하되, "전에 진인(眞人)께서 내가 꼭 태자를 낳을 것이라고 산정(算定)해서, 과연 그 말씀대로 되었지만, 수고에 보답을 못했는데, 이제야 어주(御酒) 석잔을 내려 간략히 경의(敬意)를 표하고자 합니다." 하고는, 내시(內侍)에게 진인(眞人)께 술을 갖다드리라고 했다. 진인(眞人)도 사양하지 않고, 세잔을 연거푸 마셨다.

황후에게 인사를 올리고 백운사로 돌아왔다. 준비해 놓으라 분부한 대로, 스물네개의 항아리에 맑은 물이 담겨, 복도에 한줄로 주욱 늘어놓여 있었다. 진인(眞人)이 곧바로 항아리에 뛰어 들어가, 냉수에 몸을 담그니, 순식간에 물이 뜨거워져 펄펄 끓게 되었다. 곧 일어나서 다음 두번째 항아리에 뛰어들었고, 그 두번째 항아리 물이 뜨겁게 되니, 또 세번째 항아리에 뛰어 들어가고 하여 연이어 스물세번 항아리를 마치고 스물네번째 항아리에 들어갔는데, 물을 가득 채워놓지 않아 가슴까지도 닿지 못했다. 그래서 독(毒) 기운이 다 없어지지 않고, 독(毒)의 화기(火氣)가 위로 치솟아 천정(天庭) 위에 있는 청실같은 머리털을 세손가락 너비만큼이나 치밀어 없어지게 하여, 멀리에서 보면 이제는 반두도사(半頭道士)와 같이 되어버렸다.

한편, 백운선사(白雲禪師)는 구진인(邱眞人)이 아직 죽지 않고 있다는 말을 듣고 궁중에 들어가서 황후에게 이 말씀을 여쭈니, 황후가 말하기를,

"짐주(鴆酒)를 마셨는데도 죽지 않으니, 틀림없이 신선인 것은 의심할 여지가 없습니다."

이에, 백운선사(白雲禪師)가 "혹시 술의 독기가 약해서 안죽었을 지도 모릅니다. 신(臣)이 들었사온데, 신선(神仙)은 능히 오금팔석(五金八石)을 이겨낼 수 있다고 하옵는데, 대저 금·은·동·철 같은 것들도 그의 수중(手中)에 들어가면, 진흙덩어리나 마찬가지로, 네모지게 하려면 네모지게 되고, 둥글게 하고자 하면 둥글게 된다 합니다.

도문(道門)에는 건(巾)을 쓴 자도 있고 관(冠)을 쓴 자도 있는데, 머리를 흩어 내려트리고 건(巾)을 쓴자도 있고, 관(冠)을 쓴 자는 머리를 묶고 있습니다. 이것이 사실인지 아닌지는 모르겠으나 통털어서 이를 건관(巾冠)이라 하고 있습니다. 마마께서는 이 건관(巾冠)을 금관(金冠)으로 만들도록 황금 한덩어리를 그에게 내려주시어, 머리 위에 쓰라고 하십시오. 그가 만약 머리위에 움직이지 않게 올려놓는 다면 그가 바로 진짜 신선이지만, 머리에 이고 가만히 있지 못하면, 여러 사람들의 한바탕 웃음거리가 되고 그는 반드시 불안해서 사람을 내할 면목이 없으므로 틀림없이 산림(山林)으로 아주 들어가 버릴 것입니다."

황후(皇后)는 이 말을 듣고 무척 기뻐하며, 또 내시(內侍)에게 백운사에 가서 구진인(邱眞人)을 입궁토록 하라고 했다.

구진인(邱眞人)이 내시(內侍)를 따라 황궁에 들어오니, 황후(皇后)가 구진인(邱眞人)의 천정(天庭)에 머리털이 없는 것을 보고, 묻기를,

"구진인(邱眞人)의 두상(頭上)에는 어찌하여서 머리가 없나요?" 하고 물으니, 구진인은 황망(慌忙)해 할 것도 없이 태연하게 네구절로 말하기를,

昨承丹詔赴瑤堦　王母與臣賜宴來
작승단조부요계　왕모여신사연래

어제 칙명을 받고 천궁 뜰에 갔더니,
왕모께서 신에게 잔치를 베풀어 주셨는데,

連飮三杯長壽酒　遂將頂上天門開
련음삼배장수주　수장정상천문개

연달아 장수주를 석잔이나 받아 마셨더니,
드디어 정수리 꼭대기에 하늘 문이 열렸나이다.

구진인(邱眞人)이 말을 마치자, 황후는 마음에 부끄러웠다. 본시 도묘(道妙)를 다시 시험하고자 안했으나, 이미 백운선사(白雲禪師)에게 응낙하였으므로 어쩔 수 없이 말하기를,
"진인(眞人)은 과연 진짜 신선입니다. 신통력이 보통이 아니고, 사람들도 모두 공경하고 탄복하니, 어제(御製) 금관(金冠)을 진인(眞人)께서 머리에 쓰고 도사의 모습을 한번 갖추어 보세요." 하고는, 내관(內官)에게 명하여, 마노판(瑪瑙盤)에 황금 한덩어리를 받들어 가져오게 하고, 진인(眞人)에게 말하기를,
"황후가 금관(金冠)을 하사(下賜)하는 것이니, 진인(眞人)이 이것을 머리에 쓰시고 사은(謝恩)하시면 좋겠습니다."
구진인(邱眞人)은 일찍이 알아차리고 있었던 터라, 소매 속에 강철로 된 침(鍼)을 지니고 있었는데, 두손으로 황금(黃金)을 받아가지고, 삼매(三昧)를 운용(運用)하여 진화(眞火)를 황금(黃金)에다 훅하고 불었더니, 그 황금(黃金)은 드디어 진흙처럼 물렁물렁해졌다. 금(金)을 붙들고 침으로 구멍을 뚫어 황금덩어리를 머리털 위에 올려놓고, 침으로 몇 가닥 머리털을 얽어매 금(金)에 뚫어 놓은 구멍에 꽂아 빼내고는, 침을 그 위에다 올려놓고 구멍으로 뽑아낸 머리털 몇 가닥을 앞뒤로 꼭 얽어매니, 그 무거운 황

금 덩어리가 조금도 움직이지 않았다.

　왕후는 백운선사(白雲禪師)의 말을 듣고, 구진인(邱眞人)을 놀리려고 했을 뿐인데, 도문(道門)의 장엄한 신통력이 이러한 규모(規模)로까지 전해내려오는 줄은 미처 생각지 못했다. 그래서 너무나 놀랄 수밖에 없었다. 오늘날 도우(道友)들이 쓰는 황관(黃冠)은 이때부터 시작된 것이라 전해온다.

　한편, 구진인(邱眞人)은 황금(黃金)을 머리에 이고서, 황후에게 사은(謝恩)하면서 시(詩) 한 수를 읊었다.

屢承丹詔頒恩深　臣敢將詩對主吟
루승단조반은심　신감장시대주음

여러 차례 칙명으로 은혜를 베풀어주시니,
신이 감히 임에게 시를 읊어 대하나이다.

君子心中無冷病　男兒頭上有黃金
군자심중무랭병　남아두상유황금

군자의 마음엔 냉병이 없으므로,
남아의 머리 위에 황금이 올려집니다.

　진인(眞人)이 시(詩)를 다 읊으니, 황후는 불안함을 느끼며 일어서서 말했다.

　"내 잘못을 알겠어요. 진인(眞人)께선 양해하시고 개의치 않을 것입니다."

　구진인(邱眞人)이 이르되, "어찌 황후마마께 잘못이 있으리까? 이는 신(臣)이 오랫동안 시끄러운 티끌 세상을 그리워했으므로 제 스스로 마장(魔障)을 일으킨 것입니다……" 말이 채 끝나기도 전에, 병풍 뒤에서 백운선사(白雲禪師)가 튀어나와 구진인(邱眞人)을 붙들고 말하기를,

"구장춘(邱長春) 당신이 마장(魔障)을 일으킨 것이 아니고, 이 노승(老僧)이 당신에게 마장(魔障)을 부린 것입니다."

이에 구진인(邱眞人)이 이르기를, "선사(禪師)께서는 사대(四大)가 다 공(空)되신 분인데, 어찌 저에게 마장(魔障)을 부릴 리가 있겠습니까? 보건데, 실지는 그 허물은 제가 자초(自招)한 것입니다." 라 하면서 읊기를,

貪迷世故戀塵囂 久戀塵囂魔自招
탐미세고련진효 구련진효마자초

세상 일 탐내고 헤매며 풍진 속세 그리워하고,
오래도록 풍진 세상 잊지 못하면 마장을 자초하느니,

煩惱實由我自取 別人怎使我動搖
번뇌실유아자취 별인즘사아동요

근심 걱정거리도 내가 스스로 취하는 것이지,
다른 사람이 어떻게 나를 동요케 할 수 있으리!

바로 즉석에서 구진인(邱眞人)은 이렇게 네 구절 말로 이야기를 마치고, 허물을 자기에게 돌렸다. 원래 백운선사(白雲禪師)는 쓸데없이 문제를 꾸민 일이 없었지만, 구진인(邱眞人)이 용(龍)을 살짝 봉(鳳)과 바꾼일로 내기에 져서 백운사(白雲寺)를 내어줬다 여기고 백운선사(白雲禪師)가 일을 꾸며 황후에게 권해 구진인(邱眞人)에게 독주도 먹이고 금관도 하사하도록 하여 보복하려고 했던 것이다. 만약 진인(眞人)이 백운사(白雲寺)를 점령하지 아니했다면, 어찌 이런 한바탕의 시비가 벌어졌으랴? 그러므로 진인(眞人)은 허물을 자기에게 돌린 것이요, 이는 타고난 양심(良心)이 어둡지 않았기 때문이다. 그러므로 후세 사람들은, 이쪽이 이기고 저쪽이 졌다고 하는 말을 입에 담지 말아야 할 것이다.

백운선사(白雲禪師)는 구진인(邱眞人)이 모든 허물을 자기에게 돌리는 것을 보고 자기도 또한 생각이 잘못 되었음을 뉘우치고, 입에서 나오는대로 네 구절로 말하기를,

讀過佛經萬事空 爲何一旦心朦朧
독과불경만사공 위하일단심몽롱

불경을 읽었어도 온갖 일이 공되었네.
어찌하여 한때 마음이 흐렸었던가?

說龍道鳳終無益 枉費心機錯用工
설룡도봉종무익 왕비심기착용공

용이다, 봉이다, 떠든들 끝내는 아무런 이익도 없는 것을,
공연히 심기만 허비하며 헛공부하였구나!

　황후가 볼 때, 선사(禪師)와 진인(眞人)이 서로가 자기스스로에게 그 허물을 돌리며 지난 것을 돌이켜 자기 반성을 하는 것을 보고 대단히 기뻐서, 찬탄(讚嘆)을 몇 마디 하려는데, 갑자기 궁인(宮人)이 황제(皇帝)가 납신다고 하는 것이었다.

　황후가 급히 서둘러 성가(聖駕)가 입궁(入宮)하심을 영접(迎接)하고, 구진인(邱眞人)과 백운선사(白雲禪師)도 성상을 알현(謁見)하였다. 원주(元主)는 아주 기뻐하며 말하기를,

　"짐(朕)은 두 분 스승님이 화목하지 못함을 보고 늘 걱정이 되었는데, 지금 기분을 풀러 서궁(西宮)에 갔다가, 궁인(宮人)에게서 두분이 화해하셨다는 보고를 듣고, 짐(朕)은 마음이 대단히 기뻐 두분 스승님과 한담하려고 서궁(西宮)에서 이곳에 왔소이다."

하니, 황후가 또 두분 스승이 서로가 모두 자기에게 허물을 돌렸다는 싯귀를, 원순제(元順帝)에게 한바탕 죽 아뢰니, 원주(元主)는 크게 기뻐하며,

"삼교(三敎)는 원래 두 이치(理致)가 없고, 스님이나 도인이나 원래 한집안 식구 권속(眷屬)이니 짐(朕)도 이에 몇 구절 말씀을 나타내어, 두분 스승을 축하하려 하오.

一僧一道在京華 僧道原來是一家
일승일도재경화 승도원래시일가

스님 한분 도인 한분이 함께 서울에 살고 있네.
스님도 도인도 원래는 한집안 식구인 것을.

從此不須分彼此 共成正果爲菩薩
종차불수분피차 공성정과위보살

이제부터 너 나 나누어 따질 것 없고,
다함께 정과 이루어 보살되리라.

구진인(邱眞人)과 백운선사(白雲禪師)가 이 말씀을 듣고 함께 은혜를 감사하니, 원순제(元順帝)가 백운선사(白雲禪師)에게,

"짐(朕)이 벌써 황궁(皇宮)에서 국사(國師)께서 새 사원(寺院)을 건축하는 데에 쓸 수 있도록 출연금(出捐金)을 발급케 하였으니, 공사가 원만히 이루어지거든, 백운사(白雲寺)의 불상을 새로 지은 사원(寺院)에 모셔가고, 절 이름도 따로 짓는 것이 좋겠습니다. 백운사(白雲寺)는 백운관(白雲觀)으로 고치며, 도조(道祖)의 신상(神像)을 다시 새겨 조성하여 모시고, 승(僧)과 도(道)를 분별할 수 있게 하면, 각기 나름대로 종파(宗派)를 나타낼 수 있으며, 천추(千秋)에 걸쳐 계속 향화(香火)도 올리게 되고, 만세에 외관(外觀)도 본디 모습 그대로 훌륭하게 남을 터이니, 그렇게 해주신다면 두분 스승님께서 고(孤·나)를 보호해주신 공(功)을 져버리지 않으리다."

진인(眞人)과 선사(禪師)는 함께 황제(皇帝)의 은혜에 거듭 감

사해하였으며, 원주(元主)는 궁인(宮人)에게 명(命)하여 어육(魚肉)과 파, 마늘 등을 넣지 않은 채식 요리를 준비하여 연회를 마련하게 하고, 임금과 신하가 함께 즐기게 되었다.

연회하는 동안에도 도묘(道妙)와 불법(佛法)을 몇 말씀씩 하게 되었는데, 불(佛)에서는 『공공(空空)』으로써 가르침을 베풀고, 도(道)에서는 『허무(虛無)』를 종지(宗旨)로 삼았으니, 공(空)이라는 것은 무(無)이며, 허(虛)라는 것도 역시 무(無)로서, 결국은 모두가 일리(一理)인 것이다. 오래 가지 않아서 연회가 끝남에, 두분의 스승은 원주(元主)에게 하직하고, 각기 자기들 처소로 돌아갔다.

한편, 백운사(白雲寺)에서 절을 인계하고 떠나온 여러 승려들은 뿔뿔이 흩어져 각기다른 절을 찾아가서 머물게 되었는데, 어느 날은 우연히 한곳에 모이게 되었다. 한자리에 모인 그들은,

"우리들은 너무나 좋은 사원(寺院) 하나를 구장춘(邱長春)에게 점령당하고 말았는데 이대로 끝내버릴 수야 없지 않은가." 라고 상의하는 중에, 일거리 만들기를 좋아하는 승려 하나가, 자기를 풍수지리에 뛰어난 풍수쟁이라고 칭하면서,

"만약 내 생각대로라면, 백운사(白雲寺)의 전면(前面)에다, 서풍사(西風寺)를 한채 짓는다면, 백운사(白雲寺)를 아주 망하게 할 수 있다." 하니, 여러 승려들은 어떻게 하여 그 절이 망하게 되느냐고 그 까닭을 물으니, 그 풍수쟁이라는 화상(和尙)이 대답하기를,

"풍수(風水)가 사람을 무섭게 파괴한다는 소리를 들어본 일이 없습니까? 우리의 서풍(西風)으로 저 백운(白雲·흰 구름)을 불어 날린다면, 어찌 망하지 않을 것을 근심하겠으며, 어찌 흩어지지 않을 것을 근심하겠습니까?" 하니 승려들이 모두 박수치면서 한바탕 웃어대며,

"그것 참 희안하군!" 하고, 바로 그 자리에서 권선문(勸善文) 몇 권을 만들어 놓으니, 또 한사람 글재주가 뛰어난 승려가 붓을

들어 서문을 쓴 후, 일제히 백운선사(白雲禪師)를 찾아가 뵙고, 선사(禪師)님을 곤경에서 빠져 나오게하려 한다는 얘기와 관함(官銜·관리의 직함)을 몇 군데 찾아가 도움을 청할까 한다는 얘기와 서풍(西風)으로써 백운(白雲)을 불어 없앨 이야기 등을 선사(禪師)가 아시도록 설명했다.

백운선사(白雲禪師)는 웃으며,

"이런 의견을 누가 낸 것인가?" 하고 물으니, 여러 승려들은 그 일거리 꾸며내기 좋아하는 풍수쟁이라는 화상을 가리키며,

"바로 이분 상승보살(上乘菩薩)입니다." 백운선사(白雲禪師)가 그에게 묻기를,

"그대가 서풍(西風)을 일으켜서 백운(白雲)을 불어 날리려고 하는데, 그 저의는 무엇인가?

그 풍수쟁이라는 화상은 "후배는 선배 스님들의 원수를 갚고자 합니다."

이 말을 들은 백운선사(白雲禪師)는, "우리 부처님은 교화를 펼치신 이래로 지금까지, 다만 사람들과 인연을 맺으라 하시었으나, 사람들과 원수를 맺으라는 말은 듣지 못했노라. 출가하여 수도하는 사람은 사대(四大) 색신(色身)이 모두 공(空)임을 알고, 한 티끌에도 물들어서는 않된다 하였는데, 무슨 원수가 있어 갚을 일이 있겠는가?

옛날 부처님께서 보살로 수행하실 때, 가리왕(歌利王)에게 몸을 찢기고 끊기고 할 때, 마디마디 갈래갈래로 찢기어도, 결코 원한을 품으신 일이 없었기 때문에 대웅(大雄)이라는 과위(果位)를 증득(證得)하시고, 불생(不生) 불멸(不滅)하게 되셨으니, 이는 모두가 인욕(忍辱)과 인유(仁柔)를 비롯해야 만이 바야흐로 신통(神通)을 구족(具足)할 수 있다는 것을 말한 것이다. 나의 문중(門中)에서도 공(空)을 설법하는데, 일체 모두를 공(空)되게 하면, 남(人)도 없고 나(我)도 없으며, 소리도 냄새도 없으니, 이

미 남(人)과 나(我)의 견해도 없으니, 무슨 원수가 있어 갚을 일이 있으며, 무슨 바람이 있어 날릴 수 있겠는가? 하물며 구진인(邱眞人)과 나는 원래 원한이 없으며, 이 백운사(白雲寺)는 내가 내기에 져서 그에게 넘겨준 것이지 그가 와서 강탈한 것도 아니다. 그리고 어제 천자님이 황궁에서 출연금(出捐金)을 하사해 주셔서 사원(寺院)을 따로 짓도록 하셨거늘, 그대가 지금 이런저런 말을 꾸며 만들어 낸다면, 복잡한 일이 자꾸 일어날 것인데, 만약 이런 일을 천자(天子)께서 알게 되실 때는, 죄를 내리실 터인즉, 노승(老僧)인 나로서는 담당할 수 없노라. 절을 짓고 싶거든 그대나 가서 짓게나!" 하고 말을 마치니, 각자가 정양(靜養)하러 자기 소속된 절로 돌아갔는데, 여러 승려들은 백운선사(白雲禪師)의 말을 듣고, 돌연 깨닫고, 서풍(西風)을 일으켜서 백운(白雲)을 불어 날리겠다는 생각이 순식간에 사라져 버렸고, 권선문(勸善文)을 불태워 버린 후, 흩어져 전과 같이 각기 절에서 지내게 되었다. 그러나 다만 풍수로써 때려부셔야겠다는 화상(和尙)만은 마음에 마땅치 않아 나돌아다니면서 장(張)씨건 이(李)씨건 가릴 것 없이 닥치는 대로 아무에게나 이야기하기를,

"내가 탁발해서 몇 천량을 모으면, 백운사(白雲寺) 앞에다 서풍사(西風寺)를 지어 놓고, 내가 그 서풍(西風)을 한번 일으키면, 저 백운(白雲)은 틀림없이 날아가 없어질 것이다. 꼭 그렇게 하여서 그 몇몇 도인들을 한사람도 붙어있지 못하게 하리라." 하며, 큰소리 치고 다니니, 백운관(白雲觀)의 도우(道友)들은 깜짝 놀랐으며, 열 사람중 한 도우(道友)는 그 소문을 못들었으나 아홉 사람은 그 허풍치는 말을 듣게되었으며, 이렇게 해서 유언비어는 자꾸만 퍼져 나갔다. 그런 말이 있자, 모여있던 사람들이

"그렇다면, 그가 절을 짓게 놔두고 다 짓기를 기다려서 우리들은 그 전면(前面)에다 높은 담을 하나 부채모양으로 쌓아 놓고 있다가, 그 바람이 불어오면 우리가 그 바람을 받아 부쳐 반풍(返

風)을 만듭시다. 그래서 스스로 불어댄 바람으로 도리어 자기를 불어서 자기들이 날라가 버리게 합시다." 하고 있는데, 홀연히 어떤 사람이 커다란 소리로,

"당신들이 바람을 되돌아가게 한다면, 기다릴 것 없이 나는 바로 가서 불을 질러버리겠소." 하는 이가 있었다.

佛道原是救命艇 歸一守一何處別
불도원시구명정 귀일수일하처별

불(佛)·도(道) 원래가 같은 구명정인데 사람을 건짐에
귀일(歸一)·수일(守一)이 어느 곳에 구별 있으랴.

제29회 : 육신보살에 봉(封)함 받는 일곱명의 진인(眞人)과, 너무나도 경사로운 반도대회

제 29 회
반도대회(蟠桃大會)에 나가는 일곱명의 진인(眞人)들

수단조칠진성정과 부요지군선경반도
受丹詔七眞成正果 赴瑤池群仙慶蟠桃

칙명으로 일곱 진인이 정과를 성취하여,
요지에 나아가 여러 신선 모여 반도대회 경축하네.

修成大道出迷途 總算人間大丈夫
수성대도출미도 재산인간대장부

대도를 닦아 이뤄 미로를 벗어나야

드디어 인간 대장부되어

日月同明永不朽 乾坤並老壯玄都
일월동명영불후 건곤병로장현도

해 달과 함께 밝아 이지러짐 없고

하늘 땅과 함께 늙고 현도에서 떳떳하리라.

 그렇게 허풍을 치는 친구들에게, "만약 너희들이 서풍사(西風寺)를 세운다면, 우리는 곧 백운관(白雲觀) 밖에다 서풍사(西風寺)를 향하여 마주 담을 하나 쌓으리라. 자고(自古)로, 구름(雲)

은 바람(風)을 무서워하고, 바람(風)은 담(墻)을 무서워한다고 했으니, 이 담장 벽(壁)이 부채 노릇을 할 것이라. 바람이 불어올 때 그 부채로 한번 부쳐주면, 그 바람이 곧 바로 되돌아가 몰아치는 반풍(返風)을 일으킬 것이다."라고 이야기하는데, 그 말이 채 끝나지도 않아서, 저 진령산(秦嶺山) 위에서 길막고 지나가는 사람들을 붙들고 재물을 겁탈하던 주구(朱九)가,

"당신들이 그저 반풍(返風)하겠다면, 나는 곧 바로 가서 불을 질러, 그까짓 것 아주 말끔하게 싹 태워버리겠소." 하고 고함친 것이었다. 왕능(王能)이 이처럼 허세를 부리는 주구(朱九)를 보고, 급히 쫓아가 야단치면서 나무라기를,

"그 절은 아직 짓기 시작도 않했는데, 그대가 가서 무엇을 태운단 말인가? 그들이 절을 짓거든 그 때 태워도 늦지 않을 건데." 하니, 여러 도우(道友)들이 그 말을 듣고 모두 한바탕 웃었다.

그러나 과연 일 꾸미기 좋아하는 그런 사람이 그시대에 있어서, 장씨건 이씨건 만나는 사람마다 닥치는 대로 터무니없는 말을 전파하고 돌아다녔는지는 연대(年代)가 오래 되어서 알 수가 없으나, 화상(和尙)이 서풍사(西風寺)를 한채 지어 백운관(白雲觀)을 불어 날려버리겠다는 이야기와, 도인(道人)들이 그 바람을 되돌려 파괴하는 법을 쓰겠다, 서풍사(西風寺)를 불질러 태워버리겠다고 한 이야기는 사실상 없었던 일로, 사실대로 전해진 것이 아니다. 다만 일 꾸미기 좋아하는 한 화상이나 허풍 잘떠는 도인이 그때 주변에 있어서, 당신들이 지나간 것을 얘기하고, 내가 지나간 것을 얘기하듯이, 말 만들기 좋아하는 어떤 사람들이 즐기기 위해 지어낸 이야기꺼리에 불과하다. 북경땅에서 태어나 북경땅에서 자라난 수많은 수행인들도 이 사건의 진상을 확실하게 찾아 밝혀낼 수도 없는 일이니, 지금 옛 고서(古書)를 교정(校正)하여 와전(訛傳)됨이 없도록 하고, 후세의 문인(門人)들이 지고 이긴 것을 더 이상 논쟁하지 않는다면, 인과(因果)에 있어 빛나는 일이 될 것이다.

自古訛傳不可當　說來說去越荒唐
자고와전불가당　설래설거월황당

자고로 잘못 전해진 소문은 당치도 않고,
오고가고 하는 말 황당무계하도다.

今人認作眞實事　屢把前賢論短長
금인인작진실사　루파전현론단장

지금 사람들이 참말 사실이라고 믿는 것은,
옛사람들이 이러쿵저러쿵 시비한 때문이다.

한편, 구대진인(邱大眞人)은 백운선사(白雲禪師)와 화해한 후에, 정양(靜養)을 한 나머지, 구구팔십일(九九八十一)을 굴리는 수행공부를 구구팔십일(九九八十一) 난(難)에 비유하여, 진성(眞性)과 본정(本情)과 심원(心猿)과 의마(意馬)로써 본신(本身)의 소용(所用)을 삼음에 있어, 칠정(七情)과 육욕(六慾)과 삼시(三尸)와 육적(六賊)이라는 외마(外魔)가 침입하여 뺏어가는 것이라는 내용의 일부(一部) 큰 서책을 서술했다. 그것이 바로 『서유기(西遊記)』라는 책이다. 책이 완성된 후에, 그는 도동(道童)을 시켜서 집현관(集賢舘) 백운선사(白雲禪師)에게 드리게 했는데 백운선사(白雲禪師)는 큰 지혜가 있는 사람이라, 그 책을 한번보고 곧 바로 그 뜻을 알게 되었다. 또한 이에 동중(洞中·도교 수련의 도량)의 현상과, 고요『정(靜)』속의 묘용(妙用)을, 육육삼십육(六六三十六)가지 길(路)로 외마(外魔)가 본신(本身)을 공격하면, 지혜로써 생(生)하고 극(剋)하고 변(變)하고 화(化)하는 신통으로 대처하는 내용의 일부(一部)큰 서책을 저작하였는데, 그 책 이름이 『봉신연의(封神演義)』이다. 이 책을 지은 후 백운선사는 사미(沙彌)를 시켜 백운관(白雲觀)에 가서 구진인(邱眞人)에게 드리게 하였다.

이로부터 불가(佛家)와 도가(道家) 양쪽 집이 화목하게 지냈으며, 백운선사(白雲禪師)는 이때에 신통(神通)이 두루 갖추어져 강남(江南)지방으로 불교를 천양(闡揚)하러 행각(行脚)을 떠나게 되었다.

한 신선과 한 부처가 지으신 『서유기(西遊記)』와 『봉신연의(封神演義)』는 영원히 만고(萬古)에 이름을 드날리며 묘용(妙用) 또한 무궁하리라.

兩部大書藏妙玄 幻由人作理當然
양부대서장묘현 환유인작리당연

『서유』『봉신』두 책엔『묘(妙)』『현(玄)』담겨져 있고,
환각, 사람으로 비롯되어 만들어지는 이치 당연한 것.

七情六慾從中亂 生出魔王萬千千
칠정륙욕종중란 생출마왕만천천

칠정과 육욕은 한가운데로부터 혼란을 일으켜
마왕을 천이고 만이고 쏟아지게 하노라.

한편, 구진인(邱眞人)은 백운관(白雲觀)에서 개단(開壇)하여, 가르침을 펴는데, 계율(戒律)을 강설하면서, 세상을 제도하는 문호를 크게 열고, 전진도(全眞道)를 다시 일으킬 제, 규칙(規則)을 세워, 뒤에 오는 사람이 경계토록 하였으며, 또 훈문(訓文)을 내리어서, 후세에 남겨 놓았고 총림(叢林) 칠십이개처(七十二個處)를 개척하여, 백천만년 현문(玄門)이 이어지도록 하였고, 삼천공(三千功)과 팔백과(八百果)가 원만히 되어, 자부(紫府)에 뽑혀 올라가 대라선(大羅仙)이 되었다.

삼십삼천(三十三天)에서 단서(丹書)의 칙령(勅令)을 내리시므로 10월 19일 학(鶴)을 타고 비승(飛昇)하시니 이때 하광(霞光)

이 하늘로 뻗치고, 자주빛 안개가 공중에 올라가면서, 한쌍의 금동(金童)이 짝을 이루어 맞아들이고, 쌍쌍의 옥녀(玉女)가 인도하여 가는데, 산들바람은 솔솔 불고, 공중에 세운 깃발은 춤을 추듯 펄럭이면서, 맑은 소리가 낭랑하게, 구름 끝 안쪽에서 고운 신선 음악이 울리니, 순식간에 북경(北京) 땅을 떠나 눈깜짝할 사이 천상으로 통하는 문(門)인 남천문(南天門)에 도달했다.

왕(王)·마(馬)·은(殷)·조(趙) 네분이 공수(拱手)로 예(禮)하며, 장(張)·갈(葛)·허(許)·살(薩) 등 네분은 웃으면서 환영하였다. 금궐(金闕)에서 지존(至尊)께 조배(朝拜)하고, 옥경(玉京)에 들어가 천안(天顏)을 뵙고, 옥(玉) 계단 아래서 능소보전(凌霄寶殿)을 향하여 엎드려 칭신(稱臣)하며,

"옥황상제(玉皇上帝)님 만세 무강(無彊) 하옵소서. 상제(上帝)님의 호생(好生)하시는 덕은 위대하십니다." 하고 아뢰니, 상황(上皇)께서 보시고는 너무 기뻐하시며, 곧 공덕의 정도를 고사(考査) 점검하도록 명하시니, 삼관대제(三官大帝)가 능소보전(凌霄寶殿)에 올라가서 공덕(功德)이 넉넉하다고 칭찬하며, 보거(保擧)하기를,

"살피옵건대, 내공(內功) 외공(外功)을 쌓으면서, 고행을 겪기는 구장춘(邱長春)이 제일(第一)이요,

무극(無極) 태극(太極)에 현묘(妙玄)에 통달하기는 류장생(劉長生)을 두번째에 올릴만하고,

담장진(譚長眞)은 도심(道心)이 견고하기가 삼등(三等) 자리가 되겠사오며,

마단양(馬丹陽)은 청정무위(淸靜無爲)하기가 제사(第四) 네 번째라 할만하며,

학태고(郝太古)는 한 티끌도 물들지 않았으니 제오(第五) 다섯 번째로 천거하오며,

왕옥양(王玉陽)은 온갖 사려(思慮)가 모두 적멸(寂滅)되었으므

로, 응당히 여섯 번째가 되겠습니다.

그리고 손불이(孫不二)는 지혜가 원만하여, 맨 먼저 수행한 공덕이 너무나 커 다른 이보다 응당히 뛰어나지만, 겸손하여 한걸음 양보하므로 전에는 그를 비롯하여 시작이 되었사오나, 이제는 맨 끝으로 해서 제칠(第七) 일곱 번째에 기록할까 하옵니다. 처음부터 끝까지 빠짐없이 일곱 진인(眞人)의 과위(果位)를 모조리 들어, 이미 그 성명(姓名)과 함께 자부(紫府)에 써 붙였사옵기, 이제 신(臣)이 감히 주달하나이다." 하고 아뢰길 끝마치니, 상제(上帝)께서 기뻐하시며 일곱명의 진인(眞人)들을 일일이 칙봉(勅封)하셨다.

구장춘(邱長春)은 천선장원(天仙狀元)이라 하여, 자부선선(紫府選仙), 상품전진교주(上品全眞敎主) 신화명응주교진군(神化明應主敎眞君)에 봉(封)하시고,

류장생(劉長生)은 현정온덕진군(玄靜蘊德眞君)에 봉(封)하시고,
담장진(譚長眞)은 종현명덕진군(宗玄明德眞君)에 봉(封)하시고,
마단양(馬丹陽)은 무위보화진군(無爲普化眞君)에 봉(封)하시고,
학태고(郝太古)는 통현묘극진군(通玄妙極眞君)에 봉(封)하시고,
왕옥양(王玉陽)은 광자보도진군(廣慈普度眞君)에 봉(封)하시고,
손불이(孫不二)는 현허순화원군(玄虛順化元君)에 봉(封)하셨다.

상황(上皇)께서 봉(封)하심을 다 마치자, 류(劉)·담(譚)·마(馬)·학(郝)·왕(王)·손(孫)의 여섯 사람은 모두 은혜에 감사의 예(禮)를 올렸지만, 구장춘(邱長春)만은 사은(謝恩)하지 않았다.

삼관대제(三官大帝)가 소리지르며,

"구장춘(邱長春)은 어찌하여 사은(謝恩)하지 않는가?" 하니, 구진인(邱眞人)은 옥(玉)돌계단에 엎드려 눈물 흘리며 울면서, 황공(惶恐)해하며 아뢰기를,

"신(臣)이 사은(謝恩)하지 않는 것이 아닙니다. 도(道)와 인연

이 있다 해도 도(道)는 본래 배우기 어려우며, 선(仙)도 쉽게 이룰 수 없는 것임을 알았습니다. 후세(後世)에 도(道)를 배우고 수행하는 사람이, 신(臣)처럼 백천만가지로 괴로움을 받는다면, 초심(初心)에서 물러나지 않을 사람을 만명 중에 한 사람도 가려내기가 어려울 것입니다.

좋은 것은 가장 배우기 어려우며, 좋은 것을 배우지 아니하고는 도(道)를 마쳐 료도(了道)할 수 없습니다. 신(臣)에게 좋은 것을 배움에 있어 어려운 본장(本章)이 있사옵기로 상주(上奏)하겠나이다.

도(道)는 깨닫기가 쉽지 않고, 좋은 것을 배우기 가장 어려우니, 대저 좋은 것을 배우는 일은, 큰 역량(大力量)을 가진 사람이 아니고는 배울 수 없습니다. 기아(飢餓)를 참고 받아야 하며, 치욕(恥辱)도 당하고 견디어야 하며, 때로는 몸에 걸칠 옷도 없으며, 먹을 것을 입에 넣어 보지 못할 때도 있으며, 하루에 두끼니를 거르기 일쑤요, 밤에 들어가 잘 곳을 구하기도 어렵고, 하루도 남이 미워지지 않는 날이 없으며, 자주 능욕을 당하는 것을 말하자니 슬프고, 들으면 간담이 서늘하여 오싹하게 됩니다.

신(臣)은 이러한 천만가지 괴로운 일을 겪어 왔기 때문에, 좋은 것을 배우기가 어려운 것을 알고 있습니다. 좋을 『호(好)』자 하나를 배우기가 이렇게 어려우니, 어찌 감히 신선되기를 바랄 수 있겠습니까? 신(臣)은 도(道)를 깨닫기 위해 수행하는 천하후세 사람들이, 신(臣)처럼 고난을 이겨내지 못하고, 도(道)를 배운다는 이름만 있고, 도(道)의 실속이 없을 것을 걱정하나이다. 신(臣)에게 이를 제도하여 교화하라 하셔도 어찌할 방법이 없사오니, 우리 상황(上皇)께서 영광스러운 책봉(册封)을 해주신 은혜를 져버리는 것이 될 것입니다. 그러므로 감히 사은(謝恩)의 예(禮)를 올리지 못하였나이다. 엎디어 비옵나니, 용서해 주시옵소서."

구진인(邱眞人)이 이렇게 좋은 것을 배우기기 어렵다는 것을 아뢰고, 상제(上帝)께서 이를 듣고계신 동안 여러 신선들은 말없이 묵묵히 그렇게 있는데, 다만 사대(四大) 대원수(大元帥)들이 서계신 속에서 성군(星君) 한분이 걸어나오고 있었다.

그 성군은 생김새가 붉은 머리털에, 붉은 얼굴, 붉은 수염에, 적심(赤心)을 몸에 지녔으며, 금투구를 쓰고 금갑옷을 입었으며, 금벽돌 모양의 물건과 금채찍을 가지고, 발로는 삼오화거(三五火車)를 밟고 서서, 바람이나 번개보다 빠르며, 백만(百萬)이나 되는 비휴(貔貅) 신장을 거느리고, 요괴(妖怪)를 잡아서 꼼짝못하게 하며, 사삿정을 두지 않고 규찰(糾察)하시는 분인데,「철면뢰공(鐵面雷公)」이라 부르며, 법(法)을 지킴에 감응함이 있어, 다함께 받드는 「선천령조(先天靈祖)」, 「삼오화거대령관(三五火車大靈官)」「왕천군(王天君)」이라 불리우는 그 선천령조(先天靈祖)가 곁에 있다가, 구장춘(邱長春)이 좋은 것을 배우는 사람들이 여러 가지 마난(磨難)을 당해도, 아무도 지키고 돌봐 주는 사람이 없다라는 이야기하는 말을 듣고, 그 자리에서 측은한 마음이 일어나, 호법신(護法神)이 되기를 원하며, 드디어 큰소리로 구장춘(邱長春)에게 고함치기를,

"그대는 다만 사은(謝恩)만 하시오. 후세(後世)에 만약 수행하는 사람이나, 도(道)를 배우는 분이 있어, 그가 세푼을 닦는다면, 나는 칠푼의 감응을 줄 것이요, 그에게 십분(十分)의 수행이 있다면, 나는 곧 바로 때에 따라 알맞게 조림(照臨)하여 사람들을 시켜 파·마늘·육식·등이 들어가지 않은 소식(素食)으로 공양하게 할 것이라, 그 사람이 굶주리거나 추위에 떨지 않도록 하게 할 것이요." 하니, 구진인(邱眞人)이 성군(星君)의 이런 말을 듣고서야, 사은(謝恩)을 하게 되었고, 성군(星君)에게도 예(禮)를 올렸다. 그래서 성군(星君)은 몇 천근이나 될 짐을 양어깨에 둘러매게 되었다.

잠시 후 상황(上皇)께서는 전각(殿閣)에서 물러나가시고, 여러

신선들도 해산하였다. 일곱 진인들은 함께 자부(紫府)로 가서, 계조(啓祖)이신 동화제군(東華帝君)과 종리조사(鍾離祖師)와 려동빈조사(呂洞賓祖師)를 알현(謁見)하고, 또 사부(師傅)이신 중양진인(重陽眞人)을 뵈었다.

동화제군(東華帝君)은 자하진인(紫霞眞人)에게 일곱 진인을 위의관(威儀舘)으로 인도하게 하여, 요지(瑤池)의 예의(禮儀)를 배우도록 하셨다. 며칠 안있으면 시작될 반도회(蟠桃會)때 높은 진인들을 배알(拜謁)하는 의식을 익히게 하기 위해서이다.

반도회(蟠桃會)날이 되니, 동화제군(東華帝君)께서 신진(新進) 진선(眞仙)과, 남종 북파(南宗北派)와 오상(五相) 칠진(七眞)을 인솔하시는데, 요지(瑤池)로 오면서 마음을 가지런히 가다듬고 바라보니, 멀리 보이는 경루옥우(瓊樓玉宇)와 금궐은궁(金闕銀宮)은 산호(珊瑚)로 난간을 만들었고, 붉은 옥(玉)으로 계단을 쌓았으므로, 금빛과 푸른빛이 번쩍번쩍 빛나며, 붉은 빛과 자주 빛이 눈을 부시게하고, 상서로운 빛이 눈에 어리고, 그윽한 향기가 천지에 가득하며, 경옥(瓊玉)으로 된 나무와 수풀 사이로 난새(鸞)와 봉황(鳳)이 춤추며 날고, 금기둥 은주춧돌 밑에서는 범이 짖고 용이 흥얼거리며, 검은 목누루미와 꽃사슴, 청사자와 흰코끼리가 모두 쌍쌍을 이루고 있으며, 봉련(鳳輦)과 용차(龍車)에 난새의 가마(鸞輿)와 학참(鶴驂)의 수레들은, 인간세상에서는 볼 수 없는 것이였는데, 요지(瑤池)의 장엄함을 이루다 말로 표현할 수 없었고, 곤륜산(崑崙山)의 아름다운 경치로도 설명할 수 없었다.

동화제군(東華帝君)은 신진의 모든 신선들을 거느리고 왕모(王母)께 참배하니, 왕모(王母)께서는 빈객(賓客)을 대접하는 예(禮)로써 맞이하였으며, 잠시 동안에 성인과 진인들이 구름처럼 모여 왕모께서 접견하심에 문안을 여쭌 뒤에, 지난 반도대회(蟠桃大會) 때처럼 옛적 규칙대로 각각 순서가 있어서 새로 올라온 모든 진인(眞人)들은 반드시 주인(主人)의 안배(安排)를 기다려야 했다.

서왕모(西王母)께서 이르시기를,

"새로 올라오신 여러 신선들이, 윗자리에 있는 성인들에게 일일이 배알(拜謁)할 수 없을 터이니, 이번은 편의하게 행사(行事)함이 좋겠습니다. 단지(丹堰·붉은 칠을 한 궁전앞의 섬돌)에서 선채로 위쪽을 향하여 삼배(三拜)하고, 다함께 일례(一禮)를 하시오." 하고 분부하시니, 동화제군(東華帝君)이 여러 신선들을 이끌고 와서 요지(瑤池)의 뜰에 무릎꿇고, 삼례구고(三禮九叩) 배례(拜禮)를 마치니, 왕모(王母)께서 일일이 자리를 정해주었다. 균천(鈞天)의 음악이 연주되었는데, 노래와 춤은 예상(霓裳)의 가무(歌舞)였으며, 자리위의 진귀한 음식들은, 모두 티끌세상에서는 볼 수도 없는 것들이었다. 수많은 선동(仙童)들이 술잔을 전해주고 술을 가져다주며, 무수한 옥녀(玉女)들이 잔에 술을 부어 권하며 술병을 들고 기다린다. 또 수십명 동자(童子)들은 자죽(紫竹) 바구니를 들고, 높이 솟아 곧장 나무가지에 올라서 반도(蟠桃)를 따가지고 내려오니, 경각간에 광주리와 바구니에 가득차, 선관(仙官)과 선리(仙吏)들이 그 반도(蟠桃)를 옮겨다 놓으니, 잠깐사이 뜰에 가득 쌓이게 되었다.

제일 큰 것을 골라 천존대성(天尊大聖)께 올리고, 그 다음으로 큰 것은 대라금선(大羅金仙)과 삼계정신(三界正神)들께 공양(供養)하고, 또 그 다음 것은 봉도(蓬島)의 여기저기에 흩어져 있는 신선들과 시위하는 이들 일체 권속에게 빠짐없이 상(賞)으로 나누어주었다. 그런데 그 복숭아는 쉽게 얻어먹을 수 있는 것이 아니다. 수행하여 깨침이 있는 사람만이 얻을 수 있는 것이다. 후세(後世)의 문인(門人)들이 이 복숭아를 사모(思慕)하는 이가 있다면, 역시 일곱진인들께서 온 마음을 쏟아 뜻을 괴롭게 하신일을 본받아, 도(道)를 터득하고 진(眞)을 이루면, 요지(瑤池)의 왕모(王母)를 배알(拜謁)하게 되고, 반드시 반도(蟠桃)를 하사(下賜)받게 되리니, 한 개만 먹으면 천년은 살 수 있고, 불로 장생하게 되리라.

　반도대회(蟠桃大會)가 끝나매, 천진(千眞) 만성(萬聖)들은 각각 천궁(天宮)으로 돌아갔고, 일곱진인은 동화제군(東華帝君)을 따라 자부(紫府)로 돌아갔는데, 이 자부(紫府)는 방제산(方諸山) 위에 있는 것으로, 이 방제산(方諸山)은 곤륜산(崑崙山)과 비슷한데, 다만 높기와 크기가 곤륜산(崑崙山)에 미치지는 못하지만, 방제산(方諸山)에는 사시(四時) 장청(長靑)하는 풀도 있고, 일년 내내 지지 않는 꽃도 있어, 역시 천궁(天宮)의 제일 경계(境界)에 들기 때문에 쉽게 갈 수 있는 곳이 아니다.

　시(詩)에 이르되,

七眞因果永流傳　惟望吾人習妙玄
칠진인과영류전　유망오인습묘현

　칠진 인과를 길이 전함은
우리들이 묘현을 익히게 함이라.

受得人間無限苦　定做天上逍遙仙
수득인간무한고　정주천상소요선

　인간 세상 무한 고통 견디어 내면,
틀림없이 천상계 신선되어 소요자재하리라.

(下卷) 끝

(三) 화보(畫報)

① 삼천삼경천존(三天三境天尊)

② 삼황오악팔선(三皇五嶽八仙)

③ 동화목공(東華木公)

④ 요지금모(瑤池金母)

⑤ 전진종조종리권(全眞宗祖鍾離權)

⑥ 전진종조려동빈(全眞宗祖呂洞賓)

⑦ 종려이선론오등신선도(鍾呂二仙論五等神仙圖)

⑧ 장춘구진인(長春丘眞人)

⑩ 처단담진인(處端譚眞人)

⑪ 단양마진인(丹陽馬眞人)

⑫ 대통학진인(大通郝眞人)

⑬ 처일왕진인(處一王眞人)

⑭ 불이손진인(不二孫眞人)

⑮ 왕령관(王靈官)

⑯ 마천군(馬天君)

□ 編者 : 소진거사(小眞居士) 김재호(金在昊)
- 忠南靑陽七甲山下에서 태어남.
- 1966년 6월 18일 家親逝世 이후 諸妄利海의 元和와 保生을 즐기며 주로 儒佛仙 三敎와 예수교·회회교 등에 관하여 공부하면서 道門功課經·修圓寶鑑·大道演義·滅義經·法滅盡經·彌勒古佛經·談眞錄·玉樞寶經·達摩寶傳·命性顚倒經·抗訴理由書·圖像 道德經을 펴냈다.

개정판 칠진수도사전(七眞修道史傳)
― 연꽃, 그 인연따라 맺어져 이룬 일곱 명의 육신보살 ―

初版發行 : 1997年 丁丑(陰) 6月 15日
          (蓮花藏世界 發行)
再版發行 : 西紀 2017年 丁酉(陰) 6月 初6日

著　者 : 휘암도인(輝菴道人) 황영량(黃永亮)
編譯者 : 소진거사(小眞居士) 김재호(金在昊)

發行人 : 김재호(金在昊)
發行處 : 圖書出版 Baikaltai House
　　　　 ㉾ 07272
　　　　 서울 영등포구 선유로 107(양평동 1가)
　　　　 電話 : (02)2671-2306, (02)2635-2880
　　　　 Fax : (02)2635-2889
登錄番號 : 166-96-00448
登　錄　日 : 2017.3.13
定　　價 : 25,000원

ISBN 979-11-960712-7-1

七真臨祖